社寺索引

京都市は市名を略した。

頂　法　寺　京都市中京区
京都御所から烏丸通りを南下した地に建ち，その様態から六角堂とも呼ばれて親しまれる．聖徳太子が，大阪四天王寺建立のための用材を求めてこの地を訪れて巨木を見つけ，堂を建立して持仏如意輪観音を納めたのが起こりという．西国三十三所の十八番札所．

法然院山門　京都市左京区
哲学の道から一歩東側に入った地に，延宝８年(1680)より建立された寺．浄土宗を開いた法然がこの地に営んだ草庵が源流という．山門を潜ると，清流を模した砂紋を施した白砂壇があり，壮大な建築を誇る知恩院とは別の趣で高僧を偲ばせる．

常寂光寺仁王門　京都市右京区
本圀寺の僧であった日禛が，慶長年間にみずからの草庵を寺としたもので，造営には小早川秀秋の助力もあったという．嵯峨野西北部，一足奥まった小倉山の地にあって名の通り静けさを保つ．

神護寺楼門　京都市右京区
高雄山の中腹に立ち，嵯峨野からパークウェイで登る．天応元年(781)，和気清麻呂が愛宕山頂に愛宕権現を祀った際に建てた高雄山寺が起源という．最澄や空海による法会等が行われて栄えたがやがて衰退，12世紀に文覚の発願により復興された．

鞍馬寺仁王門　京都市左京区

源義経・天狗伝説で知られる寺．鴨川を遡るように走る叡山電鉄の終点で降り，仁王門を潜るとケーブルを利用できる．本殿金堂を過ぎ，さらに義経堂等が建つ山道を行けば，清流貴船川に出る．霊宝殿があり，国宝毘沙門天像ほか与謝野鉄幹・晶子の遺品も納める．

宇治上神社本殿　国宝　宇治市

宇治川の平等院対岸側に位置し，世界遺産群の一つ．覆屋の中にある本殿は，一間社流造の内殿３棟から成り，平安時代後期の建築で神社建築最古といわれる．本殿の前には拝殿(国宝)が建つ．

伏見稲荷大社千本鳥居　京都市伏見区
全国に３万存在するともいわれる稲荷神社の総本宮．江戸時代以降，祈りと感謝の念を込めて鳥居を奉納する習慣が広がり，境内には約１万の鳥居が立ち並ぶ．千本鳥居は左右２列で連なり，２月初午日は「初午詣(福詣)」といって，特に多くの参詣者がこの道を通る．

西芳寺庭園　史跡・特別名勝　京都市西京区
夢窓疎石が造園．高低のある地形を生かし，枯山水と池庭(黄金池)から成る．一面を覆う苔が異彩を放ち，「苔寺」とも呼ばれる．

高台寺庭園　史跡・名勝　京都市東山区
豊臣秀吉の菩提を弔う北政所(高台院)の志により建立された寺．開山堂の左右に臥竜池・偃月池を配す．開山堂からは，臥竜廊という渡廊が上方に向かって伸び，その先の霊屋には秀吉と北政所の木造が安置される．

葵　祭　賀茂別雷神社(上賀茂，京都市北区)・賀茂御祖神社(下鴨，同左京区)
毎年５月15日に行われる，京都三大祭の一つ．京都御所での儀式後，路頭の儀で行列が出発．下鴨，上賀茂神社へと向かい，両社で社頭の儀，東遊，走馬などが行われる．起源は奈良時代以前に遡るといい，優雅で壮大な行列が平安王朝の風俗を今に伝える．

嵯峨大念仏狂言　重要無形民俗文化財　清凉寺(京都市右京区)
４月上旬の土・日曜日のほか３月15日のお松明式でも演じられる．弘安２年(1279)に律宗の僧円覚が創始した融通大念仏会を起源とし，次第に芸能化した．仮面をつけ，鉦・太鼓・笛が囃す中，無言で展開する．念仏狂言は他に壬生狂言・千本閻魔堂念仏狂言が著名．

醍醐寺五重塔　国宝　京都市伏見区

寺は上醍醐・下醍醐から成り，西国三十三所の一つ准胝堂のある上醍醐は貞観16年(874)造営開始．塔は下醍醐伽藍内に天暦５年(951)に落成した京都府最古の建築物．４月第二日曜，豊太閤花見行列が催され，咲き誇る枝垂れ桜やソメイヨシノの下，豊臣秀吉の「醍醐の花見」が再現される．

京都
古社寺辞典

吉川弘文館編集部［編］

吉川弘文館

はしがき

京都は、年間延べ五千万人の人々が訪れるといわれ、旅行シーズンともなれば、鉄道・旅行会社のテレビコマーシャルやポスター、書店に並ぶガイドブックで大きく取り上げられます。それらの「顔」として、かならずといっていいほど寺社がクローズアップされ、季節によってさまざまな表情を見せる建築や庭園が、あたかも古来の様態を保ち続けたまま、私たちの眼前にあるかのように思えてきます。

平安時代、遷都と同時に社寺の創建が進みました。教王護国寺(東寺)は羅城門東側に建てられ、その諸仏は密教世界を表現しています。平安後期、御願寺(天皇・皇后のために祈禱を行う寺)として六勝寺が建立されたことで都市化が加速したといわれています。一方、釈迦入滅後二千年が経過すると世が乱れるという末法思想が広まりました。平等院鳳凰堂本尊の、荘厳な天蓋と光背を伴った阿弥陀如来像に接すれば、当時の人々が浄土に何を見ようとしたのかに思いを巡らせることができるかもしれません。

また、葵祭(賀茂祭)や祇園祭は、古代から続く重要な宗教行事で、明治時代に始まった平安神宮の時代祭とあわせて「京都三大祭」とよばれ、今や観光イベントとしての要素も加わり、華やかな行列、盛大な山鉾巡幸を見ることができます。

南禅寺や相国寺、東福寺など、ひときわ壮大な門や堂を誇り、今も多くの人が訪れる禅宗寺院は、鎌倉時代から室町時代にかけてつぎつぎと建立されたもので、京都の景観を大きく変えていきました。その後、戦乱の世になると、応仁の乱などにより多くの社寺が失われましたが、為政者などの庇護を受けながら復興し、意匠を凝らした寺院庭園も近世になって多く造られました。

明治維新を迎え、八世紀より千年以上に亘って日本の首都であり続けた京都から東京に遷都されると、人々は動揺し、人口流出も少なくなかったといわれます。しかし、明治初年には博覧会が催されたり、文教施策が進んだりするなど新たな面での発展を遂げました。市内の古社寺を巡る合間にも、南禅寺境内に残る琵琶湖疎水のアーチ型水道橋や、梅小路蒸気機関車などの近代化遺産との共存も見ることができます。

政治・経済・文化の中心地としての発展と、動乱の歴史の中での被災を繰り返しながら、京都はいつの時代にあっても伝統と新しさの両面を持ち、それが私たちを魅了しているといえるでしょう。

この度、京都の古社寺を探訪する際に役立つよう、小社刊行の『国史大辞典』や『日本仏教史辞典』『神道史大辞典』より項目を選定し、『京都古社寺辞典』を刊行することといたしました。本辞典は、古社寺の起源や歴史のほか、建築物・仏像・庭園などの文化財について詳細に解説したものです。巻頭には略地図、巻末には年中行事・国宝・史跡の一覧、略年表、庭園の様式図などの付録を掲載し、古社寺のみならず京都の文化を知るための情報を盛り込み、編集しました。

京都は一度だけではすべてを巡ることはできません。また、一度訪れればふたたび足を運びたくなる寺院や神社も数多くあることでしょう。格好のハンドブックとして本辞典が活用されることを願ってやみません。

二〇一〇年三月

吉川弘文館編集部

凡例

項目

一 本辞典は、京都府の社寺の項目を収録し、適宜建築・仏像・庭園などの小見出しを立てて解説した。

配列

一 社寺の名称の五十音順とした。

記述

一 文体・用字

1 漢字まじりのひらがな書き口語文とし、かなづかいは引用文をのぞき、現代かなづかいを用いた。

2 漢字は、歴史的用語・引用史料などのほかは、なるべく常用漢字・新字体を用いて記述した。

3 数字は、漢数字を使用し、十・百・千・万などの単位語を付した。ただし、西暦、文献の編・

巻・号などは、単位語を略した。

二　年次・年号

1　年次表記は、原則として年号を用い、（　）内に西暦を付け加えた。

2　改元の年は、原則として新年号を用いた。

三　記述の最後に、基本的な参考文献となる著書・論文・史料集をあげ、研究の便を図った。

四　項目の最後に、執筆者名を（　）内に記した。

五　記号

『　』　書名・雑誌名・叢書名などをかこむ。

「　」　引用文または引用語句、特に強調する語句、および論文名などをかこむ。

（　）　注、および角書・割注を一行にしてかこむ。

〜　数の幅を示す。　例：二〇〜三〇センチ

・　並列点および小数点を示す。

口絵写真＝中田昭撮影
函（表）　清水寺本堂
（裏）　時代祭
フォトライブラリー提供

目次

付録

京都古社寺分布地図

概　念　図（数字はページ数を表す）

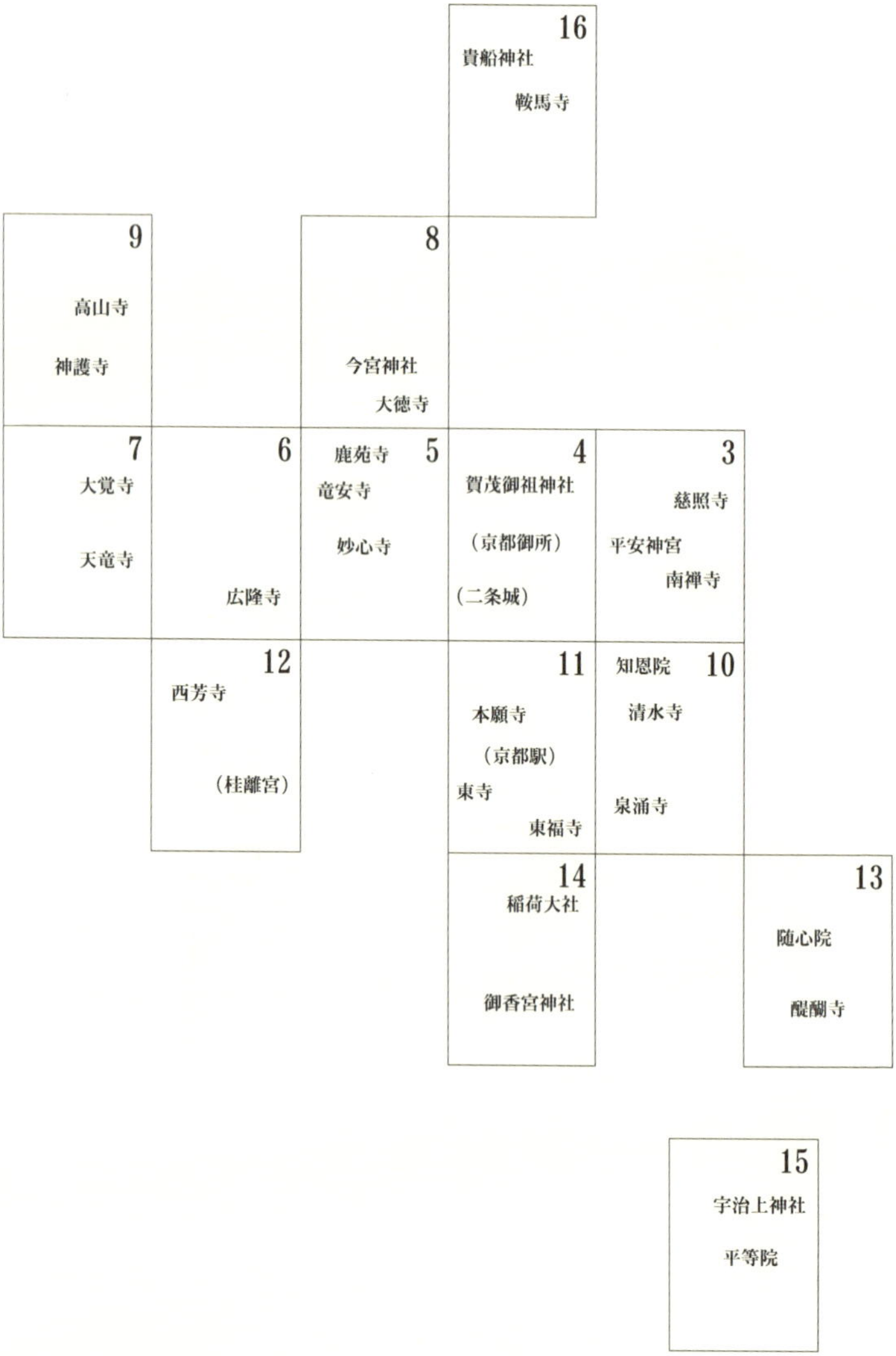
16
貴船神社
鞍馬寺
9
高山寺
神護寺
8
今宮神社
大徳寺
7
大覚寺
天竜寺
6
広隆寺
5
鹿苑寺
竜安寺
妙心寺
4
賀茂御祖神社
（京都御所）
（二条城）
3
慈照寺
平安神宮
南禅寺
12
西芳寺
（桂離宮）
11
本願寺
（京都駅）
東寺
東福寺
10
知恩院
清水寺
泉涌寺
14
稲荷大社
御香宮神社
13
随心院
醍醐寺
15
宇治上神社
平等院

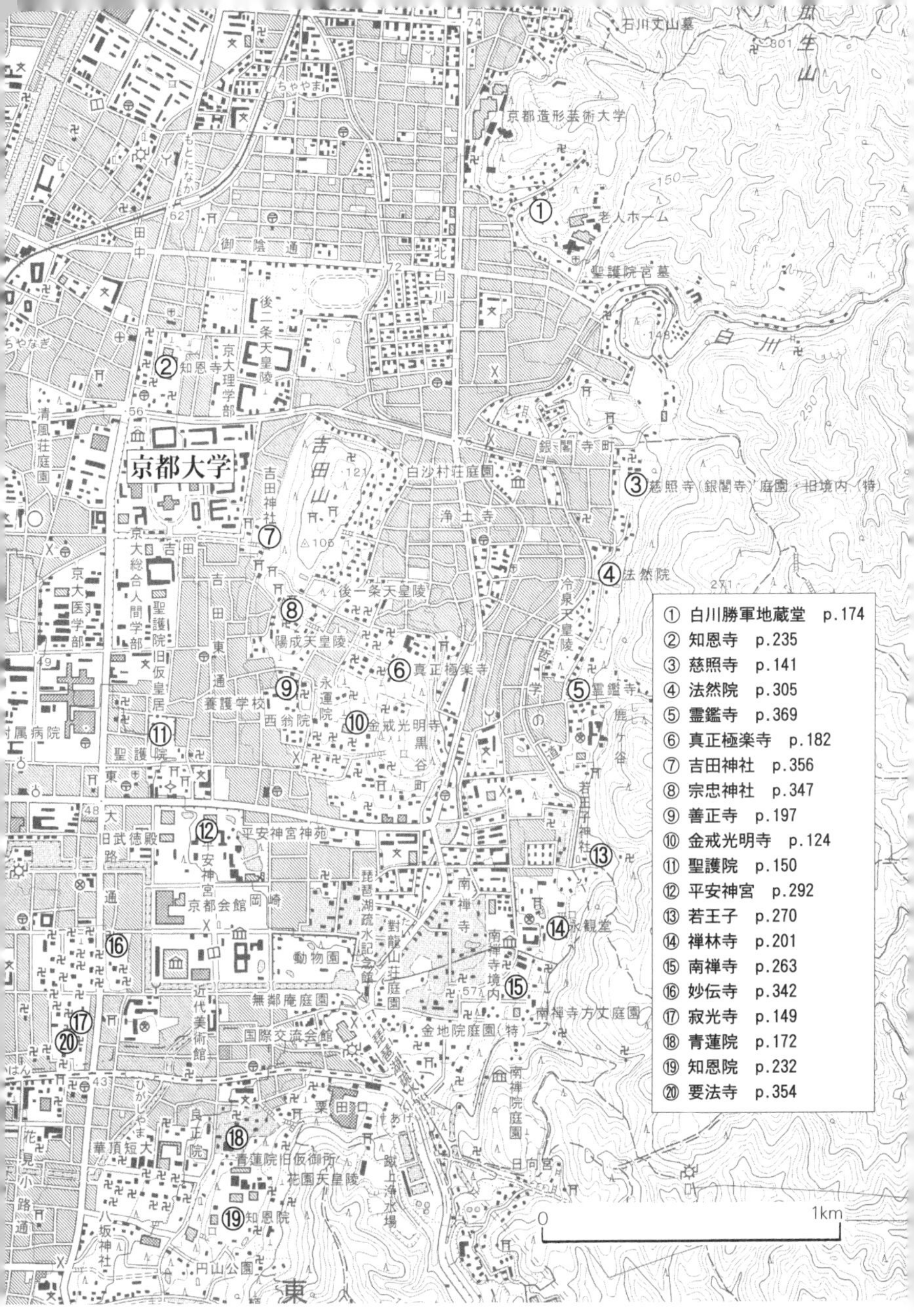

① 白川勝軍地蔵堂 p.174
② 知恩寺 p.235
③ 慈照寺 p.141
④ 法然院 p.305
⑤ 霊鑑寺 p.369
⑥ 真正極楽寺 p.182
⑦ 吉田神社 p.356
⑧ 宗忠神社 p.347
⑨ 善正寺 p.197
⑩ 金戒光明寺 p.124
⑪ 聖護院 p.150
⑫ 平安神宮 p.292
⑬ 若王子 p.270
⑭ 禅林寺 p.201
⑮ 南禅寺 p.263
⑯ 妙伝寺 p.342
⑰ 寂光寺 p.149
⑱ 青蓮院 p.172
⑲ 知恩院 p.232
⑳ 要法寺 p.354
京都大学
京都造形芸術大学
老人ホーム
聖護院宮墓
御陰通
北白川
白川
後二条天皇陵
京大理学部
吉田山
吉田神社
白沙村荘庭園
銀閣寺町
慈照寺（銀閣寺）庭園・旧境内（特）
浄土寺
法然院
後一条天皇陵
冷泉天皇陵
陽成天皇陵
真正極楽寺
霊鑑寺
哲学の道
鹿ケ谷
永運院
西翁院
金戒光明寺
黒谷町
養護学校
京大総合人間学部
聖護院旧仮皇居
京大医学部
付属病院
吉田東通
聖護院
東大路通
旧武徳殿
平安神宮神苑
平安神宮
京都会館
岡崎
若王子神社
琵琶湖疏水記念館
南禅寺
対龍山荘庭園
永観堂
南禅寺境内
動物園
近代美術館
無鄰庵庭園
国際交流会館
南禅寺方丈庭園
金地院庭園（特）
南禅院庭園
粟田口
青蓮院旧仮御所
花園天皇陵
蹴上浄水場
日向宮
華頂短大
花見小路通
八坂神社
知恩院
円山公園
清風荘庭園
知恩寺
石川丈山墓
瓜生山
1km

3　京都古社寺分布地図

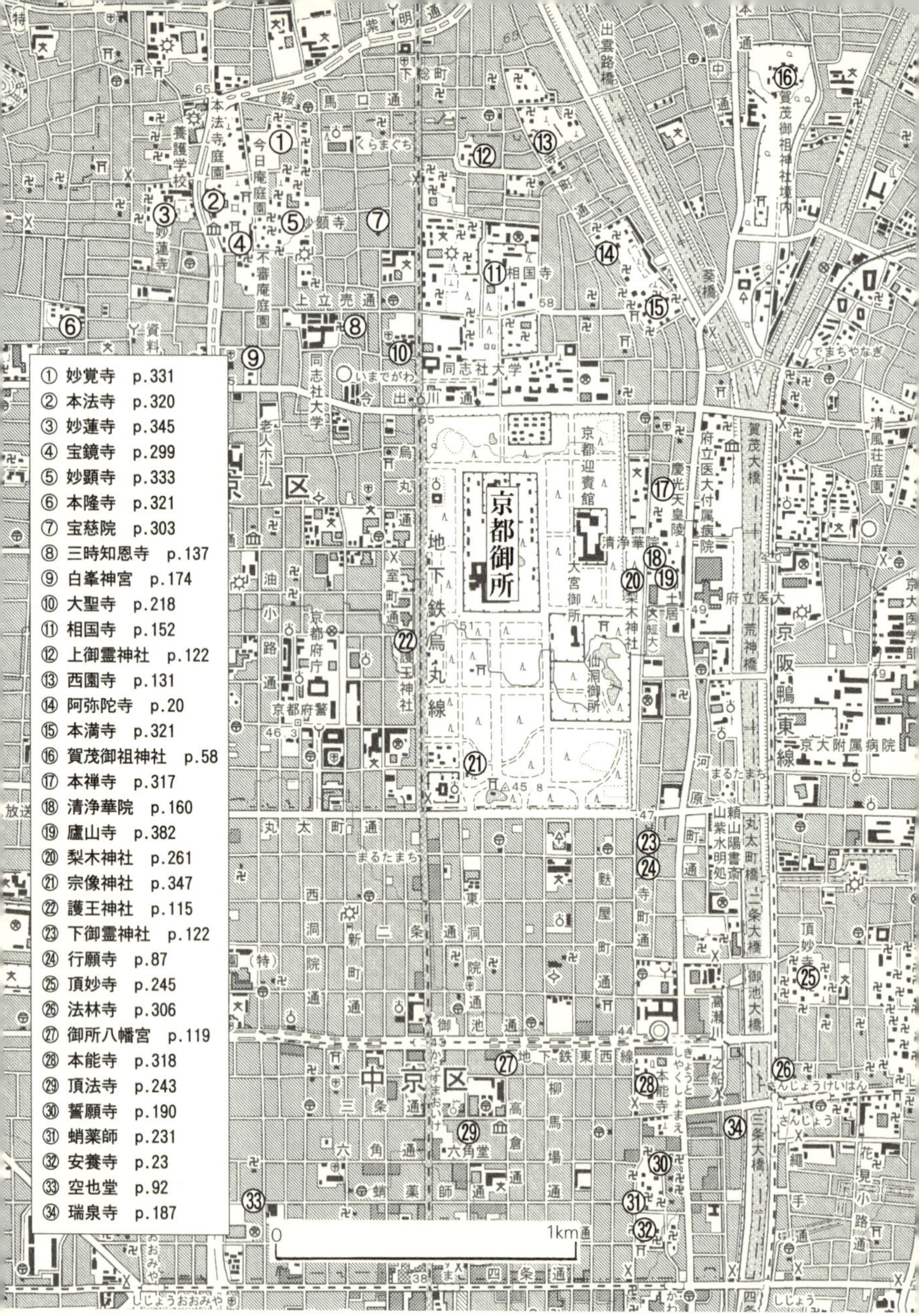

① 妙覚寺 p.331
② 本法寺 p.320
③ 妙蓮寺 p.345
④ 宝鏡寺 p.299
⑤ 妙顕寺 p.333
⑥ 本隆寺 p.321
⑦ 宝慈院 p.303
⑧ 三時知恩寺 p.137
⑨ 白峯神宮 p.174
⑩ 大聖寺 p.218
⑪ 相国寺 p.152
⑫ 上御霊神社 p.122
⑬ 西園寺 p.131
⑭ 阿弥陀寺 p.20
⑮ 本満寺 p.321
⑯ 賀茂御祖神社 p.58
⑰ 本禅寺 p.317
⑱ 清浄華院 p.160
⑲ 廬山寺 p.382
⑳ 梨木神社 p.261
㉑ 宗像神社 p.347
㉒ 護王神社 p.115
㉓ 下御霊神社 p.122
㉔ 行願寺 p.87
㉕ 頂妙寺 p.245
㉖ 法林寺 p.306
㉗ 御所八幡宮 p.119
㉘ 本能寺 p.318
㉙ 頂法寺 p.243
㉚ 誓願寺 p.190
㉛ 蛸薬師 p.231
㉜ 安養寺 p.23
㉝ 空也堂 p.92
㉞ 瑞泉寺 p.187
京都御所
中京区
0
1km

鹿苑寺　p.377
上品蓮台寺　p.166
建勲神社　p.231
引接寺　p.33
竜安寺　p.365
住吉大伴神社　p.188
平野神社　p.284
大報恩寺　p.229
等持院　p.252
北野天満宮　p.69
真如寺　p.185
般舟三昧院　p.276
仁和寺　p.271
本光院　p.316
浄福寺　p.164
地蔵院　p.144
立本寺　p.364
妙心寺　p.335
華開院　p.96
法金剛院　p.301
花園駅
木島坐天照御魂神社　p.119
宇多天皇陵
立命館大学
衣笠山
美術館
龍安寺方文庭園
電鉄北野線
大将軍
体育館
仁和寺通
妙心寺通
下立売通
丸太町通
NHK放送
花園大学
太秦安井
天神川
島津製作所
中京区
三条通
六角通
四条通
京都外国語大学
天塚古墳
阪急京都線
1km

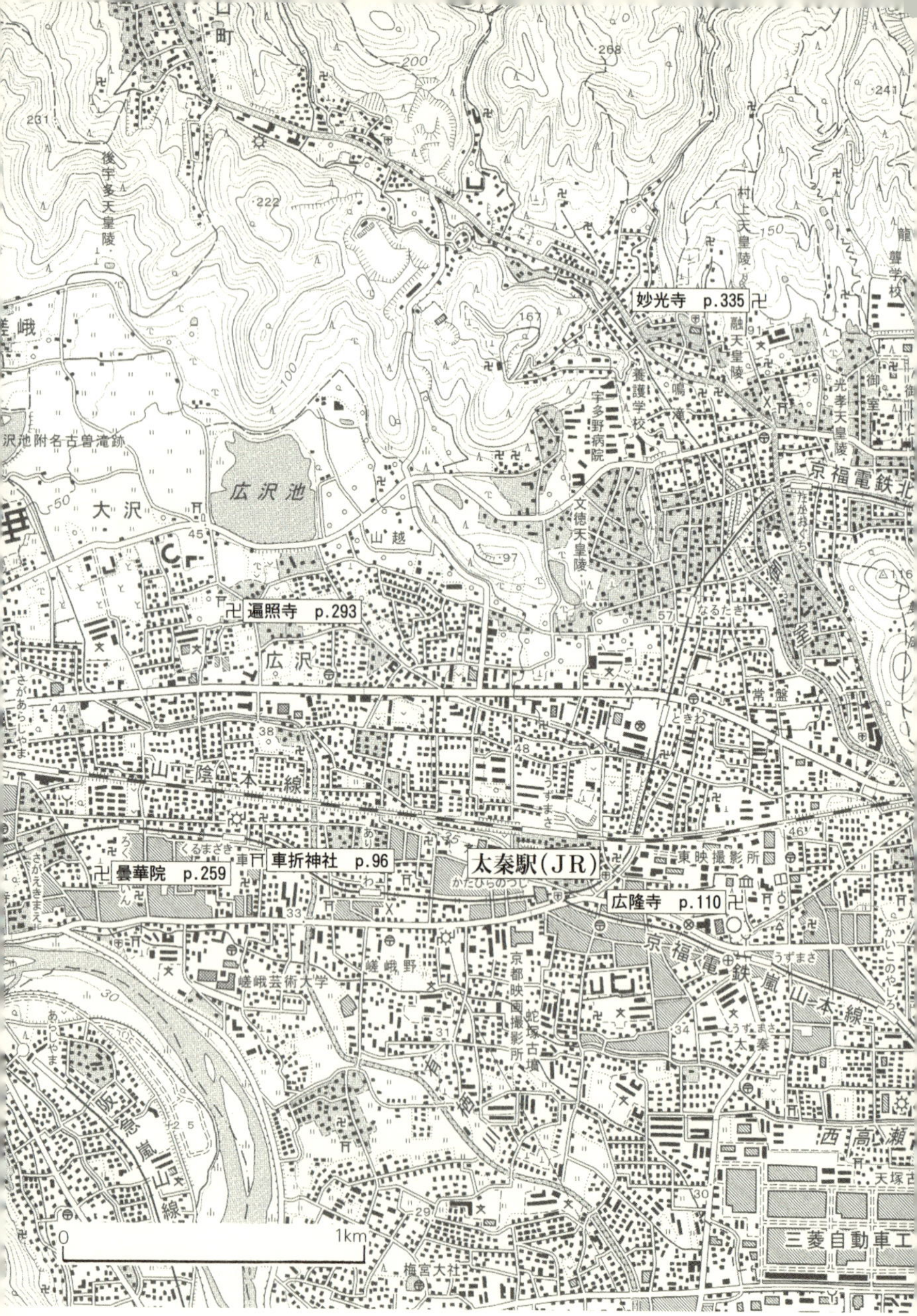
妙光寺　p.335
遍照寺　p.293
曇華院　p.259
車折神社　p.96
太秦駅(JR)
広隆寺　p.110
広沢池
大沢
広沢
山越
後宇多天皇陵
村上天皇陵
光孝天皇陵
文徳天皇陵
宇多野病院
養護学校
京福電鉄北
山陰本線
京福電鉄嵐山本線
東映撮影所
京都映画撮影所
蛇塚古墳
嵯峨芸術大学
嵯峨野
常盤
太秦
西高瀬
梅宮大社
三菱自動車工
0
1km

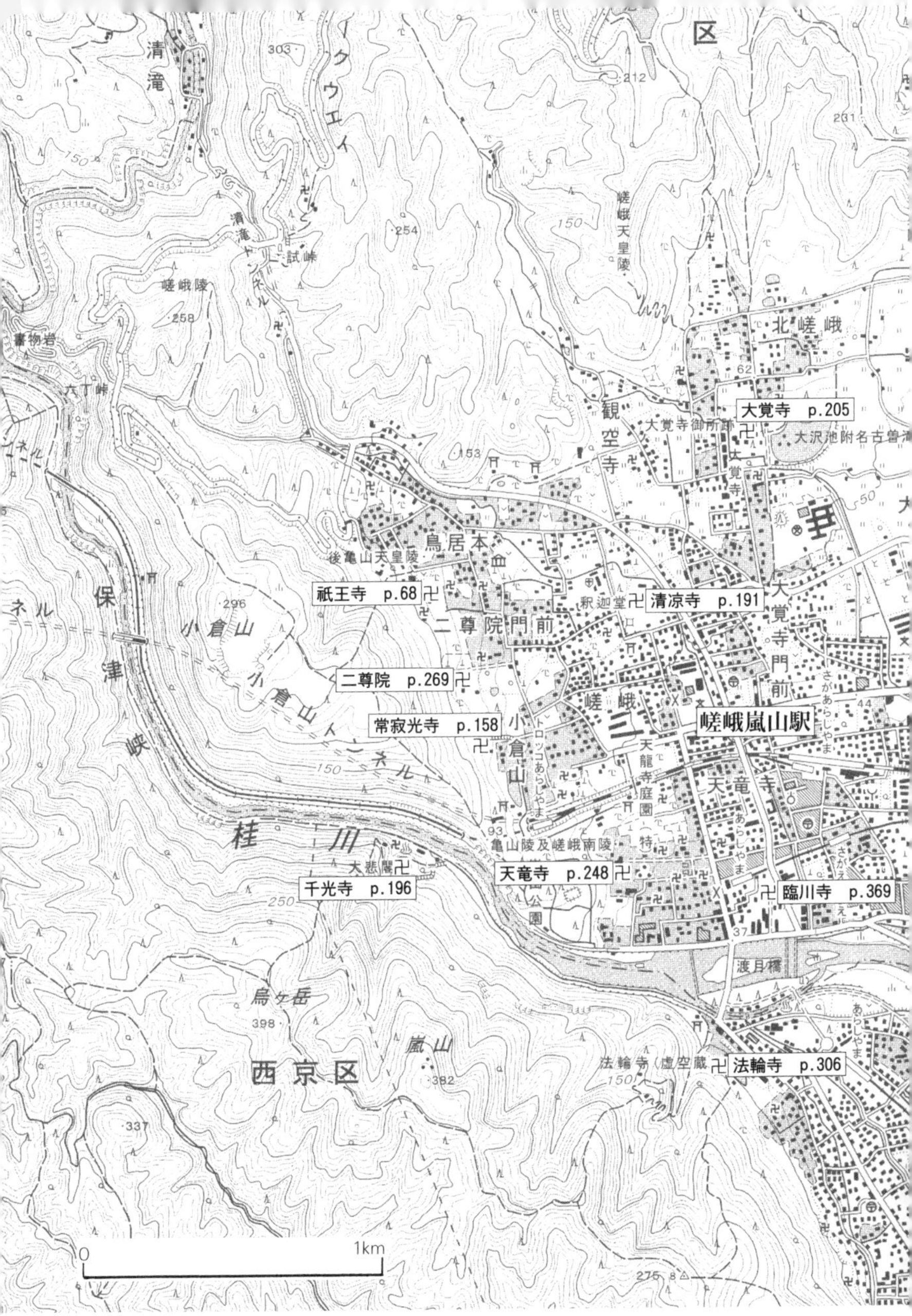

区
清滝
クウエイ
303
212
231
150
清滝トンネル
試峠
254
嵯峨天皇陵
嵯峨陵
258
書物岩
六丁峠
北嵯峨
62
観空寺
大覚寺 p.205
大覚寺御所跡
大沢池附名古曽滝
大覚寺
153
50
鳥居本
後亀山天皇陵
祇王寺 p.68
釈迦堂
清凉寺 p.191
大覚寺門前
二尊院門前
保津峡
小倉山
296
小倉山トンネル
二尊院 p.269
嵯峨
嵯峨嵐山駅
さがあらしやま
44
常寂光寺 p.158
小倉山
トロッコあらしやま
天龍寺庭園
天竜寺
150
桂川
93
亀山陵及嵯峨南陵
大悲閣
千光寺 p.196
天竜寺 p.248
臨川寺 p.369
あらしやま
さがえ
250
亀山公園
37
渡月橋
烏ヶ岳
398
嵐山
382
西京区
法輪寺（虚空蔵
法輪寺 p.306
150
337
0
1km
275.8

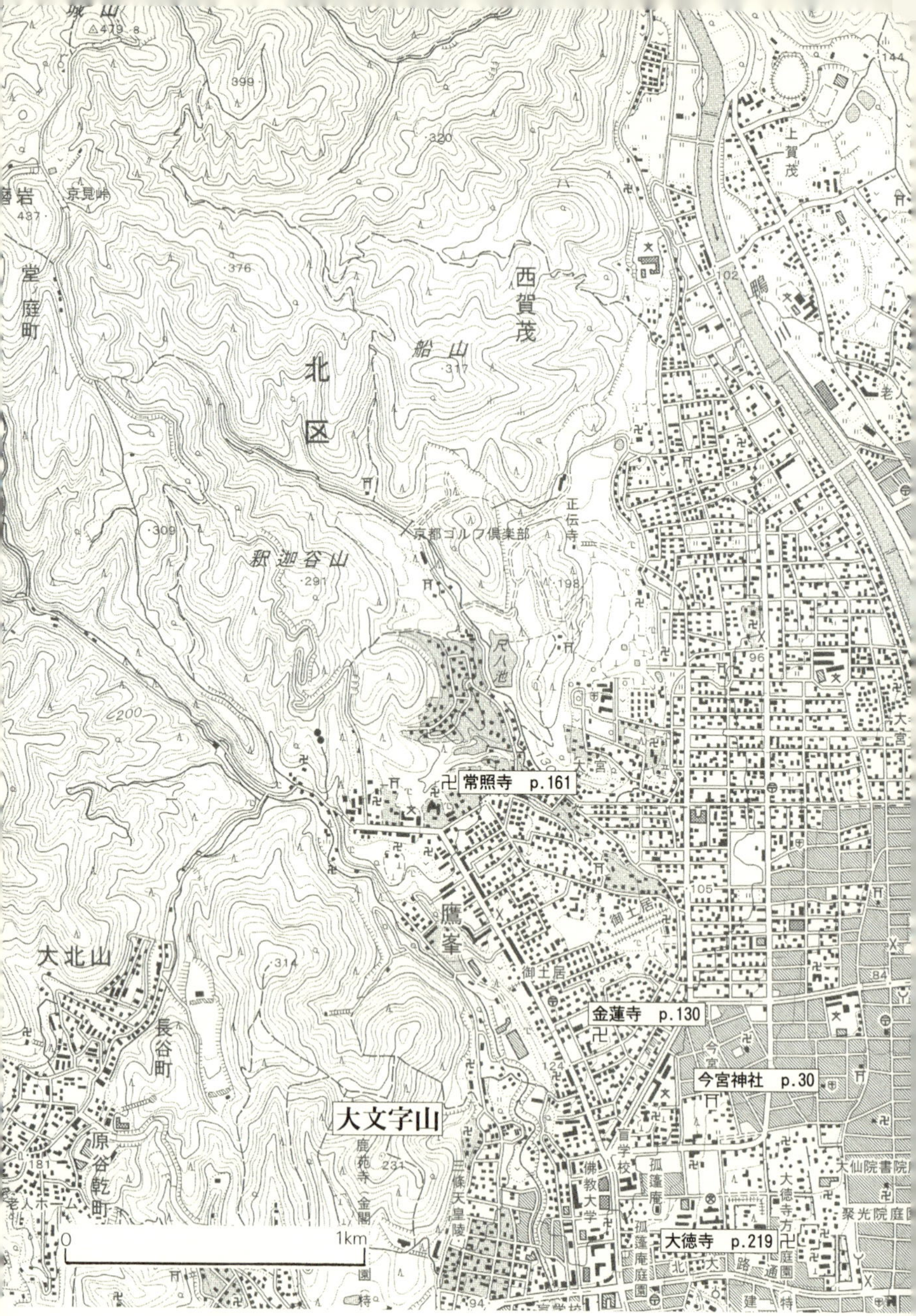

北区
西賀茂
上賀茂
船山
釈迦谷山
京見峠
堂庭町
京都ゴルフ倶楽部
正伝寺
尺八池
大宮
常照寺 p.161
鷹峯
御土居
大北山
長谷町
原谷乾町
老人ホーム
金蓮寺 p.130
今宮神社 p.30
大文字山
鹿苑寺
三條天皇陵
盲学校
佛教大学
孤篷庵
孤篷庵庭園
大徳寺 p.219
大徳寺方丈庭園
大仙院書院
聚光院庭園
北大路通
0
1km

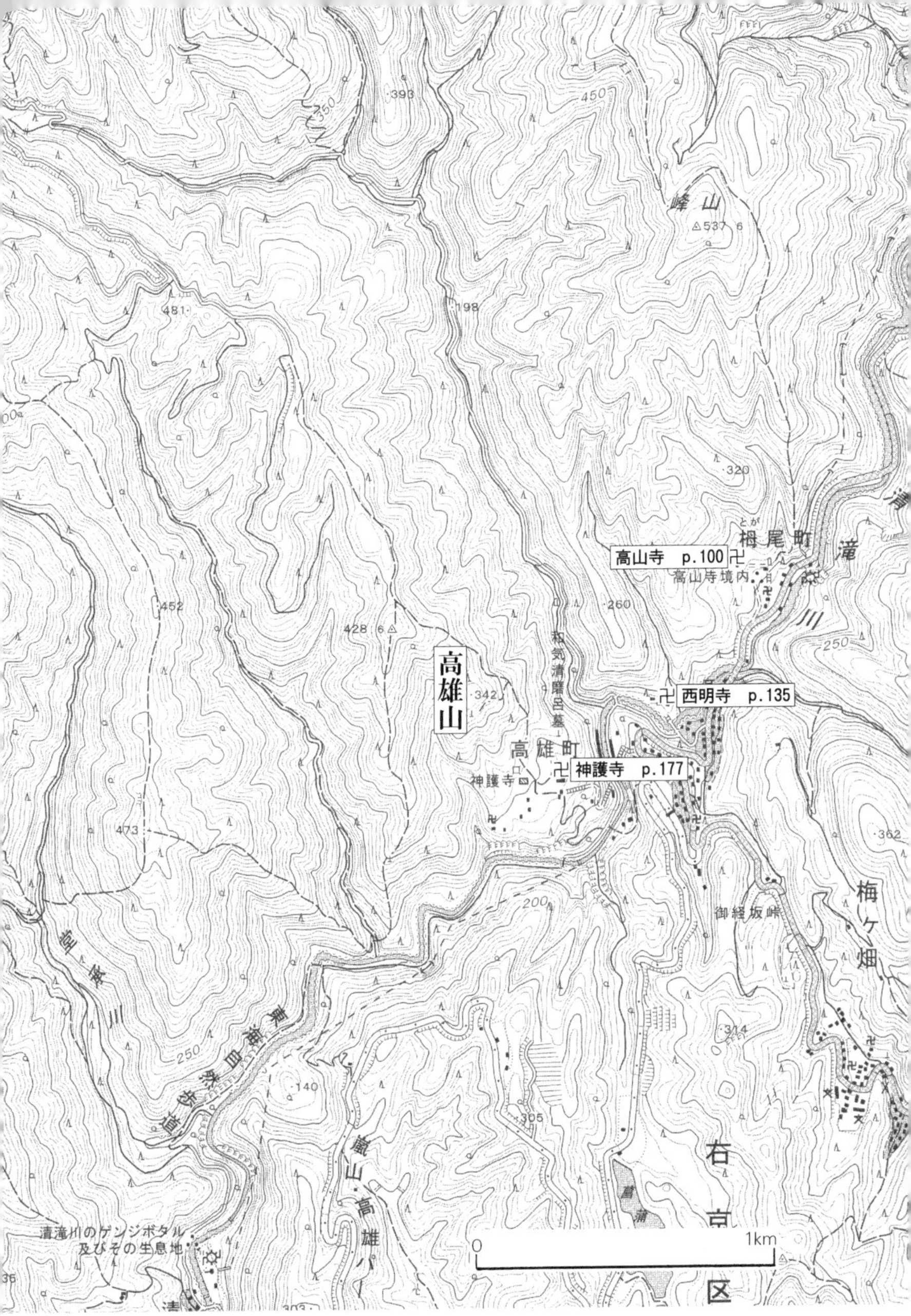
峰山
高山寺　p.100
栂尾町
高山寺境内
西明寺　p.135
高雄山
和気清麿呂墓
高雄町
神護寺　p.177
神護寺
御経坂峠
梅ケ畑
東海自然歩道
右京区
清滝川のゲンジボタル
及びその生息地
0
1km

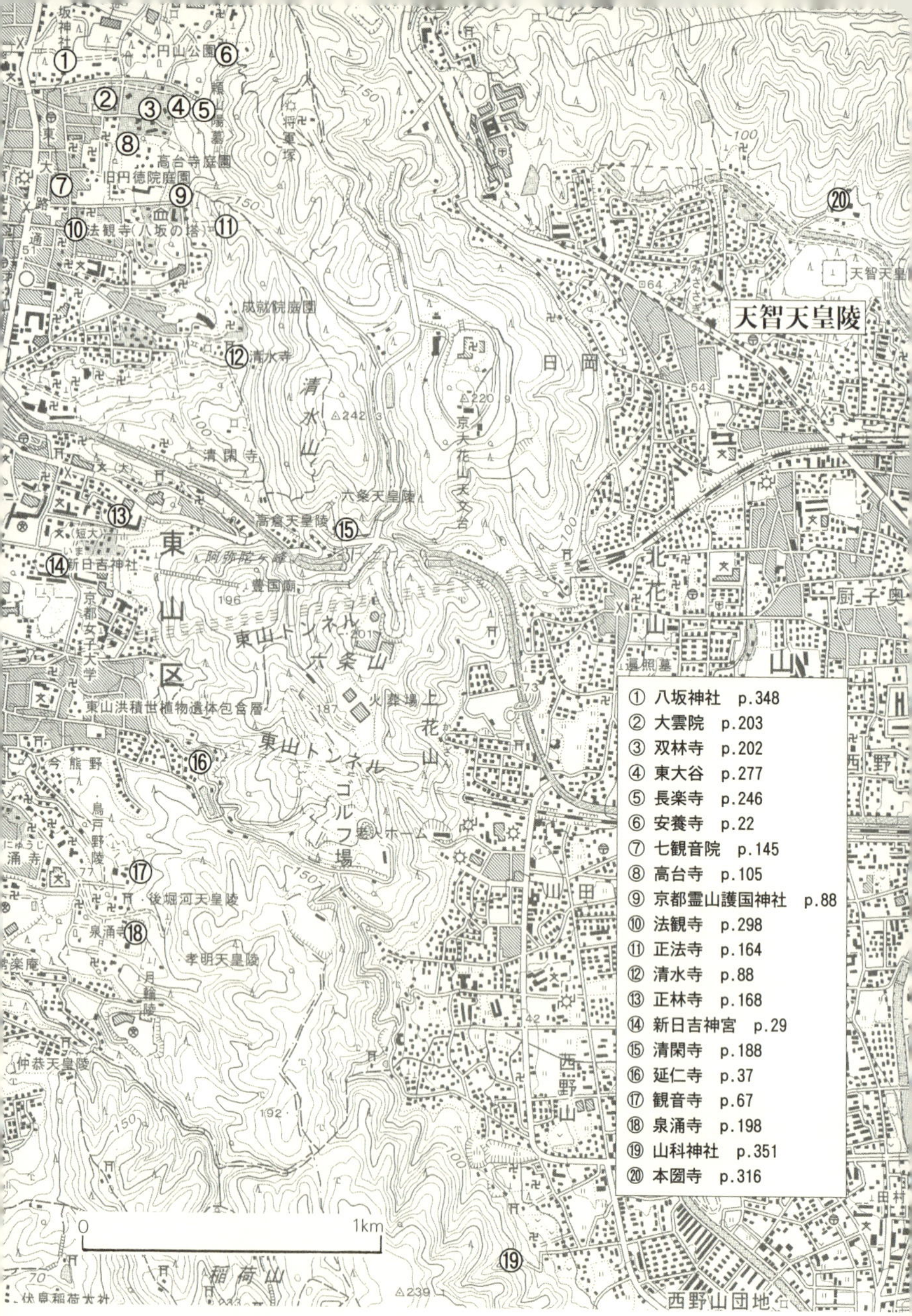
天智天皇陵
① 八坂神社　p.348
② 大雲院　p.203
③ 双林寺　p.202
④ 東大谷　p.277
⑤ 長楽寺　p.246
⑥ 安養寺　p.22
⑦ 七観音院　p.145
⑧ 高台寺　p.105
⑨ 京都霊山護国神社　p.88
⑩ 法観寺　p.298
⑪ 正法寺　p.164
⑫ 清水寺　p.88
⑬ 正林寺　p.168
⑭ 新日吉神宮　p.29
⑮ 清閑寺　p.188
⑯ 延仁寺　p.37
⑰ 観音寺　p.67
⑱ 泉涌寺　p.198
⑲ 山科神社　p.351
⑳ 本圀寺　p.316
円山公園
高台寺庭園
旧円徳院庭園
法観寺（八坂の塔）
成就院庭園
清水寺
清水山
清閑寺
六条天皇陵
高倉天皇陵
新日吉神社
京都女子大学
東山区
豊国廟
東山トンネル
六条山
火葬場
東山洪積世植物遺体包含層
上花山
今熊野
鳥戸野陵
後堀河天皇陵
泉涌寺
孝明天皇陵
月輪陵
仲恭天皇陵
ゴルフ場
老人ホーム
京大花山天文台
日岡
北花山
厨子奥
西野
山田
西野山
西野山団地
稲荷山
0
1km

11　京都古社寺分布地図

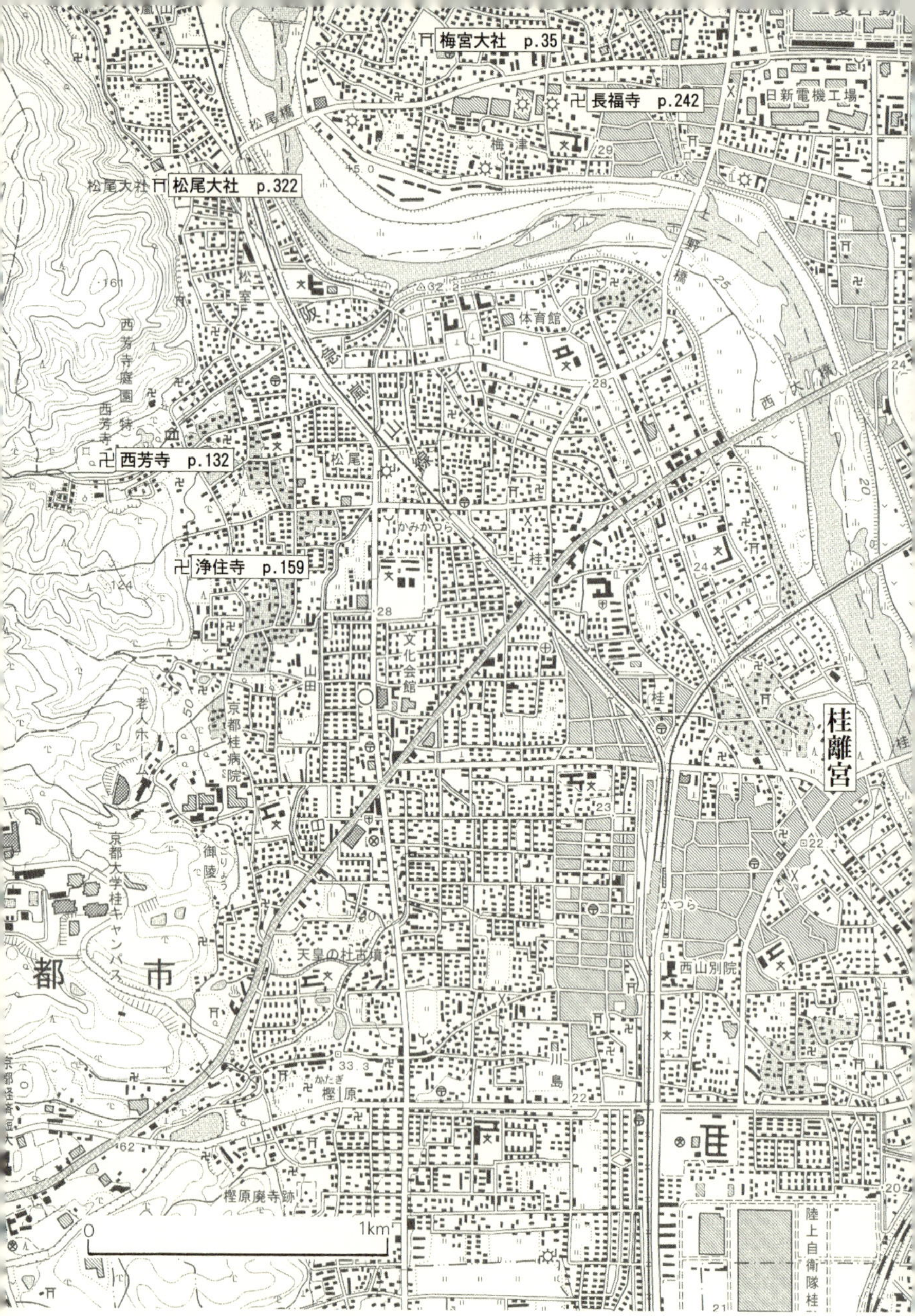
梅宮大社　p.35
長福寺　p.242
日新電機工場
松尾橋
梅津
松尾大社
松尾大社　p.322
松室
阪急嵐山線
体育館
西大橋
西芳寺庭園（特）
西芳寺
西芳寺　p.132
松尾
かみかつら
上桂
浄住寺　p.159
文化会館
山田
老人ホーム
京都桂病院
桂
桂離宮
京都大学桂キャンパス
御陵
天皇の杜古墳
都
市
西山別院
かつら
川島
かたぎ
樫原
樫原廃寺跡
陸上自衛隊桂
0
1km

13　京都古社寺分布地図

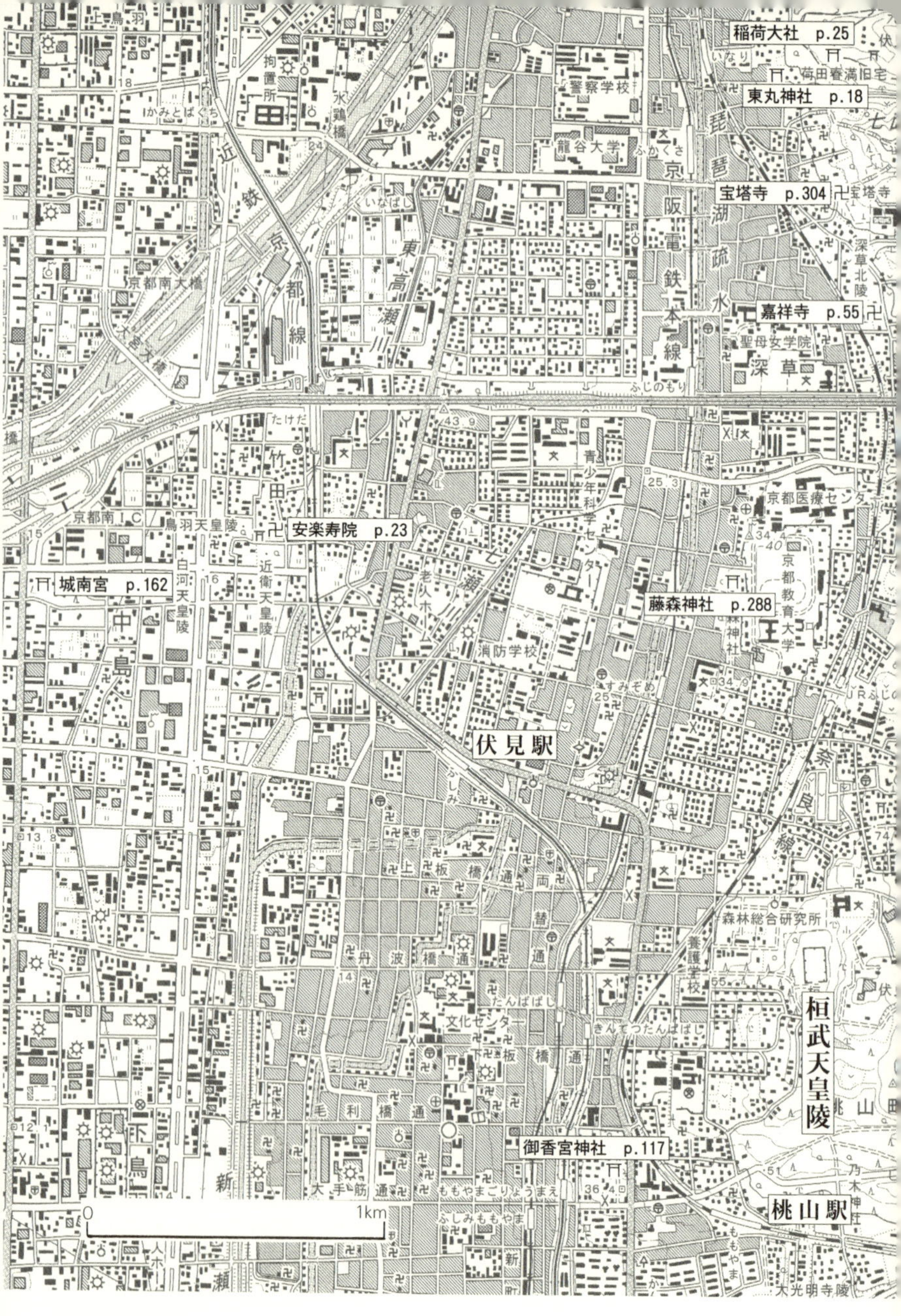
稲荷大社　p.25
東丸神社　p.18
宝塔寺　p.304
嘉祥寺　p.55
安楽寿院　p.23
城南宮　p.162
藤森神社　p.288
伏見駅
御香宮神社　p.117
桓武天皇陵
桃山駅
龍谷大学
警察学校
京阪電鉄本線
近鉄京都線
東高瀬川
琵琶湖疏水
深草
聖母女学院
竹田
京都南I.C
鳥羽天皇陵
白河天皇陵
近衛天皇陵
京都医療センター
京都教育大学
青少年科学センター
消防学校
中島
上板橋通
丹波橋通
下板橋通
毛利橋通
大手筋通
両替通
文化センター
森林総合研究所
養護学校
奈良線
下鳥
大光明寺陵
0
1km

15　京都古社寺分布地図

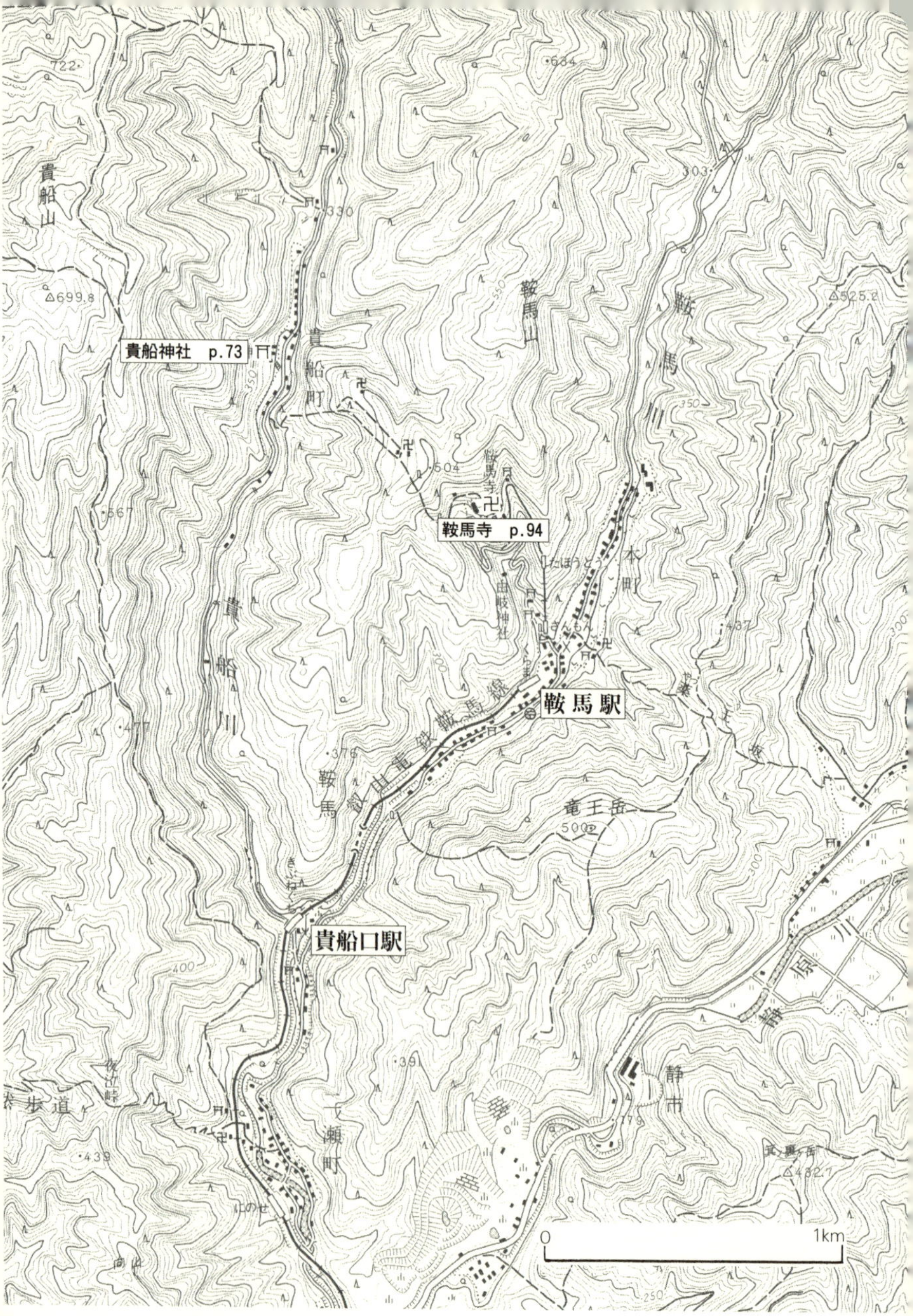
貴船神社　p.73
鞍馬寺　p.94
鞍馬駅
貴船口駅
貴船山
貴船町
鞍馬山
鞍馬川
貴船川
鞍馬寺
由岐神社
本町
竜王岳
鞍馬山
叡山電鉄鞍馬線
静原川
静市
夜泣峠
東海自然歩道
二ノ瀬町
722
684
303
330
△699.8
△525.2
504
567
487
477
376
500
39
779
439
△432.7
350
300
400
250
0
1km

京都古社寺総覧

県神社

あがたじんじゃ

京都府宇治市宇治蓮華七二に鎮座。旧村社。祭神は木花《このはな》開耶姫命《さくやひめのみこと》。一説に弓削道鏡、または藤原頼長の霊ともいう。その位置は平等院西門跡の傍で、もとその鎮守であり、永承年中(一〇四六―五三)藤原頼通の勧請するところという。六月五日の県祭は裸祭としても知られ、古来性的行事を伴う祭として特色がある。

(村山　修一)

東丸神社

あずままろじんじゃ

京都市伏見区深草藪之内町三六に鎮座。江戸時代中期の国学者荷田春満《かだのあずままろ》を祀る。春満は稲荷神社の社家に生まれ、羽倉を姓とし、通称斎宮、はじめ信盛のち東麿といった。国学の祖として、賀茂真淵・本居宣長・平田篤胤とともに国学四大人の一人に数えられ、その神霊を本社に祀る。明治二十三年(一八九〇)に創建せられ、同三十六年府社に列せられた。例祭は四月三日。

(加藤　隆久)

愛宕神社

あたごじんじゃ

京都市右京区嵯峨愛宕町一の愛宕山上に鎮座する。旧府社。全国各地にある愛宕社の本社として、祭神は本宮には稚産日命《わくむすびのみこと》・埴山姫命《はにやまひめのみこと》・伊弉冉尊《いざなみのみこと》・天熊人命《あめくまうしのみこと》・豊《とよ》受姫《うけひめ》の五柱、若宮には雷神・迦遇槌命《かぐつちのみこと》・破无神《はむのかみ》の三柱を祀ると公称されているが、世俗にはもっぱら火の神迦遇槌を中心に鎮火神(火伏せの神)として尊崇されている。本社は『神祇拾遺』『神社啓蒙』などによれば、もと愛宕郡鷹峯《たかがみね》(京都市北区鷹峯)にあったのを、のち今の山上に移したものという。『三代実録』によれば貞観六年(八六四)正六位上から従五位下に昇叙、元慶三年(八七九)さらに従四位下に進められ、また翌四年には阿当護《あたご》山无位雷神・破无神に並びに従五位下を授くとみえ、古代における崇敬の一端を窺うことができる(それらの記事がいずれも丹波国愛当護《あたご》神と記されているのは、当時は愛宕山が丹波に属していたからと解せられる。『延喜式』にも丹波国桑田郡条に阿多古《あたご》神社を入れている)。中世神仏習合の進展に伴い、その祭神は愛宕権現太郎坊と呼ばれ、その姿は天狗と考えられて畏怖されたが、他方その本地仏としては勝軍地蔵がまつられ、これを本宮とし、太郎坊をもって奥院とした。そのほかに別当寺・教学院・福寿院・長康坊・御蔵院・威徳大善寺など多くの坊舎があり、唐の五台山に擬して愛宕五峯と呼ばれた。古来朝廷ならびに武門の信仰が厚く、禁中御撫物《きんちゅうおんなでもの》四筥ずつが納められたのに対し、当社からは丙午の年ごとに護符を奉ったという。応仁の乱後、細川勝元は社殿を修造、織田・豊臣二氏はそれぞれ社地を寄進し、徳川氏もまた六百五十二石の朱印地を寄せた。明治維新の後権現号を停め、別当・供僧《くそう》などを廃して今日に至っている。例祭は九月二十八日。別に四月二十四日に鎮火祭を執り行なっている。愛宕神社は諸方にひろく分祀勧請されているが、その最も著名なものは東京都港区の桜田山(愛宕山)上にあるもので、慶長八年(一六〇三)将軍の命により修法僧神証春音の勧請するところ。同十五年に本社・幣殿・拝殿・閣門《こうもん》などが完成。山下に六院を置き、遍照院をもって別当の住坊とした。

(柴田　実)

阿弥陀寺　あみだじ

京都市上京区鶴山町一四にある浄土宗鎮西義《ちんぜいぎ》の寺院。創建は明らかではないが、もと近江の坂本にあり、弘治元年(一五五五)京都の芝薬師町(今出川大宮の東、堀川の西)の某旧跡の裏に移り、蓮台《れんだい》野に近いので山号を蓮台山と称した。無縁所として室町幕府に外護され、永緑年間(一五五八―七〇)に千部経読誦や別時念仏のとき禁制が出された。天正十年(一五八二)本能寺の変に、住持で織田信長《おだのぶなが》の帰依僧生誉清玉《せいよせいぎょく》は、信長以下の屍を境内に葬った。同十五年豊臣秀吉《とよとみひでよし》の命で現地に移った。現在知恩院《ちおんいん》末。

参考文献　『阿弥陀寺文書』、『京都府寺志稿』、辻善之助『日本仏教史』六

(菊地勇次郎)

文子天満宮神社　あやこてんまんぐうじんじゃ

京都市下京区間之町通花屋町下ル天神町四〇〇に鎮座。旧村社。文子は祭神菅原道真の乳母。道真が西遷の時、西七条にあった文子親子の居宅に小休みし、形見にその真像を遺していったのを祀っていたが、慶長以後現在の地に移したものという。市内二十五天神の一つにかぞえられる。例祭は四月十六日。

(柴田　実)

安祥寺　あんじょうじ

京都市山科区御陵平林町三にある。古義真言宗別格本山。吉祥山と号す。嘉祥元年(八四八)仁明天皇女御藤《ふじ》原順子《わらのじゅんし》の発願により、入唐《にっとう》僧恵運《えうん》を開基として創建。

安祥寺五智如来像

宝生如来像

阿閦如来像

大日如来像

不空成就如来像

阿弥陀如来像

仁寿元年（八五一）七僧を配し、同二年常燈料を施入、斉衡二年（八五五）定額寺《じょうがくじ》に列し、貞観元年（八五九）年《ねん》分度者《ぶんどしゃ》三人を許された。同九年作成の資財帳によれば、寺は上・下寺に分かれ、ともに多くの堂院が整備され、順子の施入《せにゅう》による周辺の山五十町のほか多くの墾田《こんでん》を寺領として施入・買得していた。平安時代末期、恵運の法流が絶えたあと、宗意《しゆうい》によって安祥寺流（安流）がひらかれたが、中世には寺運は衰退し、上寺は退転、下寺も応仁の乱の兵火にかかった。江戸時代初期に復興したが、寺域は東隣毘沙門堂《びしやもんどう》建立のため縮められた。江戸時代は高野山宝性院《こうやさんほうしよういん》の兼帯所として維持。現在の建物は宝暦年間（一七五一―六四）の再建。創建当時の遺宝に五智如来像《ごちによらいぞう》（重要文化財）がある。なお背後の山中には上寺の遺跡がある。

（熱田　公）

五智如来像　金剛界五仏。木造漆箔の坐像、中尊像高一五八・五センチ、そのほか一〇七センチ前後。『安祥寺縁起資財帳』の仏菩薩像条に記されている五仏にあたると思われる。安祥寺の上寺・下寺のいずれが先建か、安置堂中はどこかをめぐって論が分かれ、その造立年時について仁寿年間（八五一―五四）から貞観初年に至る諸説がある。軀幹部は一木造りで内刳をし、頭髪や肉身に乾漆をかける。作風は神護寺五大虚《じんごじごだいこ》空蔵《くうぞう》など当代の密教像に共通している。重要文化財指定。

参考文献　丸尾彰三郎他編『日本彫刻史基礎資料集成』平安時代重要作品篇四、丸山士郎「安祥寺五智如来像・観心寺仏眼仏母如来像・弥勒如来像とその周辺」（『MUSEUM』五一四）

（水野敬三郎）

■安養寺（京都市東山区）■　あんようじ

京都市東山区円山町六二四円山公園内にある時宗の寺。延暦年中（七八二―八〇六）最澄の開創、建久年間（一一九〇―九九）慈円《じえん》居住の吉水房《よしみずぼう》跡と伝える天台系寺院であったが、国阿随心《こくあずいしん》に霊山寺《りようぜんじ》を譲った光英《こうえい》が、至徳二年（一三八五）八月、臨終の行儀を国阿に依頼して安養寺で没し、以後同寺も霊山正法寺《しようぼうじ》末となった。のち応永年中、盲僧源照《げんしよう》が本堂を建立。寺内に勝興院以下六坊があり、それぞれ也阿弥・左阿弥などの阿弥号を称して飲食を供し、遊楽の場となった。六阿弥の名は料亭として残り、今は本堂のみ残る。

参考文献 『国阿上人伝』、黒川道祐『雍州府志』四(『(増補)京都叢書』三)、大島武好『山城名勝志』一四(同八)、吉川清『時宗阿弥教団の研究』、大橋俊雄「京都東山双林寺旧蔵国阿上人像について」(『日本仏教』二七)、林屋辰三郎・村井康彦・森谷尅久監修『京都市の地名』(『日本歴史地名大系』二七)

(薗田　香融)

安養寺(京都市中京区) あんようじ

京都市中京区東側町五二にある浄土宗西山義の寺院。院号は華台院《かだいいん》。寛和年間(九八五―八七)に恵心僧都源信《えしんそうずげんしん》が、大和国の葛下郡《かずらきのしも》当麻の地に創建。寺名は華台院。二世安養尼は源信の妹で、世人がその徳を慕って安養寺と改めたという。天永年間(一一一〇―一三)に隆暹《りゅうせん》が現地に移し、建長年間(一二四九―五六)に浄土宗西山義へ東山義の僧証仏《しょうぶつ》が改宗した。本尊は丈六《じょうろく》の阿弥陀如来立像で、八葉の蓮華の上に立ち、その蓮華は女人往生の姿を示す倒蓮華《さかされんげ》と言いつたえ、特に江戸時代には寺が安産の守札を頒つ習があった。

参考文献 大島武好『山城名勝志』四(『(増補)京都叢書』七)、白慧『山州名跡志』二〇(『大日本地誌大系』)

(菊地勇次郎)

安楽寿院 あんらくじゅいん

京都市伏見区竹田内畑町《うちはた》二六にある寺院。現在は新義真言宗智山派。鳥羽上皇の後院鳥羽殿のうち東殿の一部に、保延三年(一一三七)鳥羽上皇によって創建されたのに始まる。当初は単に東殿御堂と呼ばれ、安楽寿

安楽寿院南陵

院の号は康治二年（一一四三）が初見。保延五年藤原家成《ふじわらのいえなり》の造進により三重塔の供養が行われたが、これは上皇没後の墓所として造営されたといわれ、永治元年（一一四一）上皇は出家、保元元年（一一五六）崩御、この塔に葬られた。この塔を本御塔と呼び、別に皇后美《び》福門院《ふくもんいん》のため、新御塔が造進されたが、美福門院の崩御後は、遺骨は遺言によって高野山に納められた。ために天台宗系の新御塔三昧僧は訴訟をおこし、分骨を要求したことがある。のちこの塔には近衛天皇の御骨が納められた。本御塔跡は、鳥羽天皇安楽寿院陵（建物は宝形造の法華堂、元治元年（一八六四）の再建）、新御塔跡は近衛天皇安楽寿院南陵（建物は多宝塔、慶長十一年（一六〇六）の再建）として現存する。この場所が創建当時のままとすれば、安楽寿院や鳥羽殿の遺構復原の重要な手懸かりとなろう。創建当時の建物には、このほか、仏師法印長円《ちょうえん》作の九体の丈六《じょうろく》阿弥陀像《あみだぞう》を安置した桁行十一間の阿弥陀堂、および康助法橋《こうじょほっきょう》作の丈六不動明王像《ふどうみょうおうぞう》などを安置した一間四面の檜皮葺不動堂などがあった。阿弥陀堂は久安三年（一一四七）に、不動堂は久寿二年（一一五五）にそれぞれ供養が行われ、供養願文が伝わっている。かくて当院は鳥羽上皇終焉の地として盛大に営まれ、山城国芹河《せりがわ》荘・真幡木《まはたぎ》荘以下多くの荘園を寄せられた。これら荘園は安楽寿院領と呼ばれて皇室御領の一中心となることは周知のところである。しかし中世に入って荘園の没落と兵火によって当院の建物は失われ、現在の建物は江戸時代以後の再建である。二御陵のほかは、寺宝阿弥陀如来坐像・

孔雀明王《くじゃくみょうおう》画像《がぞう》・阿弥陀二十五菩薩来迎図《あみだにじゅうごぼさつらいごうず》（いずれも藤原時代、重要文化財）などによって往時の偉観をしのぶにすぎない。なお、鳥羽・伏見の戦には、当院は薩摩・長州軍の本営となった。

（熱田　公）

出雲大神宮　いずもだいじんぐう

京都府亀岡市千歳町出雲無番地に鎮座。旧国幣中社出雲神社。祭神は大国主命《おおくにぬしのみこと》と三穂津姫命《みほつひめのみこと》二柱（一座）。創立年代は不詳であるが、古代出雲国杵築神《きづきのかみ》を遷し奉ったという。のち弘仁九年（八一八）名神に預かり、承和十二年（八四五）無位より従五位下を授けられ、以後累進して延喜十年（九一〇）正四位上に叙せられ、延喜の制では名神大社に列し、丹波国一宮となる。さらにのち『西園寺相国実兼公日記』に正応五年（一二九二）正一位を授けられたことがみえる。また万寿二年（一〇二五）七月、旱天の際本社に雨を祈って験があり（『左経記』）、神威いよいよ揚がった。元暦元年（一一八四）源頼朝は院宣によって玉井四郎資重の濫行を停め、文暦元年（一二三四）北条泰時は社領を安堵し、貞和元年（一三四五）足利尊氏は本社ならびに末社神宮寺以下を修造し、ついで文和三年（一三五四）社領を安堵した。なお本殿は三間社流造で建坪十四坪弱、屋根は檜皮葺、貞和二年の修造と伝え、様式より見て南北朝時代の建築と推定され、重要文化財に指定されている。例祭は十月二十一日。ほかに粥占祭・花祭の特殊神事がある。

（大場　磐雄）

稲荷大社　いなりたいしゃ

京都市伏見区深草藪之内町三六、稲荷山西麓に鎮座。旧官幣大社。現在伏見稲荷大社と称する。全国三万余を数える稲荷神社の総本社。祭神は古来諸説があるが、現今は、宇迦之御魂大神《うかのみたまのおおかみ》（下社・中央座）・佐田彦大神《さだひこのおおかみ》（中社・北座）・大宮能売大神《おおみやのめのおおかみ》（上社・南座）・田中大神《たなかのおおかみ》（田中社・最北座）・四大神《しのおおかみ》（四大神社・最南座）の合わせて五座で、これを稲荷大神、あるいは稲荷五社大明神と称している。和銅四年（七一一）二月七日初午の日に、稲荷山三ヶ峯に鎮座したと伝える。爾後秦氏一族が禰宜《ねぎ》・祝《はふり》となって祭祀に奉仕した。国史における初見は、天長四年（八二七）従五位下を授けられたことであるが、以後神階は次第に進み、天慶三年（九四〇）従一位、ついで同五年ごろには、はやくも正一位の極位に叙せられた。一方、それと相まって仁寿二年（八五二）以降、朝廷よりしきりに奉幣のことがあり、崇敬ことに篤く、また封戸・神田など寄進のことがあった。『延喜式』の制では、稲荷神三座（下・中・上三社の神）は名神・大社に列し、祈年・月次・新嘗の案上および祈雨の官幣に預かり、やがて二十二社の制が成立すると、その一つに加えられ、上七社第六に位するに至った。ことに後三条天皇は、延久四年（一〇七二）三月にはじめて当社に行幸のことがあり、以後、鎌倉時代にわたって当社行幸のことは歴代の流例となった。またしばしば行啓・御幸の儀が執り行われた。平安時代末期以降荘園盛行の時代になると、当社も山城・美作・備後・加賀・越前・美濃などの諸国に荘園をもち、地元の山城国には豊田荘を領知したほか、当社付近の地区には多くの神田を有し、これらは神用に供するとともに、社家の経済生活に充てられた。下って建武新政の際には、建武元年（一三三四）九月、社領加賀国針道荘が安堵され、室町時代には将軍家よりしばしば諸荘安堵のことがあった。さらに正親町天皇は、元亀二年（一五七二）、特に室町幕府に対して本社に濫妨した三《み》淵藤英《ぶちふじひで》らの非違を糾弾せしめた。豊臣秀吉は天正十七年（一五八九）社領として百六石を寄せ、かつ境内地子以下を免除し、徳川氏はこれを承け、朱印領として安堵して幕末に及んだ。明治四年(一八七一)五月、新制度によって官幣大社に列したが、第二次世界大戦後は国家管理を離れ、昭和二十一年(一九四六)七月、新たに規則が制定せられ、宗教法人伏見稲荷大社として運営されるようになった。当社は古来民衆の信仰が強く、国家管理の時代にも民衆の信仰の最も強い神社の随一とされていた。これは衣食住という民衆の日常生活を守護する祭神の神徳にもとづくものである。なお、朱印領が明治維新の際上知されたことはいうまでもないが、境内地においても、もと稲荷山の山上・山下を含めて総面積約二十六万坪に及ぶ広大なものであったのが、一挙に二万坪余を残して他は上知された。しかし、その後政府と折衝を重ね、明治三十五年と昭和三十七年との二回の払下げによって、現在はおおむね上知以前の規模に復帰した。当社はもと稲荷山に、下社・中社・上社の三社があったが、のち田中大神と四大神とが奉祀されて五社となった。応仁の乱にそれらの多くが灰燼に帰し、その後現在のような五社相殿の本殿が山麓に建立されたといわれている。現在の本殿は明応八年(一四九九)の建造にかかり、天正十七年豊臣秀吉

伏見稲荷大社本殿・内拝殿

の修理を経ており、稲荷造と呼ばれる檜皮葺五間社流造、五十六坪（一八五平方メートル）余である。昭和三十六年新たに内拝殿を造営し、向拝《こうはい》大唐破風《からはふ》をその正面に移して、本殿を明応造営当時の姿に復元した。ちなみに、当社は古くから教王護国寺（東寺）の鎮守と仰がれ、五月の還幸祭には、旅所を出た五座の神輿は、途中同寺に入り、神供のことがあって還幸するのを例とした。神宮寺のことは古く所見はないが、中世末期ごろから本願所（のちの愛染寺）のことがみえ、近世には社家にならって御分霊授与のことも行なっているが、維新の際廃せられた。当社の祭礼は古来稲荷祭として知られた。現在特殊神事の主なものは大山祭（一月五日）、奉射祭（一月十二日）、初午大祭（二月初午の日）、稲荷祭、火焚《ひたき》祭（十一月八日）、御煤払《おすすはらい》祭（十二月初申日）である。なお、本殿ならびに境内なる後水尾天皇御下賜御茶屋（寛永十八年当社祠官荷田延次《かだのぶつぐ》拝領、禁裏庭内のものを移築）はともに重要文化財に、また荷田春満《あずままろ》の旧宅は史跡に、いずれも指定されている。

参考文献 『稲荷大社由緒記集成』祠官著作篇、『（増訂）稲荷神社志料』、『稲荷神社史料』五、伴信友『験の杉―稲荷神考証―』（『稲荷大社由緒記集成』研究著作篇）、前田夏蔭『稲荷神社考』（同）、西田長男「稲荷社の本縁」（『日本古典の史的研究』所収）、同「荷田氏所伝の稲荷社縁起」（『神道史の研究』二所収）、福山敏男「伏見稲荷大社の社殿」（『日本建築史研究』所収）

（小島鉦作）

稲荷山経塚 京都市伏見区深草開土口町所在。稲荷山の北斜面中腹に位置し、伏見稲荷大社の境内に属している。明治四十四年（一九一一）に採土中発見。遺構は板石で小石室を作り、蓋石をおき、その上に石塊をつみ、上面を土で覆っていた様子である。出土品には、木製経軸十本分、鍍銀の銅製経筒一口のほかに、外筒・鏡・合子《ごうす》・皿・短刀・華瓶《けびょう》・玉類・提子・簪《かんざし》・金・銀・古銭など約二十種、百余点がある。

一経塚から、これだけ多量の品々が発見されたのも珍しいが、加えて、優品が少なくないことはきわめて稀な例といってよい。紀年を記した遺品はないが、遺物から十二世紀後半の営造と考えられる。遺物は東京国立博物館蔵。

参考文献 佐野大和「山城国稲荷山の経塚について」（伏見稲荷大社編『稲荷山経塚』所収）、岩井武俊「山城国稲荷山経塚発掘遺物の研究」（『考古学雑誌』二ノ八）、高橋健自「山城国稲荷山経塚及発掘遺物に就きて」（同）、三宅敏之「稲荷山の経塚」（『朱』一〇）

（三宅　敏之）

新熊野神社 いまくまのじんじゃ

京都市東山区今熊野椥《なぎ》ノ《の》森《もり》町四二に鎮座。旧村社。伊弉《いざな》冉尊《みのみこと》をはじめ、熊野十二社の祭神と樟《くす》権現の神を祀る。熊野信仰にとりわけ篤い後白河法皇は、その御所である法住寺《ほうじゅうじ》殿近くに熊野神を勧請し、日常の参詣の便にしようとの考えから、永暦元年（一一六〇）、平清盛をして社殿造営を行わしめた。以後熊野御幸の際は必ずまずここに社参した。のち熊野本山の検校に本社の検校を兼ねさせた。境内の樟の大木は、創立当時紀州より移植されたものと伝えられる。例祭は五月五日。

参考文献 宮地直一『熊野三山の史的研究』

（村山　修一）

新日吉神宮 いまひえじんぐう

京都市東山区妙法院前側町四五一－一に鎮座。旧府社。新日吉神社。祭神は大山咋命《おおやまくいのみこと》・大己貴命《おおなむちのみこと》・賀茂玉依姫命《かもたまよりひめのみこと》・田心比売命《たごりひめのみこと》・菊理比売命《くくりひめのみこと》のほか素盞嗚尊《すさのおのみこと》・大年神《おおとしのかみ》を配祀する。日吉神社の信仰篤い後白河法皇は、都心に近く礼拝の便を求め、永暦元年(一一六〇)天台座主最雲法親王をして法住寺殿御所東面に社殿を造営し、応保二年(一一六二)四月九日、はじめて祭が行われた。五月には小五月会《こさつきえ》が催され、競馬・流鏑馬・闘鶏が行われる例となった。鎌倉時代中期に祭は衰えたが、宝治元年(一二四七)五月後嵯峨上皇御幸して大いに面目を改め、競馬・田楽・獅子舞を催し幕府より流鏑馬射手を召された。いま当社にはこの有様をしのぶ絵巻物が遺っている。応仁の乱に荒廃したのを、明暦元年(一六五五)妙法院宮堯然《ぎょうねん》入道親王が智積院北に再建、享保年間(一七一六―三六)神事再興をみ、大仏門前の民家より神事を勤めることになった。明治三十年(一八九七)現地に移り、昭和三十四年(一九五九)新日吉神宮と改称された。例祭は十月十六日。

参考文献　藤島益雄『新日吉神宮略史』、村山修一『皇族寺院変革史』

(村山　修一)

今宮神社　いまみやじんじゃ

京都市北区紫野今宮町二に鎮座。旧府社。大国主命《おおくにぬしのみこと》・事代主命《ことしろぬしのみこと》・稲田姫命《いなだひめのみこと》の三柱を祭神とする。社伝によると、正暦五年(九九四)、国中に疫病が流行したので、朝廷は木工寮修理職に命じ、疫神のために神輿を造らしめ、船岡山に安置して御霊会《ごりょうえ》を修したのに始まるという。長保三年(一〇〇一)また天下疫癘猖獗《えきれいしょうけつ》を極め、都民の倒れるもの相つぎ、人心大いに動揺したので再び疫神を紫野に祀り、病害を防ごうとした。東山の祇園社が疫神であるため、それに対して祇園の今宮の意をとって今宮と称した。その後悪疫のあるごとに上下官民の崇信を集め、常に奉幣や神馬寄進が行われた。紫野一帯の産土神《うぶすながみ》ともなって庶民の信仰篤きものがあった。特に室町幕府からは今宮の社名にちなみ、将軍家若君の守護神とされ、特別の奉賽が絶えなかった。江戸時代になっても社領五十石が与えられ、例祭日には京都所司代から祭祀料として米五石の寄進があった。祭儀は延喜の制にならって卜部氏の管するところとなり、弘安七年(一二八四)正一位の神階を得た。洛の北郊唯一の大社である。境内に天治二年(一一二五)の年紀ある石造四面仏があり、また本邦最古の更紗に外国船グーテンブルグ号を描いた若杉磯八の油絵を蔵する。長保三年除疫の祭を行なったとき、京中各条から細男《せいのお》を出して歌舞を行わしめたことや、久寿元年(一一五四)京中の子女が風流をそなえて鼓笛をならし当社に参集、除疫長寿を祈念したことに端を発した夜須礼祭《やすらいまつり》は、今もなお毎年四月十日に行われ、京都における珍しい古式祭事として注目されている。現在例祭は十月九日。

参考文献　黒川道祐『雍州府志』(『(増補)京都叢書』三)

(中村　直勝)

石清水八幡宮　いわしみずはちまんぐう

京都府八幡市八幡高坊三〇に鎮座。旧官幣大社。祭神は誉田別尊《ほむだわけのみこと》・息長帯比売命《おきながたらしひめのみこと》・比咩大神《ひめおおかみ》。貞観元年(八五九)、奈良大安寺の僧行教が奏請し、宇佐八幡宮に准じ六宇の宝殿を造り、同二年八幡宮を勧請し鎮護国家を祈ったのが起源。男山には勧請以前に石清水寺があり、同五年行教が官符を申下して護国寺と改め神宮寺としたが、実際には八幡宮と護国寺は不二一体の宮寺であった。かかる意味もあってか、『延喜式』神名帳にみえない。はじめから皇室の崇敬篤く、同十一年の宣命には皇大神(八幡神)はわが朝の大祖としている。皇室・庶民が尊崇したが特に皇室の崇敬は篤く、天皇の行幸、上皇の御幸は、天元二年(九七九)三月の円融天皇の参詣以来、明治十年(一八七七)に至るまで、二

石清水八幡宮楼門

百四十余度を数える。貞観十八年山城国に勅し石清水八幡護国寺料として米四十二石を充て、天慶三年（九四〇）には神封二十五戸をうけ、後三条天皇の代には荘園三十四所を有し、伊勢に次ぐ第二の宗廟として尊崇され、賀茂・春日とともに三社の随一とされ、天慶五年平将門ら平定の報賽に始まる三月の臨時祭や、天延二年（九七四）に始まる放生会《ほうじょうえ》は朝廷の大会とされ、永保元年（一〇八一）には二十二社に列せられた。源氏が八幡神を祖神にしたのは清和天皇の石清水勧請に遠因を求められるが、直接祖神の信仰をもち始めたのは頼信からとされ、頼義・義家は特に石清水を崇敬し、各地の勧請が始まった。鶴岡八幡宮は頼朝が崇敬し、武士を通じて各地に八幡宮が勧請された。頼朝は当社に対しても文治元年（一一八五）神領を寄進し、建久二年（一一九一）には別当領を保護した。文永・弘安の役には亀山上皇が参籠し、西大寺の叡尊《えいぞん》も社前に異敵追討の祈禱を修した。南北朝時代には本社は京都西の関門として南北両党争奪の拠点となり、別当家の田中家・善法寺《ぜんぽうじ》家も両党分属を余儀なくされ、後村上天皇は一時本宮を行宮とした。室町時代にも足利将軍はしばしば参詣し、織田信長・徳川家康も参宮し、文久三年

（一八六三）孝明天皇は攘夷祈願に行幸した。本社は宮寺で、創祀の時には神官はなく、貞観十八年宇佐に准じ行教一族の紀朝臣御豊《きのあそんみとよ》が勅により神主となり、紀氏が相続したが、宇佐宮祠官とは全く異質である。支配権は検校にあり、宮寺務は別当が握り、下に権別当・修理別当・三綱・所司があり、のちには祠官・神官・三綱・所司と区別された。当初は宇佐弥勒寺講師元命《げんめい》が別当として入り、みずから紀氏を名乗り、外孫二十三代別当光清の子勝清・成清が田中家・善法寺家祖となった。中世神人《じにん》制が起るが、末社離宮八幡大山崎油神人が最も優勢であった。社殿は保延・建武・永正の三回炎上し、現社殿（国宝）は寛永八年（一六三一）家光の造営である。明治二年男山と改称、同四年官幣大社、同十六年賀茂とともに勅祭社となり、大正七年（一九一八）石清水と復称した。『石清水文書』のほか、五輪塔一基（重要文化財）・石造燈籠一基（同）がある。例祭は九月十五日。

参考文献 『石清水八幡宮史』、中野幡能『八幡信仰史の研究（増補版）』

（中野　幡能）

引接寺　いんじょうじ

京都市上京区閻魔前町三四（舟岡の地）にある新義真言宗の寺。山・院号は光明山歓喜院《こうみょうさんかんきいん》。仏師定朝《じょうちょう》（一説で聖徳太子）の創建で、平安時代の中期洛北の上品蓮台寺《じょうぼんれんだいじ》の寛空《かんくう》（東寺長者《とうじちょうじゃ》、金剛峯寺検校《こんごうぶじけんぎょう》）が真言宗に改宗したと伝える。本尊は閻魔王像《えんまおうぞう》で、左掌の継目内に定朝の墨書銘があり、俗に千本閻魔堂《せんぼんえんまどう》と称された。もと方丈の前庭に普賢《ふげん》象の桜（千本桜ともいう）があり、室町時代には花見で賑わった。また近世の初めには毎春所司代に桜花を献じ、米三石余の料を受けて花鎮の十日念仏を行なった。この大念仏は壬生《みぶ》の地蔵寺のそれと並び称され、宝永以前に一度すたれたが、いま五月二十四日から十七日間古装束を使って行われる。現在智積《ちしゃく》院《いん》末。

参考文献 黒川道祐『雍州府志』四(『(増補)京都叢書』三)、大島武好『山城名勝志』一二(同七)

(菊地勇次郎)

宇治上神社

うじかみじんじゃ

京都府宇治市宇治山田五九に鎮座。旧村社。祭神は応神天皇・菟道稚郎子《うじのわきいらつこ》・仁徳天皇。『延喜式』神名帳に山城国宇治郡宇治神社二座とあるその上の社である。社地はもと菟道稚郎子が住んだ桐原日桁宮《きりはらのひげたのみや》跡で醍醐天皇のとき山城の国司が勅をうけて社殿を造営したのがその起源という。下社と合わせて宇治鎮守明神または離宮明神と呼ぶ。長承二年(一一三三)の離宮祭には競馬・田楽などの芸能が催され雑踏を呈した。例祭五月一日—五日。なお、下社は上社の南方に接して鎮座しており、現在は宇治神社と称している。旧府社。祭神は菟道稚郎子命。例祭は五月八日。宇治神社本殿は三間社流造で重要文化財に指定されている。

(村山　修一)

建築　本殿および拝殿はともに国宝、境内社春日神社社殿は重要文化財に指定されている。本殿は桁行五間、梁行三間の流造で、その中に一間社流造の内殿三棟が左右に併立する。本殿の柱や壁の一部は左右の内殿と共用しているが、中央の内殿はきわめて小さくすべてが独立してつくられている。内殿は向かって右・中央・左の順に古く、およそ十一世紀後半から十二世紀にかけての造営と考えられる。しかし本殿の側回りは少し遅れて鎌倉時代と推定される。内殿は神社建築最古の遺構であり、平安時代に属するものは当社しかない。本殿のすぐ前に建つ拝殿は桁行六間梁行三間、切妻造平入で、その左右にそれぞれ一間の庇を縋破風《すがるはふ》で付加した建築である。中央に板扉を開くほかは建具を蔀戸《しとみど》とし、床は低く、全般に住宅風の趣をもち、鎌倉時代のすぐれた遺構である。境内社春

宇治上神社拝殿

日社社殿は一間社流造で、鎌倉時代初期の特色をもつ。

参考文献 福山敏男『日本建築史研究』続編、太田博太郎他編『日本建築史基礎資料集成』二

（稲垣　栄三）

梅宮大社

うめのみやたいしゃ

京都市右京区梅津フケノ川町三〇に鎮座。旧官幣中社。『延喜式』神名帳に「梅宮坐神四社(並名神大、月次新嘗)」とある。大若子《おおわくご》・小若子《こわくご》・酒解《さかとけ》・酒解子《さかとけのこ》の諸神を祀り、さらに嵯峨天皇・仁明天皇・橘嘉智子《たちばなのかちこ》(檀林《だんりん》皇后)・橘清友《きよとも》を配祀する。はじめ、橘諸兄《もろえ》の母県犬《あがたいぬ》養《かい》橘三千代《みちよ》が創祀したのを、のち相楽郡椊山《かせやま》に移座し、仁明朝に神託が宮人に下って天皇は大社に準じた神社造営を思い立ったが、母后檀林皇后はこれを認めず、みずから葛野川辺の現地のあたりに社地を定めたとい

う。橘三千代以来の伝統をついで歴代皇妃の尊崇があつく、聖武皇后の藤原光明子《ふじわらのこうみょうし》、藤原房前《ふささき》夫人牟漏《むろ》女王などが知られ、皇室の奉幣や神階昇叙も年々行われたことが承和以後の記録にみえるが、平安時代末には次第に社勢退潮し、社領の押妨も多かった。古来梅宮祭は著名で、安産信仰があり、例祭はもと四月・十一月上酉日の夏冬二季に行われたが、現在は四月三日である。祭儀はすこぶる古雅で盛観を極め、山人が庭燎《ていりょう》を焚いて倭舞《やまとまい》を舞い、神児舞《ちごまい》や走馬もあった。もと橘氏の氏神の故により祭日には橘氏五位の者一人を奉幣使としたが、同氏の衰微のために藤原氏の長者が橘氏の是定《ぜじょう》となって、幣帛・神馬を献じた。元慶三年(八七九)に中断したが、同八年に復旧した。醍醐朝延喜の制では名神大社、また延喜十一年(九一一)に正三位に昇叙された。祭儀は宇多朝以後停廃していたのを天慶八年(九四五)に再興、寛弘二年(一〇〇五)旧儀に復し中世・近世も断続したが明治以降ふるわない。祭神にちなみ酒造家の信仰が篤い。昭和二十六年(一九五一)梅宮大社と改称された。

(山上伊豆母)

宇良神社　うらじんじゃ

京都府与謝郡伊根町本庄浜一九一に鎮座。旧郷社。浦島《うらしまの》子《こ》(近くの筒川村住民の祖日下部首《くさかべのおびと》らの遠祖で筒川嶼子ともいう)を主神とし、月読命《つきよみのみこと》・祓戸四柱神《はらえどのよはしらのかみ》を配祀する。『延喜式』神名帳にみえる古社で、社宝に『浦島子伝記』一巻(鎌倉時代)、『浦島明神縁起』一巻(室町時代、重要文化財)および小袖・手道具・手箱や大小鼓胴・仮面(安土桃山時代)があり、本地仏五体はかつて別当寺院であった同地の平野山来迎寺にまつられている。例祭は八月七日。

参考文献 『京都府史蹟勝地調査会報告』六

(村山　修一)

円通寺　えんつうじ

京都市左京区岩倉幡枝《いわくらはたえだ》町三八九にある寺院。臨済《りんざい》宗妙心《みょうしん》寺《じ》派に属し、大悲山《だいひざん》と号する。開基円光院瑞雲文英尼《えんこういんずいうんぶんえいに》は贈左大臣園基任《そのもととう》の女、夫京極忠高《きょうごくただたか》と寛永十四年（一六三七）死別後薙髪してこの地に小庵を結んだ。尼はこの庵を禁中安泰と両親亡夫菩提のため公認の寺とすることを志し、輪王寺宮《りんのうじのみや》らを通じて幕府に請願する一方、敬慕する隠元《いんげん》和尚を寛文十年（一六七〇）招請して仏像の開眼を行い、和尚染筆の山号扁額《へんがく》も用意。この結果延宝六年（一六七八）四月現本堂が宮廷より下賜され、同六月ついに設立許可をみたので、妙心寺の禿翁《とくおう》和尚を請じて開山とした。幼稚より尼を慕われた霊元天皇は、同八年円通寺護持のため懇篤な宸翰《しんかん》を賜わり、現に重要文化財として残されている。なお隠元和尚が「盤陀石之記」を残した叡山を借景とする本堂東庭として名勝に指定されている。

参考文献　『円通寺文書』、『普照国師年譜』

（大塚　実忠）

延仁寺　えんにんじ

京都市東山区今熊野にある浄土真宗大谷派の寺。『親鸞伝絵』に「洛陽東山の西麓、鳥部野の南辺、延仁寺に葬したてまつる」とある。親鸞の火葬された所である。覚如も『慕帰絵詞』『最須敬重絵詞』によれば、同所で火葬されたという。場所は明らかでなかったが、明治十六年（一八八三）寺が建てられた。

（田中　久夫）

延暦寺

えんりゃくじ

大津市坂本本町四二二〇にある天台宗の総本山。山門とよぶ。延暦七年（七八八）最澄の開創。はじめ最澄近江国分寺に入って得度、延暦四年東大寺で受戒したが、同年七月世の無常を感じて比叡山に登り草庵を結ぶ。同七年薬師像を刻み小堂を建て比叡山寺、あるいは一乗止観院と号した。これが当寺のはじめである。同二十三年七月、還学生として入唐《にっとう》、天台山に学んで翌年六月帰朝。同二十五年正月、南都諸宗と並んで年分度者二人を賜わり、天台法華宗を開創し、比叡山を中心に教団の確立に努めた。すなわち弘仁元年（八一〇）春、三部長講を開始し、同三年法華三昧堂を造って法華三昧を始修。同九年春には南都の小戒を捨てて比叡山に大乗戒壇を建立せんことを申請し、南都の旧宗と対立した。大戒の独立は、最澄の滅後七日目の同十三年六月十一日に允許され、天台宗の教団的独立が達成された。翌十四年二月、勅して延暦寺と号し、三月、俗別

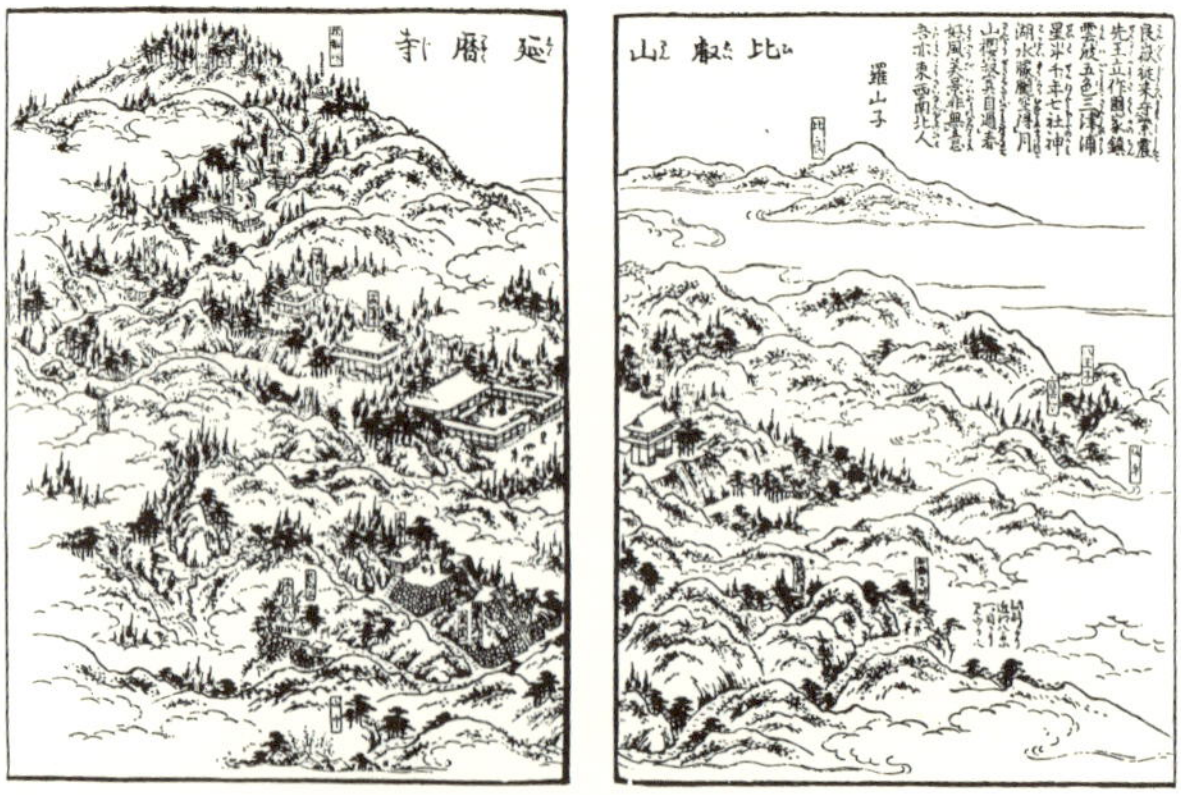

延暦寺（『都名所図会』３より）

当二員を置き、東西両塔建立の資として四百石を施入。天長元年（八二四）六月、義真を座主《ざす》（但し私称）とし、三綱を置いた。また同年講堂、同四年五月、一乗戒壇院を建立。同六年には円仁が横川に首楞厳院《しゅりょうごんいん》、承和元年（八三四）には円澄が西塔院を開創。堂舎次第にととのう。同十三年仁明天皇御願の定心院を建立、十禅師を置いた。同十四年九月、九年に及ぶ入唐求法《ぐほう》の旅より円仁が帰朝。嘉祥三年（八五〇）九月、天子本命の道場として総持院を建て十四禅師を置き、同年十二月には延暦寺に年分度者二人が追加された。この間、仁寿元年（八五一）には御願により四王院を建立して光定に付属。定心・総持・四王の御願の三院が比叡山上に軒を並べた。同四年円仁を座主に任じ、これを官符補任のはじめとする。天安二年（八五八）八月、円珍が唐より帰朝。貞観十年（八六八）座主に任じ、翌十一年度者二人を加え、同十八年には円仁遺願の文殊楼を完成し、元慶五年（八八一）四僧を置いた。この間、恵亮《えりょう》の請により貞観元年西塔宝幢院《ほうとういん》に度者二人を置き、同十八年、西塔院に四僧が置かれた。円仁・円珍によって寺運隆盛に向かい、皇室・貴族の尊崇を集めた。延喜五年（九〇五）四月、宇多法皇が登山受戒したなどその一例である。ついで良源が座主に任じた康保三年（九六六）十月二十八日、大火を生じ諸堂ほとんど焼失したが、天禄二年（九七一）には総持院、天延三年（九七五）には横川楞厳院中堂、天元二年（九七九）には西塔の釈迦・常行二堂、同三年には根本中堂《こんぽんちゅうどう》・文殊楼を竣工。学徒雲集して大衆三千と号した。良源は当寺の全盛期を築いたが、同じころ、山寺両門の分裂が芽生え、また僧徒の武装化がすすめられる。慈覚（円仁）・智証（円珍）両門徒の対立は遠く最澄没後まもないころにさかのぼるといわれるが、激化の契機となったのは、天元四年智証派の余慶《よけい》が法性寺座主に任じた事件である。以後余慶一派に対する慈覚派の露骨な排斥運動が続き、智証派は相ついで下山。永祚元年（九八九）余慶が座主に補任されるや慈覚派は宣命使の登山を妨げ、ついに正暦四年(九九三)八月、山上の智証派の坊舎を破壊。慶祚以下一千余人は大雲寺に難をのがれ、九月十五日園《おん》城寺《じょうじ》に拠った。山寺両門の対立はここに始まる。同じころ山徒の僧兵化がすすみ、両門の抗争に拍車を加えた。以来鎌倉時代末期に至るまで、座主補任・戒壇問題などにからんで紛争がつづき、山門衆徒の園城寺を焼くこと、前後七回に及んだ。僧兵化した山徒の横暴は、院政期に最もはなはだしかった。巨大な荘園領主となった山門は、寺領の保護のために武力を必要とし、また広大な寺領が僧兵の供給源となった。天延二年祇園感神院を山門末寺として以来、南都興福寺ともしばしば事を構えた。座主補任問題や寺領問題にからみ朝廷に強訴をかけることも少なくなかった。嘉保二年(一〇九五)を初例として、日吉神輿《ひえのしんよ》をかつぎ出す例となった。衆徒の僧兵化と相表裏して貴族の入寺の例も多い。藤原師輔の子尋禅が良源の室に入り、二十世座主に任じてより、貴族、皇族の入室者多く、やがて門跡が成立する。まず梨本円融房(のちの梶井門跡)が成立し、ついで青蓮院、やや遅れて妙法院、曼殊院などが成立した。鎌倉時代以後はほとんど法親王が相承し、一山の管理も門跡単位で行われるようになった。皇室・貴族と深く結合し、広大な寺領をもち、しかも武力を有した叡山教団は、それ自身一箇の実力集団と化し、争乱期には政局を左右するほどの力をもった。源平争乱期に、平氏が山門の懐柔に腐心し、延元の争乱に後醍醐天皇が二度も山門に遷幸のあったことなどは、これを示す。しかし元亀二年(一五七一)九月の織田信長の焼き打ちは、山門の有した世俗的な勢力を徹底的に奪った。その後豊臣・徳川二氏が寺領(五千石)を入れ、諸堂の復興に力を藉し、ほぼ旧観に復した。近江・山城二国にまたがる広大な寺域を分かって三塔(東塔・西塔・横川)、十六谷とする。もと三千と号した坊舎も、今は一五〇余を数えるに過ぎない。東塔には一山の本堂たる根本中堂をはじめ、大講堂、戒壇院、西塔には釈迦堂、横川には四季講堂などがあるが、これら主要堂舎の大部分は寛永期もしくはそれ以後の再建。仏像・法具・聖教・文書の多くは元亀の兵火に失われたが、なお多くの文化財を遺し、収めて東塔の国宝館、坂本の叡山文庫にある。

参考文献 『叡山大師伝』(『伝教大師全集』五)、『伝述一心戒文』(同一)、『天台座主記』、『山門堂舎記』、『叡岳要記』、『九院仏閣抄』、敬雄・慈本編『天台霞標』(『大日本仏教全書』)、進藤為善編『華頂要略』(『天台宗全書』)、柴田実監修『滋賀県の地名』(『日本歴史地名大系』二五)、勝野隆信『比叡山と高野山』(『日本歴史新書』)、景山春樹『比叡山』(『角川選書』七五)、渡辺守順『比叡山延暦寺―世界文化遺産―』(『歴史文化ライブラリー』五五)

（薗田　香融）

建築　延暦寺の諸建築は最澄在世時は数も少なく、小規模なものであったが、没後、次第に造立され、根本中堂の規模も大きくなった。山上にあるため、奈良時代のような規則的な配置をとらず、地形に応じて点々と建てられている。数次の火災に当初の

延暦寺根本中堂

延暦寺戒壇院

ものはほとんど失われ、戒壇院は延宝六年(一六七八)、相輪樘《そうりんとう》は明治二十八年(一八九五)、転法輪堂(旧園城寺弥勒堂)は貞和三年(一三四七)、瑠璃堂は室町時代、常行堂・法華堂は文禄四年(一五九五)、大講堂(旧東照宮本地堂)は寛永十一年(一六三四)、根本中堂と回廊は寛永十七年建立である。相輪樘は他に西蓮寺(茨城)、輪王寺(栃木)にあるだけで、法華・常行の二堂が列んで間を廊で繋いでいるのも他には輪王寺にしか見られない。根本中堂は桁行十一間、梁行六間、入母屋造の堂々たる大建築で、屋根はもと栩《とち》葺であったが、瓦棒銅板葺に改められている。外陣は板敷であるが、内陣は土間とし、天台宗本堂の古来の形式をよく保っている。国宝。なお前面に回廊・中門(重要文化財)を付す。

参考文献　『延暦寺瑠璃堂修理工事報告書』、『延暦寺大講堂修理工事報告書』、『延暦寺転法輪堂(釈迦堂)修理工事報告書』、『延暦寺常行堂及び法華堂修理工事報告書』

(太田博太郎)

比叡山　大津市と京都市にまたがる山。日枝山・日吉山・稗叡山とも表記し、また叡山・天台山・叡岳・叡峯・台岳・台嶺・北嶺などと呼ばれる。

東の大比叡岳（八四八メートル）と西の四明岳（八三九メートル）の二峯に分かれ、東峯の中腹に天台宗総本山延暦寺がある。また、大比叡岳・四明岳・釈迦ヶ岳・水井山・三石岳の五峯を総称しても比叡山と呼ぶ。『古事記』の大山《おおやま》咋神《くいのかみ》が鎮座したことを伝える記事が文献上の初見とされる。大山咋神という山の神を信仰する民衆が古くから存在していたことをうかがわせる。天智天皇が大津遷都のとき、大和の三輪の大物主神を迎え、これを大比叡神とし、大山咋神を小比叡神というようになった。ともに山の神として山岳信仰の対象となった。のち近江守藤原武智麻呂が神仏習合の禅院をつくり、子の仲麻呂もここを訪れたという（『懐風藻』）。古くより近江国には朝鮮半島からの帰化人が住み、大陸文化の影響をうける社会が形成され、比叡山にも仏教の聖地とする土壌が整えられてきた。この時期に日本天台宗の祖最澄が出て延暦寺を開創する。比叡山は平安遷都に伴い、王城鎮護の山として重視され、最澄は延暦四年（七八五）に登山し、同七年薬師像を刻んで延暦寺を創建するにあたって大山咋神と大物主神とを寺の守護神としてまつった。そして古来からの大山咋神を二宮、大物主神を大宮と呼び、日吉神社の主祭神とし、のち日吉権現・山王権現といい、一実神道の本尊とされるようになった。そして山王七社・山王二十一社を形成し、日吉信仰が盛んとなった。延暦寺は東塔・西塔・横川（北塔）の三塔にわたり、総合仏教の拠点として発展するとともに、日吉信仰の権威をもって日吉神社の神輿をかつぎ、武装して朝廷に強訴することもしばしば行われた。また源信によって浄土信仰が発展し、鎌倉時代に至って法然房源空の浄土宗独立を契機に、道元・栄西・日蓮・親鸞など各宗の祖師が輩出し、日本仏教の母山として重要な位置を占めた。さらに織田信長による焼打、豊臣秀吉や徳川家康による復興、徳川家光による東照宮神殿の造営など、比叡山は延暦寺の歴史と密接に関係している。延暦寺には多くの坊舎を有し、高野山とともに天下の霊場として知られる。山の下は大津側を東坂本、京都側を西坂本といい、特に東坂本には延暦寺の里坊が多く点在する。そのなかには比叡山の寺院に所蔵していた貴重な文献などを集めた叡山文庫がある。山上は近代設備をととのえた観光休養地としての役割をも果たしている。

参考文献　『扶桑略記』二七、『朝野群載』一七、黒川道祐『雍州府志』一(『(増補)京都叢書』三)、大島武好『山城名勝志』一二(同八)、延暦寺編『比叡山』、叡山文化総合研究所編『比叡山』、村山修一編『比叡山と天台仏教の研究』(『山岳宗教史研究叢書』二)

(福原　隆善)

大原野神社

おおはらのじんじゃ

京都市西京区大原野南春日町一一五二に鎮座。建御賀豆智命《たけみかずちのみこと》・伊波比主命《いわいぬしのみこと》・天之子八根命《あめのこやねのみこと》・比咩大神《ひめおおかみ》の四座を祭神とする旧官幣中社(式外社)。桓武天皇が延暦三年(七八四)に奈良の平城京から山城の長岡京(乙訓《おとくに》京)へ遷都の際、歴代にわたって崇敬の厚かった奈良の春日大社の祭神を遷して、新しい都城の鎮守社としたことに始まる。現在の社地へはさらに平安京へ遷都ののち、藤原氏の手によって社殿が造営され、平安京の鎮護と藤原氏の氏神として、厚い崇敬の歴史が始まった。祭祀はすべて奈良の春日大社に准じ、春二月上卯、冬十一月中子の日の二度祭が行われ、斎女を置き、藤原氏の氏長者をはじめ、藤原氏出身の皇后や中宮らの社参は常につづけられて、賀茂や石清水などの諸大社とともに「二十一社奉幣」の神社に列している。現在の社殿は往時にくらべると簡素になっているが、本殿は春日造の四所の神殿が並列し、摂社の若宮社も春日造である。例祭は四月八日。特殊神事として毎年一月二十二日に大原野御弓《おゆみ》祭が行われていた。

参考文献　『古事類苑』神祇部三　（景山　春樹）

大宮売神社

おおみやのめじんじゃ

京都府京丹後市大宮町周枳《すき》一〇二〇に鎮座。大宮売命と若《わか》宮売命《みやのめのみこと》の両神を祀る。旧府社。『延喜式』神名帳、丹後国丹波郡に「大宮売神社二座（名神大）」とあり、貞観元年（八五九）従五位下から従五位上に昇叙されている。竹野川の上流に鎮座し、付近に『丹後国風土記』に著名な八天女伝説の比沼麻奈為《ひぬまない》神社があり、伊勢神宮外宮起源と関係の深い穀神・醸酒伝承も存する。例祭は十月十日。

（山上伊豆母）

乙訓寺

おとくにでら

京都府長岡京市今里三‐一四‐七にあり、新義真言宗豊山派に属する。大慈山と号し、別に法皇寺《ほうこうじ》ともいう。聖徳太子の開創と伝えるが、寺跡の発掘調査では、出土瓦の上限は白鳳期と推定されている。郡名を寺名とすることから郡衙との関係も推量されるが、史料はない。文献上の初見は、延暦四年（七八五）長岡京の造営中藤原種継が暗殺された事件に関し、皇太子早良《さわら》親王がここに幽閉され、のち淡路めざして配流された事件（『日本紀略』）である。ついで、弘仁二年（八一一）十月から弘仁三年十月まで、空海がこの寺に居住。別当であった。弘仁三年十月、空海はこの寺で最澄と会い、結縁灌頂の伝授を約束、その準備のため十月二十九日高雄山寺にたち、以後この寺に帰らなかった。空海がこの寺で書いたたしかな詩文の一つに、「献柑子表」(『性霊集』四)がある。嘉祥三年(八五〇)仁明天皇没後初七日の法要を営んだ近陵七寺中の宝皇寺はこの寺といわれる。ついで宇多法皇が再興し、行宮《あんぐう》としたので法皇寺とも号した。室町時代、足利義満により臨済宗南禅寺末の寺院とされたが、応仁の乱などの兵火により衰退。元禄年中(一六八八―一七〇四)、桂昌院の命により隆光が再興、真言宗に復した。江戸時代の寺領は百石。現在は、大師堂(本堂)・毘沙門堂などをとどめるにすぎない。寺宝に、彩色の毘沙門天像(木像、藤原時代、重要文化財)、明応二年(一四九三)修理銘のある狛犬などがある。

(熱田　公)

園城寺

おんじょうじ

大津市園城寺町二四六にある天台寺門宗の総本山。俗に三井寺といい、山門に対し寺門と呼ぶ。寺伝では大友皇子の発願にもとづき、その子大友与多麿が天武天皇十五年(六八六)に建立したところというが、これは山

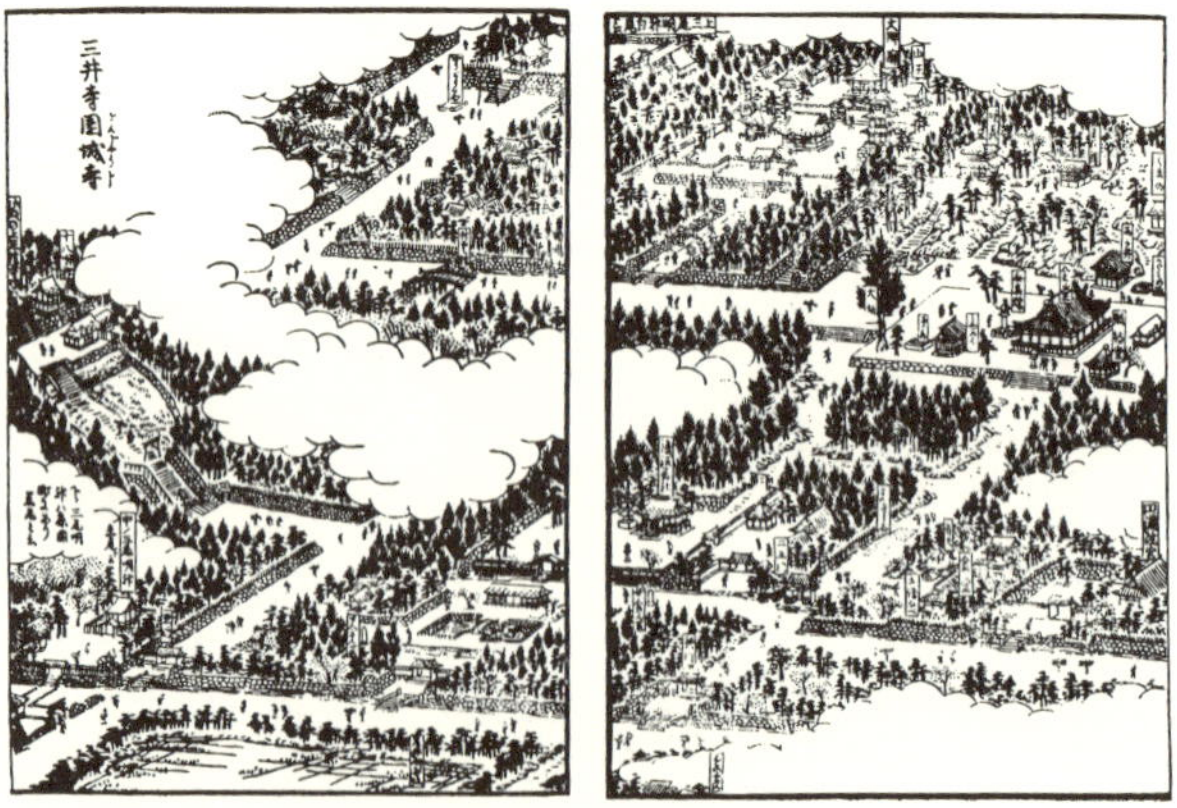

園城寺(『近江名所図会』2より)

門に対抗するための付会説で、事実は当地に住む大友村主氏の氏寺として奈良時代末ごろに創建されたものであろう。貞観元年(八五九)、円珍この地に来り、檀《だん》越《おつ》大友都堵牟麿と住僧教待の付属をうけて当寺を再興。まず唐院を建て唐より将来の経論を収蔵、同五年当寺で宗叡に両部大法を伝授。同八年、大友黒主の申請により天台別院となし、別当に円珍、以下三綱《さんごう》を任じ、さらに同十七年円珍は堂舎および鎮守新羅明神社を修造。以来、智証(円珍)門徒が別当(のち長吏)を相承した。正暦四年(九九三)八月、慈覚門徒が智証派の山上の坊舎を破却するや、慶祚《けいそ》以下智証門徒一千余人は、下山して園城寺に拠り、ここに山寺両門の長い対立がはじまる。長暦三年(一〇三九)、寺門明尊《みょうそん》の座主補任問題では、山徒三千余人が大挙して関白藤原頼通第に強訴。園城寺は当寺に戒壇の別立を奏請するに至った。確執は深刻化し、ついに永保元年(一〇八一)六月、山徒は当寺を襲撃して焼払った。その後、保安二年(一一二一)、保延六年(一一四〇)、長寛元年(一一六三)にも山徒のために焼かれたが、明尊以後、覚円《かくえん》・隆明《りゅうめい》・増誉《ぞうよ》・行尊《ぎょうそん》・行慶《ぎょうけい》ら、歴代の長吏がよく皇室・摂関家の帰依を集め、堂舎はすぐ復興された。特に後白河天皇の尊崇は厚く、応保元年(一一六一)当寺に臨幸、承安三年(一一七三)には当寺覚忠《かくちゅう》より灌頂をうけ、「園城寺平等院流阿闍梨《あじゃり》行真」と称した。早く致平親王(村上天皇皇子、法名悟円)が入寺しているが、院政期以後、皇族の入室相つぎ、聖護院《しょうごいん》・実相院《じっそういん》・円満院・照高院の門跡が成立。このうち照高院は、のち廃絶。治承四年(一一八〇)、以仁王挙兵して当寺に入ったことより平氏に焼かれたが、源頼朝は篤く当寺を崇敬し、元暦元年(一一八四)若狭玉置・近江横山の二領を寄進。山門との争いはその後も止まず、建保二年(一二一四)、文永元年(一二六四)、元応元年(一三一九)に焼打にあい、かくて山門のために焼かれること前後七度に及んだ。建武三年(一三三六)細川定禅の陣所となって新田義貞の軍に焼かれ、天文二十一年(一五五二)にも佐々木氏のために焼亡。文禄四年(一五九五)、豊臣秀吉、当寺を破却し、寺領を没収したが、慶長三年(一五九八)に至り、寺領を還付し、伽藍の再建に着手。ついで徳川氏また保護を加え、諸堂諸院は旧に復した。近世の寺領四千六百十九石。寺域を別って三院(北・中・南)・九谷とする。金堂・唐院・三重塔・釈迦堂・鐘楼・二王門などの主要堂舎は中院にあり、いずれも近世初頭の再建もしくは移建。鐘楼の鐘は三井晩鐘として有名。南院山上にある観音堂は西国三十三所十四番札所で、如意輪観音を安置、北院には新羅善神《しらぎぜんしん》堂などがある。紙本墨画五部心観一巻、絹本着色不動明王像(黄不動尊)一幅、木造智証大師坐像・同御骨《おこつ》大師像・同新羅明神坐像各一軀、智証大師関係文書典籍四十五種をはじめ、多数の仏像・仏画・聖教・絵図・文書などを所蔵する。

参考文献 『園城寺伝記』(『大日本仏教全書』)、『寺門伝記補録』(同)、『三井続燈記』(同)、『寺門高僧記』、『園城寺長吏次第』、『智証大師伝』、天台宗寺門派御遠忌事務局編『園城寺之研究』、辻善之助「新羅明神考」(『日本仏教史之研究』所収)

(薗田　香融)

建築　寺は北院・中院・南院に分かれ、それぞれ多くの建物があり、多数の子院を擁している。金堂(国宝)は中院中谷にあり、叡山との争いから、創立以来しばしば焼け、現在の建物は慶長四年(一五九九)の建立である(墨書銘・擬宝珠銘・風鐸銘による)。桁行七間、梁行七間の堂々たる第一級の密教本堂で、前三間通りを外陣、その奥に桁行五間、梁行三間の内陣と、その左右の脇陣をとり、さらに背面三間通りを後陣とする。本尊は三国伝来の黄金仏と称されるもので、仏壇上の厨子内に安置されている。内陣が土間であるのは、天台宗本堂の伝統を伝えるものであり、建築細部も正統的な和様になり、桃山時代の装飾的なところはない。新羅善神堂は園城寺の五社鎮守の一つで

新羅明神をまつる。貞観二年(八六〇)の創立と伝える
が、貞和三年(一三四七)に再建に着手している文書が
あるので、まもなく完成したものであろう。桁行三間
の母屋の前面に一間通りの庇をつけ、さらに中央一間
だけ向拝をつけた滋賀県に多い形式の流造社殿で、前
面の庇は格子と欄間で開放的に明るく造られており、

園城寺金堂(上)と新羅善神堂(下)

特に欄間の牡丹の透し彫りが見事である。勧学院客殿は慶長五年、光浄院客殿は同六年の建立で、書院造のもっとも古い例として挙げられる。前者は三列に室をならべ、主室の正面一杯に押板を設け、主室には棚や付書院などを設けていないが、南に広縁をとり、東南に中門廊を突出させ、東に軒唐破風付の出入口を設ける点などは光浄院客殿と等しい。光浄院の方は南北二列に部屋をならべ、主室(上座の間)に押板・付書院・棚・帳台構をつくり、慶長十三年の大工書『匠明《しょうめい》』に出ている「昔、六間七間主殿の図」と称するものに、ぴったりの平面を持ち、書院造の基本的形式を示すものと認められる。なお園城寺にはこのほか大門(享徳元年)、閼伽井屋(慶長五年)、一切経蔵(旧国清寺経蔵、室町時代)、三重塔(旧比曾寺塔、室町時代)、食堂(室町時代)、毘沙門堂(元和二年)、円満院宸殿(旧御所建物、桃山時代)がある。

参考文献　『園城寺大門及新羅善神堂修理工事報告書』、『園城寺勧学院客殿・毘沙門堂修理工事報告書』、『園城寺円満院宸殿修理工事報告書』、太田博太郎編『日本建築史基礎史料集成』二・一六

（太田博太郎）

新羅明神像　新羅善神堂の主神。檜材一木造の坐像で彩色と金銀の切金が施される。像高七八センチ。三山形の冠をかぶり、ひげを長く伸ばした老翁の姿で、袍と袴をつけ、両手は持物(亡失)をとる形をする。坐高の高い痩身、目尻の下がった異相に特色がある。新羅明神は円珍が中国より帰朝の際、船中で感得したと伝えるが、同明神のことが記録に頻出するのは十一世紀半ばからで、本像造立も作風から見てそれをさかのぼらないと思われる。国宝に指定されている。

参考文献　岡直己『神像彫刻の研究』、猪川和子「三井寺新羅明神像」(『国華』八〇〇)

円珍像　御廟に二軀あり、『寺門伝記補録』に円珍入滅時遺命により影像を造り、遺骨を納め

て園城寺唐坊に安置、別に一軀を造って延暦寺千手院に安置したが、のち円仁・円珍両門の不和により、同唐坊に下したとある両軀に当たるとされている。いずれも檜の一木造、彩色、像高八五・一センチ、『円珍伝』にいう頂骨隆起した頭部をあらわす禅定の坐像。像底に遺骨を納めたためらしい刳蓋のある御骨大師は表現特にすぐれ、製作も先行すると思われる。二軀とも国宝に指定されている。

[参考文献] 若井富蔵「三井寺智証大師像及び其の模刻」(『史迹と美術』七八・八〇)　(水野敬三郎)

不動明王像　円珍関係の諸記録は、円珍がしばしば不動明王像を感見していることを語っているから、不動尊に対する信仰が特別に厚かったことを知るが、三善清行が延喜二年(九〇二)に撰した『智証大師伝』には、承和五年(八三八)に石龕中で坐禅して感得した不動像を画工に命じて描かせ、それは今も有ると記している。秘仏として現存するいわゆる黄不動像がそれに当たる。螺髪で両眼を開き、火焔頭光を負って両脚を踏ん張って真正面向きに立つ姿であって、これは図像類や他の不動明王像と全く異形であるばかりか、全身が肉瘤で盛り上っているのも類をみない。ただ右手に剣、左手に羂索を持つだけが一般不動像と共通しているだけである。その古様の描線と彩色法と図像と円珍伝記事とによって、承和五年の作品と考える説が有力であるが、疑問説もある。全身が黄土色に彩られているために黄不動の俗称が江戸時代から生まれたのである。国宝に指定。なお、本図の模写像(国宝)が京都曼殊院にある。　(谷　信一)

海印寺　かいいんじ

京都府長岡京市奥海印寺明神前三にある真言宗の寺で海印三昧寺とも称したが、現在では木上山寂照院《じゃくしょういん》が法燈を伝えている。寺伝では弘仁十年(八一九)に東大寺僧道雄《どうおう》が創建したと伝え、嘉祥四年(八五一)三月の太政官符によると、『華厳経』の海印三昧より寺号をとり一寺十院よりなり、年分度者《ねんぶんどしゃ》二人が定められ受戒終了後当寺に還住して、一期十二年出山を許さず華厳三昧を修学するものとされ、定額寺《じょうがくじ》に認定された。貞観十五年(八七三)二月ごろには衆僧百余人に及び、三会の聴衆や維摩会《ゆいまえ》・最勝会《さいしょうえ》の竪義《りゅうぎ》者が精撰され、寛平二年(八九〇)五月には安祥寺《あんじょうじ》・崇福寺《すうふくじ》などの例にならい安居《あんご》講が設けられ、『延喜式』主税によると、山城国に寺料として出挙稲三千束が設けられるなど屈指の大寺であった。平安時代末以降衰退し文永二年(一二六五)十一月の院宣によると、当時「草創年積、花構空廃」し、東大寺尊勝院の末寺として再興すべき旨が同院主宗性《そうしょう》に厳命され、同六年九月には海印寺下司職が定められ、建治元年(一二七五)ごろには凝然の弟子禅《ぜん》爾《に》が止住し、「海印寺造営事」につき凝然の下向を督促しているから、文永末年には再興が開始されたものと認められる。正和元年(一三一二)八月には笠置寺《かさぎでら》、摂津杭瀬《くいせ》荘・猪名《いな》荘とともに地頭が置かれたが、東大寺領の事実が確認されて返付された。応仁の兵火で寂照院をのこし一山焼亡した。開祖道雄が空海付法の十大弟子の一人であったため、江戸時代初期には真言宗に転宗し今日に至っている。寺の北方の奥院は道雄の埋葬の地と伝えられている。

参考文献 関祖衡編『山城志』三(『大日本地誌大系』)、黒川道祐『雍州府志』五(『(増補)京都叢書』三)、『宗性院宣請文草案』(『華厳宗枝葉抄草』一)

(堀池　春峰)

海住山寺　かいじゅうせんじ

京都府木津川市加茂町例幣海住山二〇にある寺。真言宗智山派。山号補陀落山《ふだらくせん》。本尊十一面観音(重要文化財)。寺伝によれば、天平七年(七三五)聖武天皇勅願により良弁《ろうべん》が建立、観音寺と号したが、保延三年(一一三七)伽藍焼失し、一時衰退したというが確証はない。寺史が明らかとなるのは承元二年(一二〇八)貞慶(解脱上人)が当寺を再興して以後のことである。貞慶は建保元年(一二一三)二月に寂するまでここに住し、そのあとを弟子覚真《かくしん》(慈心房、参議民部卿藤原長房)が継いだ。主要建造物としては五重塔(建保二年覚真建立、国宝)・文殊堂(鎌倉時代、重要文化財)がある。また十一面観音立像二軀・「法華経曼荼羅図」一幅・『海住山寺文書』二十四通が重要文化財。文書のうち、承元二年九月九日貞慶仏舎利安置状・海住山寺修正会《しゆしようえ》神名帳は貞慶自筆、建暦三年(一二一三)正月十一日貞慶起請は署判のみが自筆であるが、死期の迫った彼が弟子らに守るべき事を示したものとして注目される。

参考文献 佐脇貞明「海住山寺文書」(『史学雑誌』七〇ノ二)、工藤圭章『海住山寺』、『大和古寺大観』七

(田中　稔)

五重塔

貞慶の弟子覚真が先師の一周忌にあたる建保二年(一二一四)に造立したもので、初層に裳階《もこし》がつき、心柱を二重から立て、初層の四天柱間に扉を設け、厨子のようにしている。裳階付き五重塔は尊勝寺東西塔・春日社東塔などの例があるが、現存するのはこれだけである。初層内部に扉があるのは、ここに舎利を安置したためであろう。内部に壁画・彩色がよく残り、細部も鎌倉時代初期の様式を示している。国宝。

海住山寺五重塔

参考文献　太田博太郎編『日本建築史基礎資料集成』一一、『海住山寺五重塔修理工事報告書』

（太田博太郎）

笠置寺《かさぎでら》

京都府相楽《そうらく》郡笠置町笠置山二九にある新義真言宗の寺。古くは笠置山寺ともいわれ、巨巌に陰刻された大石仏像群をもって著名である。当寺の創立は大友皇子と伝えるが確証はない。奈良時代東大寺建立にあたって用材運漕のために良弁《ろうべん》が山麓を東西に流れる木津川の河床の巨石を掘削し、弟子実忠《じっちゅう》も当山で十一面観音悔過を修したと伝える。高さ一五・七メートル、幅一二・七メートルに及ぶ弥勒仏や薬師・虚空蔵を陰刻した石仏群は、奈良時代末期の造像と認められ、当寺の創立を暗示している。以後室町時代に至るまで東大寺末寺として密接な関係を持続したが、平安時代末期の末法思想の流布で、弥勒信仰が盛んとなり、貴賤の信仰をあつめるに至った。永延元年（九八七）の円融院行幸、寛弘四年（一〇〇七）の藤原道長、元永元年（一一一八）の藤原宗忠、安元二年（一一七六）の後白河院の参詣、建永元年（一二〇六）には藤原定家が故藤原良経の菩提のため『法華経』『弥勒上生経』などを弥勒石仏前で供養するなど脚光を浴びるに至ったが、特に建久三年（一一九二）興福寺解脱上人貞慶が当寺に隠遁し、弥勒信仰を唱えて寺観も整備されるに至った。すなわち六角の般若台、十三重塔、十余間の弥勒仏前の礼堂の建立や法華八講・舎利講・竜花会《りゅうげえ》の再興などがそれで、同七年には重源による銅鐘の寄進や宋版『大般若経』などの施入、八条院による伊勢蘇原御厨地頭職の寄付があり、元久元年（一二〇四）四月には源頼朝から礼堂再建費として砂金が寄せられ、東大寺宗性《そうしょう》も再三当寺に遁れ『弥勒如来感応抄』などを撰述した。大和文華館蔵の「笠置寺曼荼羅」

は鎌倉時代の寺観を示す唯一の資料である。元弘の乱で千手堂・六角堂・大湯屋をのこして主要堂宇は焼亡し、弥勒石仏も灰燼に埋没した。暦応二年(一三三九)再興をはかったが、文和四年(一三五五)十二月に本堂・薬師堂などが焼失し、永徳元年(一三八一)に再興した堂宇も、応永五年(一三九八)に焼亡するに至った。天文十年(一五四一)に木沢長政が城郭を構え、弥勒石仏の上方より石櫃の内に納入された小塔と鍍金釈迦仏を発見した。江戸時代津藩主による復興が計画されたが中止され、現在福寿院・毘沙門堂・鐘楼をのこすのみである。建久七年八月の重源施入の六葉の梵鐘一口、貞慶筆と伝える『地蔵講式』『弥勒講式』各一巻は、それぞれ重要文化財として指定されているが、後者の講式二巻は貞慶の真筆ではない。

参考文献　西村貞『奈良の石仏』、堀池春峰「笠置寺と笠置曼荼羅についての一試論」(『仏教芸術』一八)

(堀池　春峰)

嘉祥寺　かじょうじ

京都市伏見区深草坊町七一にある天台宗の寺。嘉祥三年(八五〇)三月仁明天皇が崩御したため、翌仁寿元年(八五一)二月清涼殿を伏見の天皇陵の側に移して本堂とし嘉祥寺と号した。開山は僧正真雅《しんが》。貞観元年(八五九)真雅の申請により年分度者《ねんぶんどしゃ》三人が同寺西院に設置されたが、同四年西院が独立して貞観寺《じょうがんじ》となり、同十四年には年分度者も貞観寺年分度者と改称された。同八年伴善男建立の食堂《じきどう》が破棄された。元慶二年(八七八)定額寺《じょうがくじ》に列し七僧(定額僧)を置き、僧綱《そうごう》の管轄外とし貞観寺を検知せしめた。嘉祥寺料として出挙稲千七百三十六束四把、春秋二季地蔵悔過布施料が配せられ、同八年五重塔造営料近江国米百五十六斛、丹波国米三百七十九斛、貞観銭十二貫文が充てられた。仁和三年(八八七)仁明帝女御貞子のために勅会功徳を、寛平元年(八八九)法花(華)八講を修した。平安時代末期に仁和寺別院となり別当が置かれた。応仁・文明の乱に焼亡、のち衰退廃絶した。旧寺地内の善福寺にある礎石・庭石はその遺構の一部といわれている。現在の嘉祥寺は、寛文二年(一六六二)に安楽行院《あんらくぎょういん》を移してその一堂に寺名を付して再興したものである。

参考文献 『仁和寺諸院家記』、大島武好『山城名勝志』一六(『(増補)京都叢書』八)、『嘉祥寺誌及資料』

(和多　秀乗)

蟹満寺　かにまんじ

京都府木津川市山城町綺田《かばた》浜三六にある寺。新義真言宗智山派。別称紙幡《かばた》寺・蟹満多寺《かにまたでら》。光明山懺悔堂《こうみょうさんざんげどう》とも。山号普門山。開山を行基ともいう。『元亨釈書』二八によると、昔久世郡に『法華経』普門品を持誦する少女が、村人の捕えた蟹を救い、一方父親は蛇に呑まれた蝦蟇を助ける条件に蛇を娘の婿にすると約束した。約束の夜に少女のもとを訪れた蛇は、多数の蟹に殺された。この蟹は少女が救った蟹で、父母は蛇と蟹を埋めて寺を建て蟹満寺と名づけて冥福を祈ったという。『日本霊異記』中では紀伊郡の話で深長寺の行基に教を乞うて救われたとあり、元来異類報恩譚と観音信仰が結合した説話で、『法華験記』下、『今昔物語集』一六では蟹満多寺・紙幡寺となっており、平安時代後期に説話と結合してかばた寺が蟹満多寺、蟹満寺となったことを示している。正徳元年(一七一一)智積院《ちしゃくいん》の亮《りょう》範《はん》が中興し今日に至る。本尊銅造釈迦如来坐像は白鳳時代の傑作として著名。

参考文献 寺島良安編『和漢三才図会』七二、『山城名勝志』二〇(『(増補)京都叢書』八)

(和多　秀乗)

釈迦如来像

銅造。二四〇・三センチ。奈良時代初めの作。

本寺本来の本尊でなく、寺伝では近くの光明山寺から移したものといい、これを支持する人も古くから少なくなかった（黒川真頼《くろかわまより》・香取秀真《かとりほつま》）。一方、その説を、橘諸兄が建てた井手寺と同寺、あるいはこれと深い関係のあった光明寺と、光明山寺が混同されたものとして却け、井手寺の本尊が移されたとする説があり（足立康《あだちこう》）、近くは山背国分寺の本尊を移したとする説もあり（杉山二郎）、原所在は不明。しかし様式についてみると、身体比率において頭部がやや大きく、螺髪《らほつ》を植えていない点は、白鳳仏の様式の名残りを伝えており、鼻の造形も白鳳的であるが、図像的には薬師寺の金堂本尊に酷似、衣文の処理も等しい。体軀の表現、眼や口や耳の造形も天平初期のものに近く、製作時は天武天皇十四年（六八五）の山田寺仏頭（興福寺蔵）より降り、八世紀初めの薬師寺金堂三尊に先立つころと認められる。国宝。

盤満寺釈迦如来像

参考文献　黒川真頼「蟠満寺釈迦像考証」（『黒川真頼全集』三所収）、香取秀真「蟠満寺釈迦如来銅像」（『日本金工史』所収）、足立康「蟠満寺釈迦像の伝来に就いて」（『日本彫刻史の研究』所収）、杉山二郎「蟠満寺本尊像考」（『美術史』四一）

（町田　甲一）

賀茂御祖神社

かもみおやじんじゃ

京都市左京区下鴨泉川町59に鎮座。賀茂《かも》建角身命《たけつぬみのみこと》・玉《たま》依姫命《よりひめのみこと》二座を祀る。下鴨神社としてもしられる。旧官幣大社。社伝では建角身命が神武天皇の時、比叡山西麓御現《みあれ》山(現在摂社御蔭《みかげ》神社鎮座)に降ったのに始まり、欽明天皇の時すでに上社(賀茂別雷《かもわけいかずち》神社)とともに山城国をして祭を行わしめたというが、下社の存在が確実にしられる最初は、『続日本後紀』嘉祥元年(八四八)二月条に、天平勝宝二年(七五〇)十二月賀茂御祖大社に御戸代田一町を充て奉ったとあるものである。天平神護元年(七六五)神封二十戸(山城十戸・丹波十戸)を寄せられた。延暦三年(七八四)六月長岡京遷都により上・下両社に奉幣、十一月には従二位を授け、同十三年平安遷都により十一月正二位勲一等に叙し、永く王城鎮護の神として崇敬された。大同元年(八〇六)賀茂祭を勅祭とし、同二年三月正一位に昇叙された。弘仁元年(八一〇)嵯峨天皇皇女有智子《うちこ》内親王をはじめて斎院とし、同十年賀茂祭を中祀とした。『延喜式』では名神大社に列し、祈年・月次・相嘗・新嘗祭には官幣に預かる。天慶の乱にあたり朱雀天皇が乱平定祈願のため行幸、天皇親拝の先例が開かれた。十一世紀二十二社の制ができるとその一つに入り、二十年一度の式年造替の制が定められた。鎌倉時代には後鳥羽上皇が特に信仰篤く、たびたび御幸があり、承久の乱には社家が上皇方に馳せ参じている。また源頼朝は二十五ヵ所の荘園を安堵したが、豊臣秀吉は荘園を没収して新たに五百四十石余を寄せ、近世を通じてこれが引きつがれた。明治四年(一八七一)五月官幣大社に列せられた。例祭である五月十五日の葵祭(賀茂祭)をはじめ、御粥祭・夏冬更衣祭・歩射神事・御蔭祭・夏越祓などがある。夏越祓は矢取神事ともいい、むかしは六月祓《みなつきのはらえ》に、いまは立秋前日(八月七日ごろ)に糺《ただす》川の涌泉に五十本の斎串《いぐし》を立てて行われる祓の儀で式後参拝者が争い取る行事である。社殿の主なるものには、東西本殿(国宝)のほか、幣殿・祝詞舎・東西御料屋・東西廊・

賀茂御祖神社東本殿・西本殿

東西楽屋・中門東西廻廊・四脚中門・預屋・西唐門・叉蔵・舞殿・細殿・橋殿・楼門・楼門東西廻廊・神服殿・供御所・大炊所(以上重要文化財)などがある。本殿が文久三年(一八六三)の式年造替であるほかは大部分寛永六年(一六二九)の造営である。摂社は七社あり、河合神社は玉依姫命を祀り、式内大社で鴨川合坐小社《かものかわいにますおこそ》宅《やけ》神社と称し、本社と同様四度の官幣ならびに相嘗祭に預かり、規模は本社に准じもっとも大きい。出雲井《いずものいの》於《え》神社も式内大社で一般に比良木《ひらき》神社と称し、建速須《たけはやす》佐乃《さの》男命《おのみこと》を祀り、四度の官幣と相嘗祭に預かり、楼門の向かって左方に東面して鎮座し、下鴨地方の産土神《うぶすな》である。その他境内に三井神社・賀茂波爾《かもはに》神社(以上式内)・日吉《ひえ》神社、境外に御蔭神社がある。末社は本宮末社として九社、河合神社末社八社、出雲井於神社末社二社、三井神社末社三社、計二十二社である。社家は上社と同様に、賀茂県主の姓をもち、賀茂建角身命の裔と称している。宝物には蓼倉文庫のものをはじ

め数点の古筆蹟類がある。　（村山　修一）

↓賀茂別雷神社《かもわけいかずちじんじゃ》

建築　同形・同大の本殿二棟が東西に並び建ち、上社(賀茂別雷神社)本殿とともに流造の典型とされる。当社には古く式年遷宮制があり、長元九年(一〇三六)から元亨二年(一三二二)までの間はほぼ忠実に二十年を式年として造替されたが、その後乱れた。本殿以外に多くの舎屋をもつ点上社と同様であるが、上社にくらべて整然たる配置を示す。現在の本殿二棟(国宝)は文久三年(一八六三)、その他の舎屋の多くは寛永六年(一六二九)造替時のものである。

参考文献　太田博太郎他編『日本建築史基礎資料集成』二

（稲垣　栄三）

賀茂別雷神社
かもわけいかずちじんじゃ

京都市北区上賀茂本山三三九に鎮座。賀茂別雷神を祀り、上賀茂神社としてもしられる。旧官幣大社。社伝によると、神武天皇の時、賀茂山の麓御阿礼《みあれ》所に降られ、天武天皇六年(六七七)二月、天皇は山背国に命じて現地に社殿を造らしめた。奈良朝を通じて神領の寄進があり、延暦十三年(七九四)平安遷都の旨を告げられ、同年十一月正二位勲一等に叙し、十二月に桓武天皇は親しく行幸して平安京守護の神とあがめた。大同二年(八〇七)三月正一位に叙し、弘仁元年(八一〇)には斎院の制をもうけて嵯峨天皇皇女有智子《うちこ》内親王を初代の斎王とされた。延喜の制、名神大社とし、祈年・月次・相嘗・新嘗の諸祭に預からしめ、十一世紀、二十二社の制の整備に伴い、上七社の中に入り、祈年穀奉幣に預かった。歴代の行幸きわめて多く、承保三年（一〇七六）四月より毎年四月の中申日（御阿礼日）を以て賀茂行幸の式日と定められた。幕末には孝明天皇が文久三年（一八六三）三月攘夷祈願のため将軍徳川家茂と一橋慶喜を従え行幸になり、明治元年（一八六八）八月明治天皇が王政復古の行幸をされたことは有名である。天禄二年（九七一）九月摂政藤原伊尹《ふじわらのこれただ》が参拝してから摂政・関白の賀茂詣は恒例となった。中世を通じ五十余ヵ所の荘園を有したが、豊臣秀吉はこれを没収して二千五百七十二石の朱印領を寄せ近世に及んだ。また宝永五年（一七〇八）三月内裏炎上のときには、天皇・東宮・中宮・女院ら皇族は一時当社に避難した。明治四年官幣大社にされ、官国幣社の首位に置かれた。祭祀には五月十五日の賀茂祭（葵祭）をはじめ、御阿礼神事・白馬奏覧《あおうまそうらん》神事・御棚会《みたなえ》神事・土解《とげ》祭・競馬会《くらべうまえ》神事・御田植神事・御戸代会《みとしろえ》神事・重陽神事・烏相撲《からすずもう》式・相嘗祭などがある。建物には本殿・権殿（ともに国宝）、透廊・祝詞舎・神宝庫・直会所・楽所・御籍屋・本殿権殿取合廊・塀中門・本殿東渡廊取合廊・東西御供所東渡廊・西渡廊・四脚中門・唐門・幣殿・幣殿忌子殿取合廊・忌子殿・高倉殿・楼門・廻廊・北神饌所（庁屋）・舞殿（橋殿）・土屋（到着殿）・楽屋・拝殿（細殿）・外幣殿（以上重要文化財）などがある。摂社は八社あって片山御子神社は片岡社ともいい、事代主命《ことしろぬしのみこと》を祀り式内大社、四度の官幣ならびに相嘗祭に預かり、地主の神として重きをなす。太田神社も式内社で天鈿女命《あめのうずめのみこと》をまつり、奈良神社は宇迦御魂神《うかのみたまのかみ》を祭神とし、本社の御饌を司る神とされる。ゆえに御水井舎をはじめ、酒殿・贄殿などがその付近にあった。東山天皇貞享四年（一六八七）の大嘗会以来、白酒《しろき》・黒酒《くろき》の醸造はこの酒殿が用いられた。その他、賀茂山口神社・須波《すわ》神社・久我《こが》神社（以上式内）、若宮神社・新宮神社がある。以上のうち久我神社は北区紫竹竹殿町にあり、賀茂県主の氏神社となっている。末社は橋本・岩本はじめ十八社あり、内五社が境内外にある。宝物に数千通の古文書や境内三手《みて》文庫所蔵の多数の典籍類がある。

（村山　修一）

↓賀茂御《かもみ》祖神社《おやじんじゃ》

賀茂別雷神社権殿

建　築　本殿およびその西に並ぶ権殿は同形同大で、流造の典型であり、下社(賀茂御祖神社)本殿と酷似する。下社本殿が式年遷宮制をもつのに対し、当社は古代以来この制度をもたず壊れた時に造替する慣行であった。祝詞舎・透廊・渡廊・東西御供所などよりなる本殿周辺の一郭は複雑な構成を示し、おそらく古式をとどめるものであろう。楼門前の橋殿・細殿・土屋その他の諸舎屋は、賀茂祭・行幸・御幸などの祭式・儀礼の盛行に伴って整備された。現在の本殿・権殿(ともに国宝)は元治元年(一八六四)、その他舎屋の大部分は寛永五年(一六二八)造替時のものである。
（稲垣　栄三）

[参考文献]　太田博太郎他編『日本建築史基礎資料集成』二

歓喜光寺

かんぎこうじ

京都市山科区大宅奥山田にあり、時宗六条派の本山。山号は紫苔山。正応四年(一二九一)一遍の弟子聖戒《しょうかい》は、山城綴喜《つづき》郡の八幡荘山下に善導寺を建立したが、前関白九条忠教の帰依を受けて、正安元年(一二九九)京都六条の河原院跡(現在の渉成園《しょうせいえん》付近)に移し、六条道場河原院歓喜光寺と改めた。天正年間(一五七三—九二)に寺町錦小路に移され、明治四十年(一九〇七)東山五条の法国寺と合併して同地に移転、昭和四十九年(一九七四)現在地に移転した。毎年十二月の別時念仏は、遊行の一つ火と称され、京都の年中行事であった。

参考文献　『京都府寺誌稿』、『京都府誌』上

（菊地勇次郎）

勧修寺

かんじゅじ

京都市山科区山科勧修寺仁王堂町二七‐六にある真言宗の寺院。亀甲山と号し、山階派大本山である。「かんしゅうじ」「かじゅうじ」ともいう。勧修寺はもと藤原氏の栄えた山階(山科)の地にある。藤原氏との因縁の深い小野の地に住していた山城国宇治郡大領宮《みや》道弥益《じのいやます》の娘の列子が、藤原高藤に嫁して一女を生み胤《いん》子《し》と名づけた。のちこの胤子が宇多天皇の中宮となって醍醐天皇を生み、寛平八年(八九六)六月三十日没し、小野陵に葬られた。ついで同九年醍醐天皇が即位し、母后の追善のために高藤の子の右大臣定方をしてこの宮道氏の宅跡に伽藍を造営させ、昌泰三年(九〇〇)に完成した。そして東大寺の承俊《しょうしゅん》律師を迎え、その高弟の済高《せいこう》が別当職に任ぜられた。延喜三年(九〇三)八月

勧修寺大悲閣

には百七口の高僧を請じて宸筆『法華経』を供養し、同五年九月には定額寺に列した。また年分度者《ねんぶんどしゃ》として真言宗声明業《しょうみょうごう》一人・三論宗一人を許し、延長三年（九二五）八月にも、贈皇太后胤子の追福のために刺繡胎蔵界曼荼羅および宸筆『法華経』の供養を修した。天暦元年（九四七）五月六条斎宮柔子内親王が、この寺に多宝塔を造立するなど、朝廷や藤原氏の信仰も厚く、別当職は済高のあと、貞誉《じょうよ》・遍覚《へんかく》・雅慶《がけい》・済信《せいしん》・深覚《じんかく》・光慶《こうけい》・信覚《しんかく》・厳覚《げんかく》・寛信《かんしん》とつづき、寛信は特に秘密事相にすぐれ、小野勧修寺流の祖といわれている。のち後伏見天皇第七子寛胤法親王入寺してより、代々法親王の門跡寺院として栄えた。また嘉慶二年（一三八八）足利義満は勧修寺八幡宮に田地を寄進するなどしたが、文明二年（一四七〇）の兵火にあい諸堂灰燼に帰した。ことに豊臣秀吉の伏見城築城の際、寺に換地を与えようとしたが応じなかったため、文禄三年（一五九四）寺領を八百石より六百石に減らされたが、江戸時代初期には宮中の御殿を給わり再興し、寺領も元禄八年（一六九五）には千石余になり、明治維新に至った。門跡は第三十二代の済範《さいはん》（入道親王）が元治元年（一八六四）

還俗して山階宮と称したが、現在その子孫の筑波光遍師を迎えて再び血脈を保つに至っている。

参考文献『勧修寺縁起』、平岡定海「定額寺考」（『大手前女子大学論集』一）　（平岡　定海）

■岩船寺■　がんせんじ

京都府木津川市加茂町岩船上ノ門四三にある寺。真言律宗。寺号高雄山報恩院。天平元年（七二九）聖武天皇の勅願により行基が阿弥陀堂を建立。ついで空海の甥智《ち》泉《せん》が灌頂堂・報恩院を造営したという。長和二年（一〇一三）頼善が再興し、承久三年（一二二一）兵火に逢い衰退したというが沿革など明らかでない。本尊阿弥陀如来坐像（天慶九年（九四六））、他に三重塔（嘉吉二年（一四四二））、十三重石塔・五輪塔・石仏龕《せきぶつがん》（以上、鎌倉時代）などがあり、いずれも重要文化財に指定されている。

岩船寺三重塔

参考文献『大和古寺大観』七　（和多　秀乗）

阿弥陀如来像　岩船寺本堂に本尊として安置の定印の阿弥陀如来坐像で、欅材一木造、肉身漆箔衲衣朱彩とする。像高二八四・五チ《セン》。明治四十四年（一九一一）、本像修理に際して、像内全面に記された墨書を発見。その内容は阿弥陀如来を中心とする各種の梵字真言・種子・心印などで、これに「□□九年（丙午）九月二日（丁丑）梵字奉書」（天慶九年（九四六））との年記も添えられていた。これは本像の造像年次を

岩船寺阿弥陀如来像

示す重要な銘記と考定されている。像はモデリングの厚い堂々たるもので、十世紀における基準作例として作行も高く、彫刻史研究の重要作品として見逃すことはできない。重要文化財に指定。

参考文献　丸尾彰三郎他編『日本彫刻史基礎資料集成』平安時代造像銘記篇一、丸尾彰三郎「天慶九年九月梵字奉書」(『国華』八八二)

(西川杏太郎)

岩船寺石仏　岩船寺境内にある石仏。高さ約二・三メートルの寄棟造石龕の奥壁に不動明王立像を浮彫するもので、龕内下方に水を湛えている。像は左手にもつ羂索《けんさく》や裳を風になびかせ、右手に剣をもち、両眼を見開いて立つ姿で、おだやかなうちにも動きがある。火焔付船形光背の左に梵字不動種子《しゅじ》、像の左右にそれぞれ、「応長第二(初夏六日)」「願主盛現」の銘が刻まれている。岩船寺石室として重要文化財に指定されている。

参考文献　京都市編『京都美術大観』九

(西川　新次)

観音寺(京田辺市)　かんのんじ

京都府京田辺市普賢寺《ふげんじ》下大門三にある寺院。真言宗智山派。別称普賢寺・大御堂《おおみどう》・筒城大寺《つつぎおおでら》、山号息長山。天武天皇の勅願で開山を義淵《ぎいん》、良弁《ろうべん》が再興し実忠《じっちゅう》を初代とする。延暦・治暦・治承・弘安・正平・永享など回禄のつど藤原氏の外護により再興。旧記では釈迦堂・

大御堂（金堂）・小御堂（普賢堂）・講堂・五重塔・二王門・南大門・僧坊二十宇があった。永禄八年（一五六五）の火災後は大御堂のみ再建し観音寺と称して今日に至る。境内から白鳳時代の瓦が出土している。

参考文献 『山城国綴喜郡誌』　（和多　秀乗）

観音寺十一面観音像

十一面観音像 本堂本尊。木心乾漆造、漆箔の立像で、像高一七二・七センチ。頭上の面や蓮華座（蓮肉と敷茄子は当初）に後補の部分が多いが、各部の比例が整い、肉づけは抑揚に富んで、天平彫刻の特色を顕著にあらわす。聖林寺十一面観音像と共通するその正統的な作風と造像技法は、八世紀後半の官営造仏所の製作であることを示している。国宝。

参考文献 杉山二郎「東大寺実忠の造立した仏像」（『大和文化研究』八ノ九）　（水野敬三郎）

かんのんじ
観音寺（京都市）

京都市東山区泉涌寺《せんにゅうじ》山内町三にある真言宗泉涌寺派の寺院。西国三十三所霊場の第十五番。泉涌寺の北に位置し、世に今《いま》（新）熊野《くまの》、今（新）熊野観音という。山号は新那智山。弘仁年間（八一〇―二四）嵯峨天皇の御願により空海の開基という。一説に左大臣藤原緒嗣《ふじわらのおつぐ》がその邸を寺としたのにはじまるともいう。本尊は伝空海自刻の十一面観音。埋葬地であった鳥辺野に近接していたこの寺は、安和二年（九六九）十月左大臣藤原師尹《もろまさ》を同寺西岡に葬ったのをはじめとして、長和五年（一〇一六）八月一条尼上（藤原道長室倫子《りんし》の生母穆子《ぼくし》）を同寺無常所に葬り、文暦元年(一二三四)八月後堀河天皇を同寺北辺(観音寺陵)に埋葬し、寛元二年(一二四四)正月四条天皇の二周忌に法華八講が修されるなど、平安から鎌倉時代にかけての記録には主に葬送・追善の場として見い出される。保延元年(一一三五)二月寂した行尊《ぎょうそん》の『巡礼手中記』に二十五番札所とあり、久安六年(一一五〇)長谷僧正の『巡拝記』には第十八番目に記され、応保元年(一一六一)の覚忠《かくちゅう》の『巡礼記』には二十六番に配されるなど順序は定かでないが、院政期ころから観音霊場として知られるに至り、爾来寺運大いに興隆したことは観音寺大路の名からも知られる。永暦元年(一一六〇)十月後白河上皇は熊野権現をその御所近くに勧請し、今熊野と名づけたので、同寺も今熊野観音と称された。応仁二年(一四六八)八月東山一円は兵火にあい泉涌寺とともに焼失。その後、旧に復することはなかった。永正十三年(一五一六)、同十四年には同寺順礼堂領をめぐって訴訟がなされており、この当時寺領が存在していたことが知られる。天正八年(一五八〇)ころに一度堂宇の建造がなされたようであるが、現在の本堂は正徳年間(一七一一—一六)宗桀祖元律師の勧募によって再興されたものである。

参考文献 『大日本史料』一ノ一三、安和二年十月十五日条、同二ノ一〇、長和五年七月二十六日条、同九ノ六、永正十三年八月九日条、『寺門伝記補録』九(『大日本仏教全書』)、松野元敬『扶桑京華志』二(『(増補)京都叢書』二)、大島武好『山城名勝志』一五(同八)、出雲路敬和編著『新熊野観音寺千百五十年史』

(武内　孝善)

祇王寺 ぎおうじ

京都市右京区嵯峨鳥居本小坂町三二にある真言宗大覚寺派の尼寺で、本尊は大日如来。法然の弟子念仏房の建てた往生院跡にあたる。『平家物語』に、白拍子祇王《ぎおう》は平清盛の寵愛を受けたが、加賀の白拍子仏御前に清盛の寵愛を奪われ、ついに出家して妹の祇女《ぎじょ》らとともに庵室を結んだと伝える。往生院は中世に廃絶したが、近世にはその旧跡に祇王らを祀る浄土宗の尼寺祇王寺があったことが『山城名勝志』『山城名勝巡行志』などにみえる。その後、再び廃墟となったが、明治二十八年(一八九五)地元有志が再興を図り、京都府知事北《きた》垣国道《がきくにみち》から別荘一棟の寄進を受け、三十五年大覚寺に保管されていた祇女らの木像が返却され、往生院祇王寺と名づけた。本堂に祇王・祇女・母刀自《とじ》・清盛の木像を祀り、境内には祇王ら母子・清盛の墓と伝える二基の石塔がある。

参考文献　『都名所図会』四、京都市役所編『京都名勝誌』、瀬戸内晴美・竹村俊則・横山健蔵『嵯峨野の魅力』

（中井　真孝）

北野天満宮　きたのてんまんぐう

京都市上京区馬喰《ばくろ》町に鎮座。旧官幣中社。北野神社・北野天満宮・北野天神・天満大自在天神宮・天満宮天神・天満宮・天満天神・火雷天神・北野聖廟などとも呼ぶ。菅原道真公を主祭神とする神社として、福岡県太宰府市宰府鎮座の旧官幣中社太宰府天満宮と双璧をなしている。その創立については、『北野天満自在天神宮創建山城国葛野郡上林郷縁起』『北野寺僧最鎮記文』『天満宮託宣記』の三種の文献が伝えられていて、いずれも当代の信憑するに足る根本史料とされる。それには、鎌倉市二階堂鎮座の旧村社荏柄《えがら》天神社に襲蔵している、承久年間(一二一九—二二)の書写にかかる『北野天神御伝并御託宣等』のごとき古本も存している。ことに『縁起』は、末尾に「天徳四年(九六〇)六月十日、根本建立宜禰多治記」との署記があって、本社の創立者たる多治比奇子《たじひのあやこ》(文子・綾子・あや子などとも)その人の記すところであるのを知られ、はなはだ注目

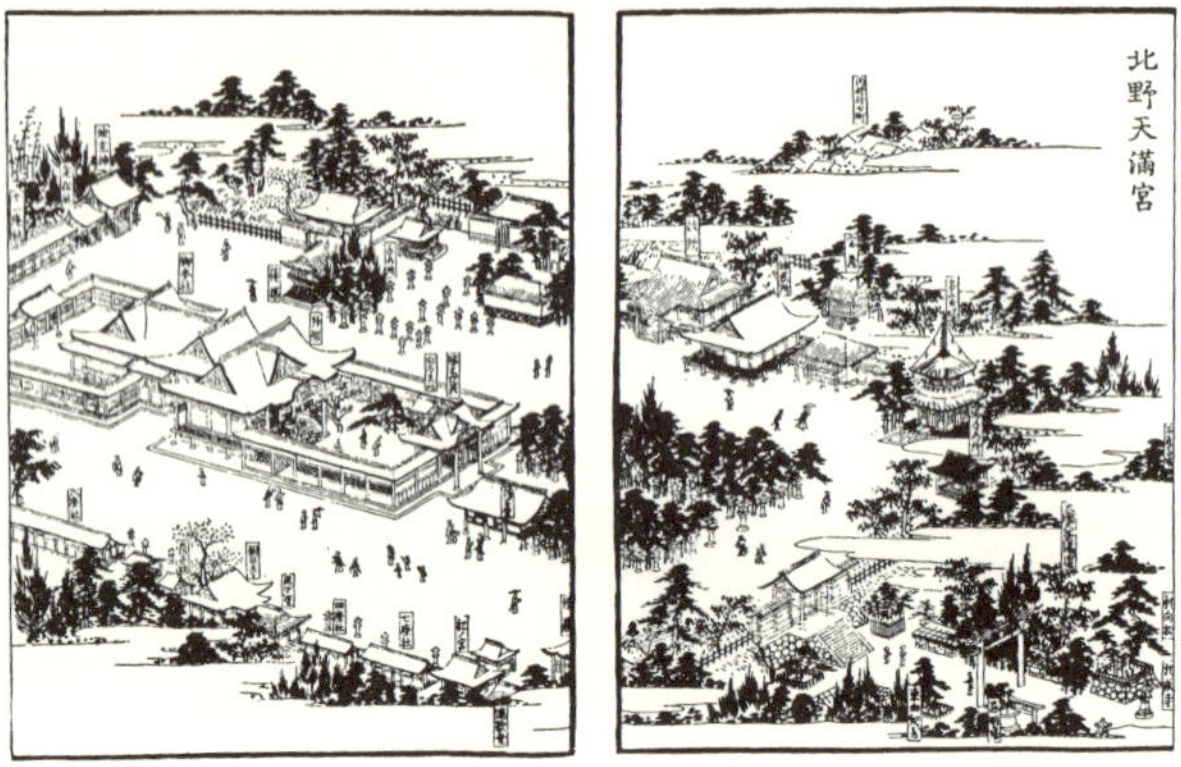

北野天満宮(『都名所図会』6より)

に価する。すなわち、これに下のようにある。天慶五年(九四二)七月十三日(一本、十二日)天神(菅神)は、右京七条二坊十三町に住んでいた宜禰(巫女・童女)の奇子に託宣して、都のほとりの閑勝の地にして右近馬場の設けられている北野に社殿を構えて祭祀すべきことを要求せられたが、賤妾の身のこととて、それは容易の業でなく、はじめのほどは自己の邸内に仮の叢祠を作って崇営していた。しかし五ヵ年を経た天暦元年(九四七)六月九日には、ようやく機が熟して、今の北野の地に移建することができたという。よって、この移建を記念して、その六月九日をもって現在に至るまで宮渡祭《みやわたり》と称する祭儀を行なっているのである。ということは、本社においては、その創立を天暦元年六月九日とせず、これよりさかのぼるいつかに置いていたことが察せられよう。例祭はその創立の日を記念して行われるのが一般であるが、本社はこれを八月五日、のちに改めて四日としているところからするに、それ

は奇子が自己の邸内に叢祠を構えたろう天慶五年八月五日をもってしたものであるまいかとも思われる。次に『記文』および『託宣記』によるに、下のようにある。北野移建のすこし前の天暦元年三月十二日にも、近江国高島郡比良郷の神《みわ》良種の男太郎丸なる年七歳の童男に、火雷大神がやはり興宴の地なる右近馬場のほとりに移坐したいと託宣せられたという。そこで、これを聞いたその馬場の乾の角にあった朝日寺(のちの本社の神宮寺の一つで、西脇観音堂ともいう)の住僧の最鎮は、神良種・太郎丸をはじめ、その弟子であろう法儀・鎮西《ちんさい》(一本、鎮世《ちんせい》)、また、狩弘宗らの一党を率い、奇子を中心とする満増・増日および星川秋長(一本、秋永)らの一党と、互いに力を戮わせ心を一にして、祠宇を奇子の邸内から今の地に移建した。しかして、それより十三、四ヵ年ばかりを経た天徳三、四年の二月二十五日には、父忠平以来の菅公とのよしみによって、九条師輔はその新造の第を取り壊して、これを本社の神殿とした。ここにおいて、本社は従前の叢祠の面影をまったく払拭し、京畿における圧しもおされもせぬ堂々たる神社となったのであるが、このときの祭文に「男女乃子孫品々仁、男をは国家乃棟梁トシ天、万機乃摂籙ヲ意仁任セ、及ヒ太子乃祖を成シ、女をは国母・皇后・帝王乃母多留我カ姓藤原乃氏と千世(一本、子)之世仁名平伝倍、万孫之家仁跡平継天」とあったという。かくて、菅公反対派の時平流のようやく衰えていった後を受けて、その弟の忠平流のみが盛えていった時代にあって、本社はまさしく藤原氏、延いては皇室の氏神となっていったのである。

参考文献　北野神社社務所編『北野誌』、同編『菅公頌徳録』、宮地直一『神道史』上・下一、西田長男「北野天満宮の創建」(『神社の歴史的研究』所収)、真壁俊信「荏柄天神社本『菅家伝』の出現」(『日本歴史』二九二)

(西田　長男)

建築　権現造の形式をもつ代表例。現在の社殿は慶長十二年（一六〇七）の造営であるが、平安時代からこの形式を守ってきたと考えられる。入母屋造の本殿と拝殿との間にゆかを土間とする石の間を置き、石の間の天井を雄大な化粧屋根裏とする。本殿の西側面に脇殿、拝殿両脇に楽の間を付加しているので屋根も変化に富み、古来八棟造の名がある。拝殿前の中庭を取り囲んで回廊がめぐり、正面中央に四脚門の中門を開く。なお蟇股《かえるまた》などに彩色を施した彫刻があり、時代の特色をよく示している。本殿・石の間・拝殿および楽の間は国宝に、中門・回廊などは重要文化財に指定されている。

北野天満宮本殿

参考文献　福山敏男「石の間」（『建築史』二ノ一）

（稲垣　栄三）

吉祥院　きっしょういん

京都市南区吉祥院政所町三にある浄土宗の寺。山号は南北山、寺号は海中寺といい、吉祥天女院・吉祥天女堂と呼ばれる。元慶五年(八八一)菅原道真が、父是善《これよし》の菩提のため、領所に建立したと伝え、一説に道真の祖父清公《きよとも》が遣唐使の判官として入唐のとき、風浪の難にあい、留学僧の最澄と吉祥天に祈り、霊験があったので、帰朝ののち最澄作の吉祥天像を安置したともいう。道真は、大宰府流謫の日、ここから旅に出たとされ、『扶桑略記』によると、治暦二年(一〇六六)境内に天神堂を造って、道真の廟を移したという。三所御霊の一つで、天神御霊・聖廟とも呼ばれた。のち豊臣秀吉の代に、寺領を没収されて衰えた。現在は浄土宗西山禅林寺派に属し、無住。

参考文献　黒川道祐編『雍州府志』三・五(『(増補)京都叢書』三)

(菊地勇次郎)

貴船神社

きぶねじんじゃ

京都市左京区鞍馬貴船町一八二に鎮座。貴船川の川上である。旧官幣中社。旧二十二社の一つとして、古くは貴布禰社(『続日本後紀』)の名で広く崇敬された。高龗《たかおかみの》神《かみ》を祀る。この神は山谷の雨水を掌る神として、古く雨乞・止雨の神とされた。今日もここは京都市を北に距る一六キロの山谷の地で、境内に老杉古檜が繁茂し、幽邃の別天地である。平城京の時代は大和国吉野川に沿った丹生川上《にふかわかみ》神社が雨乞・止雨の神として崇敬されたが、平安京の時代からは古来の丹生川上神社と併せて当社が主たる祈願社とされた。丹貴二社(『続日本後紀』)と称されたのはそのためである。『日本紀略』によると当社は弘仁九年(八一八)五月大社に列し、同六月従五位下に叙し、ついで貞観十五年(八七三)正四位

貴船神社本殿・拝殿

下に昇叙された(『三代実録』)。その後保延六年(一一四〇)には正一位に昇叙したという(『二十二社註式』)。『延喜式』によると名神大社とされ、月次・新嘗の奉幣に預かり、名神祭二百八十五座の一つに列し、また祈雨神祭八十五座の一つにも預かっている。国史によると祈雨・祈晴のことは天長十年(八三三)に始まり、祈雨のときは黒馬を献じ、止雨祈晴のときは白馬を献ずるのが古例であった。今日においては三月九日を雨乞祭の日とし、年間降雨量の適度ならんことを祈っている。当日は雨乞滝において「大御田のうるほふばかりせきかけてゐぜきに落とせ川上の神」の神歌を唱える。江戸幕府からは朱印領三石が寄せられた。例祭は六月一日で、同日午後奥宮まで神輿の渡御がある。往古は四月一日・十一月一日の貴船祭に、朝廷から勅使の差遣があった。全国には当社の分祀が二百六十社に上り、祈雨・止雨の信仰を弘めている。

参考文献 『古事類苑』神祇部三、『神社明細帳』

(岡田　米夫)

教王護国寺

きょうおうごこくじ

京都市南区九条町一にある。延暦十三年(七九四)の平安遷都の直後、羅城門の左に東寺、右に西寺が創立された。教王護国寺はこの東寺である。「創立当時の位置境域は、平安京の中央、朱雀大路の東方百五十丈、櫛笥小路を南北の中心線として東は大宮、西は壬生、南は九条、北は九条坊門を限りて方二町(延喜小尺の八十四丈四方)」と『東寺略史』に記されているように、堂宇は、その後幾多の変遷があったが位置は現在も変わっていない。東寺造営着工の時期は明らかではない。平安京遷都のころの史料である『日本後紀』延暦二十三年四月壬子条に従五位下多治比真人家継が造東寺次官に任ぜられたことがはじめて出ているにすぎない。しかし『類聚国史』一〇七左右京職の同十六年四月己未条には造西寺次官笠朝臣江人の名があり、東寺造司も同様に設置されて造営も始まっていたものと考えるべきであろう。『東大寺要録』によると、東・西二寺に食封《じきふ》千戸が施入されたのは延暦十二年とあり、『東宝記』に同十五年大納言伊勢人が造東寺長官に任ぜられたとあるが、事実のほどは判明しない。平安遷都当時の東・西二寺の造営は朝廷にとって大きい負担で、その造営はなかなかはかどらなかったが、『東宝記』によると金堂がまず竣工した。弘仁十四年(八二三)空海に勅賜された後、最初に着手したのは講堂・五重塔の造営であるが、在世中に竣工したのは講堂で、五重塔は五十余年後の元慶年間(八七七―八五)に完成した。注目すべきは真言秘密道場としての灌頂院《かんじょういん》で、空海の没後、弟子の実恵《じちえ》の時に竣工したといわれる。空海請来の聖教・仏像・仏具は南北二宇の大経蔵に保管された。勅賜の時太政官符で真言僧五十人の寺住が許され、真言宗以外の僧の寺住は禁止された。しかし空海没後は密教の修学も仁和寺・醍醐寺の建立とともに、法流が広沢・小野の二派に分かれ、それぞれに発展した。けれども真言宗に国家的な修法が行われる場合は東寺に対して依頼されたため、平安時代前中期を代表する仏画・工芸品の優秀な作品が残されている。平安時代末期には世相の混乱とともに東寺も衰微したが、鎌倉時代初期には源頼朝が文覚《もんがく》上人の勧めで、復興に着手し、続いて後白河天皇の皇女宣陽門院が夢に感じて東寺に帰依し面目を一新した。この時期に空海の木像を作り御影堂を建て、勤行を行うこととしたため、それまで修法研鑽の場であった東寺が弘法大師信仰の一つの中心となった。その後、多くの人たちから荘園の寄進などもあり経済的にも独立し、広沢・小野流の中心寺院と対立した状態で信仰をあつめた。後宇多法皇のころには住僧の数が一段と増し、多数の塔頭《たっちゅう》寺院がふえた。室町時代以後も庶民の大師信仰に支えられて現在まで伽藍の安全が保てたのである。教王護国寺の名は淳和天皇天長二年(八二五)空海が建立した講堂に本尊を安置した時、仁王護国の意味から名付けられたと伝えるが、また大師の『二十五ヶ条御遺告』の中から教王護国寺と号したともいう。この名称は最初からのものでなく、後世名付けられたもので、その時期は不明である。

参考文献　朝日新聞社編『東寺』、浅野長武他編『秘宝』六　（佐和　隆研）

建築　現在、伽藍中心線上に南大門・金堂・講堂・食堂《じきどう》・北大門が、東に塔と宝蔵、西に灌頂院と西院があり、東の築地に慶賀門・東大門、西の築地に蓮花門を開く。各建物の位置は創立当初から変わっていないようで、『東宝記』を参考にして伽藍配置を復原すると、伽藍中心部は中門から発した回廊が金堂に連なり、講堂を取り巻いて三面僧房があり、塔と灌頂院は中門の東西にあったと推定される。金堂(国宝)は桁行五間梁行三間の四周に裳階をめぐらした入母屋造本瓦葺の堂々たる大建築で、裳階屋根中央を切り上げ、三手先の挿肘木や中備《なかぞなえ》に平三斗を重ねるなど、大仏様を採り入れ、内陣構架に禅宗様を加えており、桃山時代の大仏堂の代表作である。棟札により慶長八年(一六〇三)の再建であることがわかるが、基壇・礎石・仏壇の位置と大きさは当初のままである。五重塔(国宝)は正保元年(一六四四)の再建で、純和様の伝統的手法からなり、現存最大の五重塔である。大師堂(国宝)は西院御影堂とも呼ばれ、後堂・前堂・中門廊からなる住宅風仏堂で、弘法大師住房との伝えを持つ。康暦二年(一三八〇)の再建で、平面は古様を伝え、檜皮葺の屋根、蔀戸や妻戸の建具など、寺院住房の趣をとどめる。その他、宝蔵は平安時代、南大門は慶長六年(旧蓮華王院門)であるが、他の諸門は鎌倉時代、講堂は延徳三年(一四九一)、灌頂院は寛永十一年(一六三四)で、これらはともに重要文化財に指定されている。中門・回廊・僧房は再建されていないが、当初の伽藍規模をかなりよく残している。なお北方に子院客殿として観智院客殿(国宝、慶長十年)があり、西院灌頂堂内には仁治元年(一二四〇)施入の五重小塔(重要文化財)がある。

参考文献 京都府教育庁文化財保護課編『重要文化財教王護国寺(宝蔵大師堂)修理工事報告書』、同編『重要文化財教王護国寺灌頂院幷(北門東門)修理工事報告書』、同編『重要文化財教王護国寺五重塔修理工事報告書』、同編『重要文化財教王護国寺講堂修理工事報告書』、大岡実「貞観時代における興福寺式伽藍配置」(『南都七大寺の研究』所収)、後藤柴三郎「東寺の古建築」(『仏教芸術』四七)、太田博太郎編『日本建築史基礎資料集成』一一・一六

(太田博太郎)

観智院 教王護国寺に延慶年中(一三〇八—一一)後宇多法皇の御願により、創建された塔頭《たっちゅう》十五ヵ院中随一の寺院であり、杲宝《ごうほう》を開祖とする。以来

碩匠が相ついで、江戸時代初期に真言宗の勧学院となった。歴代住職は東寺の別当職を兼ねた。観智院《かんちいん》には伝来の法具・什器があり、また南北朝時代の東寺では真言教義の研究が行われていたが、その基礎をかためたのが頼宝《らいほう》であり、そのあとをうけて杲宝・賢宝《けんほう》がさらにその研究をすすめた。この三人を「東寺の三宝」といい三宝の著わした疏と収集した経論などを収めたものを金剛蔵聖教といい大量のものが現存している。江戸時代の第十三代住職賢賀によって、その中の重要なものは修理されている。本尊の五大虚空蔵菩薩(重要文化財)は恵運《えうん》が請来し、安祥寺《あんじょうじ》にあったものである。その他国宝・重要文化財に指定されたものが多いが、今は教王護国寺に移管されている。客殿(国宝)は慶長十年(一六〇五)の建築で宮本武蔵の筆と称する壁画があり、三井寺光浄院客殿・勧学院客殿とほぼ同様形式で桃山時代客殿の典型である。

宝菩提院　教王護国寺塔頭寺院の一院で東寺派別格本山である。住職は東寺別当職に補せられることもある。開祖亮禅《りょうぜん》は弘安二年(一二七九)十一月十一日に東寺大悲心院で能禅より伝法灌頂を受け、宝菩提院《ほうぼだいいん》をひらいた。彼は西院流《にしのいん》能禅方を伝え、書庫三密蔵には多くの古文書・聖教がある。能禅方は広沢から分かれ、西院(仁和寺)法印信証を祖とした西院流の末流で、西院流正嫡宏教の弟子東寺大悲心院能禅から亮禅へと受け継がれた。西院流能禅方は一名東寺方ともいう。

(佐和　隆研)

五大菩薩像　四軀(中尊金剛波羅蜜菩薩像は後世の補作)。木造、漆箔。像高九三・四〜九六・四センチ。平安時代。講堂壇上には中央に五仏、向かって右に五菩薩、左に五大尊、両端に梵天と帝釈天、四隅に四天王の計二十一体の像が安置されていて、このうち五仏と五菩薩中の中尊を除く十五体が承和六年(八三九)同堂創建時の造像と考えられている。これらは空海の創意による一種の曼荼羅を構成するもので、わが国現存最古の本格的密教彫像の一群として高く評価されている。五大菩薩像は金剛波羅蜜をかこんで東北方に金剛薩埵《さった》、東南方に金剛宝、西南方に金剛法、西北方に金剛業、のように配置され、それぞれ補修は多いが、奈良時代後半に流行した木心乾漆造の流れをくむ技法が顕著で、その様式、技法は以後の真言系菩薩形像の基となったかと思われる。国宝。

[参考文献] 丸尾彰三郎他編『日本彫刻史基礎資料集成』平安時代重要作品篇一、久野健『平安初期彫刻史の研究』、西川新次「東寺講堂の諸仏」(『国華』七八二・七八三)

五大明王像 五軀。木造、彩色。像高一四一・〇～二〇三・一センチ。平安時代。講堂群像中の忿怒形の一組で、中央に周丈六の不動明王坐像、前方向かって右(東南)に降三世明王、同左(西南)に軍荼利《ぐんだり》明王、後方向かって左(西北)に大威徳《だいいとく》明王、同右(東北)に金剛夜叉明王の等身像が配置されている。これらは五大菩薩像よりも乾漆の使用部が少なく、彫り口もするどく、より木彫的で、その技法は九世紀一木彫像の一典型といえる。なお建久八年(一一九七)運慶らによる修理時には、五大菩薩と同様に頭部内から、舎利・真言などが発見されている。国宝。

[参考文献] 丸尾彰三郎他編『日本彫刻史基礎資料集成』平安時代重要作品篇一、久野健『平安初期彫刻史の研究』

不動明王像 木造、彩色。像高一二三センチ。平安時代。西院御影堂南面の奥間に安置されている坐像で、『東宝記』は空海の持仏と伝えている。その真偽はともかく、九世紀の作品で、その作風、技法は同寺の八幡三神像にちかい。十二世紀初頭にはすでに厳重な秘仏とされており、現在も公開されていない。そのためかきわめて保存がよく、持物・光背・台座はもとより、天蓋までほぼ造像時のままに遺っている。

教王護国寺の建築・彫刻

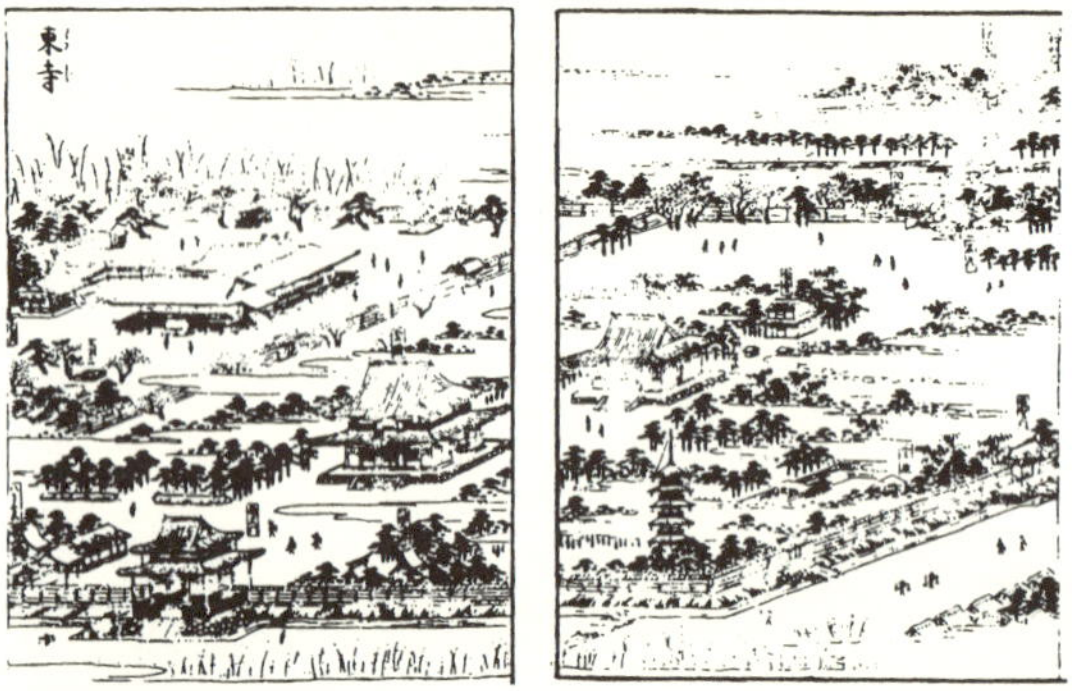

東寺(『都名所図会』 2より)

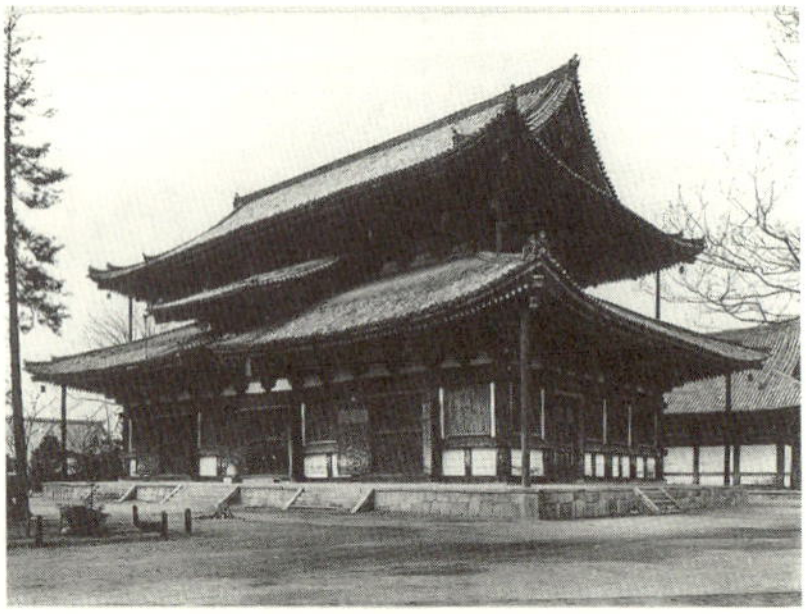

金　堂

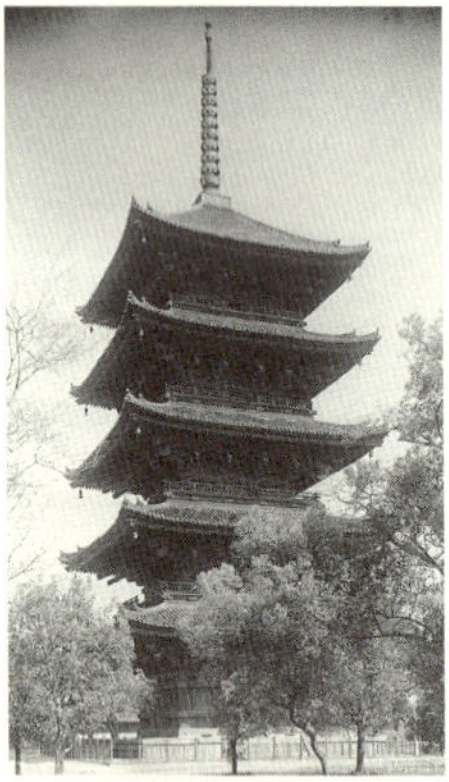

五重塔

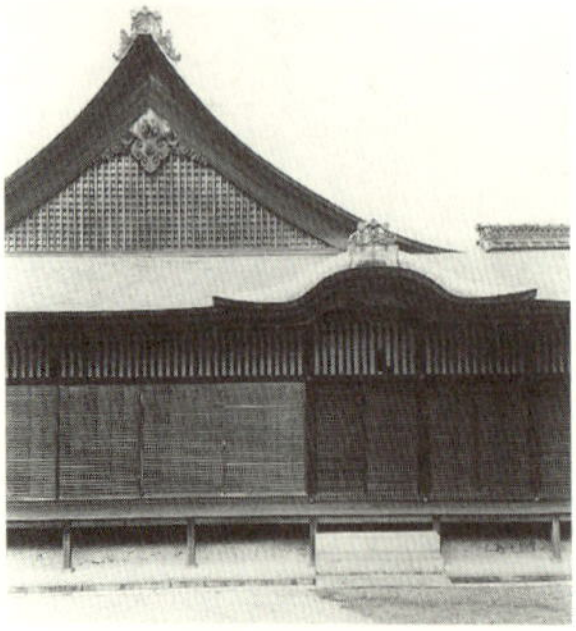

観智院客殿

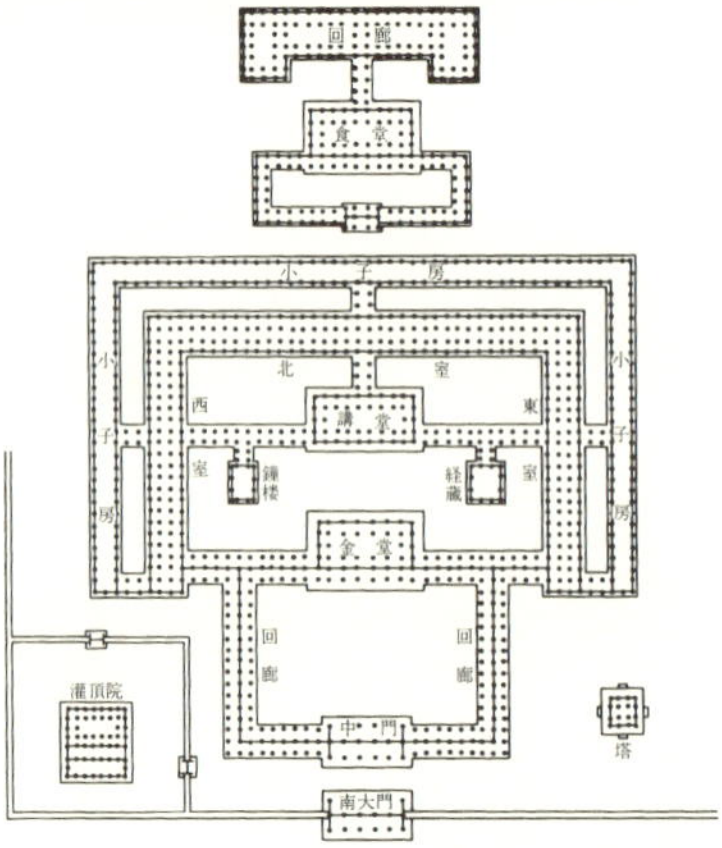

教王護国寺伽藍配置図

帝釈天像

梵天像

不動明王像

金剛薩埵菩薩像

多聞天像

広目天像

増長天像

持国天像

四　天　王　像

降三世明王像

兜跋毘沙門天像

法界虚空
蔵菩薩像

千手観音像

その像容は後世の範となったようで、これを模したかと考えられる不動明王像が幾つか伝わっている。国宝。

参考文献　丸尾彰三郎他編『日本彫刻史基礎資料集成』平安時代重要作品篇四、丸尾彰三郎「教王護国寺西院不動明王像」(『美術研究』一八三)、西川新次「東寺西院の秘仏」(『大和文華』三五)

梵天・帝釈天像　二軀。木造、彩色。像高、梵天一〇三・六センチ、帝釈天一〇四・五センチ。平安時代。講堂須弥壇《しゅみだん》の両端中央部に位置する護法神で、向かって右端(東方)が梵天、同左端(西方)が帝釈天である。奈良時代以降一般的な立像形とは異なり、梵天は四面四臂で四鵝座に乗り、帝釈天は甲を著けて象に半跏する。その姿は真言密教独自のもので、類似の遺例は少ない。講堂諸尊はたびたびの災害で補修部が多く、持物・光背・台座などに当初のものはなく、この梵天像の本面を除く頭部のすべて、帝釈天像の頭部と右手・左足なども後補であるが、造像時の姿を偲ぶことはできる。作風、技法は一群中五大菩薩像に最も近似する。国宝。

参考文献　丸尾彰三郎他編『日本彫刻史基礎資料集成』平安時代重要作品篇一、久野健『平安初期彫刻史の研究』、西川新次「東寺講堂の諸仏」(『国華』七八二・七八三)

四天王像　四軀。木造、彩色。像高一六二・〇～一八七・七センチ。平安時代。講堂群像中、壇上四隅に立つ護法神の一組で、前方向かって右(東南)に持国天、同左(西南)に増長天、後方向かって左(西北)に広目天、同右(東北)に多聞天の順に配置される。技法は五大明王像に等しいが、忿怒の表現はよりつよく、特に持国・増長の二天像はわが国四天王像中激動の表出に最もすぐれたものとして評価が高い。広目・多聞の二天像は補修部が多く、多聞天像についてはまったく後補と考える説もある。国宝。

参考文献　丸尾彰三郎他編『日本彫刻史基礎資料集

成』平安時代重要作品篇一、久野健『平安初期彫刻史の研究』

僧形八幡神・女神像　三軀。木造、彩色。像高一〇九〜一一四㌢。平安時代。本寺の鎮守八幡宮の神体で、明治元年(一八六八)その宮殿が焼失したので西院御影堂に移され、現在は収蔵庫に安置されている。僧形の八幡神にほぼ同形の女神二体が一組となった通常の八幡三神の姿であるが、いずれも等身を上廻る坐像で、この種の神像中最も大きく、古様である。『東宝記』は空海在世時の感得像と伝えるが、その確証はない。しかし三体同一の古木から木取りしたかと思われる一木造りの構造や彩色、簡古な作風からみて九世紀を下らぬ、神像中現存最古の遺品と考えられる。なお武内宿禰像と伝える上半身裸形の男神坐像(像高八五㌢)が付属しており、これは十二世紀に下る作品と考えられるが、裸形着装像中の古例として注目される。国宝。

参考文献　久野健『平安初期彫刻史の研究』、倉田文作「東寺の八幡三神について」(『大和文華』二六)

千手観音像　木造、漆箔。像高五八五㌢。平安時代。もと食堂の本尊で、昭和五年(一九三〇)の同堂火災時に焼損し、同四十年から四十二年にかけて修理されて、現在は収蔵庫に安置されている。『醍醐寺根本僧正伝』によると、この像は聖宝《しょうぼう》の主宰により、宇多法皇の御願仏として製作されたもので、造立年次はおよそ寛平六年(八九四)から昌泰二年(八九九)ないし延喜九年(九〇九)の間と想定される。昭和修理時に脇手の内刳部から元慶元年(八七七)の墨書がある檜扇《ひおうぎ》と、白毫孔から金製舎利容器(舎利入)が発見された。九、十世紀の間における丈六の巨像として、補修は多いが注目すべき作品であり、納入品も資料的価値が高い。重要文化財。

参考文献　教王護国寺編『重要文化財木造千手観音立像修理工事報告書』、西川新次「聖宝・会理とそ

の周辺」(『国華』八四八)

五大虚空蔵菩薩像　五軀。木造、彩色。像高七〇・一～七五・四チセン。唐時代。それぞれ馬(法界)、獅子(金剛)、象(宝光)、孔雀(蓮花)、金翅鳥(業用)に乗ったほぼ同形同大の一組の像で、法界虚空蔵像の框座裏に墨書があって、これらがもと上の安祥寺にあった恵運《えうん》将来のもので、中世大風によって同寺金堂が倒れて損傷していたのを、永和二年(一三七六)に東寺観智院で修理されたこと、また本来大唐青竜寺金堂の本尊で、恵果和尚の持仏であったこと、嘉慶年中(一三八七—八九)以後観智院にあってたびたびの修復を経て来たことなどがわかる。像は材質、技法、作風などからみて中国唐代の作品であることに間違いなく、貞観九年(八六七)の『安祥寺資財帳』にみえる五大虚空蔵像にあたるもので、承和十四年(八四七)の将来と考えてよいであろう。青竜寺恵果《けいか》の持仏であったかどうかは別として、遺品の稀な唐代木彫像の一典型として貴重である。現在は教王護国寺に移管されている。重要文化財。

参考文献　明珍恒男「東寺の彫刻に就いて」(『東寺の研究』所収)、斉藤孝「東寺観智院五大虚空蔵菩薩坐像考—中国彫刻への一展望—」(『美術史』一八ノ四)

兜跋毘沙門天像　木造。像高一八九チセン。唐時代。『東宝記』は、この像が唐の安西城毘沙門の故事にならって平安京の羅城門にあったもので、大風による門の倒壊後本寺に移されたものとする。鳳凰をつけた宝冠をかぶり、長套に金鎖甲を著し、海老籠手をはめて地天の掌上に立つ独特の姿は、まさに唐代流行の兜跋毘沙門天の典型を示し、材質、技法も唐代の特色を持っている。この種の像はわが国でも平安時代に多く作られたが、本像はその根本像といえる。国宝。

弘法大師像 木造、彩色(剥落)、玉眼。像高八三・二センチ。鎌倉時代。空海在世時の住房跡と伝える西院御影堂の北間にまつられる坐像で、『東宝記』その他によると時の長者親厳大僧正の願により、天福元年(一二三三)、仏師法眼康勝《こうしょう》が作ったものである。康勝は運慶の第四子で東寺木大仏師職を継承した当時の代表的仏師である。像の作風もまさに彼の晩年の製作と考えてよい。空海の彫像は、記録の上では貞観十三年(八七一)の『安祥寺資財帳』までさかのぼりうるが、遺品としては本像が知られる最古のもので、また製作も最もすぐれている。重要文化財。

参考文献 田辺三郎助「東寺西院御影堂の弘法大師像」(『国華』九一〇)

(田辺三郎助)

十二天画像 大治二年(一一二七)に描かれた十二天画像。十二天とは東方—帝釈天、南方—焔摩天、西方—水天、北方—毘沙門天、東南方—火天、西南方—羅刹天、西北方—風天、東北方—伊舎那天、上方—梵天、下方—地天と日天および月天で、諸仏が衆生守護のために来現した大日如来の等流身の尊像である。十二天像の古形は九世紀後期の西大寺本のごとく動物背上に乗って侍者を従えているが、その後は侍者だけを伴う坐像となり、さらに侍者をも伴わぬ独尊の立像に変化するが、本像はその中間である。『東宝記』によれば、古くからあった十二天像が焼失したので長久元年(一〇四〇)に絵仏師救円《きゅうえん》が新本を描いて真言院にあったが、それが大治二年三月十五日に焼失したので長者勝覚《しょうかく》が威儀師覚仁《かくにん》に命じて小野経蔵にあった弘法大師筆と伝える旧図を摸写させたとある作品に相当する。院政時代の装飾的彩色法の中に毅然たる尊容と筆法を保っているのはそのためであり、保存も完好で十二天画像の代表である。国宝。各幅、絹本著色、縦一四四・二センチ、横一二六・六センチ。現在は国に移管され京都国立博物館に所蔵されている。

参考文献 『日本国宝全集』五・六〇・七五・七九

五大尊像　大治二年(一一二七)に描かれた五大尊像の代表的作品。中央―不動、東方―降三世、南方―軍荼利、北方―金剛夜叉、西方―大威徳の五大明王像のことである。本図は十二天画像と一具をなす作品であるにかかわらず、忿怒尊のために画法を異にしているが、五尊揃った最古の遺品である。類似の五方尊に五大力吼《りきく》像がある。国宝。絹本著色五幅、縦一五三・〇センチ、横一二八・〇センチ。

参考文献　『東宝記』、『日本国宝全集』五三・六二・六六・七七

十二天図屏風　十二天画像は、古形は動物背上に乗って侍者を従えているが、その後は侍者だけを伴う坐像となり、最後に独尊立像に変化するが、その独立尊像の先駆的作品が本図である。『東宝記』に、建久二年(一一九一)十二月二十八日に長者俊証僧正が灌頂院で十二天供養を行うにあたり、旧本が朽損していたために屏風に十二天図を描かせたが、その絵師は宅間法橋勝賀《ほっきょうしょうが》で、種子は御室の守覚法親王であるという記事に本図は該当するのであろう。なおまた、掛軸から屏風仕立の形式になったのは、灌頂会の時に行う十二天行列に用うる装束が紛失したために、その仮装行列の代わりに屏風を立てることにした旨を、同じく『東宝記』が註しているからして、この時に略儀用に考案された新形式であるといえよう。本図とほぼ同形式同時代の作品でやはり勝賀筆との伝来のある十二天図屏風が神護寺にあるが、東寺本が勝賀筆であることは確実であるからして、その北宋末南宋初期の抑揚と太細と強弱のある描線と現実感ある彩色を基準にすれば、神護寺本は勝賀的でなく院政期の装飾的画法の伝統をうけた旧様である。しかも月天のごときは側面像であることは、規範的な仏画に新形式をもたらしたことで勝賀の才能を示すとともに行列の代用を意味すると認められるが、両界曼荼羅に現われる最初の十二天像が屏風絵として独立したところに、日本仏画の

図像と実用との発達史の象徴がある。絹本著色、六曲屏風一双、各隻縦一三〇・二センチ、横四二・一センチ。国宝。

参考文献 『日本国宝全集』一八、渡辺一「東寺十二天屏風考」(『美術研究』六〇)

（谷　信一）

行願寺 ぎょうがんじ

京都市中京区寺町通二条上ル行願寺門前町一七にある天台宗の寺院。山号霊麀山。千手観音を本尊とする西国三十三所第十九番の霊場で、古くから行願寺よりも革《こう》堂《どう》の名で知られている。寛弘元年(一〇〇四)に僧行円によってはじめ一条油小路に創立された。行円は頭上

革堂(『都名所図会』1より)

行　願　寺　本　堂

に仏像をいただき、身に鹿皮の着物をつけて民衆の中にあって法を説いたので皮聖《かわひじり》とも革《かわ》上人とも呼び、寺を革堂と通称した。中世の兵乱期に寺町今出川に移り、三転して現地に移った。

参考文献　秋里籬島編『都名所図会』一(『(増補)京都叢書』一二)、竹村俊則『新撰京都名所図会』四

（景山　春樹）

京都霊山護国神社

きょうとりょうぜんごこくじんじゃ

京都市東山区清閑寺霊山町一に鎮座。祭神は嘉永六年(一八五三)黒船来航以来の国家公共につくした人の霊七万三千余柱を祀る。東山霊山の地には文化年間(一八〇四―一八)に村上国愷《くにやす》が神道葬を行う斎場の霊明舎を設立していた。やがて幕末になると、諸藩の志士が京都に上って殉難し、霊山に埋葬される者が多かった。明治元年(一八六八)に明治天皇により太政官布告が発せられると、この勅旨を受けて、京都府・萩藩・福岡藩などの諸藩が霊山山腹に各々招魂社を建立し、招魂祭を行なった。昭和十四年(一九三九)に霊山ほか三ヵ所にあった官祭招魂社を合併した社殿が完成し、同年護国神社制度の制定により京都霊山護国神社に改称した。第二次世界大戦後占領下では、京都神社と称したが、同二十七年に京都霊山護国神社に復称した。例祭は春季(四月二十八日)・秋季(十月十四日)。

参考文献　「京都霊山護国神社」(『靖国神社百年史』資料篇下所収)

（津田　勉）

清水寺

きよみずでら

京都市東山区清水一ー二九四にある。もと興福寺末として戦後に及んだが、独立して北法相宗の本山となる。山

号は音羽山、古くは北観音寺とも称せられた。十一面観音像を本尊とし西国三十三所の第十六番の札所でもある。創建年代はさだかでないが、大和国高取の子島寺(南観音寺)の僧延鎮が清水滝落ちるこの地に至り、坂上田村麻呂の助勢を得て草創し、延暦二十四年(八〇五)十月に田村麻呂は寺辺の山地を賜わって寺観を

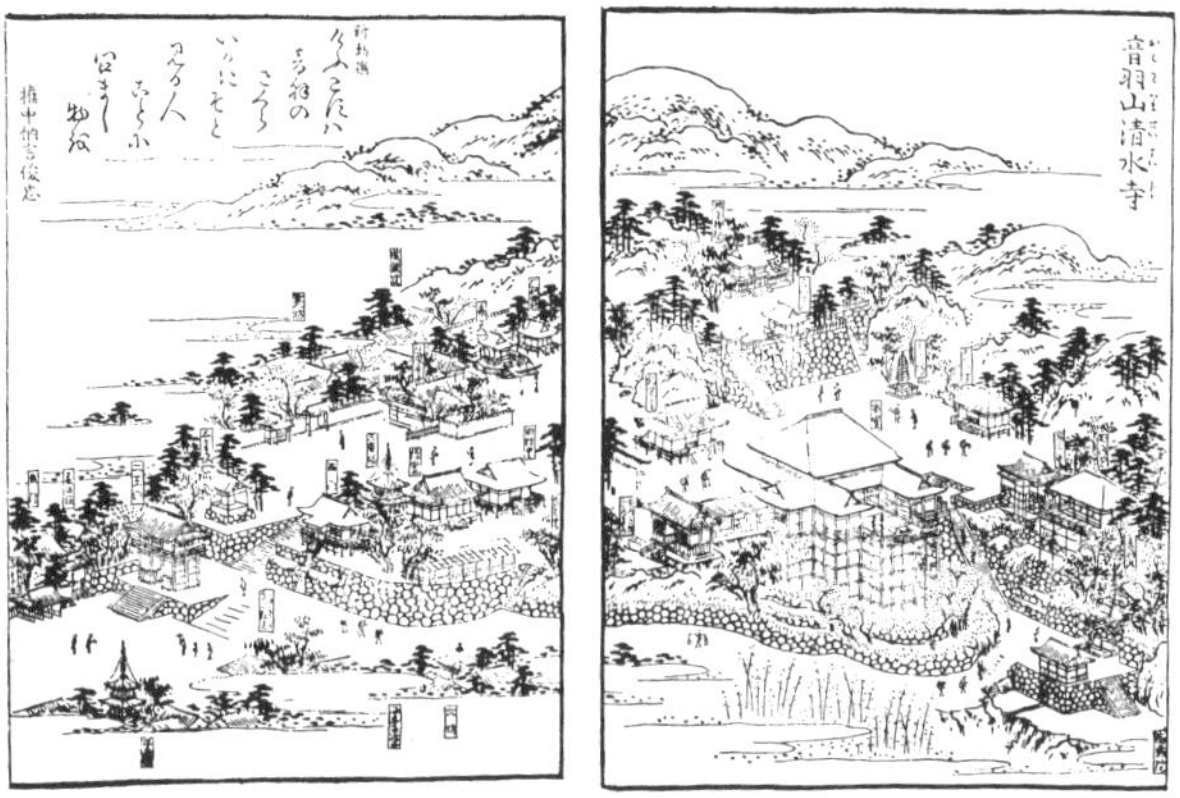

音羽山清水寺(『都名所図会』3より)

清水寺　仁王門と三重塔

整備した。元来坂上氏の氏寺で子孫が俗別当となり、延鎮門流を以て住持し法燈を伝えたという。承和十四年(八四七)に三重塔も建立されたが、貞元元年(九七六)六月の大地震で倒潰し、康平六年(一〇六三)八月・寛治五年(一〇九一)三月にも焼失したが、幸いに嘉保元年(一〇九四)十月に興福寺隆禅《りゅうぜん》が導師《どうじ》となり盛大な落慶供養が行われ、ここに興福寺と密接な関係を保持することになった。康和五年(一一〇三)ごろには一切経堂が建立された。景勝の地を占めた当寺は観音の霊所として平安貴族・庶民の信仰を集める一方、北方の叡山末の祇園感神院《かんじんいん》との間にしばしば紛争が展開され、ひいては興福・延暦二寺の対立拮抗となって被害を蒙った。天仁二年(一一〇九)五月の当寺別当定深の祇園神人の凌辱事件、永久元年(一一一三)閏三月の仏師円勢の清水寺別当補任にからむ興福寺・清水寺の拒否事件で、叡山僧兵は当寺の堂舎僧坊を破却し、興福寺は大和国多武峯《とうのみね》妙楽寺の堂舎を焼打ちするという事件が以後繰り返された。永久元年・保安元年(一一二〇)の清水坂の僧坊の炎上、久安二年(一一四六)四月の仏師長円の別当就任にあたっての興福・清水寺衆徒との闘争による本堂・堂舎の焼亡、永万元年(一一六五)八月には「額打ち論」で有名な二条天皇葬儀の寺席に端を発した叡山僧兵の本堂・塔・鐘楼・経蔵などの焼打ちがあり、承安二年(一一七二)三月に至って再興されたが、翌三年十一月にまた炎上し、その復興は建久四年(一一九三)四月に至ってようやく完成した。鎌倉時代に至っても承久二年(一二二〇)三月・宝治元年(一二四七)八月・文永十一年(一二七四)十二月としばしば焼亡しては再興され、建長三年(一二五一)閏九月には菅原為長の銘文を有する巨鐘が鋳造された(『普通唱導集』)。建武二年(一三三五)には足利尊氏が相模国糟屋荘を寄進したが、貞和五年(一三四九)二月には本尊を除き諸伽藍悉く焼け、足利義詮は尾張国竹鼻和郷を寄せて再興を計った。応永十三年(一四〇六)九月には塔や田村麻呂を祀る将軍堂・西門が焼け、同二十九年四月に復興された。応仁の兵火は京都の寺社に甚大な被害を与えたが、文明元年(一四六九)七月に東軍細川勢のため珍皇寺《ちんこうじ》・建仁寺とともに焼かれ、成就院願阿《がんあ》の再興勧進により同十六年六月本堂の落慶と本尊入仏の式を行なった。この文明の再興には、同三年八月に大内氏を介して李氏朝鮮に周徳を派遣して高麗版大蔵経一蔵と糸四万緡の寄進をうけるなどの努力がはらわれ、以後天文十七年(一五四八)四月には三重塔、慶長十二年(一六〇七)には西門・鐘楼が造営された。寛永六年(一六二九)九月にも西門・鐘楼・鎮守春日社をのこして本堂などが焼失し、将軍徳川家光の援助によって同十年十一月に江戸時代初期の屈指の名建築の一つに数えられる寄棟・総檜皮葺の巨大な本堂や千手堂などが造営されたが、これらは今日当寺を構成する諸伽藍である。僧の住坊として江戸時代には六院があったが、明治維新で廃絶し、今日本坊として成就院と再興された宝性院の二院があり、成就院から幕末の勤王僧月照と弟信海が出た。たびたびの焼失を繰り返した当寺には文化財は必ずしも多くはないが、舞台造(懸造)として著明な本堂は国宝、鐘楼・西門・馬駐の切妻造の建物などは重要文化財、また寛永九年・同十一年の末吉船・角倉船を描いた「渡海船額」四枚も江戸時代初期の御朱印貿易船を示す貴重な資料として本尊十一面観音立像および嘉禎二年(一二三六)在銘の鉄製鰐口などとともに重要文化財に指定されている。

参考文献　『清水寺縁起』、『中右記』(『(増補)史料大成』九―一五)、『師守記』(『史料纂集』)、『東宝記』

(堀池　春峰)

本　堂　桁行九間、梁行七間の堂のまわりに裳階《もこし》をつけ、前両側に翼廊を造る。内部は内外陣に分かれ、内陣は土間、外陣は板敷とする密教本堂の典型的平面を持つ。前面を懸造《かけづくり》とし、広い舞台を造るのは、観音堂独特の形式で、これらは創建以来の姿を伝えるものであろう。現堂は寛永十年(一六三三)の再建ながら、屋根が照り起《むく》りの反転曲線を持つのは珍しく、これも平安時代以来のものと推定される。国宝。

清水寺本堂

内陣の厨子三基も堂と同時のもので、十一面観音(重要文化財)と勝軍地蔵・勝敵毘沙門天を安置する。このほか仁王門(室町時代)、三重塔(寛永九年)、釈迦堂(寛永八年)など十二棟が重要文化財に指定されている。

参考文献　京都府教育庁文化財保護課編『国宝清水寺本堂修理工事報告書』、同編『重要文化財清水寺三重塔修理工事報告書』、同編『重要文化財清水寺釈迦堂修理工事報告書』、福山敏男「清水寺・長谷寺・石山寺の礼堂」(『日本建築史の研究』所収)、同「清水寺本堂」(『清水』九)

(太田博太郎)

空也堂　くうやどう

京都市中京区亀屋町二八八にある天台宗の寺。山号は紫雲山、院号は極楽院、寺号は光勝寺。天慶年中(九三八―四七)に空也が建立したと伝える。その教化を受けた平定盛は、瓢を叩きながら空也の作という和讃を唱えて洛中をめぐり、その遺風は、中世にこの寺の鉢扣に残ったといわれ、空也念仏の本寺とされる。また中世に十一月十三日空也踊をしたのが、六斎念仏のはじめと伝え、江戸時代には盂蘭盆のとき、近隣の人々が六斎所に集まって、六斎念仏を唱えた。

参考文献 堀一郎『空也』(『人物叢書』一〇六)

(菊地勇次郎)

九品寺 くぼんじ

京都市南区東九条上御霊町三〇にある浄土宗鎮西義の尼寺。山号は来迎山。はじめ山城紀伊郡竹田村にあった天台宗の寺で、鳥羽上皇が城南の離宮を造ったとき、所々に九ヵ寺を建てて安養九品仏を安置し、九品浄土に擬したうちの一寺と伝え、本尊は、永久三年(一一一五)白河法皇が、白川阿弥陀堂御所に安置した九体阿弥陀如来像の一つという。鎌倉時代の初期に法然房源空の弟子覚明房長西が住み、諸行本願義を唱えて自立してから、長西を派祖とする浄土宗九品寺流の本寺となり、いまも室町時代作の長西の座像を脇壇に安置している。鎌倉時代の中ごろすぎ、貞翁の代に、九条家の邸跡である現在地に移ったと伝え、旧境内には、源空と九条兼実にゆかりの光明橋があった。慶長のころには浄土宗名越派の弁蓮社袋中良定《たいちゅうりょうじょう》が中興し、越後上杉氏の家臣野村氏の外護を受けた。江戸時代の中期に鎮西義の本山知恩院の直末となり、その後文化四年(一八〇七)に尼寺となった。

参考文献 黒川道祐『雍州府志』五(『(増補)京都叢書』三)

(菊地勇次郎)

鞍馬寺

くらまでら

京都市左京区鞍馬本町一〇七四にあり鞍馬弘教の本山、または鞍馬蓋寺、松尾山金剛寿命院と号する。宝亀元年(七七〇)鑑真の弟子鑑禎《がんてい》の草創、延暦十五年(七九六)藤原伊勢人建立と伝える。当初は東寺下にあったが、無動寺本『鞍馬縁起』氏人別当次第によれば、天徳三年(九五九)別当運増の時延暦寺西塔末となり、昭和二十七年(一九五二)独立した。毘沙門天を本尊とする山岳霊場で、平安京の北方守護の寺、軍神・福徳の神として朝野の尊崇を集めた。また融通念仏の地としても知られ、天治元年(一一二四)良忍が勧進した融通念仏名帳に鞍馬毘沙門天が入帳したと伝える。鞍馬の信仰は、のち願人坊主とよばれる勧進聖の活動で民間に流布し、天狗・牛若丸の伝承や桜の名所として親しまれ

鞍馬寺本殿金堂

た。大治・暦仁・長禄・文化の羅災あり、本堂は明治五年(一八七二)の再建、鎮守由岐社拝殿(重要文化財)は慶長十五年(一六一〇)の造立で最古の建造物。寺宝は毘沙門天・同脇侍(以上国宝)、毘沙門天(鎮守夜叉

毘沙門天)・聖観音像・銅燈籠・太刀のほか『鞍馬寺文書』一巻(以上重要文化財)などがある。年中行事の初寅詣・竹伐会は参詣者が多い。

参考文献 『鞍馬蓋寺縁起』、『鞍馬寺雑記』(進藤為善編『華頂要略』七四―七七)、『京都府寺誌稿』、橋川正『鞍馬寺史』

(西口 順子)

毘沙門天像 霊宝殿に安置。国宝。吉祥天・善膩《ぜんに》師《し》童子の二像が随侍する。像高一七五・八センチ、トチ材の一木造り、素地仕上げで、背刳内に銅造聖観音像、『仏名経』『毘沙門天真言』各一巻を納入する。

鞍馬寺毘沙門天・吉祥天・善膩童子像

太造りの体軀、明快な彫法は十一世紀ころの作風を示す。左手をかざして遠くを望む姿に異色があり、北方から王城を鎮護する意味をあらわしたと思われるが、両腕は後世の補作で、この三尊を写したと思われる本寺の正嘉二年(一二五八)銘銅燈籠(重要文化財)鋳出の像では、毘沙門天は右手を腰にあて左手に戟をとる姿なので、本像の原形姿もこれによって考えるべきである。脇侍のうち善膩師童子像は像高九五・四センチ、トチの一木造りで、中尊と同時の作と見られるが、吉祥天像の方は檜材の一木造り、背部の刳内に大治二年(一一二七)奥書の経巻などを納入しており、この前年の本寺焼亡に際して失われた像を復興したと思われる。像高一〇〇センチ。いずれにせよ、この三尊を一具とする遺品中では最古の例として貴重である。

参考文献 松島健「鞍馬寺毘沙門三尊像について」(『MUSEUM』二五一)

(水野敬三郎)

車折神社

くるまざきじんじゃ

京都市右京区嵯峨朝日町二三に鎮座。祭神は清原頼業《きよはらのよりなり》。

車　折　神　社

当社は大外記《だいげき》清原頼業の霊廟で世に五道冥官降臨の地と称する。頼業は桜花を愛したので桜明神ともいい、天竜寺内に廟所が営まれて宝寿院ともいった。一説に後嵯峨上皇大堰川行幸のためここを過ぎたとき、牛車が進まず牛が倒れ車を折ったので還幸後、車折大明神の神号を与えられたという。五月十四日を例祭日とし、毎年五月の第三日曜には三船祭が行われている。

参考文献　岡田芳幸「『車折神社』考」(『神道史研究』二四ノ一)、向井淳郎「清原頼業伝」(『日本史研究』三)

(村山　修一)

華開院

けかいいん

京都市上京区行衛町四四〇にある浄土宗鎮西義の寺。康元二年(一二五七)後深草天皇の皇子法達《ほうたつ》法親王が、大宮五辻の御所を寺に改め、はじめ天台宗の寺で、勅願所となった。弘安年中（一二七八—八八）に、鎮西義西谷派の向阿証賢《こうあしょうけん》が中興し、同派の本寺清浄華院の末寺となった。応仁・文明の乱のとき、山名氏の陣所にあてられ、そののち三転して、寛文八年（一六六八）現在地に移った。本尊阿弥陀如来像は円仁の作で、真如堂の本尊と同木と伝える。

参考文献　黒川道祐『雍州府志』五（『（増補）京都叢書』三）、『勅願所華開院本尊略縁起』（華開院蔵板）

（菊地勇次郎）

建仁寺　けんにんじ

京都市東山区大和大路通四条下ル小松町五八四にある臨済宗建仁寺派大本山。山号は東山《とうざん》。京都五山の一つ。建仁二年（一二〇二）の創建、年号をとり寺名とした。開山は明庵栄西《みんなんえいさい》、開基は鎌倉将軍源頼家。栄西は仁安三年（一一六八）・文治三年（一一八七）の二度入宋し、虚庵懐敞《きあんえじょう》から禅法をつぎ、日本に伝えた。中国百丈山の規模をまねて禅寺を造営、真言・止観二院をおき、

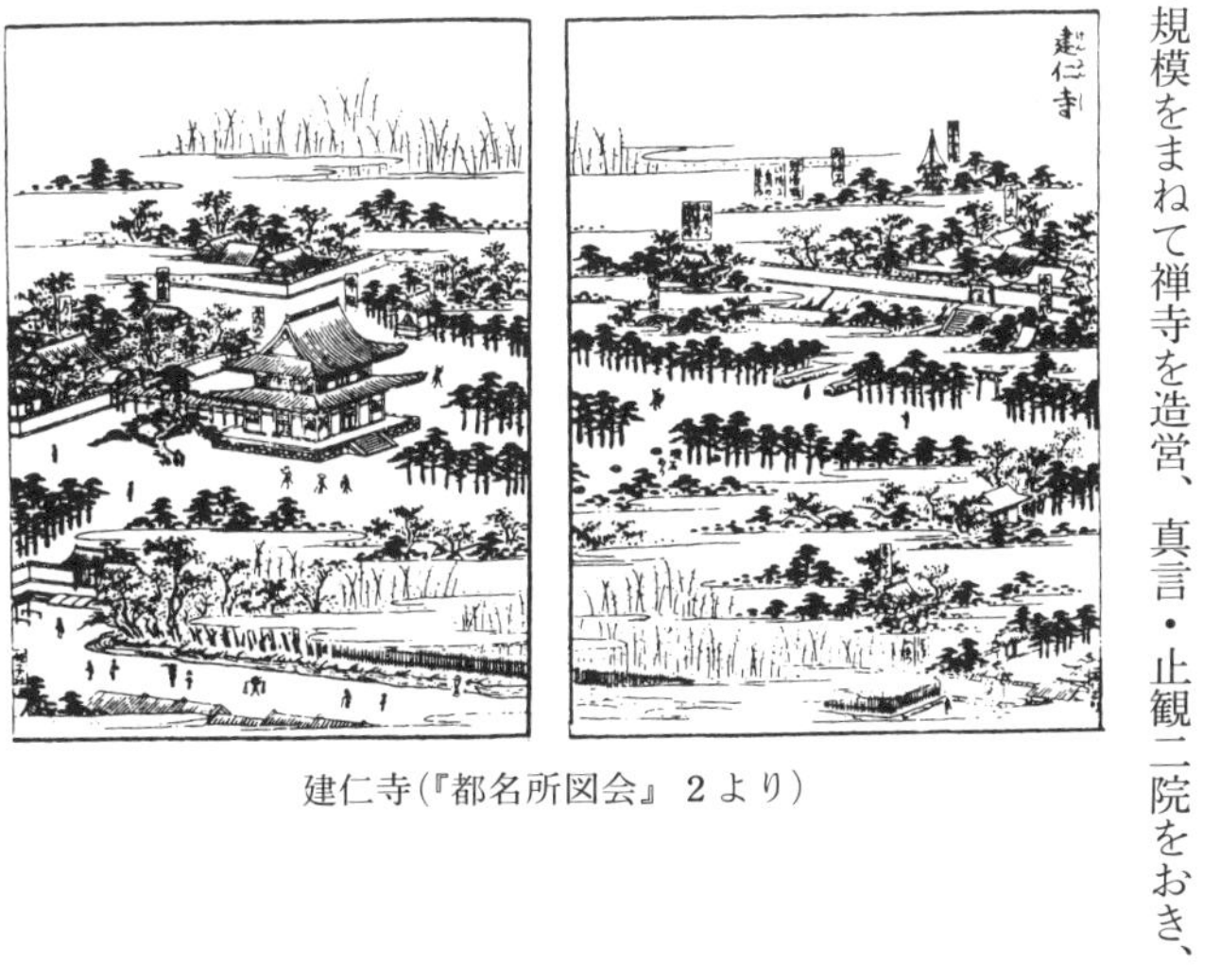

建仁寺（『都名所図会』２より）

禅・天台・真言三宗兼学の道場とした。第十一世蘭渓《らんけい》道隆《どうりゅう》の代に純粋な修禅道場となる。室町時代の最盛時には、塔頭《たっちゅう》寺院五十余をかぞえ、栄西の法系黄竜《おうりょう》派の

建仁寺仏殿

ほか諸派の僧が集まり、参禅の傍ら詩文を勉学し、文筆僧が多く「学問づら」の称があった。至徳三年（一三八六）京・鎌倉五山の位次決定の際、京の第三位となる。応仁・文明の乱、天文二十一年（一五五二）の兵火などで、殿堂はほとんど焼失したが、天正年間（一五七三―九二）に安国寺《あんこくじ》恵瓊《えけい》が復旧した。安土桃山時代から寺領八百二十一石を領す。現在、山内寺院十四ヵ寺（霊洞院・禅居庵・正伝永源院・両足院・六道珍皇寺・大統院・常光院・大中院・興雲庵・西来院・清住院・霊源院・堆雲軒・久昌院）、開山堂の興禅護国院は本山の管轄で輪番制である。霊洞院には明治三十一年（一八九八）から建仁寺派専門道場を併置している。建仁寺派は建仁寺を本山とする臨済宗の一派で、この派名は明治九年から公称している。寺数七十、僧尼数百（昭和五十八年（一九八三）調）。寺数は室町時代を頂点として漸減、天明八年（一七八八）江戸幕府への報告書によると百八十二、改派・廃寺は百八十一である。

現在、管長は末寺寺院住職の公選で任期五年、内局と宗会議員(九名)は任期四年で、寺務の運営と審議にあたっている。寺域は二万二千二百七十七坪。文化財は、建造物には重要文化財の勅使門(平重盛(一説に同教盛)の館門を移建、俗に矢ノ根門という)と、方丈(安国寺恵瓊が慶長四年(一五九九)安芸国の安国寺から移建)があり、絵画には国宝の俵屋宗達筆「風神雷神図屏風」二曲一双、重文の海北友松筆「竹林七賢図」十六幅、同「雲竜図」八幅、同「山水図」八幅、同「花鳥図」八幅、同「琴棋書画図」十幅、良詮筆「十六羅漢像」十六幅、書跡には重文の宋拓石橋可宣筆「三自省」三幅、「明恵上人消息」一幅、「一山一寧墨蹟」一幅などがある。また、雪巌永嵩らが長禄二年(一四五八)に請来した高麗版大蔵経六百四十二函のうち現存四十九函(未指定)を蔵している。けんに(ね)んじ垣は当山の寺僧の創案した手法で、その遺構が現存し、また開山時代、賀茂川から引き上げたという陀羅尼《だらに》の鐘、開山お手植の菩提樹なども現存している。

参考文献　『大日本史料』四ノ七、建仁二年是歳条、『元亨釈書』二、高峯東晙編『千光祖師塔銘拾遺鈔』、白石芳留編『禅宗編年史』、佐賀東周『東山建仁略寺誌』

両足院

塔頭《たっちゅう》の一つ。はじめ知足院《ちそくいん》と称す。南北朝時代の創建で、開山は竜山徳見《りゅうざんとくけん》。徳見は入元四十余年に及び、かつて住した兜率《とそつ》(知足という意)寺にちなみ命名した。栄西の直系黄竜派。後奈良天皇の名「知仁」をさけ、両足院と改称した。室町時代、五山文学で活躍した建仁寺友社の中心であった。現在、多数の五山版・古写本を収蔵し、また伝如拙筆「三教図」(重要文化財)がある。なお、竜山が帰朝のさい同伴した林浄因は、日本における饅頭屋の始祖といわれる。

参考文献　高峯東晙編『東山建仁禅寺並諸塔頭略記』、佐賀東周『東山建仁略寺誌』　(伊藤　東慎)

高山寺

こうざんじ

京都市右京区梅ヶ畑栂尾《とがのお》八にある明恵房高弁の開いた寺院。古義真言宗の別格本山であったが、現在は単立。山号は栂尾山。平安時代初期に「度賀尾寺」の名がみえるが(『尊意贈僧正伝』)、その後のことはわからず、明恵の中興開山以前は神護寺の別所であった。建永元年(一二〇六)後鳥羽院の院宣により、華厳宗興隆のために明恵に与えられた。寺名は『華厳経』の「日出先照高山」の句にもとづく。承久元年(一二一九)金堂に本尊が安置され、さらに承久の乱後、次第に堂塔が整えられた。嘉禄元年(一二二五)に説戒会が始められ、参詣者が群集したという(『明月記』)。堂塔については『高山寺縁起』に詳しい。寛喜二年(一二三〇)太政官符により四至が定められて殺生禁断とされ、絵図(神護寺蔵、重要文化財)が作成された。この絵図により、当時の規模を知ることができる。方便智院を開き密教を究めた定真《じょうしん》(空達房)とその弟子仁真《にんしん》(玄密房)との二

栂尾山高山寺(『都名所図会』6より)

代に、広沢方月上院本の聖教類が勧修寺を経て高山寺に流入、そのうちに仏教美術史上に有名な玄証本の図像類が含まれている。南北朝時代から室町時代には紅葉の名所と茶園とをもって知られ、鎮守の春日大明神に対する参詣も盛んであった。天文十六年(一五四七)閏七月、細川晴元の兵によって焼かれた。現存する鎌倉時代の建築は石水院(国宝)のみである。絵画では、『華厳宗祖師絵伝』『鳥獣戯画巻』「明恵上人像」「仏眼《ぶつげん》仏母《ぶつも》像」(いずれも国宝)などが有名である。そのほかに多数の聖教類があり、近年、高山寺典籍文書綜合調査団により調査され、その成果は『高山寺資料叢書』として刊行されている。なお、境内は国史跡に指定。

参考文献 『大日本史料』四ノ九、建永元年十一月是月条、明恵上人と高山寺編集委員会編『明恵上人と高山寺』

(田中 久夫)

石水院 五所堂とも称す。もと金堂の東にあったが、明治二十二年(一八八九)現在地に移された。角柱、入母屋造、妻入で、正面に一間の吹放と向拝をつけている。高山寺が建立された建永元年(一二〇六)ころの建物で、前面は春日・住吉両明神をまつり、後

高山寺石水院

方が顕密の経蔵となり、東経蔵と呼ばれていた。安貞二年(一二二八)に明恵の住房が洪水で流されてから、その名跡がここに移り、近世にこれを住宅風に改造して明恵の住房と称しているが、本来の住宅建築ではない。前面一間の吹放部は拝所となっており、その簡素な意匠は秀抜で、経蔵兼社殿という他に類のない遺構である。国宝。

参考文献 杉山信三「明恵上人の高山寺庵室について」(『奈良国立文化財研究所年報』一九五九年)

(太田博太郎)

仏眼仏母像 胎蔵界曼荼羅の遍知院に存する七尊の一つで、その図像をそのまま広大な礼拝像に描いたかの観があるが、緊密な構図と暢達した描線によって、鎌倉時代ごく初期の仏画中の名画である。「モロトモニアハレトヲホセ御(か)仏ヨキミヨリホカニシル人モ□シ 無耳法師之母御前也/哀愍我生々世々不暫離/□□母御前〱/南無母御前〱/釈迦如来滅後遺法御愛子成弁紀州山中乞者敬白」の成弁(明恵)賛によって、その念持尊像であったことがわかる。絹本着色。縦一八二センチ、横一二八センチ。国宝。

高山寺仏眼仏母像

(谷 信一)

興正寺 こうしょうじ

京都市下京区堀川通七条上ル花岡町七〇にある寺。真宗興正派本山。円頓山と号す。文明十四年(一四八二、一説に十三年)仏光寺の経豪《きょうごう》は多数の門徒を率い、本願寺蓮如に帰依し、名を蓮教《れんきょう》と改め、山城国山科竹中に一寺を建立、仏光寺の旧号興正寺を名乗った。蓮教

興正寺阿弥陀堂

の子蓮秀《れんしゅう》は本願寺証如をたすけて功あり、一家衆に列せられた。永禄十年(一五六七)本願寺顕如の次男顕尊《けんそん》が入寺して住職となり、十二年脇門跡となり、教団内において本願寺に次ぐ重要な地位を占めるに至った。その後寺内において別立の気運がたかまり、機会あるごとに本願寺からの離脱を図った。中でも承応二年(一六五三)の事件は最も激しく、ついに江戸幕府の裁決を仰ぎ、准秀ら興正寺関係者は流罪に処せられた。これが独立して一派(興正派)をなしたのは、明治九年(一八七六)のことである。

参考文献　日下無倫『真宗史の研究』、『本願寺史』一、千葉乗隆「近世本願寺教団における本末争論―とくに興正寺の離反問題について―」(『竜谷大学論集』三八〇)

(千葉　乗隆)

興聖寺

こうしょうじ

京都府宇治市宇治山田三にある曹洞宗の名刹。山号は仏徳山という。天福元年(一二三三)ごろ、道元は山城国深草郷谷口にあった極楽寺の旧跡の一部である観音導利院を中心に、一寺を建立しようとし、ついでこれを完成して観音導利興聖宝林禅寺と改称した。嘉禎三年(一二三七)春に著わされた『典座教訓』に、はじめてその寺名がみえているが、『永平広録』によれば、これよりさき同二年十月十五日に僧堂が開かれたという。建立にあたっては、正覚尼が法堂、弘誓院殿九条教家が法座を寄進した。寺名は、法系で四代前の真歇《しんけつ》清了《せいりょう》がいた径山興聖万寿寺と、六祖慧能《えのう》がいた曹渓山宝林寺からとったものであろう。現在、京都市伏見区深草宝塔寺山町にある日蓮宗宝塔寺がその遺跡にあたるとされている。道元は天福元年ごろから寛元元年(一二四三)まで約十一年間、ここを坐禅修行の道場として、積極的に布教活動を続け、その間の文暦元年(一二三四)冬以来、孤雲懐奘《こうんえじょう》・覚禅懐鑑《かくぜんえかん》・徹通義介《てつつうぎかい》・義演《ぎえん》ら臨済宗大恵派の大日能忍系の人々が加入するなど、その門下は大いに活況を呈した。そこで道元は自信を得て、しきりに説法を行い、『正法眼蔵』九十五巻のうち四十余巻のほか、『学道用心集』や『典座教訓』などをここで著わした。しかし、道元教団が盛んになったために、比叡山の天台衆徒などの圧迫をうけて、寛元元年秋、後事を弟子の詮慧《せんね》に託して、越前志比荘に下ってしまい、興聖寺はながく廃絶していた。慶安二年(一六四九)淀城主永井尚政が現在の場所に同寺を再興し、万安英種《ばんなんえいしゅ》を復興開山とした。以来同寺は江戸時代における宗統復古運動の重要な拠点となった。

参考文献 守屋茂編『宇治興聖寺文書』

(今枝　愛真)

高台寺

こうだいじ

京都市東山区下河原通八坂鳥居前下ル下河原町五二六にある臨済宗建仁寺派の禅刹。山号を鷲峯山《じゆぶざん》または岩栖不動山と称し、また高台聖寿禅寺とも呼ぶ。東山の山腹景勝の地を占め、円山公園と清水寺を結ぶ中間にあり、いまは付近に霊山観音や京都護国神社などが連なっている。慶長十年(一六〇五)に、豊臣秀吉の菩提を弔うために、夫人高台院の志に基づいて、徳川家康が酒井忠正・土井利勝らに命じ、古くからここの地にあった雲居寺《うんごじ》や岩栖寺《がんせいじ》の地を整えて当寺を創建した。はじめは曹洞宗であり、第三世に建仁寺長老三江紹益《さんこうじょうえき》が住持してから臨済宗となり今日に及んでいる。寛政元年(一七八九)二月に全焼、嘉永四年(一八五一)にほぼ復旧したが文久三年(一八六三)に再び焼失、明治十八年(一八八五)にも火災に遭っている。しかし創建当時の建物としては開山堂(重要文化財)と霊屋《おたまや》(同)が当初のままで残って庭園内に散在している。伏見城の遺構を移した霊屋はまた湖月堂とも呼ばれ、内部の仏壇を中心として厨子などの全般に黒漆塗り金蒔絵の華麗な装飾が残り、その様式や技法は桃山時代の蒔絵芸術の至宝とされ、世にこれを高台寺蒔絵と称する。同様なデザインは高台寺殿使用の遺宝一式がこの寺に伝わっており、それらは「蒔絵調度類十四種」の名で、当代の代表的な工芸美術品として重要文化財に指定されている。このほか豊臣秀吉や高台院の画像、秀吉の消息や陣羽織(いずれも重要文化財)なども伝わっている。

参考文献 『大日本史料』一二ノ三、慶長十年六月二十八日条、京都国立博物館編『高台寺蒔絵』(特別展目録)

(景山 春樹)

庭園 庭園は東山山麓の地形を利用し、菊澗《きくたに》から の水を引き小蓮池を形成している。開山堂と庫裡とを連絡している池上廊橋は臥竜と名づけられている。廊橋の左右の小島を鶴の形・亀の形としている。江戸時代初頭に行われた形式で、池辺の石組や、枯山水的捨石には見るべきものがある。国史跡・名勝に指定。（森　蘊）

高　台　寺　庭　園

傘亭・時雨亭

境内の東端にあたる東山の山腹を切り拓いた平坦地に建つ二つの茶屋。北の傘亭《からかさてい》と南の時雨亭《しぐれてい》とが向かい合って建ち、両者の間を土間廊下が連結する。傘亭は屋根を支える竹の垂木が放射状に配されているのでこの名があるが、江戸時代の地誌によると古くは安閑窟と呼ばれていた。二つの茶屋ははじめ離れた場所にあったらしいが、江戸時代のある時期に今のように併立する姿にまとめられ、それに伴って名称も一組のものに変えられたと考えられる。両者ともに開放的な建築で、くど構えの茶ができる施設が備わる。特に時雨亭は二階建てで、その二階において眺望と納涼を楽しみつつ茶を喫する趣向であった。両亭の創立は高台寺の草創前後、すなわち慶長ごろにまでさかのぼる可能性がある。ほかの堂宇と同様、他所からの移建ということも、また傘亭についての伝承にあるように千利休の作ということもありうるが、確証はない。ともに重要文化財。

高台寺傘亭(右)と時雨亭(左)

参考文献　堀口捨巳『利休の茶室』、沢島英太郎「高台寺茶亭」二(『東洋建築』一ノ八)

(稲垣　栄三)

光明寺(長岡京市)

こうみょうじ

京都府長岡京市粟生《あお》西条ノ内二六にある浄土宗西山義の本山。山号は報国山、院号は念仏三昧院。建久九年(一一九八)蓮生(熊谷直実)が、近江国堅田の浮御堂の千体仏の中尊阿弥陀如来像を本尊に、師の法然房源空を開山として、念仏三昧院を建立したのがはじまりと伝える。安貞元年(一二二七)専修念仏の徒が山門から圧迫を受けたとき、源空の弟子たちは、洛東の大谷に葬った師の遺骸を移して、翌年この寺で荼毘に付し、遺骨の半ばを納めて廟所をつくり、別に御影堂を建てて張御影を安置したという。ついで西山義の派祖善慧《ぜんえ》証空《しょうくう》が、三鈷寺と兼帯し、その弟子で西谷流の祖法興《ほうこう》浄音《じょうおん》が六世となり、後嵯峨天皇・亀山天皇に帰依され、寺儀も正した。七世の善空観性《ぜんくうかんしょう》の代には、後宇多天皇

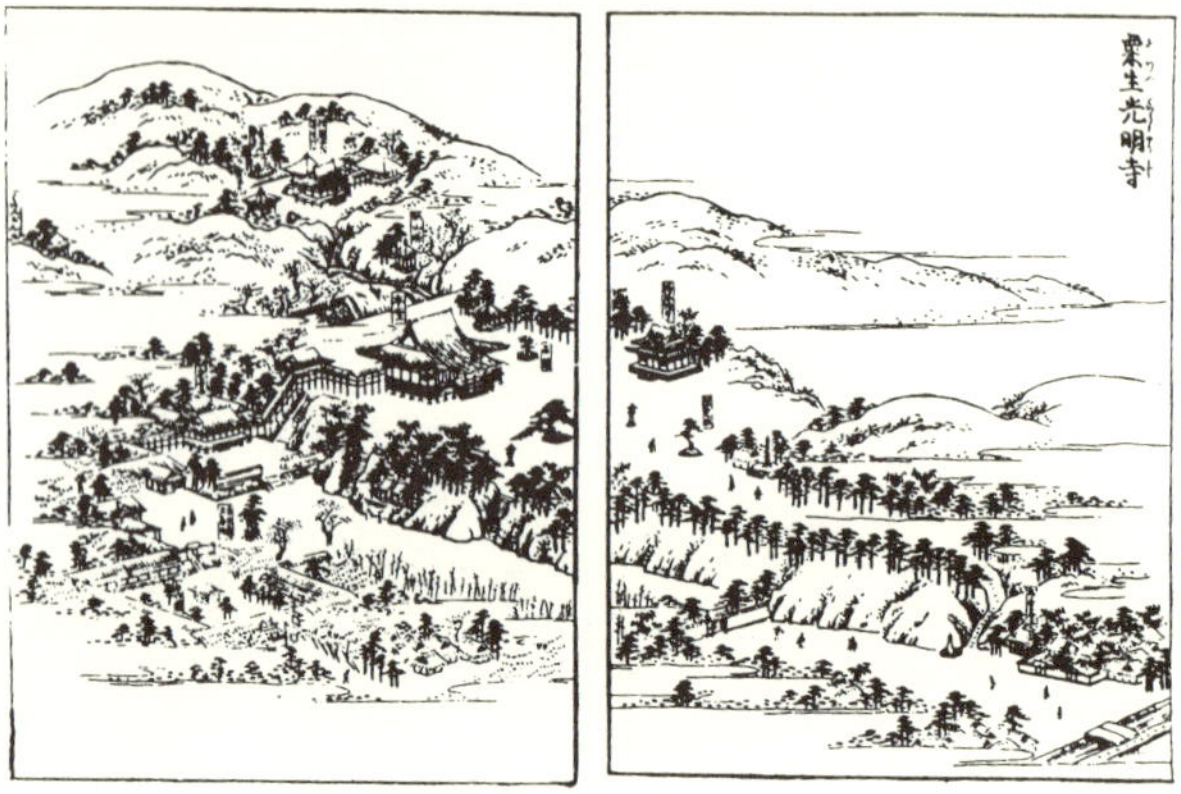

栗生光明寺(『都名所図会』4より)

から国宝山の勅額を下され、寺運も栄えたが、元弘・建武の乱に衰え、応仁の兵火に焼かれた。しかし十五世乗運空撮の代に香衣を許され、十七世の碩僧舜空秀旭の代には、天文三年(一五三四)に勅願所、翌年紫衣勅許の綸旨が下された。天正十年(一五八二)明智光秀の兵火に焼かれたが、三十二世倍山俊意の代に復興し、明暦元年(一六五五)常紫衣の寺となった。重要文化財の「二河白道図」「四十九化仏阿弥陀来迎図」や千手観音立像を蔵する。

参考文献 『光明寺沿革誌』
(菊地勇次郎)

こうみょうじ 光明寺(綾部市)

京都府綾部市睦寄《むつより》町君尾《きみのお》一−一にある真言宗醍醐派の寺院。山号は君尾山。君尾山の中腹にあり、聖徳太子の開創で延喜年間(九〇一−二三)理源大師聖宝《しょうぼう》が真言道場として再興したと伝える。本尊は千手観音。盛時には堂宇七十二坊があったというが、兵乱にかかり衰微の一途をたどった。二王門(国宝)の棟札や文安元年

（一四四四）四月の「東塔西谷衆徒事書」（『建内記』四月十六日条）などにより鎌倉時代から室町時代にかけて比叡山の支配下にあったと考えられる。文安元年の事書からは寺領の存在が知られ、嘉吉元年（一四四一）に細川持之の禁制、文明十年（一四七八）にも禁制が出されるなど、十五世紀には寺観が整ったと思われる。文明七年から永正六年（一五〇九）までの巡礼札（三禅定、三十三所巡礼）八枚が現存する。大永七年（一五二七）兵火に遇い二王門を除き焼失。天文十九年（一五五〇）の「本堂常燈之油出人数之事」には十坊が記され、天正末に旧に復した。天正年間（一五七三―九二）は高田氏、慶長以降は藤懸氏の代々領主から、境内地地子免除の特権を与えられたが、山麓諸村との山堺争論が続発し、その対策として醍醐三宝院と本末関係を結び今日に至る。明治初年には山上二坊・山下四坊となり、現在は山上・山下に各一坊が残る。二王門を除く建造物は、天保年間（一八三〇―四四）に再建されたものである。

参考文献　『綾部市史』上、同史料編

（武内　孝善）

二王門　桁行三間、梁間二間、二重、入母屋造の門で、屋根は栩《とち》葺である。中世の社寺では初

光明寺二王門

重に屋根のない楼門が多く、この門のように下にも屋根を持つものは珍しい。地長押をめぐらし、脇の間前面をあけて、二王を後ろの間に安置しているのは、二王信仰のため、門でありながら、堂としての形を採ったものであろう。柱に宝治二年戊申(一二四八)の墨書があり、建立年代が明らかで、和様であるが、頭貫鼻に大仏様繰形をつける。国宝。

(太田博太郎)

広隆寺《こうりゅうじ》

京都市右京区太秦《うずまさ》蜂岡町三にある。山号は蜂岡《はちおか》山。現在、真言宗御室派。秦寺《はたでら》・太秦公寺・秦公寺《はたぎみでら》・太秦寺・蜂岡寺・葛野寺《かどのでら》・桂林寺《けいりんじ》などともいう。『日本書紀』推古天皇十一年(六〇三)十一月条に、秦河勝が聖徳太子から授けられた仏像をまつるため蜂岡寺を造ったとあるのが、この寺の初見である。『上宮聖徳太子伝補闕記』などは、山代の蜂岡南麓の聖徳太子の宮を河勝が寺に改めたとする。また『日本書紀』推古天皇三十一年七月条には、新羅・任那の使者が献じた仏像を葛野の秦寺に安置したとしている。平安時代の縁起には、当寺の起源を推古天皇十一年とするものと、同三十年とするものとがある。また斑鳩寺《いかるがでら》の火災後、百済の入師が蜂岡寺を造ったという説もある。奈良時代以来、当寺は聖徳太子建立七寺または八寺の一つとされた。承和五年(八三八)の『広隆寺縁起』(『朝野群載』二)によると、当寺はもと葛野郡九条河原里・同荒見社里にあったが、土地が狭いため、五条荒蒔里に移したとあるが、いつのことかよくわからない。弘仁九年(八一八)の火災で堂塔歩廊が焼けたが、南・東・西の大門や四面の築地は残ったようである。その後、僧道昌は丹後国多原寺の薬師像を当寺に迎えたという。承和ごろに再興された建物は、金堂(五間四面、前面孫庇付き)・歩廊・中門・講法堂(五間四面、前面孫庇付き)・

鐘楼・食堂《じきどう》・僧房・宝蔵・政所庁屋・厨屋・大炊屋・湯屋・厩屋・客房などであった(『広隆寺縁起資財帳』『広隆寺資財交替実録帳』)。その後、久安六年(一一五〇)の火災で堂舎を失い、永万元年(一一六五)に金堂(七間四面)・阿弥陀堂(五間四面)・常行堂・回廊・中門・鐘楼・経蔵の再興供養が行われた。この金堂は永禄七年(一五六四)―八年に規模が縮小され、のち講堂と改称されて現存している(赤堂)。重要文化財。また、この再興時に作られた鐘楼の在銘鐘は西本願寺に移されている。

参考文献 橋川正『太秦広隆寺史』、望月信成編『広隆寺』

桂宮院本堂

永万元年(一一六五)度再興の供養願文に、回廊の内に聖徳太子像を安置し、上宮王院(太子堂)と号したとある(『広隆寺来由記』)。その後、これをうけて、境内西北部に別院として桂宮院を造ったのであろう。その時期は中観上人の勧進帳の年時、建長三年(一二五一)ごろであろうか。八角堂、床板張り、回縁付きで、屋根は檜皮葺、内部には八方に勾配をつけた板天井を張り、柱はない。国宝。なお、中央におく八角春日厨子に安置した聖徳太子像(重要文化財)は、鎌倉時代後期作のいわゆる十六歳の像で、椅子に腰かけている。

(福山　敏男)

弥勒菩薩像

二軀の弥勒菩薩半跏像がある。(一)宝冠をいただき、像高八四・二㌢。台座とともに赤松の一材から彫成され、一部に漆箔が残るが、本来は各所に乾漆を盛って仕上げていたとする説もある。細作りの体で清楚な気品があり、その作風はソウルの韓国国立中央博物館の金銅弥勒菩薩像に通じることは、飛鳥時代の木彫像がすべて楠材を用いているのに本像のみ例外であることとともに注目される。『広隆寺資財交替実録帳』に記される二軀の金色弥勒菩薩像の一つにあたると考えられ、『日本書紀』の推古天皇十一年(六〇三)聖徳太子が秦河勝に仏像を賜わったという

広隆寺の建築・彫刻

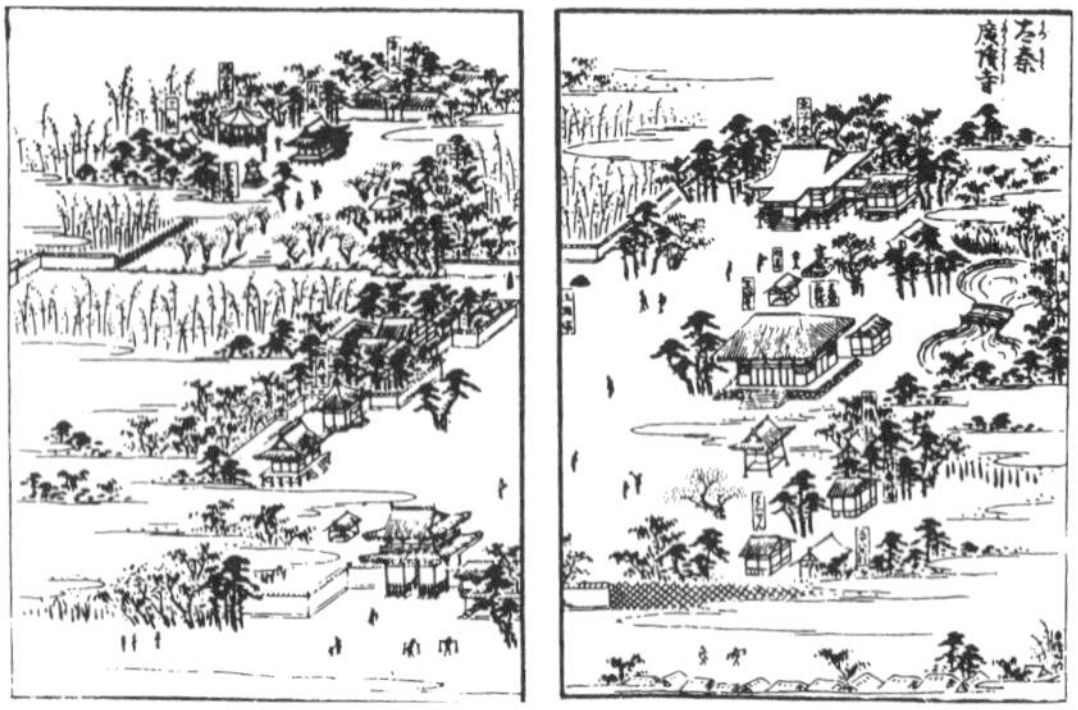

太秦広隆寺(『都名所図会』 4より)

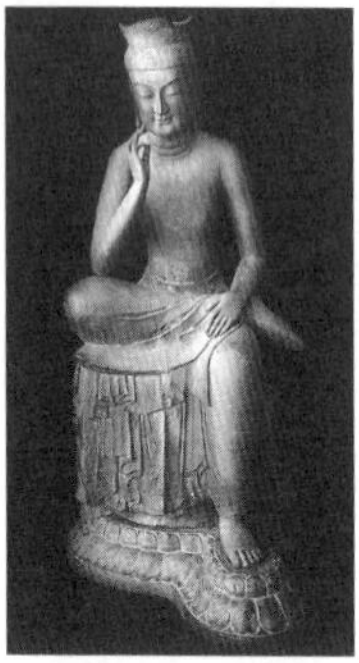

弥勒菩薩像(一)

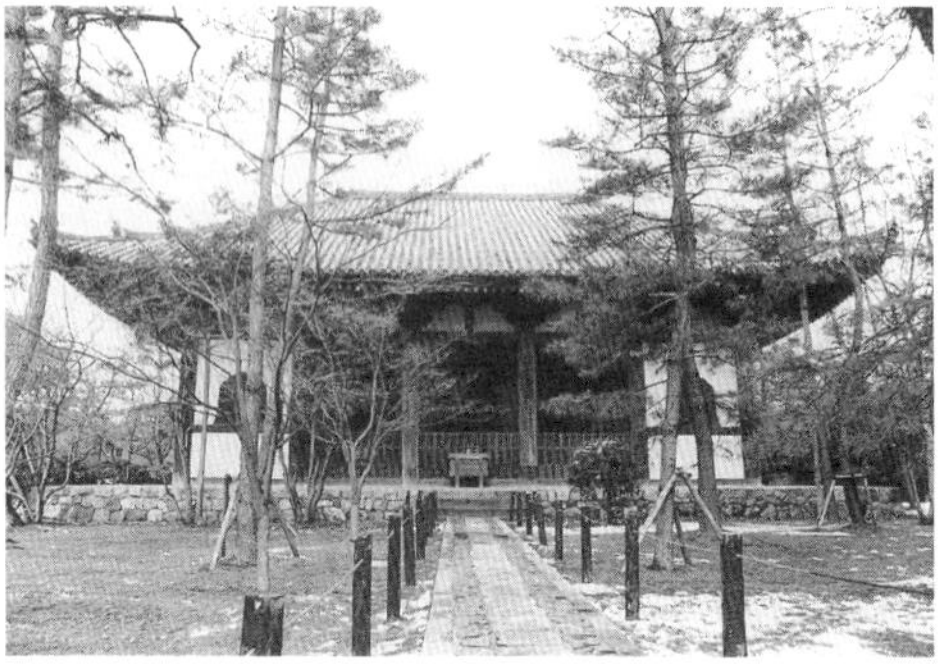

講　　堂

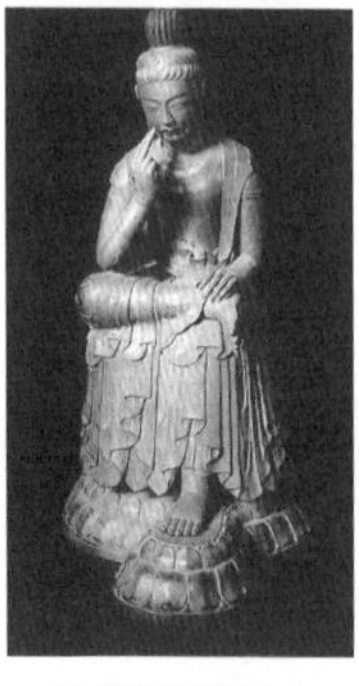

弥勒菩薩像(二)

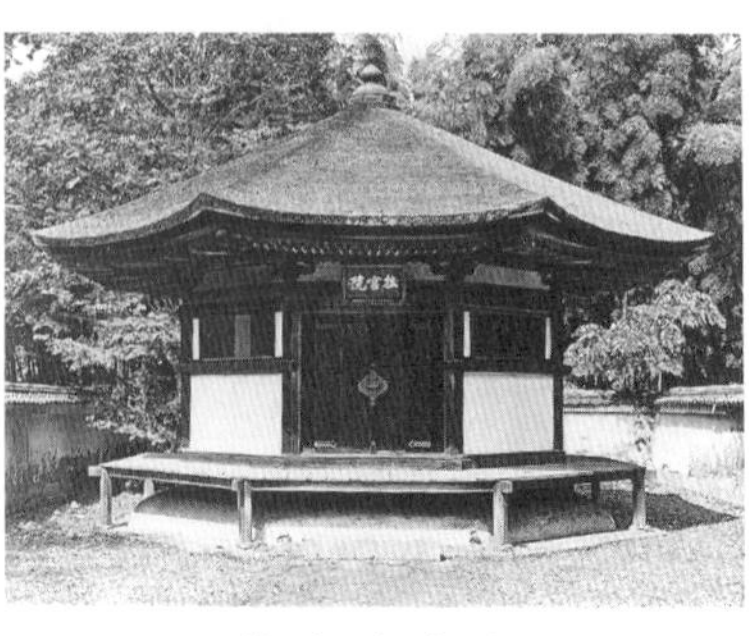

桂宮院本堂

十 二 神 将 像

不空羂索観音像

阿弥陀如来像

千手観音像

記事や、同三十一年新羅から奉献した仏像を広隆寺に安置したという記事が参考される。国宝。㈡宝冠がなく、全高九〇センチ。宝髻弥勒・泣き弥勒と通称され、楠材の一木造り。漆箔天衣と裳裾一部を皮で造る点に異色があり、日本における七世紀の作と考えられる。国宝。

参考文献 西村公朝「広隆寺弥勒菩薩像の構造についての考察」(『東京芸術大学美術学部紀要』四)、毛利久「広隆寺宝冠弥勒像と新羅様式の流入」(『白初洪淳昶博士還暦紀念史学論叢』所収)

不空羂索観音像 講堂に安置。像高三一四センチ、八臂の立像。蓮肉まで含めた一木造りで、背刳を施す。均斉のとれた頭体各部の比例や肉どりに奈良時代風を残すが、脚部の衣文における渦文の多用や、発達した木彫的な彫刻手法から平安時代に入っての造立と思われる。『広隆寺資財交替実録帳』仏物章に一丈七寸の不空羂索像をあげ、もとより安置と記すのにあたり、弘仁九年(八一八)本寺回禄以前のものと知られる。国宝。

参考文献 丸尾彰三郎他編『日本彫刻史基礎資料集成』平安時代重要作品篇二

阿弥陀如来像 講堂の本尊で、丈六の坐像。説法印を結び、二重円光を負い、裳懸《もかけ》座上に坐る。一木造で全面にかなり厚く木屎漆をかけ、漆箔を施す。重厚な量感に溢れ、充実した体軀や面貌に平安時代初期彫刻の特色が顕著で、観心寺如意輪観音像との技法的、作風的類似から、同一工房の作と思われる。『広隆寺縁起資財帳』に、淳和天皇の女御であった尚蔵永原御息所の願と記され、承和七年(八四〇)淳和崩御に際しての造立であろう。源信が特にこれを尊崇したことは名高い。国宝。

参考文献 丸尾彰三郎他編『日本彫刻史基礎資料集成』平安時代重要作品篇二

千手観音像 講堂に安置。四十二臂、高さ二六四センチの立像。一木造りで、背刳を施し、部分的に木屎漆を盛り、漆塗彩色で仕上げている。頭上の各面、脇手の大部、光背台座は後補。翻波式衣文や渦文の彫法は平安時代初期の造立になることを物語っている。『広隆寺資財交替実録帳』仏物章に、安倍弟澄命婦の願として立高八尺の十一面四十手観世音菩薩檀像を記すのにあたるものか。国宝。

参考文献 丸尾彰三郎他篇『日本彫刻史基礎資料集成』平安時代重要作品篇二

十二神将像 『広隆寺来由記』によれば、古来信仰を集めた本寺の檀像薬師如来に付属するものとして、日光・月光の両脇侍菩薩(現存、重要文化財)とともに、康平七年(一〇六四)仏師法橋長成《ちょうせい》(長勢)が造立した。いずれも像高一二〇センチ内外、岩座まで一木の割矧造りで、華麗な彩色を施す。忿怒形ながら穏やかな姿態に平安時代後期の和様彫刻の特色を示し、定朝の弟子長勢のすぐれた手腕をうかがわせる。国宝。

(水野敬三郎)

護王神社 ごおうじんじゃ

京都市上京区桜鶴円《おうかくえん》町三八五に鎮座。祭神は護王大明神和気清麻呂《わけのきよまろ》公・子育明神和気広虫《ひろむし》姫。旧別格官幣社。称徳天皇の代、清麻呂は天位を窺う弓削道鏡《ゆげのどうきょう》を却けるのに功があり、嘉永四年(一八五一)三月十五日、孝明天皇はその義烈忠誠を嘉して京都高尾山に祀る清麻呂の霊社に護王大明神の神号を賜い、正一位を追贈した。明治七年(一八七四)十二月二十二日別格官幣社に列格、同十九年十一月三日に現在地に社殿を新築して遷座し、姉の広虫・藤原百川《ふじわらのももかわ》・路豊永《みちのとよなが》を配祀した。ともに清麻呂を助けた功績による。同三十一年三月十八日清麻呂に正一位を追贈、大正四年(一九一五)十一月十日広虫

護王神社本殿・拝殿

を祭神に加える。例祭は四月四日。
参考文献 『古事類苑』神祇部三、護王神社社務所編『別格官幣社護王神社記』、藤井貞文『(近世に於ける)神祇思想』
(藤井 貞文)

久我神社 こがじんじゃ

京都市伏見区久我森の宮町脆八-一に鎮座。旧村社。祭神は建角身命《たけつぬみのみこと》・玉依《たまより》比売命《ひめのみこと》・別雷命《わけいかずちのみこと》。古来、久我荘の下《しも》にあり、鴨森大明神とも称す。『延喜式』神名帳には久何神社とあり、小社に列す。貞観八年(八六六)従五位下に、同十六年従五位上を授けられた「興我万代継神」(『三代実録』)は当社に比定される。例祭は四月三日すぎの日曜日。なお久我荘の上《かみ》には旧村社の菱妻神社(伏見区久我石原町)がある。また京都市北区紫竹竹殿町にも賀茂県主の氏神で、式内社の久我神社が鎮座し、いまは上賀茂神社の摂社となっている。

(村山 修一)

御香宮神社

ごこうのみやじんじゃ

京都市伏見区御香宮門前町一七四に鎮座。「ごこうぐうじんじゃ」ともいう。旧府社。祭神は神功皇后、相殿仲哀天皇・応神天皇ほか六神。社蔵の重要文化財に豊臣秀吉奉納の金熨斗付太刀がある。神輿は千姫の奉納、その他秀吉の朝鮮出兵の願文などがある。当社はもと御諸《みもろ》神社とも称したが、清和天皇のとき、境内によい香のする水が湧き出たので、その奇瑞により御香宮の宮号を賜わったという。文禄三年(一五九四)秀吉は伏見城建設の際、当社を城の艮《うしとら》、東北の方角で鬼門にあたる)に移し三百石を献納した。慶長十年(一六〇五)徳川家康は当社を旧地に復したとき、本殿を再建し、その子頼宣は伏見城の車寄を移して割拝殿とし、同頼房は同城の大手門を移して表門(重要文化財)とした。

御香宮神社表門

御香宮神社割拝殿

慶応二年(一八六六)には孝明天皇が大和錦菊重御衾を寄進した。例祭は春は四月十七日、秋は十月九日。十月九日の神幸祭は伏見祭とも称し、洛南の大祭とされた。

(岡田　米夫)

護国寺　ごこくじ

京都市山科区竹鼻竹ノ街道町四一にある日蓮宗京都六檀林の一つ。山号は了光山。寛永二十年(一六四三)西洞院時直の子、京都妙伝寺十五世法性院日勇《にちゆう》の創立。講堂・方丈は東福門院《とうふくもんいん》(徳川和子《とくがわまさこ》)の、総門・衆寮は徳川光貞の室の寄進に成るという。妙伝寺末寺。明治五年(一八七二)の廃止に至るまで、山科檀林または山科談場と称し、日蓮宗僧侶の教育機関となってきた。廃止後無住となったが、同二十五年に復興して、現在に至る。

参考文献　影山尭雄『諸檀林並親師法縁』

(高木　豊)

ごしょはちまんぐう

御所八幡宮

京都市中京区御池通高倉東入ル亀甲屋町五九六に鎮座。御池八幡・三条坊門八幡宮・高倉八幡宮ともいう。旧村社。祭神は応神天皇・神功皇后。後白河天皇の皇子以仁王《もちひと》の邸居があったところに、足利直義も邸宅を構えて、高倉殿と呼ばれた。その地に往古より鎮守として石清水八幡宮を勧請してあり、足利尊氏により再興造営されたのが本社であるといわれる。康永三年（一三四四）卜部兼豊が奉行した。かつて源頼義が六条醒ヶ井通に邸を構え、そこに八幡宮を奉祠した嘉例に倣ったものである。この地はまた尊氏の建てた等持寺の一隅でもあったから、永く足利将軍家の崇敬をもっぱらにした。例祭は九月十五日。

参考文献　黒川道祐『雍州府志』二（『（増補）京都叢書』三）

（中村　直勝）

このしまにますあまてるみたまじんじゃ

木島坐天照御魂神社

京都市右京区太秦森ヶ東町五〇に鎮座。旧郷社。祭神は天御中主命《あめのみなかぬしのみこと》・瓊々芸命《ににぎのみこと》・大国魂命《おおくにたまのみこと》・穂々出見命《ほほでみのみこと》・鵜茅《うがや》葺不合命《ふきあえずのみこと》、ほかに天照国照天火明命《あまてらすくにてるあまのほあかりのみこと》・天照大神《あまてらすおおみかみ》・天日神命など諸説がある。貞観元年（八五九）正月二十七日

木島社（『都名所図会』４より）

木島坐天照御魂神社拝殿

に正五位下を授けられ、長久四年(一〇四三)に正一位となったと伝える。式内名神大社に列し、月次・新嘗および四度の官幣と相嘗祭・祈雨祭に預かる。境内の蚕養《こかい》神社は保食命《うけもちのみこと》・蚕神・木花開耶姫命《このはなさくやひめのみこと》をまつる。例祭日は十月十二日となっている。

（村山　修一）

籠神社

このじんじゃ

京都府宮津市大垣四三〇に鎮座。「こもり」とよび、籠杜または籠守の字を宛てることもあるが、現称は「このじんじゃ」。旧国幣中社。『延喜式』の名神大社、丹後国一宮。旧与謝《よさ》郡府中村大垣で、丹後国分寺跡にも近く、天の橋立を目の前にみる景勝の地を占めている。彦火明命《ひこほあかりのみこと》を主神とし天水分神《あめのみくまりのかみ》などを配祀している。与謝の海辺に住む人々にとっては古来の守り神として信仰が厚く、累代の宮司家海部《あまべ》氏もその名のごとく、海民の祖と仰がれる家すじである。地方の古社としてはすでに嘉祥二年(八四九)に従五位下、元慶元年(八七七)には従四位上と神階は昇叙している。宮司家の

籠　神　社　拝　殿

秘宝である国宝の「海部氏系図」をはじめ、藤原佐理筆という扁額や石造狛犬、神社の境内から出土した経塚遺物などは重要文化財に指定されている。境内にある摂社真名井《まない》神社は元伊勢伝説地の一つでもある。例祭は四月二十四日、葵祭とも称する。神輿や供奉の者は藤を冠に懸けるのを習わしとしている。社殿はすべて神明造、昭和初年の改築である。（景山　春樹）

許波多神社

こはたじんじゃ

京都府宇治市五ヶ庄古川一三に鎮座。天忍穂耳尊《あめのおしほみみのみこと》・瓊々《にに》杵尊《ぎのみこと》・磐余彦尊《いわれひこのみこと》（神武天皇）を祀る。貞観元年（八五九）従五位上をうけ、式内大社に列し、四度の官幣に預かる。永禄十二年（一五六九）柳大明神として正一位を授けられた。近世公武の崇敬篤く、修理・祭典に黄金・白銀下賜、堂上諸家の寄進があった。明治九年（一八七六）旧御旅所である現在地に移る。本殿（重要文化財）は永禄五年の建築。例祭は十月二十六日で、十一月三日に神幸祭が行われる。なお同市木幡東中にも同名の神社があり、ともに『延喜式』神名帳に「許波多神社三座」とある社にあたるとされる。

（村山　修一）

許波多神社本殿

御霊神社（京都市）

ごりょうじんじゃ

京都市上京区上御霊前通烏丸東入る上御霊竪町四九五の上御霊神社ならびに同中京区寺町通丸太町下る下御霊前町の下御霊神社。八所御霊とよばれる、崇道天皇・伊予親王・藤原夫人ら八柱の御霊神（八所の数え方には若干の出入がある）をまつる神社。創建の年代はともに明らかでないが、平安時代御霊信仰の隆盛なるにつれ、疾疫の流行、天変地変のあるごとに各所で祀られた御霊社の後世にまで存続したものの一つで、前者は古く天徳二年（九五八）五月十七日宣旨（『類聚符宣抄』三）などにみえる上出雲御霊堂に恰当するものと思われる。後者は天正十八年（一五九〇）豊臣秀吉が京都市区整理の際新町出水から現地に移したものと伝えられる。中世以来禁裏の崇敬厚く、上御霊神社に対しては、近世には毎年正月御所から歯固の御初穂の寄進があり、天正・宝永・享保・宝暦などの社殿修造に際しては内侍所仮殿を下賜された。また下御霊神社に対しても、

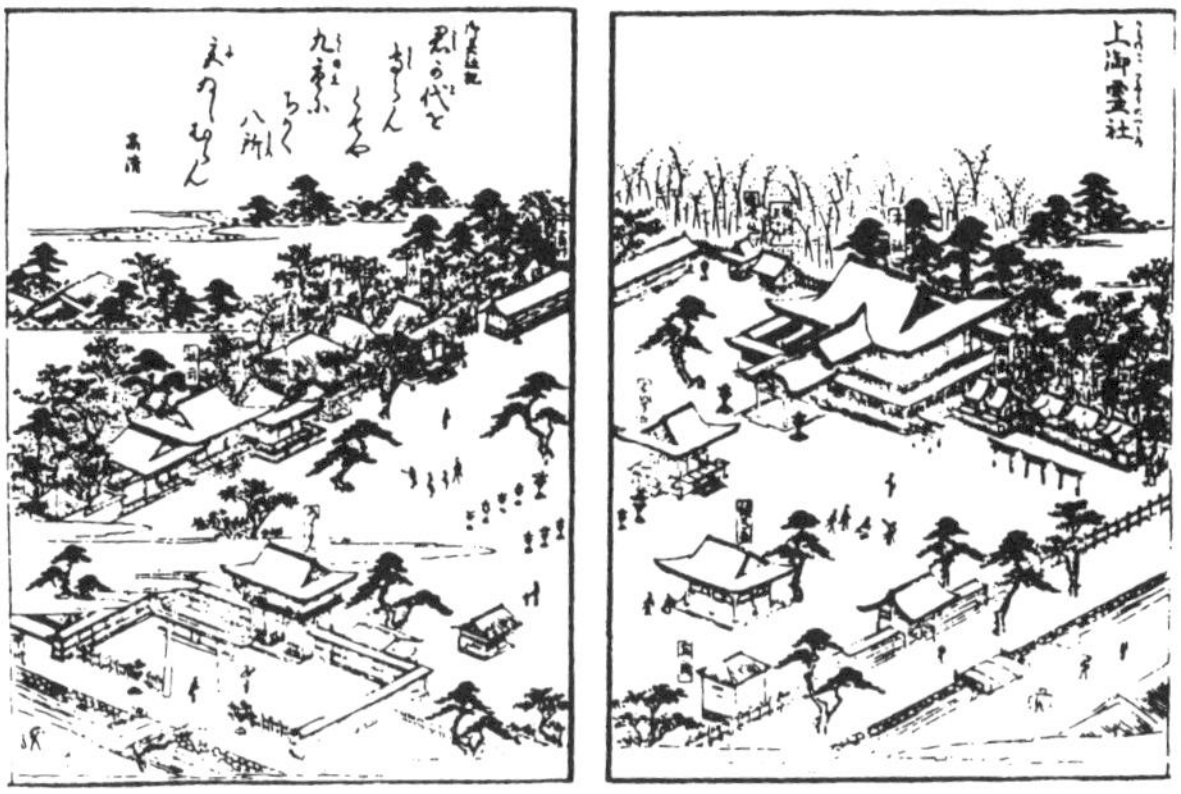

上御霊社(『都名所図会』1より)

霊元天皇はことに信仰厚く、享保八年(一七二三)・十四年の両度にわたって行幸祈願した(その時の宸翰御祈願文一巻は下御霊神社に伝えられ、重要文化財に指定されている)。その後上御霊神社は、光格・仁孝・孝明天皇の代には皇子や皇女の降誕に際し胞衣を神楽所前に奉納あるなど、御所の産土神としての特遇を受けた。武家もこれにならい同社に朱印地十九石を寄進した。例祭は上・下社とも古来八月十八日とされていたが、現在、五月十八日に繰り上げ、神輿の渡御が行

下御霊社(『都名所図会』1より)

われる。ともに旧府社。

（柴田　実）

■御霊神社（木津川市）■ ごりょうじんじゃ

京都府木津川市加茂町兎並《うなみ》寺山四一に鎮座。旧村社。祭神は崇道天皇・伊予親王・伊予親王母・吉備大臣・藤原大夫・橘大夫・火雷天神・文大夫。創建については不明であるが、天平年間（七二九―四九）に行基が開基したとも、あるいは貞観五年（八六三）に空海の弟子である真暁《しんぎょう》の開創ともいわれる燈明寺の鎮守社であった。なお燈明寺は、現在神奈川県横浜市の三溪園に移築されている。御霊神社は現在も燈明寺の旧境内に鎮座しており、兎並地区の鎮守社として氏子の崇敬を集めている。祭礼としては、十月十七日の秋祭において十人衆による宮座が確認される。社殿は本殿が室町時代前期の建造で、三間社流造・檜皮葺の形式からなり、重要文化財に指定されている（重要文化財指定では、附けたりとして寛政七年（一七九五）・文政三年（一八二〇）の棟札二枚を含む）。

（宇野日出生）

■金戒光明寺■ こんかいこうみょうじ

京都市左京区黒谷町一二一にある浄土宗鎮西義の寺。浄土宗四箇本山の一つ。山号は紫雲山。俗に黒谷堂という。安元元年（一一七五）浄土宗の開祖法然房源空が比叡山西塔の黒谷別所を出て、白川の地に庵室を結んだのがはじめとされる。のち源空の弟子で白川門徒の派祖法蓮房信空《しんくう》が黒谷別所の坊を移建したので、新黒谷とも呼ばれ、地名によって白河禅房とも称された。ついで源空・信空の弟子で嵯峨門徒の派祖正信房湛空《たんくう》の門流が住み、天台宗の円頓戒も伝えて、浄土宗教団のなかで授戒の師であった源空の面影を残し、四世の求道房慧尋《えじん》と五世の素月房恵顗《えぎ》の代には堂舎も栄え、八世我観房運空のとき、後光厳院の命で、寺号に金戒の二字を冠した。九世僧然定玄は、清浄華院も兼帯して、後小松天皇に帰依され、十世恵照等熙《とうき》の代には、同天皇から浄土真宗最初門の勅額を下され、永享元年(一四二九)には香衣を許され、永享年中には、将軍足利義

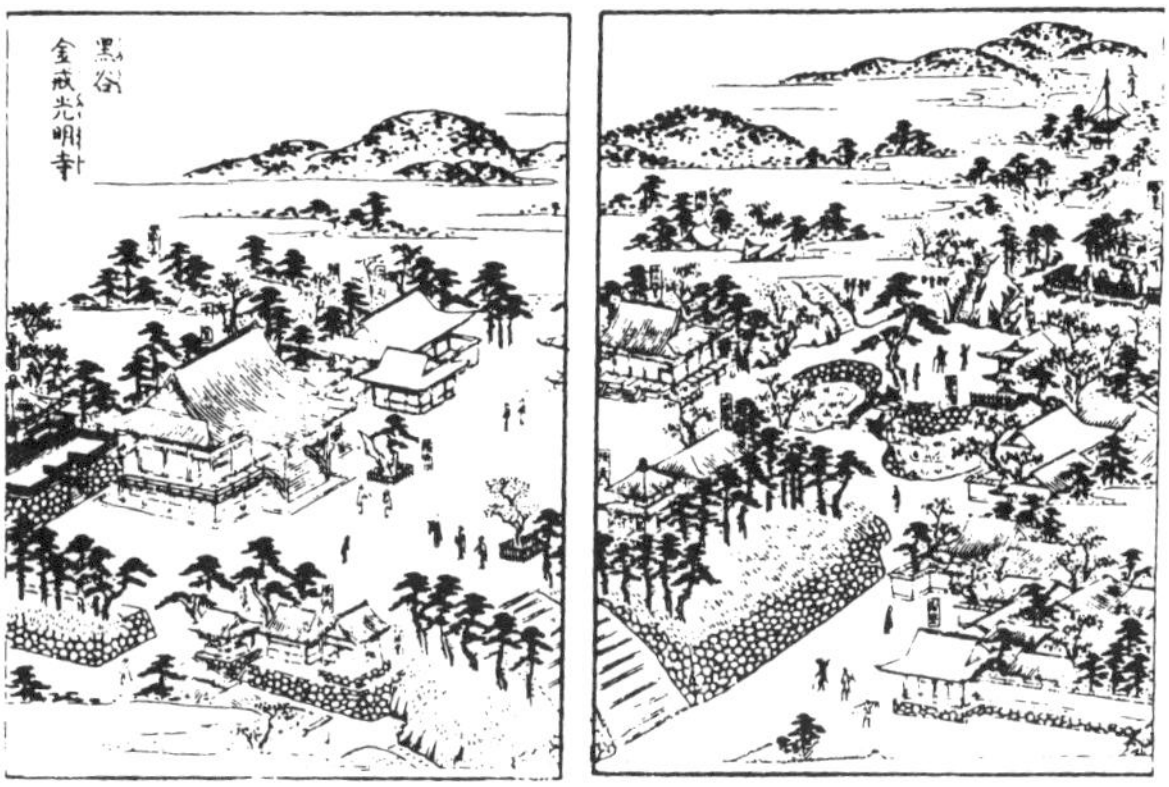

黒谷金戒光明寺(『都名所図会』 3より)

金戒光明寺本堂

金戒光明寺三重塔

教に要請して、僧の受戒の道場とした。こうして室町時代には、念仏と戒律の寺として公武の尊崇を受けたが、応仁の兵火によって僧も四散した。そののち鎮西義の僧極誉《ごくよ》理聖《りしょう》が十七世に招かれて再興し、鎮西義の寺となった。天正二年(一五七四)に織田信長は禁制を下し、同十三年に羽柴秀吉は、寺領百三十石を与え、慶長十五年(一六一〇)には紫衣の寺となった。源空の自筆という一枚起請文や鏡の御影と称する源空の画像をはじめ、重要文化財の「山越阿弥陀図」「地獄極楽図」や千手観音立像を所蔵する。三重塔も重要文化財指定。

参考文献　浅井法順編『黒谷光明寺誌要』(『浄土宗全書』二〇)　(菊地勇次郎)

西翁院澱見席　西翁院《さいおういん》は金戒光明寺の塔頭《たっちゅう》で、藤村庸《ふじむらよう》軒《けん》の養祖父源兵衛宗徳によって天正十二年(一五八四)に創立された。その本堂の西北に接して建つ三畳敷の茶室が澱見席《よどみのせき》で、庸軒が貞享二(一六八五)、三年ごろ造ったと伝えている。古くは紫雲庵《しうんあん》・

金戒光明寺西翁院澱見席　外観

反古庵《ほごあん》の名で呼ばれていたが、江戸時代末期ごろから今の名に変わったらしい。この茶室はいわゆる宗貞囲または道安囲と呼ぶ構成をもつ。すなわち客座二畳と点前座一畳との境に中柱を立てて仕切壁を設け、その壁に火燈口を開く。炉は向切、天井はすべて化粧屋根裏とし、躙口の前に板敷の室床を設ける。軸部に杉丸太を用い、総じて侘の強調された造形といえよう。躙口の外に大きな切妻造の差掛屋根をつくって内路地を蔽っているのも、ほかに例のない工夫である。重要文化財。

参考文献　太田博太郎他編『日本建築史基礎資料集成』二〇

（稲垣　栄三）

金光寺　こんこうじ

京都市下京区本塩竈町五八六にある時宗市屋派の本寺。山号は市中山。承平七年（九三七）空也が、七条堀河に建立したと伝える。弘安七年（一二八四）一遍が、遊行の途次に四十八日間洛中の寺々を廻り、空也にゆかりのこの寺にしばらくとどまったとき、住持の胤恵《いんえ》が帰依して作阿《さくあ》と号し、天台宗を時宗に改め、市屋道場と呼ばれた。天正十九年（一五九一）豊臣秀吉の命で現在地に移った。本尊阿弥陀如来像は、定朝の作と伝える。重要文化財に『遊行上人絵巻』がある。

参考文献　『一遍聖絵』七（『日本絵巻物全集』一〇）

（菊地勇次郎）

金剛寺　こんごうじ

京都府亀岡市曾我部町穴太《あなお》宮垣内四三にあり、臨済宗天竜寺派に属する。福寿山と号し、俗に応挙寺という。元文三年（一七三八）の棟札によると仏国禅師開創、玉堂和尚中興、その嗣千峯《せんほう》が庫裡を完成、寺号は無量山福寿庵とある。ところが明和八年(一七七一)銘の梵鐘には現寺号が記されているから、この間に中興を記念して寺号を改めたものであろう。円山応挙はこの地の生まれで、幼稚のころ当寺に育ち、天明八年(一七八八)祖先の菩提を祈って本堂に障壁画を揮毫した。仏間の向かって右が群仙図、左が山水図、室中および左右が波濤図で、明治年間(一八六八―一九一二)軸装などに改められ、重要文化財五十三幅として保存されている。

（大塚　実忠）

金蔵寺

こんぞうじ

京都市西京区大原野石作町一六に在る天台宗の寺院。大原野神社の南、小塩山の山腹にあり、西岩倉山と称する。養老二年(七一八)に僧隆豊《りゅうほう》が開創し、天平年中(七二九―四九)には聖武天皇から金蔵寺の勅額を賜わり、『華厳経』と『法華経』を書写して山中に埋めたと伝える。のち桓武天皇は平安京を経営するに際し、

西岩倉金蔵寺(『都名所図会』 4 より)

都の四方に経典を埋納して鎮護としたというが、西方安鎮のための経典をこの寺の境内に埋納して西岩倉の山号を賜わったという。岩倉（蔵）は経塚の意だとされ、その場所は現本堂の直下といわれる。聖武天皇の埋経碑は本堂の東一〇〇メートルの地に建っているが、元禄六年（一六九三）に経堂を建立する際に土中より大乗経を納めた壺を発見したので、ここに移して経碑を建立したものである。この近くではすでに善峰寺経塚の存在が知られているし、金蔵寺の背後の山頂には淳和天皇の灰葬陵もある。

参考文献　竹村俊則『新撰京都名所図会』五

（景山　春樹）

金胎寺　こんたいじ

京都府相楽《そうらく》郡和束《わづか》町原山鷲峰山《じゅぶせん》一にある真言宗醍醐派の寺院。山号は鷲峰山。天武天皇白鳳四年役小角《えんのおづの》の開基にして、養老六年（七二二）泰澄《たいちょう》が諸堂を建立し、良《ろう》弁《べん》・行基・最澄・空海・日蔵なども相ついで入峰練行

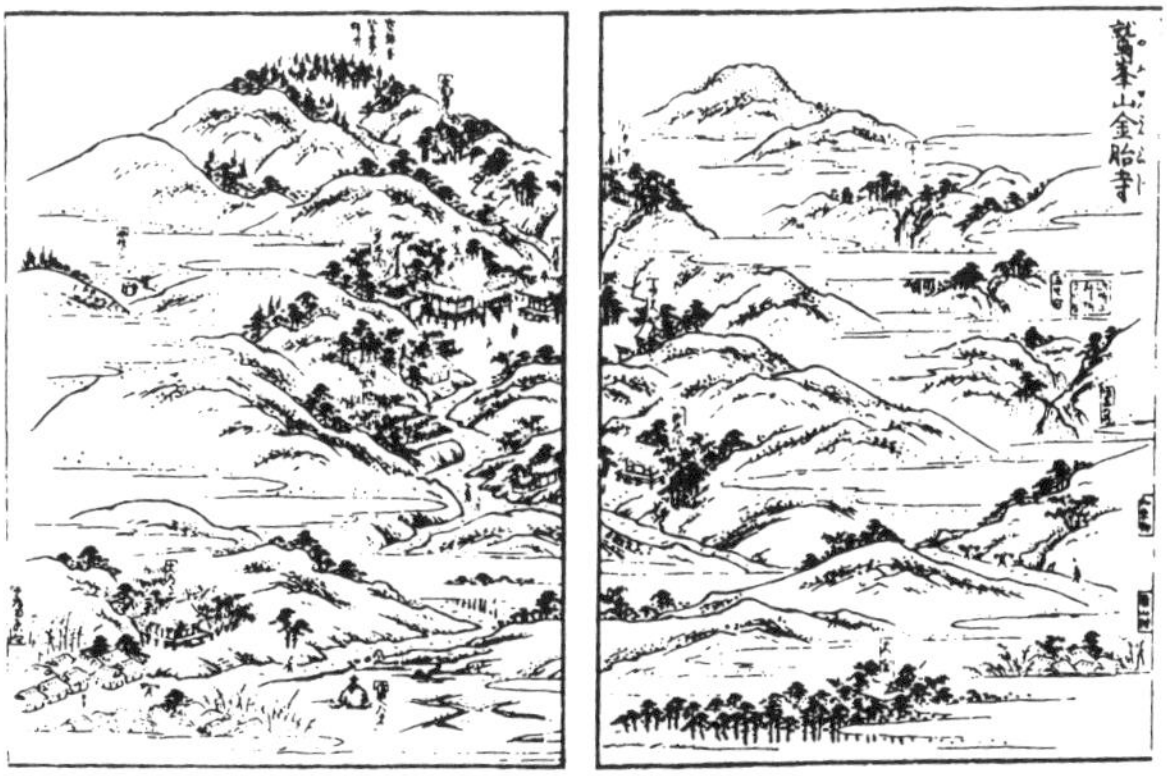

鷲峯山金胎寺（『都名所図会』 5より）

したと伝える。本尊は弥勒菩薩。山上を空鉢峰と称し、北に琵琶湖を、南に葛城・金剛山を一望でき、古来大峯山に准ずる修験の行場として栄えた。永仁六年(一二九八)九月伏見天皇行幸し、三間多宝塔を建立、愛染明王を安置した。元弘元年(一三三一)八月後醍醐天皇が笠置《かさぎ》に移る前、一時立ち寄ったため鎌倉幕府軍に焼かれ、多宝塔だけ残った。その後康安元年(一三六一)光安が再建したが、大永元年(一五二一)再び焼失したという。多宝塔は延徳二年(一四九〇)浄心の勧進により修理され、天和元年(一六八一)にも修復がなされた。享和三年(一八〇三)の『御改帳』によると、永禄年間(一五五八―七〇)までは相楽・綴喜《つづき》両郡に寺領のあったことがみえ、江戸時代後期には新蔵院など塔《たっ》頭《ちゅう》十六・末寺八ヵ寺が存在した。多宝塔、鎌倉時代の弥勒菩薩、正安二年(一三〇〇)の石造宝篋印塔、中国五代時代の銭弘俶八万四千塔は重要文化財に指定されている。

参考文献 『金胎寺文書』、黒川道祐『雍州府志』五(『(増補)京都叢書』三)、秋里籬島『都名所図会』五(同一一)、村山修一『山伏の歴史』(『塙選書』七一)

(武内 孝善)

金蓮寺 こんれんじ

京都市北区鷹峯藤林《たかがみねふじばやし》町一―四にある時宗四条派の本山。四条道場と呼ばれる。山号は錦綾山。開山の浄阿弥陀仏(真観《しんかん》)は、上総の牧野頼氏の子で、幼いとき無常を知り、十九歳で出家して諸国を廻り、はじめ律を修め、念仏を勧めて、延慶二年(一三〇九)に京都の四条京極の祇陀林寺《ぎだりんじ》に入り、道俗の帰依をうけた。後伏見上皇は、浄阿《じょうあ》に后広義門院の出産を祈らせたところ、男子(光厳院)が生まれたので、応長元年(一三一一)勅して、祇陀林寺を改め、同地に建立させた。花園天皇は、錦綾山太平興国金蓮寺の勅額を下し、延文二年（一三五七）佐々木道誉《ささきどうよ》は、元弘以来戦死した一族の菩提を弔うため邸の南隣の私領を寄進するなど、公武から尊崇され、天文十三年（一五四四）後奈良天皇は四脚門を建てることを勅許し、天正十九年（一五九一）豊臣秀次は、境内地子の替地として、山城の西院に二十三石余を与えた。天明の京都大火に焼失し、文政八年（一八二五）に再興した。十八の子院のうち十住心院《じゅうじゅうしんいん》は、空海が『十住心論』を講じた跡と伝え、嘉慶二年（一三八八）将軍足利義満から付嘱され、のち連歌師の心敬《しんけい》が住んでいた。素眼法師筆の『一遍上人縁起』には、文禄二年（一五九三）の豊臣秀次の副書がついており、また歴代の住持の画像が多く所蔵されている。昭和五年（一九三〇）四条京極の地より現在地に移る。

参考文献　黒川道祐『雍州府志』四（『（増補）京都叢書』三）、『京都府寺誌稿』一二　（菊地勇次郎）

西園寺　さいおんじ

京都市上京区寺町通鞍馬口下ル高徳寺町三六三にある。宝樹山竹林院。浄土宗。衣笠山の北西にあった仲資王《なかすけおう》の領地を西園寺公経《きんつね》（法名覚勝）が承久二年（一二二〇）に家領の尾張国松枝荘と交換した別業北山殿の中に営んだ寺院。この寺号が家名となる。元仁元年（一二二四）北白河院陳子らの臨幸を得て御堂供養が盛大に行われ、『増鏡』によれば、その景観は藤原道長建立の法成寺に勝ったという。南北朝時代になると荒廃し、寺地はやがて足利義満の手に渡り、鹿苑寺が営まれるが、西園寺は文和三年（一三五四）室町頭に移り、天文年中（一五三二―五五）称念が再興して知恩院末になったと伝える。天正十八年（一五九〇）現在地に移った。公経像を安置し、西園寺家の墓のほか、『日本逸史』

の著者鴨祐之の墓がある。

参考文献　碓井小三郎『京都坊目誌』(『(増補)京都叢書』一四)、増上寺史料編纂所編『浄土宗寺院由緒書』(『増上寺史料集』五)

(中井　真孝)

西芳寺　さいほうじ

京都市西京区松尾神ヶ谷町五六にある。臨済宗(単立)。俗に苔寺といい、洪隠山と称する。天平年中(七二九―四九)行基の開創で、畿内四十九院の一として自作の阿弥陀像を安置し西方寺と号したという。空海もここに安居し、また平城天皇の皇子高丘《たかおか》親王すなわち真如も住したことがあるとの伝えがある。その後寺門次第に衰微したが、摂津の大守中原師員《なかはらもろかず》はかさねて堂舎を建立し、暦応二年(一三三九)松尾神社の社司摂津守藤原親秀なるものが再興して禅寺に改め、夢窓疎石を請じて開山とした。そしてその寺名を西芳寺と改称した。寺名を改称したのは「祖師西来、五葉聯芳」の義よりとったものである。西来堂(仏殿)・向上関(門)のほか仏の舎利をおさめた水晶の宝塔を安置する無縫塔・瑠璃殿があり、池を黄金池といい、潭北亭《たんぼくてい》・湘南亭などの建物が園内に現存している。また夢窓は迅筆を以て廊壁に「仁人は自ら是れ山の静を愛す、智者は天然に水の清きを楽しむ、怪しむこと莫れ愚惷の山水を翫ぶことを、只図るこれに藉つて清明を礪《と》がんことを」と示したことより小亭を礪清《れいせい》といっている。このようにして西芳寺は庭園の美を以て鳴り、公家や武家、文人墨客が来遊した。康永元年(一三四二)四月八日、光厳院がこの寺に駕幸し、夢窓より衣盂を受けたり、足利尊氏が来て法談し、花時詩歌の会を催したりしたという。寺蔵重要文化財に絹本著色夢窓国師像がある。

参考文献　白石虎月『禅宗編年史』

(荻須　純道)

庭　園　古くからあった西方寺という念仏寺の位置に暦応二年(一三三九)ごろ夢窓疎石が『碧《へき》巌録《がんろく》』にみえる禅学の理想郷を作ろうとして、当時の中国的な建築法(唐様)と、日本古来の庭園の技法を採

西　芳　寺　庭　園

用して造園したものである。この寺は京都西郊にあり、地形・地質の関係と湧水にも恵まれ、地下水位が高いため、蘚苔類の繁茂が顕著で、俗に苔寺としても知られている。庭園は北方に高く南方に低い地形を巧妙に利用し、山麓からの湧泉を引いて黄金池を湛え、池中の二島には白桜・翠竹と名づけた。池辺に瑠璃殿・西来堂などの仏殿、湘南亭・潭北亭と呼ぶ庭園建築を配した。また傾斜面を利用して中国の著名な禅僧(亮座主)と学僧(熊秀才)の出会いの挿話を峻しい山路の姿と枯山水的石組、指東庵などによって表現した。現存の建築は桃山時代再興の湘南亭だけであるが、庭園とともに雰囲気はよく伝わっている。庭園は史跡・特別名勝に指定されている。　(森　蘊)

参考文献　森蘊編『日本の庭園』

湘南亭　夢窓疎石が暦応二年(一三三九)に再興した西芳寺には多くの堂舎があったが、そのなかに湘南亭の名がある。この時の湘南亭は舎利殿の南

方、池の中島にあって、北の潭北亭と対峙していたことが知られるが詳細は明らかでない。応仁の乱に西芳寺は被災したが復興は容易に捗らず、湘南亭の再興は慶長年間(一五九六―一六一五)千少庵によって実現し

西芳寺湘南亭

たと伝える。現在の湘南亭が慶長再建であるとすれば、この時から位置も形態も一変したと考えてよいが、少庵再興を裏付ける史料はきわめて乏しい。今の湘南亭は庭園の南西部に築地を中断して建つ。五間に二間の主屋に玄関・廊下の間を矩の手に接続した平面をもち、ともに屋根をこけら葺とする。主屋は四畳大目の茶室、六畳の次の間、広縁からなる。茶室は長四畳にいわゆる亭主床をもつ大目畳が付き、四畳のほぼ中央に付書院風の明り床が開き、その明り床の脇に貴人口がある。北面の障子の外は開放的な広縁で、天井を一面に土で塗り上げているのが異色である。重要文化財。

参考文献 太田博太郎他編『日本建築史基礎資料集成』二〇

(稲垣　栄三)

西明寺

さいみょうじ

京都市右京区梅ヶ畑槇尾《まきのお》町二にある真言宗大覚寺派の寺院。槇尾山と号し、平等心王院と別称す。天長年間(八二四―三四)空海の高弟智泉《ちせん》が神護寺の別院として創建したと伝える。元久元年(一二〇四)秋、明恵《みょうえ》は紀州から上洛して槇尾に移り住んだという。本尊は明恵作といわれる木造釈迦如来立像(鎌倉時代、重要文化財)。その後荒廃したが、建治年間(一二七五―七八)和泉国槇尾山寺(施福寺)の自性《じしょう》上人が再建し、律院とした。正応元年(一二八八)後宇多法皇の発願により、寺号を平等心王院とした。永禄年間(一五五八―七〇)兵火により焼失し、一時神護寺に合併されたが、慶長七年(一六〇二)明忍《みょうにん》が再興し、真言有部律の本寺とした。現存の本堂・八幡宮・経蔵などは、後水尾天皇の中宮東福門院《とうふくもんいん》の寄進、または元禄十二年(一六九九)徳川綱吉の生母桂昌院《けいしょういん》の寄進とも伝える。『京都御役所向大概覚書』によると、三十五石四斗七升余の寺領が

槇尾山西明寺(『都名所図会』 6より)

あった。明治の廃仏毀釈で、戒律道場は廃された。木造千手観音立像は重要文化財。

参考文献 道澂『明忍律師行業曲記』、浄慧『山城名跡巡行志』四(『(増補)京都叢書』一〇)

(武内 孝善)

三鈷寺 さんごじ

京都市西京区大原野石作町一三三にある。浄土宗西山派。承保元年(一〇七四)正月一日、西山の北尾に源算が往生院の小庵を創建して、みずから阿弥陀如来像を刻んで本尊としたのが三鈷寺の起源と伝える。応保元年(一一六一)には、中納言法橋観性《かんしょう》がここに隠居し、仏眼曼荼羅と釈迦・弥陀の像を安置した。その後、叡山の慈円が来って当山第三世となったが、建保のころに源空の高弟善慧房証空《しょうくう》は、慈円から寺を付属され、当山を念仏道場とし、また山の形から名を三鈷寺と改めた。宝治元年(一二四七)、証空が白河遣迎院で示寂するや当山に葬り、華台廟(多宝塔)が建てられ、観仏三昧院と称した。証空のあと、良空静証《りょうくうじょうしょう》・円空立信・栖《せい》空遊観《くうゆうかん》・康空示導・澄空示浄《ちょうくうしじょう》・仁空実導・什空照恵《じゅうくうしょうえ》・顕空示鏡・臨空中統・善空恵篤《ぜんくうえとく》・実空寿尚・敬空寿観《けいくうじゅかん》・念空宗純・専空宗雲・一空恵教《いっくうえきょう》などが西山派の法流を伝え、また三鈷寺一流の円戒相承がなされた。建武二年(一三三五)には、勅願により天台・真言・律・浄土の四宗兼学の道場となり、寺領も平安時代末から鎌倉

三鈷寺(『都名所図会』4より)

時代にかけて増大し、旧仏教系寺院としては有数の荘園を有していた。応仁以後は、兵乱のため本堂と華台廟以外の堂塔伽藍は悉く灰燼に帰した。天正三年(一五七五)常念仏再興の綸旨や寺領を賜わったが、豊臣秀吉はこれを没収した。元禄二年(一六八九)徳川綱吉はさらに寺域を縮小し、現在に至っている。なお当寺には、平安・鎌倉時代の重要古文書を所蔵する。

参考文献 『三鈷寺拘留如来縁起』、『三鈷寺縁起』、『三鈷寺文書』、『浄土宗西山派三国伝燈譜』、『西山上人縁起』(『国文東方仏教叢書』一)、『西山上人絵詞伝』、黒川道祐『雍州府志』(『(増補)京都叢書』三)、大島武好『山城名勝志』六(同八)、山本四郎『京都府の歴史散歩』下、川勝政太郎『京都古寺巡礼』(『現代教養文庫』E〇一七)

(武　覚超)

三時知恩寺

さんじちおんじ

京都市上京区上立売町四にある。浄土宗に属し、いわゆる比丘尼《びくに》御所の一つで、入江殿とも称す。寺伝によると、後光厳天皇皇女見子(入江内親王)が宮中に安置する俊芿《しゅんじょう》将来の善導大師像を得て、崇光天皇の御所入江殿を賜わり、これを寺に改め、足利義満の女覚窓性《しょう》仙《せん》を開基にして知恩寺と号したという。『看聞御記《かんもんぎょき》』には崇光天皇皇女、伏見宮貞成王(後崇光院)の息女らが相ついで入寺したことがみえ、以後代々、皇女・女王あるいは足利将軍家の息女が住持した。江戸時代は摂家の息女の入室を例とする。寺名の「三時」は、宮中における六時の勤行は昼間修しがたく、昼三時(晨朝・日中・日没《にちもつ》)の勤行を当寺で行えとの勅命によると伝える。旧地は一条西洞院《にしのとういん》にあったが、正親町天皇

三時知恩寺本堂と玄関

のとき現在地に移ったという。『応仁記』一に西大路（上立売通）の入江殿を兵が囲む記事があるので、移転は応仁の乱以前のことと考えられる。また江戸時代からは新町通に西面するが、大永初年作の町田家本「洛中洛外屏風図」には上立売通に北面し、伴を連れた貴僧の入来が描かれている。江戸時代の朱印高は百四十九石、家司は森島造酒。天明八年（一七八八）の大火に類焼したが、桃園天皇女御恭礼門院《きょうらいもんいん》の旧殿を得て再建される。明治四年（一八七一）に「比丘尼御所」の称号が廃止となるも、同九年御由緒寺院として旧領に准じて定額年金を下賜され、同十八年寺格表示のための旧号復活に伴って、当寺も「門跡」を称し、現在に至る。寺宝の近衛予楽院（家熙）画像・同筆阿弥陀経は重要文化財である。

参考文献　文部省宗教局編『宗教制度調査資料』七、碓井小三郎編『京都坊目誌』上京二（『（増補）京都叢書』一四）

（中井　真孝）

三千院

さんぜんいん

京都市左京区大原来迎院町五四〇にある寺院。天台宗京都五箇室門跡(妙法院・三千院・青蓮院《しょうれんいん》・曼殊院・毘沙門堂)の一つ。もと円融房・円徳院・梨本御房・梶井宮御房などと呼ばれていた。伝教大師最澄が延暦年間(七八二―八〇六)に、比叡山東塔南谷の梨下に円融房を建てたのがはじまりで、坊の傍らに梨の大木があったので梨本御房の名がおこった。のち東坂本の梶井(加持井)里に移り、円徳院と号した。元永元年(一一一八)最雲法親王(堀河天皇第三皇子)がはじめて宮門跡となり、江戸時代末期まで法親王が継承する寺格となり、梶井宮とも呼ばれた。房舎はその後、東山岡崎の大塔宮敷地や北山紫野犂鼻舟岡山などを転々とし、元禄十一年(一六九八)慈胤《じいん》入道親王(後陽成天皇第十六皇子、天台座主上任三回)のとき、御所の東、加茂川堤の西裏三丁余(現在の上京区広小路上ル梶井町)に移り、昌仁《しょうにん》入道親王(梨本宮守脩親王)が復飾する明治元年(一八六八)までこの地に梶井宮御殿があり、持仏堂を三千院と号していた。同四年梶井門跡大原政所(現在地)を本殿と定め、三千院門跡と号することになった。歴代門跡は後白河法皇が保元二年(一一五七)仁《じ》

三千院本堂

寿殿《じゅうでん》で修したのをはじめとする御懺法講《おせんぼうこう》の導師（調声）を勤める定めにより、声明《しょうみょう》の道場である魚山大原寺（勝林院・来迎院など十余ヵ寺）を統管している。御懺法講は禁中における代表的声明法要（声明懺法・声明例時）で雅楽の付物《つけもの》や付楽《つけがく》がはいる。天皇の出御（散華行道）に大臣・大納言・少納言が共行し、宮門跡の導師に山門（比叡山）と魚山（大原）の僧侶が参勤出仕するもので、その法儀は現在も三千院に伝承されている。境内は小野山を背に声明の呂律《りょりつ》にちなんで南に呂川、北に音無滝より流れる律川をひかえ門前に紅葉の馬場があり洛北の景勝地である。庭園に聚碧園（金森宗和、江戸時代初期作）・有清園・紫陽花園がある。本堂の往生極楽院（重要文化財）は平安時代の常行三昧堂建築で、三間四面、単層入母屋造、こけら葺である。舟底天井には二十五菩薩来迎図・飛天奏楽図などが描かれ、本尊阿弥陀如来・脇侍観音勢至二菩薩（重要文化財）を安置する。宸殿（御懺法講道場）と客殿に下村観山・今尾景年・望月玉泉・鈴木松年・菊池芳文・竹内栖鳳の襖絵がある。経蔵を円融蔵といい御懺法講記録・声明法儀関係文書など多くの資料を蔵している。

参考文献　『梶井御門領御寺地幷御下寺社改帳』、『諸門跡譜』、大島武好『山城名勝志』一一・一二（『（増補）京都叢書』八）

（天納　伝中）

阿弥陀三尊像　各檜材寄木造、漆箔。像高、阿弥陀二三三センチ、両脇侍各一三二センチ。現在三千院内に在る往生極楽院本堂に本尊として安置される来迎形式の丈六阿弥陀三尊坐像である。右脇侍勢至菩薩像の像内背面に久安四年（一一四八）の造像記が墨書され、日本彫刻史の基準作例の一つとして、また平安時代後期から鎌倉時代にかけて盛んに造られた弥陀来迎の彫像中、注目すべき遺品として重要である。定朝様を襲う十二世紀前半の作例としても貴重といえる。本像を安置する往生極楽院本堂は平安時代の遺構であるが、堂の大きさに比してやや像が大きすぎるので、この堂の当初からの本尊かどうか疑問もある。国宝。

参考文献　丸尾彰三郎他編『日本彫刻史基礎資料集成』平安時代造像銘記篇三・八、佐藤昭夫「三千院阿弥陀三尊像」(『MUSEUM』一九八)、杉山二郎「三千院阿弥陀三尊坐像」(『国華』八四八)

(西川杏太郎)

三千院阿弥陀三尊像

慈照寺

じしょうじ

京都市左京区銀閣寺町二にある臨済宗相国寺派の禅寺。通称、銀閣寺。寺域はもと天台宗浄土寺の旧跡で、通称浄土寺山の山麓。足利義政が月待山を背景にしたその佳境を愛し、文明十四年(一四八二)からこの地に多年の宿望であった東山山荘(東山殿)の造営に着手し、翌十五年完成を待たずここに移り、西指庵《せいしあん》・東求堂《とうぐどう》・会所などを建立し、西芳寺の庭園を模範として、上下二段構造の閑寂な庭園を営み、風雅な生活を送った。義政はまた観音殿(銀閣)の造営を企て、延徳元年(一四八九)三月にその上棟式をしたが、同年十月から病み、翌二年正月、この山荘で五十六年の生涯を閉じた。山荘は義政の遺命によって禅院に改められ、彼の法号慈照院喜山道慶にちなんで慈照院と称され、相国寺の塔頭《たつちゆう》大智院の宝処周財《ほうしよしゆうざい》が院主に推された。ついで三年三月、慈照寺と改め夢窓疎石を開山に勧請し、宝処が第一世住持となった。その後、室町将軍家の衰退とと

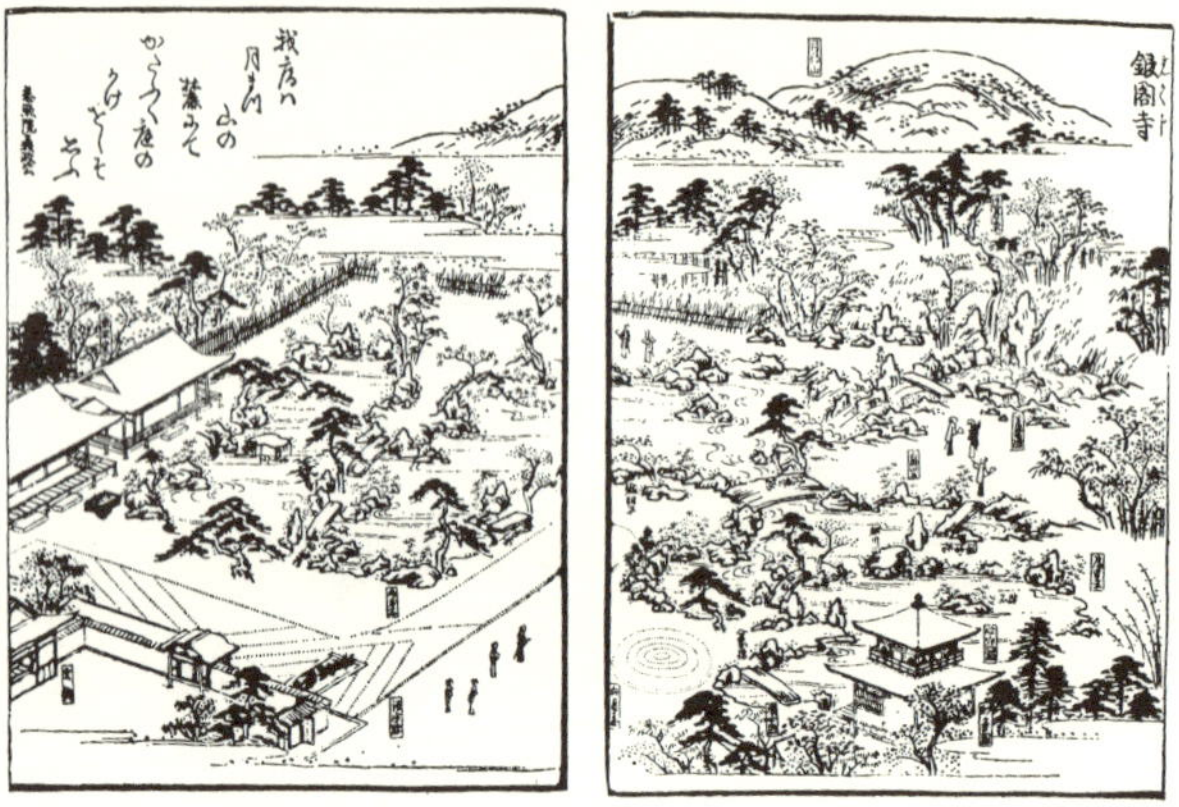

銀閣寺（『都名所図会』3より）

もに寺運も衰え、ことに天文十九年（一五五〇）十一月、三好長慶の軍と十三代将軍足利義輝の軍との戦いがこの付近であり、慈照寺はその災禍を被り荒廃の度を強めた。しかし慶長十九年（一六一四）徳川家康から、伏見深草のうちで三十五石の寺領を給する旨の朱印状をもらい、典膳局宮城豊盛の援助を得て方丈を営構し（現在の方丈）、また観音殿・東求堂などの修理を行い、かつ荒廃していた庭園の修築につとめた。現在の慈照寺の庭園はこの修築に成るものである。明治に入り廃仏毀釈運動の影響で寺運は一時逼迫したが、第十六世住持祥洲元禎の努力によってこれを切り抜け、東求堂・方丈・観音殿などの修理を施し、復興の実をあげた。観音殿は大正二年（一九一三）改体修理を終え、東求堂は昭和四十年（一九六五）に改体修理を完成した。なお義政時代の庭園の面影をしのぶものとして、漱蘚亭湧泉の石組などがある。

参考文献　竹中郁・村上慈海『金閣寺・銀閣寺』（『古

寺巡礼京都』二〇)、芳賀幸四郎『東山文化の研究』

(芳賀幸四郎)

銀閣　東山殿内の二重の楼閣で観音殿と呼ばれた。銀閣は俗称。延徳元年(一四八九)の上棟。一階を心空殿、二階を潮音閣といい、宝形造、こけら葺の屋根をかけ、鳳凰を上げる。一階は腰高障子や杉戸を使い、住宅風であるが、二階は桟唐戸に花頭窓で、正方形の平面を持つ禅宗仏殿風に造る。このような楼閣建築を邸内に造るのは足利将軍邸の仕来たりであった。金閣が蔀戸と板扉であるのに対し、銀閣は引違戸で、柱間は金閣が七尺(二・一二メートル)で銀閣は六・五尺と時代の差を見せている。国宝。

参考文献　太田博太郎編『日本建築史基礎資料集成』一六

東求堂　東山殿の持仏堂。入母屋造、こけら葺。南に仏間があり、東北に義政の書斎同仁斎《どうじんさい》がある。仏間の正面は桟唐戸であるが、他は舞良戸引違いで、柱は角柱、舟肘木で桁をうけ、垂木は疎垂木とする。柱間は銀閣と同じ六・五尺(一・九七メートル)。同仁斎は四畳半で北に一間の付書院と半間の違棚を縁に張り出して設ける。西側の縁には一間の腰掛様の凹所があり、「隔簾」の額がかかる。『蔭凉軒日録《いんりょうけんにちろく》』にみえる「床間」はこれにあたると思われる。住宅遺構としてもっとも古く、書院造が完成する前の状態を示すものとして貴重である。国宝。

参考文献　太田博太郎編『日本建築史基礎資料集成』一六、『慈照寺東求堂修理工事報告書』

(太田博太郎)

詩仙堂　しせんどう

京都市左京区一乗寺門口町二五にある。江戸時代初期の文人石川丈山の隠居所。本名凹凸窠《おうとつか》。寛永十八年(一六四一）丈山五十九歳の時落成。五年前広島浅野侯を致仕帰洛した丈山は、隠栖の地をここ洛北東山麓にトし、わが三十六歌仙に倣い、中国の詩人三十六名を友人林羅山と選定、その坐像は狩野探幽が描き、詩は丈山みずから隷書で書いて壁間に掲げた。丈山は晩年の三十余年をここで文雅に耽り、寛文十二年（一六七二）五月二十三日九十歳で天寿を全うした。遺愛品は詩仙堂六物と呼ばれる。唐様の庭園には添水《そうず》（ししおどしとも）の音絶えず、凹凸窠十境（小有洞《しょうゆうどう》・老梅関《ろうばいかん》・詩仙堂・猟芸巣《りょうげいそう》・嘯月楼《しょうげつろう》・膏肓泉《こうこうせん》・躍淵軒《やくえんけん》・洗蒙瀑《せんもうばく》・流葉《りゅうよう》㴸《はく》・百花塢《ひゃくかお》）や四囲の佳景を見立てた凹凸窠十二景（満《まん》蹊桜花《けいのおうか》・前村犂《れい》雨・巌牆《がんしょう》瀑泉・砌《せい》池印月・渓辺紅葉・四山高雪・台嶠《だいきょう》閑雲・鴨河《おうか》長流・洛陽晩煙・難波《なにわ》城様・園外松声・隣曲叢祠《りんきょくのそうし》）がある。丈山没後は門弟平岩仙桂が継いだ。雅趣を詠じた詩文も多い。昭和四十一年（一九六六）詩仙堂丈山寺と改め、曹洞宗に属す。国史跡。

参考文献　林羅山『詩仙堂記』（『林羅山文集』一七）、三橋成烈『誌仙堂志』、城戸久『先賢と遺宅』、石川塚堂編『詩仙堂』、西堀一三「石川丈山の隠棲」（『史蹟と古美術』一三ノ一）

（水田　紀久）

地蔵院　じぞういん

京都市北区大将軍川端町にある。昆陽山、椿寺ともいう。浄土宗。寺伝によれば、もと内野にあったが、明徳二年（一三九一）の兵火で焼失後、足利義満の鹿苑寺造営の余材で再建したという。天正五年（一五七七）僧清道が中興。本尊は五劫思惟の阿弥陀坐像。境内の地蔵堂の鍬形地蔵立像は行基の作にして、摂津の昆陽寺より移したものという。前庭の豊臣秀吉遺愛の「長名椿」という散り椿が有名。赤穂義士を助けた天野屋利兵衛、俳人夜半亭巴人の墓がある。

参考文献 白慧『山州名跡志』八（『大日本地誌大系』）、増上寺史料編纂所編『浄土宗寺院由緒書』（『増上寺史料集』五）　（中井　真孝）

七観音院　しちかんのんいん

京都市東山区南町四三にある明算真言宗の寺院。如意輪山浄仏寺と号し、本尊は如意輪観世音菩薩。建久五年（一一九四）高倉天皇妃七条院殖子《しょくし》が天皇御持仏の如意輪観音を烏丸通六角の南西（中京区七観音町）に移し、一堂を建て護持院と称したのに始まる。のち持仏六観音を合わせて安置したので、七観音院と号することになった。『京都府地誌』は開基を澄憲《ちょうけん》とする。応仁の乱で焼失したが、文明年間（一四六九―八七）に再建され、天正年間（一五七三―九二）豊臣秀吉の命により京極中御霊（上京区）に転じ、寛文三年（一六六三）現在地に移った。室町時代までは浄土宗。貞享二年（一六八五）の『京羽二重』には洛陽三十三所観音の八番にその名がみえ、以後の板行地図にも必ず記され、東山の一名所として人気があった。

参考文献 浅井了意『京雀』二（『（増補）京都叢書』一）、大島武好編『山城名勝志』一四（同八）、浄慧編『山城名跡巡行志』二（同一〇）、秋里籬島編『都名所図会』三（同一一）　（武内　孝善）

実相院　じっそういん

京都市左京区岩倉上蔵《あぐら》町一二一にある寺院。単立寺院。もと天台宗寺門派の門跡寺院。実相院門跡、岩倉門跡とも称す。寛喜元年（一二二九）藤原（鷹司）兼基の子息静基《じょうき》権僧正を開基として草創された。静基は、関白藤原（近衛）基通の孫で、実相院という寺号は、静基が園城寺の静忠入室の弟子となり、入壇受法して実相院と号したことによる。はじめは山城国愛宕郡紫野今宮北上野の地にあり、のちに今出川小川（上京区実相院町）の地を経て、応永年中（一三九四—一四二八）に現地に

実　相　院

移ったもので、ここはもと大雲寺の成金剛院《じょうこんごういん》があったところである。建武三年（一三三六）九月三日付実相院僧正（増覚）御房充ての光厳上皇院宣には、大雲寺ならびに大雲寺領の安堵のことがみえる。今出川小川の旧地は里坊として残されていたが、応仁の乱の戦火により類焼した。足利義昭の孫義尊のあと、義延入道親王・増賞入道親王などが宮門跡として入寺し、寺運の興隆をみた。『京都御役所向大概覚書』によれば、義周入道親王（伏見宮邦永親王の子）の代に「御朱印寺領　六百拾弐石余　実相院御門跡」とみえ、門跡領六百十二石余が与えられている。本堂は、享保五年（一七二〇）、義周入道親王が寺観を整えたときに、東山天皇の中宮承秋門院の旧殿を下賜され、四脚門・車寄・客殿とともに移建されたもの。

（佐々木令信）

篠村八幡宮

しのむらはちまんぐう

京都府亀岡市篠町篠上中筋四に鎮座。保津川に近く、東南方の大枝山を隔てて京都に近く、山陰道の要衝にある。祭神、応神天皇・仲哀天皇・神功皇后《じんぐうこうごう》。その創建の由緒は明らかでないが、文治年中(一一八五―九〇)丹波篠村荘が松尾最福寺の延朗《えんろう》の領知となり、延朗が源氏の一族であったところから、この地に八幡宮を建立したものであろう。元弘三年(一三三三)四月、元弘の乱に、鎌倉幕府の御家人足利高氏(尊氏)は、官軍を攻めるために上洛中、当時船上山に滞在中の後醍醐天皇の詔命をうけ、幕府に反して官軍に加わり、この篠村八幡宮において挙兵した。『太平記』に同年五月七日当宮にたてまつった高氏願文を載せており、その作者は疋田妙玄《ひきたみょうげん》とあるが、当宮にはそれとは別に、同年四月二十九日付の高氏自筆願文が伝来する。今枝愛真の研究によると、本文書は他の当宮古文書とともに江戸時代末ごろの偽作であることが確認され、おそらくは『太平記』所載の高氏願文をもとに改作されたのであろうという。例祭は十月二十五日。

参考文献 『篠村八幡宮文書』、今井弘済・内藤貞顕編『参考太平記』、内閣修史局編『史徴墨宝考証』一下、田中義成『南北朝時代史』、今枝愛真「(丹波篠村における)足利尊氏の挙兵とその願文」(『史学雑誌』七〇ノ一)、上島有「篠村の高氏願文偽作説に対する疑問」(『日本歴史』四三三)、藤本孝一「足利高氏の二つの願文と篠村八幡宮」(同四四八)、上島有「再び篠村の足利高氏願文について」(同四五七)

(村田　正志)

寂光院

じゃっこういん

京都市左京区大原草生《くさお》町一七にある尼寺。天台宗。開基については、空海説や良忍説もあるが、寺伝によれば聖徳太子の草創と伝える。落髪出家した平清盛の女、建礼門院《けんれいもんいん》徳子《とくし》(高倉天皇皇后)は、平家滅亡の文治元年(一一八五)に当寺に閑居し、高倉・安徳両天皇および平家一門の冥福を祈った。翌二年四月、後白河法皇の当寺への御幸のことは、『平家物語』灌頂巻に「法皇寂光院御幸事、夜をこめて補陀落寺の御幸とて出させ給ふ、忍たる御幸なれば、ふりたる車に下簾を懸て奉る、(中略)北の山のおくに一つの草庵あり、即女院の住せ給ふ御庵室なり、四方に長山連れり、纔にこととふ物とては、巴峡のさるの一叫び、妻木こる斧の音計《ばかり》なり、(中略)御庵室に立入せ給ひて、一間なる御障子をのぞかせ給へば、昔の蘭麝の匂ひを引かへて、空薫れと匂へる不断香の煙なり、三尺計の御身泥の来迎の三尊、東向におはします、仏の左には普賢の絵像を懸奉り、前には八軸の妙文置れたり、右には善導和尚の御影を懸、机には浄土の三部経、毎日の御所作と覚しくて、あそばしさして、半巻ばかりに巻れたり、傍なる御棚には、浄土の御書ども置れたり」とあり、その光景が想見される。その後、当寺は頽廃したが、慶長年間(一五九六―一六一五)、豊臣秀頼の母、淀君の本願によって片桐且元が堂宇を再建した。また江戸時代

大原寂光院(『都名所図会』3より)

には、寺領三十石を有していた。本堂の本尊は、聖徳太子作と伝える地蔵菩薩で、胎内には六万体の小地蔵が安置され、さらに堂内には、自作と伝える建礼門院の木像や平家一門からの書簡で作ったという阿波内侍の張子の像も祀られていたが、平成十二年(二〇〇〇)、火災にあった。本堂のほかに書院・弁天堂などがあり、後山には建礼門院の墓、大原西陵がある。

参考文献 山本泰順『洛陽名所集』七(『(増補)京都叢書』一)、黒川道祐『雍州府志』四(同三)

(武 覚超)

寂光寺 じゃっこうじ

京都市左京区北門前町四六九、仁王門通一〇三にある寺。顕本法華宗。天正六年(一五七八)京都妙満寺二十六世久遠院日淵《にちえん》が室町近衛町に創建したが、豊臣秀吉の命で寺町竹屋町に移り、宝永五年(一七〇八)類焼して現在地に再建。日淵は安土宗論に仏心院日珖らと出席して敗退させられた。弟子算砂《さんさ》日海《にっかい》が同寺を継承。日海は囲碁にすぐれ、これを以て織田信長・秀吉・徳川家康に仕えた。その隠居所が本因坊で、本因坊は囲碁の宗家となった。

(高木 豊)

酬恩庵 しゅうおんあん

京都府京田辺市薪里ノ内一〇三に所在する寺。臨済宗大徳寺派。山号は霊瑞山。一休寺の俗称で知られている。康正二年(一四五六)一休宗純は、南浦紹明《なんぽじょうみん》(大応国師)開創の霊瑞山妙勝寺を復興したが、このとき妙勝寺の傍らに草庵を建てて酬恩庵と号したのに始まる。その後、虎丘庵を建て、寿塔を作って「慈楊塔」とした。文明十三年(一四八一)十一月二十一日この酬恩庵を終

酬恩庵(『都名所図会』5より)

焉の地としている。永正三年(一五〇六)に本堂が建立され、方丈・庫裏は慶長十九年(一六一四)に前田利常が造営した。近世には御朱印寺領九十五石を有し、塔頭は、天明七年(一七八七)の末寺帳によると禅玄庵・心伝庵・梅渓庵・江庵・待月軒・松屋軒・虎丘庵・黙黙寺の八宇があった。現在、方丈の庭園が国の名勝に、本堂・方丈・玄関・庫裏・東司・浴室・鐘楼などの建築物や一休禅師坐像・同画像・後花園天皇宸翰女房奉書などの什物が重要文化財に指定されている。

参考文献 白慧『山州名跡志』一六(『大日本地誌大系』)、『(禅宗済家)大徳寺派下寺院牒』(『江戸幕府寺院本末帳集成』中)、『禅臨済宗本末寺院明細帳』(明治五年)、竹貫元勝『日本禅宗史研究』

(竹貫 元勝)

聖護院 しょうごいん

京都市左京区聖護院中町一五にある寺院。本山修験宗。もと天台宗寺門派三門跡の一つ。寛治四年(一〇九〇)

園城寺の僧増誉《ぞうよ》が、白河上皇の熊野詣の先達を勤めた功績により、初代の熊野三山検校に補された際に、聖体護持の寺として聖護院を賜わったのに始まる。その後、熊野に所領を有した後白河法皇の皇子静恵《じょうえ》法親王

聖　護　院　表　門

が聖護院に入寺し、熊野三山検校《けんぎょう》になって以来、この職は聖護院門跡の重代職となり、聖護院門跡が熊野を拠点とした修験者を統轄するようになっていった。特に南北朝時代の門跡良瑜《りょうゆ》は大峰修行を五度まで勤め、大峰山中深山で深仙灌頂を開壇した。また室町時代の門跡道興《どうこう》は全国の熊野系山伏を歴訪し、本山派と呼ばれる天台系修験教団の組織を確立した。その組織は、聖護院を本山とし、京都にある若王子《にゃくおうじ》・積善院・住心院などの院家を中核とし、彦山・求菩提《くぼて》山・児島五流などの地方霊山に依拠する修験や各地で勢力を持つ熊野先達などを通して全国の修験者を統轄するというものである。しかし、近世に入り、本山派と当山派を競合させて修験道を統制するという江戸幕府の政策に加えて、二度までも火災により炎上し、移転をくり返したこともあって、その力が弱体化した。しかしながら近世を通して本山派修験の本寺として修験道界で重きをなした。その後明治五年（一八七二）の修験道廃止に

伴い、天台宗寺門派に所属したが、第二次世界大戦後昭和二十一年(一九四六)三月末寺とともに修験宗(同三十七年八月、これより独立し本山修験宗)を設立して独立した。書院のほか、不動明王立像(本尊)、不動明王立像、智証大師坐像、同像胎内に納入されていた『円珍《えんちん》入唐《にっとう》求《ぐ》法目録《ほうもくろく》』などの文書、光格天皇・後陽成天皇宸翰、「熊野曼荼羅図」が重要文化財に指定されている。

参考文献　『日本大蔵経』修験道章疏三、和歌森太郎『修験道史研究』(『東洋文庫』二一一)、宮家準『山伏—その行動と思想—』(『日本人の行動と思想』二九)、高埜利彦「幕藩制国家と本末体制」(『歴史学研究』別冊特集一九七九年度)、新城美恵子「聖護院系教派修験道成立の過程」(『法政史学』二三)

(宮家　準)

相国寺　しょうこくじ

京都市上京区今出川通烏丸東入ル相国寺門前町七〇一に所在する禅寺。山号は万年山。臨済宗相国寺派の大本山。室町幕府三代将軍足利義満が永徳二年(一三八二)に室町幕府東側の地に創建し、寺号は義堂周信《ぎどうしゅうしん》の提案で相国承天禅寺と称し、開山には春屋妙葩《しゅんおくみょうは》が招請されたが、春屋は夢窓疎石を勧請して開山とし、みずからは第二世住持となった。排門・総門・山門・仏殿・土地堂・祖師堂・法堂・庫院・僧堂・方丈・浴室・東司・講堂・鐘楼などの諸堂宇が整う寺観を呈し、応永六年(一三九九)には足利義詮三十三年忌追善供養として七重大塔が建立された。寺格は至徳三年(一三八六)七月十日に五山第二位の上刹とされ、のち応永八年から同十七年には五山第一位となったこともある。鹿苑院《ろくおんいん》をはじめ十三ヵ塔頭はおのおの足利歴代将軍の牌所となり、また鹿苑院には五山官寺の統轄機関である鹿苑僧録が所在し五山の中枢となり、相国寺歴代住持や鹿苑僧録は夢窓派の禅僧が継承し、同派は絶大の威勢を誇った。応永元年九月直歳《しっすい》寮から出火して全焼したのをはじめに天文二十年(一五五一)七月十四日の兵火によ

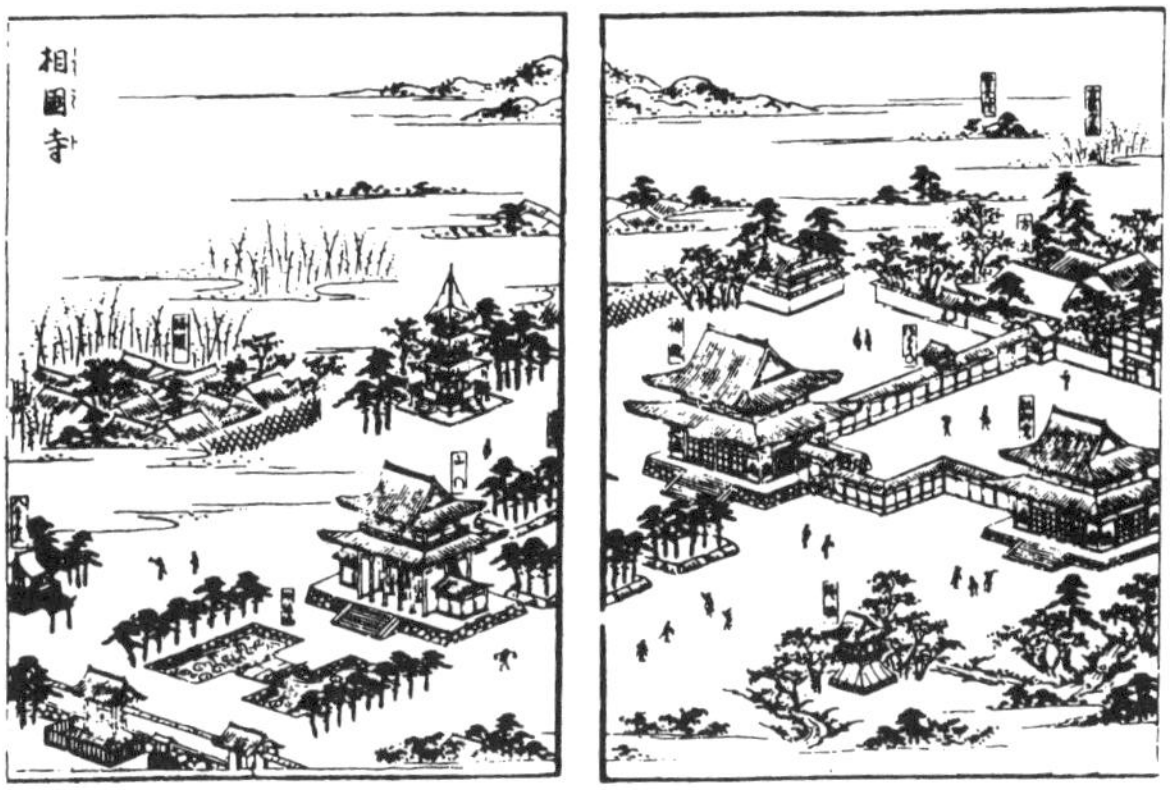

相国寺(『都名所図会』1より)

相国寺法堂

る焼失まで数度の焼失と再建を繰り返し、天正十二年（一五八四）住持となった西笑承兌が中興した。近世には朱印寺領千七百六十二石一斗余を有し、天明八年（一七八八）の相国寺末寺帳によると塔頭《たっちゅう》四十八、十刹三、末寺七十一、孫末寺四を有しているが、一方ではこの時すでに四十九塔頭、一諸山、十二末寺、七孫末寺の計六十九ヵ寺に及ぶ敗壊寺院があったことが報告されている。同八年には大火で法堂《はっとう》など数字を除くすべてを焼失し、復興は文化年間（一八〇四―一八）であった。文政三年（一八二〇）には僧堂が開設され、誠拙《せいせつ》周樗《しゅうちょ》を師家としたことで関山派古月下の禅が入り、のち関山派白隠下の法流に改められて今日に至っている。明治に入り禅宗合同期を経て明治九年（一八七六）分離独立して相国寺派の一派を形成し、荻野独園が初代管長となる。現在、相国寺を大本山とする相国寺派の寺院は九十九を数えている。重要文化財に指定されている建造物に法堂があり、什物の無学祖元墨蹟は国宝、絹本著色十六羅漢像（十六幅）・絹本著色鳴鶴図（二幅）などが重要文化財に指定されている。現存塔頭は大光明寺・大通院・光源院・慈照院・豊光寺・慈雲院・普広院・長得院・瑞春院・玉竜院・林光院・養源院などがあり、大光明寺の絹本著色羅漢像（重要文化財）など文化財を所蔵している。

参考文献　『相国寺史料』、今枝愛真『中世禅宗史の研究』、竹貫元勝『京都の禅寺散歩』

蔭涼軒　鹿苑院内に設置された寮舎で、足利義満が至徳三年（一三八六）心斎の室を開創したのが前身であり、義満の没後は足利義持がそれを継承して自分の寮舎とし応永年間（一三九四―一四二八）に名称を蔭涼軒としたことにより成立した。応永三十二年焼失し、再建は永享十一年（一四三九）で、『蔭涼軒日録』同年六月十一日条に初見する蔭涼軒の記事はこの再建を指す。その後嘉吉の乱ののち一度閉鎖されたが、長禄二年（一四五八）に再開され、応仁の乱で焼失するまで存続した。焼失後は独自の建物としての再建はなく、蔭涼職となった者が住する私寮舎をその在任期間中に限り蔭涼軒と称するようになり、亀泉集証《きせんしゅうしょう》の在職期は雲頂院内の松泉軒、東雲景岱《とううんけいたい》在職のときは常徳院小補軒をもって蔭涼軒を称するなどしている。元和元年(一六一五)七月同職は廃止され、蘭秀等芳《らんしゅうとうほう》が蔭涼職最後の人となるが、この時の蔭涼軒がどこに所在したかは不詳である。

参考文献 玉村竹二「蔭涼軒及び蔭涼職考」(『日本禅宗史論集』上所収)、同「『蔭涼軒日録』研究史の概略」(同下二所収)

鹿苑院 相国寺の塔頭で、相国寺開基である足利義満の墳塔(檀那塔)。現在は廃絶。永徳二年(一三八二)足利義満は日野宣子(義満夫人業子の叔母)の中陰道場に安聖寺をあてて仏事供養を営み、義満も同寺に留まって弁道所とした。これが同院のはじまりで、同年十一月に相国寺が創建されると安聖寺を聖寿寺(白雲慧暁《はくうんえぎょう》開創)に移し、その跡地に小御所を建立して翌三年九月十四日に鹿苑院と改め、絶海中津が初代院主(塔主)となった。その後院主は夢窓派の主要人物が継承し僧録を兼帯することになり「鹿苑僧録」の成立をみる。応永三十二年(一四二五)・応仁元年(一四六七)・大永七年(一五二七)さらに天文二十年(一五五一)に焼失しそのつど再建を繰り返した。また天正四年(一五七六)から同十三年の間は敷地が浄土宗報恩寺の替地となっていた。同院の経営は仏事の礼銭や公帖官銭の謝礼を主たる財源とし、所領は三河国赤羽禰郷・近江国安孫子荘・同綺田荘など数荘があったにすぎず、院領に経済基盤を求めることはむずかしかったようである。近世に入り、元和元年(一六一五)に徳川家康が僧録を停廃したことにより院主と僧録は分離され、第五十四世昕叔顕晫《きんしゅくけんたく》院主を最後にそれ以降の院主は相国寺の西堂の輪番によって継承された。また経済的には、相国寺朱印高千七百六十二石一斗余のうちから八十五石二斗二升五合二夕五才の配当を得ていた。

参考文献　今枝愛真『中世禅宗史の研究』

慈照院　相国寺現存塔頭の一院で足利義政の香火所。文明五年（一四七三）八代将軍義政は征夷大将軍職を辞し、同十七年臨川寺《りんせんじ》三会院で得度を受け、法名を道慶と称し、のち道号を喜山、院号を慈照院と称して逆修（予修）仏事を行なったが、延徳二年（一四九〇）正月七日に没すると既存の相国寺塔頭中に香火所を求めることになった。最初に予定されたのは大智院で、義政遺骨も安置されたが、義政香火塔頭となると、院名を慈照院に改称しなければならないことから大智院門徒が反対し、蔭凉軒主亀泉集証の努力で大徳院に決定した。当時大徳院は景徐周麟《けいじょしゅうりん》が塔主で、延徳三年正月に没した足利義視の香火所になっていたが、義視の香火塔頭を大智院に移し、同年三月十四日大徳院は慈照院と改称し、義政香火塔頭となった。近世期には相国寺朱印高千七百六十二石一斗余のうちから三十石一升余を配分された。現在、牧松筆の達磨図・灰釉四足壺（ともに重要文化財）などを所蔵する。

参考文献　玉村竹二「慈照寺と慈照院」（『日本禅宗史論集』下二所収）

大光明寺　相国寺内に所在。山号は梵王山、開山は夢窓疎石である。開創年次は暦応二年（一三三九）で、文和年間（一三五二―五六）とする説もある。もとは伏見離宮のかたわらにあって、後伏見天皇の皇后、大光明院西園寺寧子（国母広儀門院）を開基とする。文禄三年（一五九四）豊臣秀吉が方丈を再建するなど寺観を整え、西笑承兌《せいしょうじょうたい》が中興する。慶長年間（一五九六―一六一五）に火災にあい焼失し、再建は相国寺内に移してなされた。元和六年（一六二〇）にも火災にあうが復興された。しかし、天明八年（一七八八）の大火で焼失する。文政元年（一八一八）に復興されるが寺観は整わなかった。明治初年に廃絶するが、明治六年（一八七三）に心華院に合併の形をとり、明治三十九年に心華院は大光明寺と改号する。心華院は、慶長年間に西笑承兌が開創した相国寺の塔頭である。所蔵の絹本著色羅漢像が重要文化財に指定されている。

（竹貫 元勝）

勝持寺 しょうじじ

京都市西京区大原野南春日町一一九四にある寺院。天台宗。山寺号を小塩山大原坊と称し、また古来、花の寺と通称する。白鳳年間に役小角《えんのおづの》が一宇を創建して薬師如来を安置したと伝える。のちに最澄は日吉山王の神託によって自作の薬師如来を本尊とし、脇侍に日光・月光、十二神将、毘沙門天などを奉安したという。ついで文徳天皇は、仏陀上人範慶《はんきょう》をして堂宇を復興せしめ、大原野春日社の供養寺となし、寺院号を勝持寺大原院と改める。よって範慶を中興の祖と称す。のち、足利尊氏の帰依により寺門興隆し、盛時には釈迦堂・阿弥陀堂・護摩堂・三重塔ならびに塔頭《たっちゅう》四十九院などがあった。応仁の乱の兵火により衰頽し、天正年中（一五七

花の寺（『都名所図会』4より）

三一九二)にようやく仏堂を再建し、本尊薬師如来を安置した。明治維新以後、大修理がなされ、現在も本堂・不動堂・仁王門および西行法師ゆかりの西行庵などを存し、本尊の薬師如来坐像二体は重要文化財に指定されている。

参考文献 『太平記』三九(『日本古典文学大系』三六)、黒川道祐『雍州府志』五(『(増補)京都叢書』三)、大島武好『山城名勝志』六(同七)、京都府文化財保護基金編『京都の社寺』

(武 覚超)

菩薩像 もと京都府向日市宝菩提院(いま廃絶)の本尊。右足を踏み下げて坐る姿で、頭部から蓮肉・右足に至る像の大部分を檜の一材から彫り出し、内刳りはなく、表面は素地のままとする。厳しい表情と豊かで引きしまった体軀、翻転する天衣や裳の変化にとんだ自在な彫法は、平安時代初頭の檀像風彫刻の特色を示し、初期木彫の一傑作である。全高一二四・五センチ。国宝。

勝持寺菩薩像

参考文献 紺野敏文「虚空蔵菩薩像の成立」(中)(『仏教芸術』一二九)

(水野敬三郎)

常寂光寺 じょうじゃっこうじ

京都市右京区嵯峨小倉山小倉町三にある。日蓮宗。山号小倉山。京都本圀寺十六世究竟院日禛《にっしん》は同寺在任中小倉山の藤原定家山荘跡に草庵を結んだが、隠退後の慶長元年(一五九六)ごろ、これを寺として常寂光寺と称し、小早川秀秋や瑞竜院日秀尼(豊臣秀吉の姉)の外

常寂光寺（『都名所図会』4より）

常寂光寺多宝塔

護を得たという。二世通明院日紹《にっしょう》は日野家出身で、伏見城の建物を移して本堂とした。本山格の寺で、幕末のころまで古松庵・春照房の二院があった。多宝塔は重要文化財。

（高木　豊）

■浄住寺■　じょうじゅうじ

京都市西京区山田開キ町九にある寺。黄檗宗。山号を葉室山という。弘仁年間（八一〇—二四）円仁の草創と伝え、常住寺と称したが、荒廃して葉室《はむろ》家の別業となり、のち文応元年（一二六〇）葉室中納言定嗣が叡尊《えいそん》に帰依して再興し律寺となる。その後元禄二年（一六八九）稲葉正則、葉室頼孝・頼重父子、万里小路淳房が黄檗僧鉄牛道《てつぎゅうどう》機《き》を中興開山とし、伊達綱村・島津綱貴・池田綱清・稲葉正通ら大名の寄進により再興。長松下（鉄牛下）の一派頭として四十六の末寺末庵を擁した。安永四年（一七七五）庫裡・方丈などを焼失するが再建され、黄檗寺院としての寺観をとどめている。近年地元を中心に「浄住寺環境保存会」が組織され保存に一役をかっている。

参考文献　鉄牛道機『鉄牛禅師自牧摘稿』一一、京都府文化財保護基金編『京都の社寺文化』、『京都府寺誌稿』

（大槻　幹郎）

清浄華院　しょうじょうけいん

京都市上京区寺町通広小路上ル北之辺町三九七にある寺。浄土宗の四箇本山の一つ。山号・寺号なし。浄華院と略称するが、近世以前の文献には「浄華院」とみえるので、これが本来の呼び名であろう。清和天皇の勅願で円仁が開いた禁裏内道場に始まり、浄土宗の開祖法然房源空が中興したと伝えるが、実際は十四世紀初頭の向阿証賢《こうあしょうけん》が開山である。当初は三条坊門高倉にあったが、暦応二年（一三三九）足利尊氏が等持寺《とうじじ》を建てるにあたり土御門室町へ、さらに天正年間（一五七三―九二）豊臣秀吉の京都改造により現在地の寺町へ移転している。浄土宗一条派の拠点として栄え、公家や皇室の帰依をうけるが、応仁・文明の乱の後は寺運ふるわず、十七世紀初頭に金戒光明寺《こんかいこうみょうじ》が多数の末寺を引き連れて独立したため、一層おとろえた。しかし、禁裏内道場という由緒をもつだけに、境内には江戸時代の女院・皇子・皇女などの陵墓が多い。寺宝の『泣不動縁起』と「阿弥陀三尊図」が重要文化財。

浄華院（『都名所図会』1より）

参考文献　『清浄華院誌要』（『浄土宗全書』二〇）、

水野恭一郎・中井真孝編『京都浄土宗寺院文書』、中井真孝「中世の浄土宗について」(『仏教文化研究』二二)

(中井　真孝)

常照寺

じょうしょうじ

京都市北区鷹峯《たかがみね》北鷹峯町四五にある。日蓮宗。山号寂光山。本阿弥光悦の子光瑳《こうさ》が元和二年(一六一六)「法華の鎮所」として創建。のち寂照院日乾《にちけん》を開山に招いた。寛永四年(一六二七)日乾は同寺に檀林を開設して智見院日暹《にっせん》を講主とし、翌年立正院日揚《にちよう》がこれを継承して、その規模を拡大した。京都六檀林の一つ鷹峰檀林がこれで、日乾を初祖とする。明治六年(一八七三)の檀林廃止に至るまで、各地から学徒が参集した。

参考文献　影山尭雄『諸檀林並親師法縁』

(高木　豊)

正伝寺

しょうでんじ

京都市北区西賀茂鎮守庵町七二に所在する寺。臨済宗南禅寺派。正式には正伝護国禅寺と称し、山号は吉祥山で、寺号は亀山天皇から賜わった。開山は東巌《とうがん》慧安《えあん》で、文永五年(一二六八)に聖護院執事の静成《じょうじょう》法印が一条今出川の地に仏殿を建立し、慧安を開山に請じたのに始まる。慧安は元寇の大難に際して蒙古降伏の祈願を石清水八幡宮で行なったが、叡山衆徒の反感をかうこととなり寺は破壊された。弘安五年(一二八二)賀茂社家森経久が現在地に再建した。後醍醐天皇が勅願所、足利義満は祈願所となし、興国元年(北朝暦応三、一三四〇)四月二十九日に諸山に列せられている。応仁の乱で兵火にあい荒廃したが、元和元年(一六一五)徳川家康が朱印地をよせ復興し、寛政元年(一七八九)の南禅寺末寺帳によると朱印高百七石・末寺二・塔頭五を数えた。現在、伏見城遺構とされる方丈（本堂）の建物、東巌和尚蒙古降伏祈禱文、東巌和尚賜号勅書、兀庵和尚頂相などの什物が重要文化財に指定されている。

参考文献 『正伝寺文書』、黒川道祐『雍州府志』四（『（増補）京都叢書』三）

（竹貫　元勝）

城　南　宮

じょうなんぐう

京都市伏見区中島鳥羽離宮町七に鎮座。旧府社。祭神は、国常立尊《くにのとこたちのみこと》・八千矛神《やちほこのかみ》・息長帯日売命《おきながたらしひめのみこと》（神功皇后）を祀る。平安遷都の際、王城の南に守護神として創建されたと伝えられる。平安時代末期、交通の要衝かつ景勝の当地に鳥羽殿（城南離宮）が造営されると、院御所や御堂の鎮守として一層崇められた。その祭礼は城南寺明神御霊会とも呼ばれ（『中右記』康和四年（一一〇二）九月二十日条など）、後白河上皇臨幸のもと、幣・神馬・田楽・巫女・舞人・乗尻《のりじり》・師子・神輿などが本社へ渡り、競馬が行われた（『山槐記』永暦元年（一一

城　南　宮　本　殿

六〇)九月二十日条)。『梁塵秘抄』に「いざれ独楽《こまつぶり》、鳥羽の城南寺の祭見に」と見物を誘う今様がある。また離宮は方違《かたたがえ》の宿所や熊野詣の精進所とされ、今に至る城南宮の方除《ほうよけ》・旅行安全の信仰を見ることができる。承久の乱後の宝治二年(一二四八)八月三十日、後嵯峨上皇の城南神への御幸があった(『葉黄記』)。鳥羽城南社神主職をめぐる建武四年(一三三七)七月の書状が『続左丞抄』に載るが、神主職を鳥羽千松丸に認めた明応七年(一四九八)九月九日の室町幕府奉行人連署奉書などを蔵する。城南離宮神主は明和三年(一七六六)以来、白川家の執奏を経て代々叙位・任官に預かった。鳥羽・竹田地域の氏神と仰がれ、城南祭は江戸時代も盛んで、俗に「餅祭《もちまつり》」ともいう。神水「菊水若水」による霊元法皇平癒記事などが『月堂見聞集』享保八年(一七二三)夏条にみえ、文久元年(一八六一)、和宮親子内親王の江戸下向の道中安泰の方除祈禱を修し、鳥羽・伏見の戦いでは薩摩藩の陣が敷かれた。平安時代後期の建築様式に則った社殿は昭和五十三年(一九七八)の再建。楽水苑と名付けられた神苑は昭和の名園に数えられ、春秋に行う「曲水の宴」も名高い。例祭は七月二十日、城南祭は十月第三日曜日。神功皇后の旗印に由来する三光の神紋は日月星を象り珍しい。境内摂社の真幡寸《まはたき》神社と境外摂社の飛鳥田《あすかた》神社は式内社で、延応元年(一二三九)、東福寺建立に際しそれぞれ遷座したと社記にある。

参考文献　城南文化研究会編『城南—鳥羽離宮址を中心とする—』、『史料京都の歴史』一六、松原誠司「近世末期における白川伯家と地方神社—叙任を中心に—」(『国学院雑誌』九一ノ一二)

(鳥羽　重宏)

浄福寺　じょうふくじ

京都市上京区浄福寺通一条上ル笹屋町二-六〇一にある寺。浄土宗。山号は恵照山。班子女王(宇多天皇の母)の建立にかかり、寛平八年(八九六)定額寺に列し、年分度《ねんぶんど》者《しゃ》二人が置かれる。二十五大寺の一つに数えられたが、火災のために衰退。建治二年(一二七六)後宇多天皇の勅で一条村雲に再建したと伝えるが、文永十年(一二七三)鋳造の鰐口があるので(現在大津市の西教寺所蔵、重要文化財)、再建の年代は寺伝より少しさかのぼる。十四世紀初め、臨済宗の仏燈国師(約翁徳倹)の一門が住し、康永三年(一三四四)元暁《がんぎょう》の請いで室町幕府の祈願寺となった。応仁・文明の乱の後、文明十四年(一四八二)宗清《そうせい》が天台宗に改め、大永五年(一五二五)後柏原天皇から三昧堂建立の綸旨をたまわって「天台浄土宗」を称し、ついで元亀二年(一五七一)に入寺した崇林《そうりん》が浄土宗に改めた。天正十五年(一五八七)相国寺の南に、元和元年(一六一五)現在地に移っている。寺宝の「阿弥陀三尊二十五菩薩来迎図」「十王図」が重要文化財。

参考文献　水野恭一郎・中井真孝編『京都浄土宗寺院文書』、中井真孝「浄福寺管見」(『仏教論叢』一九)

(中井　真孝)

正法寺　しょうぼうじ

京都市東山区清閑寺霊山町三五にある。時宗霊山派の本寺。付近一帯の山を霊山と呼んでいるが、これは正法寺の山号が霊鷲山であったので略称したものである。霊山は東山連峰の一角に位置する峰で、当初は鷲の尾山と呼ばれていたのを、インドの霊鷲山にちなみ改称したという。もと霊山寺といい、最澄の開基といわれ、寛平年間(八八九―九八)宇多天皇が釈迦堂を建立して勅願所となし、治承年間(一一七七―八一)ごろには名刹七十四ヵ寺の一つに列していた。寛弘元年(一〇〇四)霊山堂供養が修され、天台宗の寺院であったが、源空が元久二年(一二〇五)正月別時念仏を行なったというように多分に浄土教的要素をもっていた。のち永徳三年(一三八三)九月国阿弥陀仏は霊山寺に詣で、住持光英を教化したことによって寺の譲渡をうけて住持となり、ここに阿弥陀堂を建立して、時宗に改め、正法寺と号した。このとき光英は双林寺無量寿院に移ったが、のち双林寺も時宗となり、国阿派の本寺となった。後小松天皇・足利義満もまた寺領を寄せ堂塔を増建、のち天正年中(一五七三―九二)豊臣秀吉の外護をうけるなどして、一時は末寺四十二、塔頭《たっちゅう》十四を有した。江戸時代にも朱印地二十三石を受け隆盛であったが、明治維新後次第に衰微し、明治二十二年(一八八九)火災のため諸堂宇は灰燼に帰し、釈迦堂のみが残った。歴代住職は国阿を称している。付近には維新の志士の墓がある。

霊山正法寺(『都名所図会』3より)

参考文献　禰宜田修然『時宗の寺々』

（大橋　俊雄）

上品蓮台寺　じょうぼんれんだいじ

京都市北区紫野十二坊町三―一にある。真言宗智山派所属。山号は蓮華金宝山。九品三昧院・十二坊とも呼ばれる。本尊地蔵菩薩。寺伝では開基聖徳太子、中興宇多上皇としている。『本朝文集』所収天徳四年（九六〇）九月九日付「蓮台寺供養願文」によれば、東寺長者寛空が京都北山に一堂を草創して蓮台寺と名づけ、この日、亡父母のために供養を行なっている。当寺創建と深くかかわるものであろう。永延元年（九八七）宋から帰朝した奝然《ちょうねん》は、その将来した摺本一切経論・白檀釈迦像を当寺に安置した（のち釈迦像は清凉寺へ移された）。応仁の乱で当寺は焼亡する。文禄年中（一五九二―九六）根来《ねごろ》で学んだ真言宗新義派の僧性盛《しょうせい》が復興に努め、豊臣秀吉の援助を得た。江戸時代には寺領百十石余を有する真言宗新義派の有力寺院となったといわれる。明治維新後の上地で寺領を失い、多くあった子院も現在では三院となっている。寺宝に紙本著色絵因果経（国宝）・絹本著色六地蔵像（重要文化財）・絹本著色文殊菩薩像（同上）などがある。なお、当寺は香《こう》隆《りゅう》寺と呼ばれたこともあったとされる。これは寛空が当寺と当寺に隣接していた香隆寺との両寺を兼帯しており、のちに香隆寺が当寺に併合されたことから来るものであろう。

参考文献　『古事類苑』宗教部三、『大日本史料』二ノ一、永延元年二月十一日条

（林　亮勝）

正暦寺

しょうりゃくじ

京都府綾部市寺町堂ノ前三五にある寺。高野山真言宗。那智山鏡智院と号し、本尊は聖観音。もと須知山鏡智院と称し、天慶五年(九四二)空也が須知山(現在の福知山市霊山ヶ岳)山頂に聖観音を祀ったのに始まるという。正暦二年(九九一)聖楽《しょうらく》が祈雨の効験により、一条天皇から年号を冠した寺号を賜わり、現在地に移し、熊野権現を鎮守としたと伝える。平重盛が寺領を施入して保護したともいわれ、寛文十二年(一六七二)綾部藩主九鬼氏から本宮権現領二石、那智観音領三石を寄進され、天保九年(一八三八)には諸堂が修築された。明兆筆の絹本著色「仏涅槃図」は重要文化財。

(武内　孝善)

勝林院

しょうりんいん

京都市左京区大原勝林院町一八七にある寺院。天台宗。魚山大原寺勝林院と号し、証拠阿弥陀堂ともいう。円仁が唐より将来した声明の道場として長和二年(一〇一三)寂源《じゃくげん》が建立。文治二年(一一八六)顕真《けんしん》が法然房源空を招いて「大原問答」を行う。文明八年(一四七六)宮中法要の御懺法講を代修。現在の建物は安永七年(一七七八)再建。正和五年(一三一六)銘の石造宝篋印塔(重要文化財)、平安時代の梵鐘(同)、声明関係文献(『魚山叢書』など)がある。

参考文献　「魚山両院僧房歴代記」(『続天台宗全書』法儀一)、『元亨釈書』一一、卍元師蛮『本朝高僧伝』一二(『大日本仏教全書』)、大島武好『山城名勝志』一二(『(増補)京都叢書』八)、秋里籬島『都名所図会』三(同一二)、岩田宗一編『声明関係資料年表』

(天納　伝中)

正林寺 しょうりんじ

京都市東山区渋谷通東大路東入ル三丁目上馬町五五三にある寺。浄土宗。小松谷御坊《こまつだにごぼう》ともいう。山号は清涼山。藤原(九条)兼実の別邸小松殿の旧跡と伝える所で、浄土宗の開祖法然房源空が元久のころ邸内に住して念仏を弘め、承元元年(一二〇七)配流の際にはここから出立したといい、伝記に小松殿の御堂あるいは小松谷の御房と出てくる。その後ながらく荒廃し、いつしか湮滅した。十八世紀初め浄土宗の学僧義山は遺跡の復興を志したが果たさず、弟子の恵空《えくう》が享保十九年(一七三四)北野の真盛辻子《しんせいのずし》にあった正林寺を引き移して再興した。翌年、九条家より堂舎の寄進を受け、壮大な伽藍を構えるに至った。宝暦年中(一七五一―六四)に源空の遺跡二十五霊場の第十四番目霊場となる。

参考文献　藤堂祐範「義山上人遺墨及小松谷の開創」(『仏教学雑誌』三ノ二)

(中井　真孝)

小松谷正林寺(『都名所図会』3より)

浄瑠璃寺 じょうるりじ

京都府木津川市加茂町西小札場《にしおふだば》四〇に所在。真言律宗。

小田原山法雲院と号し、九品寺《くほん》・九体寺の通称がある。当尾の山中霊場に建立され、古く西小田原寺といった。行基・多田満仲の開創伝承がある。『浄瑠璃寺流記事』によると、永承二年(一〇四七)本願義明・檀那阿知山大夫重頼により本堂が建立され、嘉承二年(一一〇七)解体、本尊薬師如来は西堂に移され、新本堂が建立された。同堂も保元二年(一一五七)、阿字池の西岸に移されたが、このころ、九体の弥陀が安置され、同信仰の導入が認められる。久安六年(一一五〇)、興福寺一乗院恵信《えしん》が、当寺延観の草庵、岩本常光院に隠遁して以来、一乗院の祈願所となり、十万堂の建立、三重塔の移建など、鎌倉時代にかけ、寺観おおいに整った。康永二年(一三四三)、南大門から出火、十万堂などが焼失したが、本堂・三重塔などは難を遁れた。藤原時代流行した阿弥陀の浄土信仰の形式を強く残している寺として著名である。

参考文献 『大和古寺大観』七、村山修一『浄土教芸術と弥陀信仰』(『日本歴史新書』)

(日野西真定)

本　堂　嘉承二年(一一〇七)旧本堂に代わって新築され、保元二年(一一五七)池の西岸の現在地に移されたのが現堂で、桁行十一間、梁行四間、寄棟造、本瓦葺(もと檜皮葺)。側面では中央二間にくらべて庇の方が広くとられているが、内部では梁行は一間となり、母屋後方よりに仏壇を構え、九体の阿弥陀像を安置する。隅だけ舟肘木をおき、天井は化粧屋根裏とする簡素な構造である。九体阿弥陀堂は文献では約三十棟を数えるが、現存するものはこれしかない。国宝。

参考文献 『大和古寺大観』七、京都府教育委員会編『国宝浄瑠璃寺本堂・三重塔修理工事報告書』

三重塔　池をはさんで本堂と対称に位置する。治承二年(一一七八)京都一条大宮から移建されたが、京都における寺院名、建立年代は不明である。

浄瑠璃寺の建築・彫刻

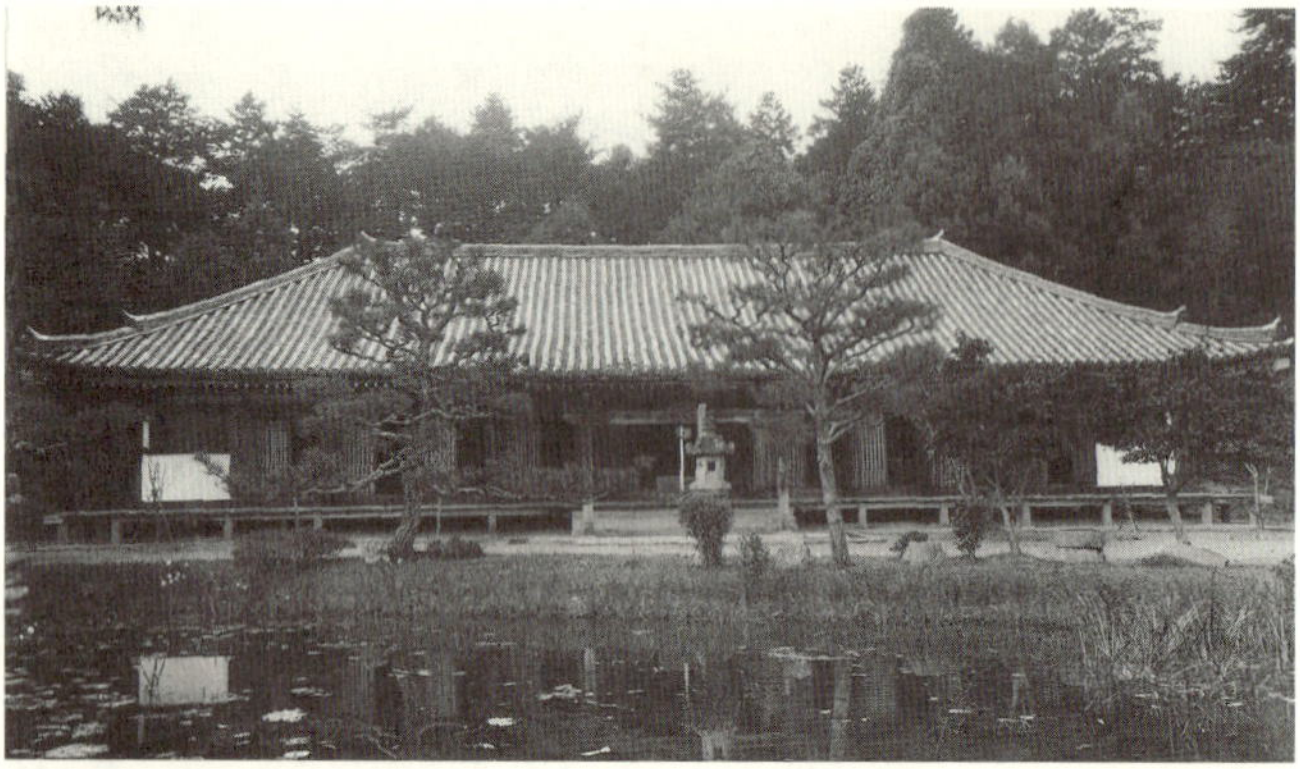

本　　　堂

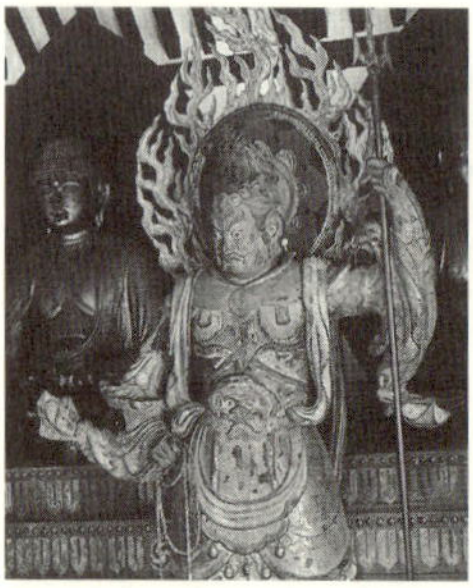

広目天像

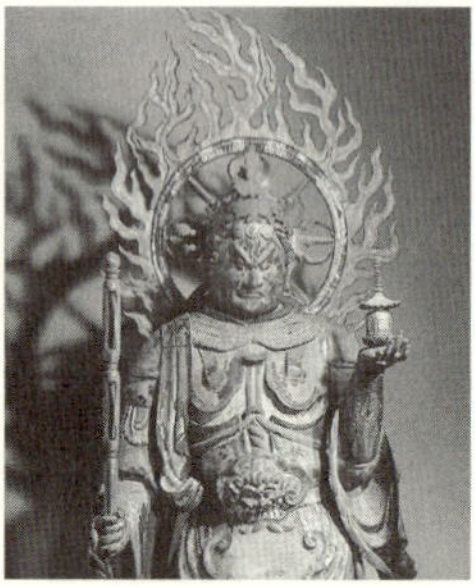

多聞天像

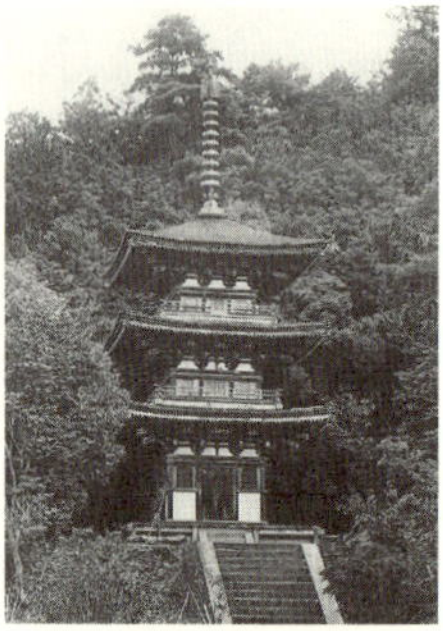

三　重　塔

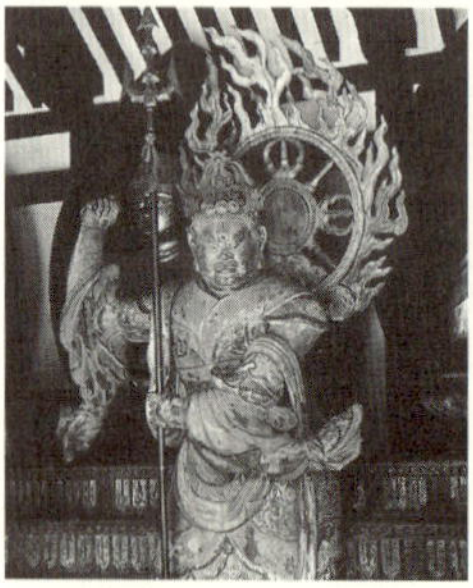

増長天像

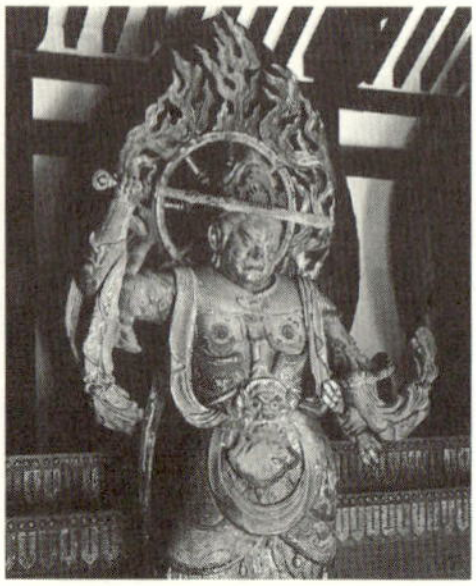

持国天像

四　天　王　像

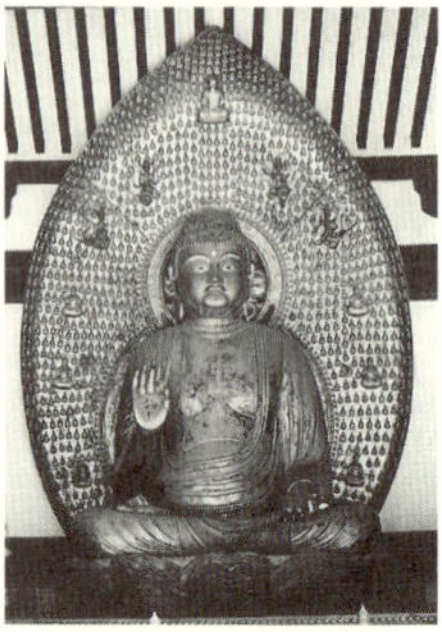

阿弥陀如来像(中尊)

しかし、様式的にみて、治承移建をさほどさかのぼらない時期の造立と認められる。檜皮葺で廻縁を持つ小ぶりで軽快な塔で、心柱は二重で止まり、初重には四天柱もなく、天井は二重折上小組格天井となっている。内部は一面に装飾され、十六羅漢図は平安時代末期と認められるが、他は初重を改造した鎌倉時代末期のものと推定される。国宝。

参考文献 『大和古寺大観』七、京都府教育委員会編『国宝浄瑠璃寺本堂・三重塔修理工事報告書』

（太田博太郎）

阿弥陀如来像 本堂に安置される九体阿弥陀で、中尊は来迎印の周丈六坐像、脇仏は定印の半丈六坐像。平安時代後期に数多く造られた九体阿弥陀の唯一の遺品である。中尊は寄木造り、脇仏は割矧造りと寄木造りのものがあり、いずれも漆箔。像高は、中尊二二四・二センチ、脇仏一三八・八〜一四五・四センチ。各像とも温雅な面相とゆったりした肉どりにいわゆる定朝様の特色を示すが、すべてが同時の制作か否かの問題やその時期については『浄瑠璃寺流記事』の解釈と様式観の上から諸説ある。すべてを永承二年（一〇四七）、または嘉承二年（一一〇七）とする説、中尊のみ十一世紀後半、他は嘉承の追加とみる説などである。中尊像内に納入されていたと伝える阿弥陀如来像摺仏があり、その一枚の付箋に長治二年（一一〇五）の年紀がある。『流記事』にいう嘉承三年開眼供養時の奉籠であろう。国宝。

参考文献 『大和古寺大観』七

四天王像 本堂の九体阿弥陀の四隅を守る像で、木造彩色、像高一六六・三〜一六九・五センチ。光背・台座に至るまで保存がよく、当初の華麗な彩色を伝える。忿怒形でありながら体の動きはひかえめで、静かな落着きを感じさせる穏やかな表現に、平安時代後期彫刻の特色を示し、着衣に施された多種多様な切金文様や、繧繝を多く用いた彩色文様についても同様である。十二世紀前半の作と考えられる。国宝。

参考文献 『大和古寺大観』七、京都国立博物館編『浄瑠璃寺の四天王像』

（水野敬三郎）

青蓮院　しょうれんいん

京都市東山区粟田口三条坊町六九－一にある寺院。「しょうれんにん」ともいう。梶井門跡(三千院)・妙法院門跡とともに天台宗三門跡といわれ、地名により粟田御所と呼ばれた。伝教大師最澄が比叡山を開くにあたり、東塔南谷に建てた住坊の一つの青蓮坊に始まり、円仁・安恵《あんえ》・相応《そうおう》らに継承され、久安六年(一一五〇)、その十二代行玄《ぎょうげん》の時に門跡寺となり、山上本坊のほかに京都にも殿舎が建てられ、青蓮院と改称された。当院は、もと三条白川にあって白川坊と称したが、元久二年(一二〇五)慈円が祇園東の十楽院の地に移して吉水坊とも号された。また、山上の青蓮坊は、建久五年(一一九四)に焼失したが、建暦二年(一二一二)慈円により叡山南谷の勝地房跡に房舎が再建され、新青蓮院と称された。行玄は、円仁に始まり皇慶・長宴・良祐と受け継がれた台密の嫡流(三昧流)の唯授一人の継承者である上に、根本中堂《こんぽんちゅうどう》の検校、無動寺と横川五堂の相承者であったから、鳥羽法皇の信任篤く、第七皇子(のちの覚快法親王)を預かり第二世門主とした。明治に至るまでの門主は皇子十二人、その他の皇族十三人、摂関家の子弟十三人、足利氏一人である。第三世門主慈円(慈鎮)の時に最も栄え、門下三千人、達した者七十二といわれた。法然房源空を吉水坊(現在の知恩院の地)に庇護し、親鸞は門下の一人であった関係から、明治に至るまで浄土諸宗の朝廷への願い事はすべて青蓮院の介添えによらねばならず、本願寺その他の門跡号も青蓮院の院家となり、脇門跡に進んで門跡を許されたのである。また各宗僧侶に対する紫衣と三緒袈裟の着用承認は青蓮院門主の権限であった。天台宗内でも談山と鞍馬は青蓮院が直接支配する寺社であった。第十七世尊円入道親王は書道に優れ、その書風は青蓮院流とも御家流《おいえりゅう》とも呼ばれて、江戸幕府公文書の書体と定められた。また多くの宝物中、不動明王画像（国宝）は「青不動」と呼ばれ、日本三大不動の一つとして著名であり、台密を中心とした聖教や御宸翰・古文書など貴重書を数多く所蔵（吉水蔵）する。また相阿弥作や小堀遠州作と伝える庭園もよく知られている。

参考文献　『門葉記』（『（大正新修）大蔵経』図像一一・一二）、進藤為善編『華頂要略』（『天台宗全書』）、『青蓮院門跡系譜』、『天台座主記』、尾上寛仲「天台宗三門跡の成立」（『印度学仏教学研究』二二ノ二）、赤松俊秀「慈鎮和尚と青蓮院」（『真宗研究』八）

（武　覚超）

不動明王像　岩座に坐る不動明王と岩座の左右に立つ二童子とを描く絹本著色の画像。二〇三・三×一四八・四センチ。不動の肉身を青黒色に塗ることから「青不動」と呼ばれる。九世紀の比叡山の学匠安然《あんねん》が『不動明王立印儀軌修行次第』に不動の十九観相を説いてのちに造像された台密系不動二童子像の形式の典型と考えられ、この形式の彩色像としては現存最古の作例。顔の表情や頭髪の形式が、十世紀後半に活躍した絵仏師玄朝の不動を写した白描図像（醍醐寺蔵、重要文化財）に酷似するので本図の形式が古様を伝えることがわかるが、尊像の存在を強調せず画面に対し均衡のとれた大きさの諸尊を描く画面構成、洗練され

青蓮院不動明王像

た配色、迦楼羅《かるら》の姿をかたどりながら迫力を失わぬ火焔光背、切金を用いず控え目だが細緻な装飾文様などから十一世紀の作と推定しうる。日本仏画史上屈指の優作。国宝指定。

参考文献 『日本の仏画』一期八、中野玄三『不動明王』

（関口　正之）

白川勝軍地蔵堂
しらかわしょうぐんじぞうどう

京都市左京区北白川山ノ元町の丸山丘陵上に祀られる石造地蔵尊。はじめは東北一キロ余の瓜生山頂の石窟に在ったが宝暦年間（一七五一―六四）に現在地へ移された。身に甲冑を著け右手に剣を、左手に軍旗を持ち騎乗する姿は仏敵降伏の三昧に住する姿だとされ、また将軍地蔵の字を宛てる。室町時代の作品で山頂に在ったころには、聖護院門主が大峯入りをする前には必ずここで護摩供《ごまく》を修したと伝えている。愛宕山上にも祀られており、平安京の東西に配して都の護りともしている。

参考文献 秋里籬島『都名所図会』三（『（増補）京都叢書』一二）、竹村俊則編『新撰京都名所図会』一

（景山　春樹）

白峯神宮
しらみねじんぐう

京都市上京区飛鳥井町二六一に鎮座。旧官幣大社。淳仁天皇と崇徳天皇の神霊を併せ祀る。崇徳天皇は保元の乱に敗れて讃岐国に配流され、その地で崩御したので、白峯陵（香川県坂出《さかいで》市）に葬られて、墓前にはその木像（白峯大権現）を祀る白峯寺（御影堂）が営まれた。孝明天皇は都に帰ることなく異境に没した天皇の霊を慰めるため、木像を京に移すことを企画していた。孝明天

皇のあとをついだ明治天皇によって、明治元年（一八六八）八月木像を京に迎え、これを神体とする白峯宮が現在の地に創立された。つづいて明治六年十二月には、かつて藤原仲麻呂の乱にかかわって退位させられ、淡路に流されて彼の地に没した淳仁天皇（淡路廃帝）の神霊をも天王森山陵（兵庫県南あわじ市）から京に迎え、白峯宮に合祀し、この年に官幣中社の社格を得ている。昭和十五年（一九四〇）、白峯神宮と改称して官幣大社となった。例祭は四月十四日（淳仁天皇祭）、九月二十一日（崇徳天皇祭）。社蔵の絹本著色崇徳上皇像は重要文化財。

白峯神宮拝殿

参考文献　『古事類苑』神祇部三　（景山　春樹）

真経寺　しんきょうじ

京都府向日市鶏冠井《かいで》町大極殿六四の南真経寺と同鶏冠井町御屋敷二六の北真経寺がある。ともに鶏冠山と号す日蓮宗寺院。もと真言寺と称した真言宗寺院であったが、竜華院日像が徳治のころ改宗させたと伝え、元弘二

（一三三二）、三年ころ南北両寺に分かれたという。承応三年（一六五四）通明院日祥が北真経寺に鶏冠井檀林を草創、明治初年に至るまで続いた。両寺檀徒による題目踊りは京都府無形文化財。両真経寺の寺宝に尊性法親王消息翻摺法華経（重要文化財）がある。

（高木　豊）

神光院

じんこういん

京都市北区西賀茂神光院町三〇にある真言宗醍醐派の寺院。上賀茂神社の西にあり、放光山と号す。本尊は弘法大師像。寺伝によると、建保五年（一二一七）上賀茂社社務職松下能久が、霊光の照らすところに神殿を建立すべしとの託宣を受け、大和三輪山の慶円《きょうえん》を請じて開創し、神託にちなんで神光院と称したのに始まるという。また、空海が自像・愛染明王像を刻んで安置したのに始まり、慶円が中興したとも伝える。行願寺の開基行円が夢託により賀茂社の槻木を得、当院において刻んだのが行願寺の本尊千手観音像であるとも伝える。能久の子氏久が醍醐寺金剛王院の覚済を院主として以来、当院は金剛王院末となった。空海四十二歳の自刻と伝える弘法大師像は、厄除け大師として東寺・仁和寺とともに「京都三弘法」の一つ。『親長卿記』文明四年（一四七二）十二月十九日条や明応四年（一四九五）三月二十四日条によれば、当時の神光院主隆海《りゅうかい》が甘露寺親長の息男の師匠で、親長も神光院を訪れたことが知られる。江戸時代は寺禄七十石、明治四年（一八七一）一時廃寺となったが、同十二年和田智満が再興した。『悉曇《しったん》略記』一巻、『細字金光明最勝王経』二巻、絹本著色仏眼曼荼羅図一幅（いずれも重要文化財）などを蔵す。

参考文献　『元亨釈書』一四、大島武好『山城名勝志』一一（『（増補）京都叢書』八）

（武内　孝善）

神護寺

じんごじ

京都市右京区梅ヶ畑高雄《たかお》町五にある真言宗東寺派の別格本山。古名を高雄山寺・高雄寺という。山寺の開創は不詳だが、愛宕山などとともに古い山岳信仰に根ざして平安時代以前にさかのぼる。天応元年(七八一)六月南都大安寺の慶俊《きようしゆん》を本願主、和気清麻呂を奉行として愛宕権現を愛宕山頂に祀った時、高雄山寺も愛宕五坊のうちに数えられていたという。清麻呂は山寺の復興を志したが、延暦十八年(七九九)に没して果たさず、その墓所をこの地に定め、弘世《ひろよ》・真綱《まつな》の二子に再興を託した。延暦二十一年正月十九日、弘世・真綱は比叡に籠山中の最澄を請じて法華会を修し天台の法門を講説させたが、この日こそ高雄山寺に新しい法燈の輝いた時で、桓武天皇も勅使和気入鹿を下して随喜の意を表した。最澄はその間に入唐求法を果たし、同二十四年上表して請来の経疏などを奉ったが、同年九月勅を弘世に下して山寺に壇場を創開し、毗盧遮那仏像・大曼荼羅などを図せしめた。翌大同元年(八〇六)十月、空海もまた帰朝して請来の経論・法具を表進したが、弘仁元年(八一〇)十月その金剛乗法門百余部のうちから仁王経法を修することを請い、ついで同三年十一月十五日金剛界、十二月十四日胎蔵界の両部灌頂を行なった。これらの場となったのは高雄山寺であり、灌頂は最澄も受け、和気氏一門がこれに列した。要するに山寺は和気氏の私寺であり、同時に入唐請来の新法門を宣布する機関と考えられていた。和気氏には別に宝亀十一年(七八〇)清麻呂によって道鏡事件の際の宇佐八幡の神願を果たすために奏請され、翌々延暦元年河内国石河郡に建立を許された神願寺があり、本尊薬師如来立像を祀って定額寺に列し、墾田五十二町を施入されていた。しかるに天長元年(八二四)九月の官符によって、かねて和気真綱からの上表で、その寺地が地勢沙泥汚穢で壇場によろしからざるため、定額を高雄山寺に相替えたいと要請していたのを許可された。一般に寺地の交換といわれるが、要するに定額・墾田とともに神願寺を高雄山寺に併合し、寺名も神護国祚真言寺と改めて国家鎮護の道場としたのである。神護寺の寺称はここに定まり、本尊および五大虚空蔵はこの時に河内から移坐されたと考えられる。しかし正暦五年(九九四)・久安五年(一一四九)両度の焼亡に仏像は災を免れたが、寺観は大いに衰頽した。仁安三年(一一六八)秋、神護寺を訪れた文覚《もんがく》は、その荒廃を歎き、承安三年(一一七三)の後白河院への復興奏請は失敗したが、寿永元年(一一八二)には、その間に源頼朝の助縁をも得て、再び後白河院に荘園の勧進を請うてその目的を達した。後白河院の没後には文覚失脚の跡をうけて弟子上覚房行慈《ぎょうじ》が復興を完成した。嘉禄元年(一二二五)九月には空海の住房納涼房において行慈の甥明恵が導師となって伝法会を行い、翌二年三月に北白河院御願による神護寺供養が行われた。中世の神護寺は京都の咽喉を扼する軍略上の要衝として、また観楓の名所として知られた。現在の建築は、大師堂(納涼房・大師住房、重要文化財)が内部に鎌倉時代の旧規をよく伝える桃山時代の再建であるほか、毘沙門堂(旧金堂)・五大堂(旧講堂)・明王堂・楼門が元和九年(一六二三)讃岐国屋島寺本願竜厳《りゅうごん》の再建と伝え、金堂・多宝塔は、昭和九年(一九三四)山口玄洞の寄進にかかる。また国宝として、伝源頼朝像・伝平重盛像・伝藤原光能像・釈迦如来像・両界曼荼羅図(高雄曼荼羅)・山水屏風・薬師如来像・五大虚空蔵菩薩像・灌頂歴名(空海筆)・文覚四十五箇条起請文・梵鐘などがある。

参考文献 林屋辰三郎・谷内乾岳『神護寺』(『古寺巡礼京都』五)、田井啓吾「神護寺文書に就いて」(『史林』二五ノ一)

(林屋辰三郎)

釈迦如来像　十二世紀の作と推定される絹本著色の画像で、院政時代前期の信仰に見られる耽美的傾向を反映すると考えられる傑作。右手は胸前にあげて施無畏印《せむいいん》とし、左手は腹の前に置く古様の印相であるが、釈迦像の赤衣の表面全体に切金《きりかね》文様を細かくきらめかせ、また赤衣と蓮弁の輪郭線内側に照暈《てりぐま》を用いる温か味のある色調、赤衣や光背・台座に多様な文様を駆使した豊かな装飾性にその傾向が窺える。豊かな装飾性と端正な表情とは本図が平安貴族によって制作されたことを物語る。本図の神護寺における伝来は未詳であるが、神護寺の法華会の本尊であると推定する説がある。一五九・四×八五・四センチ。国宝。

参考文献　亀田孜『国宝釈迦如来像神護寺』(『日本の仏画』一期一別冊解説)

（関口　正之）

薬師如来像　金堂本尊。木造、像高一七〇・六センチ。『神護寺略記』所引の『弘仁資財帳』に記す「薬師仏像脇士菩薩像二軀」の中尊にあたり、宇佐八幡の神託により和気清麻呂が延暦十二年(七九三)前後に造立した神願寺本尊と推定される。『略記』所引の『承平実録帳』には「檀像薬師仏像」とあり、檀像として造られたと思われる。本体は両手を除き台座蓮肉・蓮弁葺軸・心棒まで含めて檜一材より彫り出し、素地のままか、薄く彩色を施したもの。畏怖感を与える面相、胸・腹や大腿部を強く盛り上げた量感のある体軀、鋭く深く彫った複雑な衣文など、平安時代初期木彫の中でもことに迫力がある。異様なほどの森厳な相好は、当時の薬師信仰が呪詛厭魅、怨霊の調伏に関係することから道鏡の怨霊への対抗として理解する説がある。両手首から先は後補。国宝。なお脇侍は後補部が多いが、『弘仁資財帳』記載の像にあたる。

参考文献　丸尾彰三郎他編『日本彫刻史基礎資料集成』平安時代重要作品篇二、浅井和春「神護寺薬師三尊像をめぐって」(『MUSEUM』三六二・三六三・三七七・三八八)、長岡竜作「神護寺薬師如来像の

神護寺の建築・彫刻

高雄山神護寺(『都名所図会』 6より)

金　堂

蓮花虚空蔵菩薩像

宝光虚空蔵菩薩像

五大虚空蔵菩薩像(部分)

薬師如来像

位相」(『美術研究』三五九)、中野玄三「神護寺薬師如来立像再論」(『仏教美術』一三四)

五大虚空蔵菩薩像

多宝塔に安置。木造彩色、像高一〇〇チセン内外の坐像。五軀とも頭体の根幹部は両脚部を含めて一材より彫り出し、表面各所に乾漆を盛って塑形する。『神護寺最略記』に、宝塔院は仁明天皇勅宣により承和七年(八四〇)造り始め、同十二年完成、実恵《じちえ》と和気真綱の沙汰とあり、本像もこの間の造立と思われる。『三代実録』貞観二年(八六〇)二月条の真済卒伝には、真済が宝塔を建立し五大虚空蔵菩薩を安置したとする。実際の造立には真済がかかわったのであろう。その作風技法には観心寺如意輪観音像と共通するところ多く、作家および制作時に近い関係のあることを推測させる。初期真言密教彫刻の完成した姿を示すものである。彩色は後補。国宝。

参考文献 丸尾彰三郎他編『日本彫刻史基礎資料集成』平安時代重要作品篇二

(水野敬三郎)

池の間四区に各区八行、総字数二百四十五字。陽鋳。序の詞は橘広相《ひろみ》、銘は菅原是善《これよし》の作。筆者は藤原敏行。広相・是善は当代一流の学者文章家で、敏行はまた当時名高い能筆家であった。この三者の故に古来三絶の鐘といわれた。序によれば、神護寺にもとあった鐘は形が小さく、音響も悪く、禅林寺少僧都真紹《しんじょう》(貞観十五年(八七三)没)は早くから改鋳を発願していたが、その鋳型ができ上がらないうちに没したので、和気彝範《つねのり》が真紹の遺志をつぎ、貞観十七年八月二十三日に鋳物師の志我部海継を雇い、銅千五百斤を使い鋳造させたという。この鐘銘は敏行の書風を見ることができる唯一のもので書道史上重要である。銘文は「(第一区)愛当之山神護之寺/三宝既備六度無虧/唯所有梵鐘形小音/窄故禅林寺少僧都/真紹和尚始発弘願/有心改鋳鎔範未成/衣裓早化檀越少納/言従五位上和気朝/(第二区)臣彝範悼和尚之遺/志尋先祖之旧蹤以/貞観十七年八月廿/三日雇冶工志我

部／海継以銅一千五百／斤令鋳成焉恐年代／久遠後人不知仍聊／記於鐘側右少弁橘／(第三区)朝臣広相之詞也／銘一首八韻／伝音在器　証果惟因／爾祖初業　厥孫聿遵／宿昔三尺　今日千斤／体有寛窄　功無旧新／山声万歳　谷響由旬／聞宜覚夢　扣即帰真／(第四区)慈周世界　感及非人／雕琢勝趣　蒙叟当仁／参議正四位下勘／解由長官兼式部／大輔播磨権守菅／原朝臣是善銘／図書頭従五位下／藤原朝臣敏行書」。なお梵鐘は高一四七・五センチ、口径八〇・二センチで、国宝に指定されている。

参考文献　狩谷棭斎『古京遺文』、木崎愛吉『大日本金石史』、坪井良平『日本古鐘銘集成』、田中塊堂「南円堂銅燈台銘と神護寺鐘銘」(『書道全集』一一所収)、清水卓夫・川勝政太郎・佐々木利三・藪田嘉一郎「京都古銘選釈」九(『史迹と美術』一四二)

(熊谷幸次郎)

真正極楽寺

しんしょうごくらくじ

京都市左京区浄土寺真如町八二にある寺院。天台宗。真如堂とも称し、山号は鈴声山という。正暦三年(九九二)一条天皇の勅願により戒算が開基したと伝える。もと神楽岡の地に開創され、本尊阿弥陀如来像(重要文化財)は比叡山常行堂の円仁作阿弥陀如来像を移したものという。応仁の乱で堂宇を焼失し、本尊を叡山黒谷青竜寺や近江坂本穴太《あのお》、京都一条などへ遷したが、足利義政の再建によって、文明十六年(一四八四)旧地にもどった。しかし永禄年中(一五五八―七〇)に再び一条西洞院《にしのとういん》に移り、また天正年中(一五七三―九二)には京極今出川に転じたが、寛文元年(一六六一)と元禄五年(一六九二)の火災により、ついに翌元禄六年、東山天皇の勅願によって旧地の西南にあたる現在の地に復帰した。この時伽藍を再興したのは第二十八世の尊通であった。また当寺は念仏で有名な十夜法要(お十夜)の創設で知られ、寺宝としては大永四年(一五二四)作の『真如堂縁起』三巻や絹本著色の普賢菩薩像一幅(ともに重要文化財)、永正七年(一五一〇)修補銘のある元三大師画像、永正十六年の修補銘のある不動明王

真如堂(『都名所図会』3より)

真 正 極 楽 寺 山 門

二童子像、寛文十年作の文殊菩薩画像および慈円自筆の消息（重要文化財）、また『法華経』（寿永二年（一一八三）運慶願経、国宝）などがある。堂宇としては、本堂（重要文化財）、開山堂、元三大師堂、薬師堂、三重塔、千体地蔵堂、鐘楼があり、また血書の『法華経』を納めた享保四年（一七一九）造立の露座の銅製阿弥陀像などがある。

参考文献 『真正極楽寺記』、黒川道祐『雍州府志』四（『（増補）京都叢書』三）、赤松俊秀『京都寺史考』、京都府文化財保護基金編『京都の社寺』

（武　覚超）

真正極楽寺三重塔

神童寺

じんどうじ

京都府木津川市山城町神童子不晴谷《あけずだに》一三にある寺院。真言宗智山派。北吉野山金剛蔵院と号する。本尊は蔵王権現。寺伝では推古天皇四年（五九六）に聖徳太子が草創、のち役小角《えんのおづの》が来山修行して再営し、平安時代になり南都興福寺の願安が再興したとする。吉野金峯山の山岳信仰がこの地に伝わり、修験霊場として建立されたものと考えられる。嘉吉元年（一四四一）の「興福寺官務牒疏」には「在同郡狛之郷北吉野、僧房廿六宇、修験道（供僧三人、神人二人）、天武帝白鳳十一年義淵《ぎいん》僧正開基、修験道兼帯、本尊金剛蔵王也、中興応永六年（一三九九）、官務四家再建」とみえる。応永十三年建造の蔵王堂（本堂）のほか平安時代の木造愛染明王坐像・不動明王像など六体、および建久七年（一一九六）

神童寺本堂

四月の銘のある伎楽面は重要文化財。

参考文献　白慧『山州名跡志』一六（『大日本地誌大系』）、秋里籬島編『都名所図会』五（『（増補）京都叢書』一一）

（坂本　正仁）

真如寺

しんにょじ

京都市北区等持院《とうじいん》北町六に所在する寺。臨済宗相国寺派。山号は万年山。開山は無学祖元。弘安九年（一二八六）に寂した無学の塔所として無著《むじゃく》（別号無外）如大《にょだい》尼が創めた正脈庵を前身とする。暦応三年（一三四〇）高師直が庵を東隅に移し跡地に寺を建て真如寺と号し、翌四年八月二十三日に十刹第八位に列せられた。寛正二年（一四六一）焼失し、明暦二年（一六五六）後水尾院が再興。天明八年（一七八八）の相国寺末寺帳により御朱印配当高九石余、塔頭六宇を知る。

参考文献　『扶桑五山記』、『山州名跡志』七（『大日本地誌大系』三六）、今枝愛真『中世禅宗史の研究』

（竹貫　元勝）

随　心　院

ずいしんいん

京都市山科区小野御霊町𠮷にある真言宗善通寺派の大本山。小野門跡とも呼ばれた。本尊如意輪観音。平安時代中期、真言僧仁海《にんがい》が醍醐寺に近い小野の地に修行の道場を開き、ここに東密で広沢流と並ぶ法流小野流が生まれ、その寺は牛皮山曼荼羅寺と号されたという。中興の祖といわれる五世増俊は子院随心院に住し寺容を整え、また修行に励んだ。その法流は居所によって随心院流と称された。六世顕厳《けんごん》は法験を賞されて貞応年中(一二二二―二四)護持僧に任ぜられ、随心院は朝廷の祈願所とされた。七世親厳代の寛喜元年(一二二九)門跡号が与えられ、随心院が曼荼羅寺を領掌するに至った。以後、九条家から入寺し門跡となる者が多かった。寺領も紀伊国井上本荘など多くを領し、鎌倉時代繁栄した。承久の変で罹災したが復興した。しかし応仁の乱で兵火にかかって以後は荒廃にまかせるまであった。近世になり豊臣秀頼の援助を受け、復興

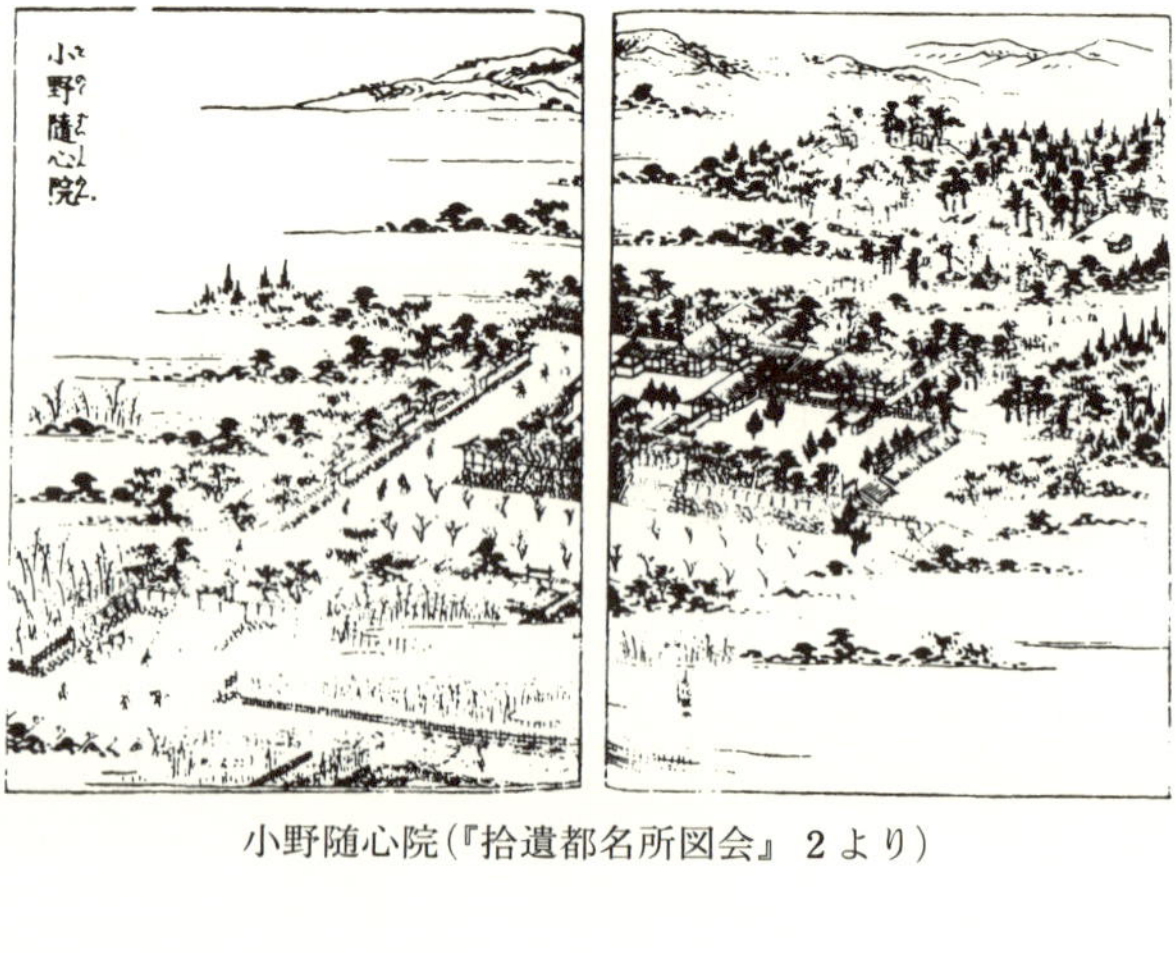

小野随心院(『拾遺都名所図会』2より)

は緒につき、二十四世増孝代の慶長四年(一五九九)旧跡に随心院が再興された。醍醐三宝院義演の仲介もあって、同十五年、徳川将軍家より三百十二石の寺領が与えられ、のち三百石の加増を得た。明治四十年(一九〇七)小野派を称し、昭和六年(一九三一)には善通寺派と改称し、その大本山となった。境内は国史跡の指定地で、本堂は慶長再建時のもの。金剛薩埵坐像・阿弥陀如来坐像・絹本著色愛染曼荼羅図などの重要文化財が所蔵されている。また『随心院文書』は貴重である。寺地が小野小町の旧跡であったという伝承は著名である。

参考文献 『古事類苑』宗教部三、玉島実雅『随心院史略』一

(林　亮勝)

瑞泉寺　ずいせんじ

京都市中京区木屋町通三条下ル東入石屋町一一四にある寺。浄土宗西山派。山号は慈舟山。慶長十六年(一六一一)角倉了以が僧桂叔《けいしゅく》と図って豊臣秀次らの菩提を弔うために建立。文禄四年(一五九五)七月、豊臣秀次は高野山に追われて自害したが、その首は京都の三条河原に梟し、八月二日その前で斬殺された秀次の妻妾・子女ら三十余人の死体と併せて埋め、塚を築いて「秀次悪逆塚文禄四年七月十五日」と刻する碑が立てられた。京の人は秀吉の威を恐れて、畜生塚と呼んで近づかなかったという。この塚は鴨川の洪水でいつしか壊れたが、慶長十六年、角倉了以が高瀬川開削の時、秀次らを憐れみ、散乱した遺骨を掘り集め、碑の「悪逆」を削り取って、新しく塚を作り、大仏殿の残木や聚楽

第の旧材を請け、一寺を建立した。寺名は秀次の法名瑞泉院に因み、角倉氏が代々管理する。現在の堂宇は天明八年(一七八八)大火後の再建である。

(中井　真孝)

住吉大伴神社　すみよしおおともじんじゃ

京都市右京区竜安寺住吉町一に鎮座。祭神は住吉三神(底筒男命《そこつつのおのみこと》・中筒男命《なかつつのおのみこと》・上筒男命《うわつつのおのみこと》)と大伴氏の祖神二神(天押日命《あめのおしひのみこと》・道臣命《みちのおみのみこと》)。承和元年(八三四)山城国葛野《かどの》郡上林郷に伴宿禰《とものすくね》に氏神をまつらしめたとみえ(『続日本後紀』承和元年正月庚午条)、『延喜式』神名帳の葛野郡に「伴氏神社(大、月次・新嘗)」とある。この地は大伴氏没落後に藤原家領となり、山荘「徳大寺殿」は堂上《とうしょう》歌人が集って和歌守護神「住吉社」がまつられ「大伴社」に習合したと『山城誌』以来伝える。しかし、社伝以前すでに住吉神と大伴氏とは関係がふかく、古代大陸交渉でしばしば同神が祈願され大伴金村《かなむら》が任《みま》那《な》問題で失脚した際に「住吉宅」に入ったと『日本書紀』欽明紀に記すなど史伝が多い。昭和十七年(一九四二)住吉神社を現社名に改称。

(山上伊豆母)

清閑寺　せいかんじ

京都市東山区清閑寺山ノ内町にある真言宗智山派の寺院。歌中山と称する。本尊は千手観音。『伊呂波字類抄』『拾芥抄《しゅうがいしょう》』によれば一条天皇の時、佐伯公行が建立し長徳二年(九九六)に勅願寺となった。寺伝や『山州名跡志』などは延暦二十一年(八〇二)紹継の草創で佐伯公行の中興とする。『百錬抄』によれば大治四年(一一二九)十月に焼亡した。その後安元二年(一一七六)六条天皇を、養和元年(一一八一)高倉天皇を寺内に葬った。鎌倉時代には山門に属し法華堂・宝塔などが存したが、室町時代には真言宗に属する子院もあった。応仁の乱で焼亡荒廃したが、慶長ころ京都因幡堂平等寺の元根来寺僧の性盛が復興し新義真言宗に改まり、江戸時代は平等寺供僧西之坊の兼帯寺であった。この地は謡曲『融』にみえる「歌の中山」の地で『都名所図会』三には、昔当寺住僧の真燕僧都が門前を通る女人に声をかけたところ、「みるにだにまよふ心のはかなくてまことの道をいかでしるべき」と歌を返し消え去った話を載せている。

清閑寺(『都名所図会』3より)

参考文献 『古事類苑』宗教部三
(坂本 正仁)

清　閑　寺

誓願寺《せいがんじ》

京都市中京区新京極桜之町四五三にある寺。浄土宗西山深草派の総本山。山号なし。『洛陽誓願寺縁起』によれば、天智天皇四年(六六五)天皇の勅願で恵隠《えおん》を開基として奈良に創建、延暦三年(七八四)山城国乙訓《おとくに》郡に移り、その後、源信が参籠して誓願講式(六道講式)を作り、清少納言や和泉式部が往生を願って尼となり寺内に庵を結んだと伝える。『百錬抄』承元三年(一二〇九)四月条に行願寺《ぎょうがんじ》(革堂《こうどう》)とともに炎上した記事があるので、これ以前には一条小川の地にあったと考えられる。蔵俊が法然(源空)に帰依して浄土宗に改めたというが、証空の弟子である円空(立信)が入寺して以来、西山深草派の中心寺院となった。また謡曲『誓願寺』などには一遍の六字名号を掲げたという伝承がある。

誓願寺(『都名所図会』1より)

応仁元年(一四六七)・永正六年(一五〇九)・天文五年(一五三六)・天正元年(一五七三)と相ついで火災に遇ったが、そのつど、勧進により再建され、天正十九年豊臣秀吉の命で現在地に移転、秀吉の妾京極氏の助力を得て、慶長二年(一五九七)豪壮な伽藍が落慶した。江戸時代は、施餓鬼《せがき》法要の寺として参詣者で賑わったが、天明八年(一七八八)・弘化二年(一八四五)火災にかかり、元治元年(一八六四)禁門の変に類焼し、霊仏と崇められてきた本尊も失った。明治二年(一八六九)石清水八幡宮の本地仏を新しく本尊とし、また同年、境内の大部分が上地され、新京極の繁華街となる。昭和七年(一九三二)にも本堂が焼けた。寺宝の絹本着色誓願寺縁起・木造毘沙門天立像が重要文化財。なお落語の祖、安楽庵策伝は第五十五世の住職。

(中井　真孝)

清涼寺　せいりょうじ

京都市右京区嵯峨釈迦堂藤ノ木町四六にある浄土宗の寺。「しょうりょうじ」とも読む。山号は五台山、通称は嵯峨釈迦堂。奝然《ちょうねん》は、入宋中、台州で模刻した優塡王《うでんおう》所造の栴檀《せんだん》釈迦像を持って帰朝し、永延元年(九八七)京都西北の愛宕山を中国の五台山になぞらえて、ここに伽藍を建て大清涼寺と号することを奏請したが、実現せず、長和五年(一〇一六)に没した。そこで弟子の盛算《じょうさん》は、愛宕山麓にある棲霞寺《せいかじ》内の釈迦堂に奝然請来の栴檀釈迦像を安置して、清涼寺と号することを勅許された。棲霞寺に仮寓した清涼寺は、この釈迦像が三国伝来の霊像であり、また「生身の如来」でもあるとの信仰が高揚するに伴い、次第に大きくなり、棲霞寺とその位置が入れ替わった。平安時代末から、生身如来から霊験を受けようとする多数の参詣・参籠者で賑わい、また浄土教の発展と相まって嵯峨近辺に隠遁する聖たちの宗教活動の拠点ともなる。鎌倉・室町時代、しばしば火災に遇った諸堂舎が念仏者の勧進で復興されると、清涼寺は浄土教念仏の色彩が濃くなり、大念

清凉寺(『都名所図会』 4より)

本　　堂

阿　弥　陀　三　尊　像

釈迦如来像

仏(融通念仏)が盛んに行われた。十六、七世紀以後、「本願」と称する浄土宗系の僧が寺院経済の実を握り、五大堂など真言宗系の子院としばしば対立した。ことに釈迦像の出開帳における賽銭の分配をめぐる両者の争いは世間の嘲笑を浴びている。明治維新のとき、真言宗系の子院が大覚寺に合併され、浄土宗単独の寺となる。

参考文献　水野恭一郎・中井真孝編『京都浄土宗寺院文書』、塚本善隆『浄土宗史・美術篇』(『塚本善隆著作集』七)　(中井　真孝)

十六羅漢像　全十六幅からなる絹本著色の画像。各幅、縦八二・一センチ、横三六・四センチ。国宝。永延元年(九八七)に東大寺僧奝然が宋から将来したとの所伝があるが、奝然請来本は建保六年(一二一八)に焼失したと伝える『仁和寺御日次記』の記事が注目され種々の推定がなされた。㈠焼失したのは奝然将来本ではなかったのではないかとの推測。㈡清涼寺本には補筆が非常に多いことを理由にして、火災に遭った将来本を救出して修補したものに相違なく、同記の記述は不充分であるとの推測。㈢奝然将来本は焼失し、現在の清涼寺本は十八羅漢の中の十六幅が遺る北宋末(十二世紀前半)の作で、損傷はあるが補筆はないとする説。㈣古い図様に基づき南宋時代に造られた羅漢図の面影をのこすもので原初の状態が窺えないほど修補されたという説。以上の諸説とも清涼寺本が宋画である点では一致するが、奝然将来本であるか否かは意見が分かれる。しかし、現在、㈢の説が有力である。現存する羅漢図の大半が南宋以降のものであるのに対し、本図はそれらとは図様の異なる古い時代の様式を反映した、類例のない作と考えられている。

参考文献　宮崎法子「伝奝然将来十六羅漢図考」(鈴木敬先生還暦記念会編『(鈴木敬先生還暦記念)中国絵画論集』所収)、米沢嘉圃「十六羅漢図」(『国華』七五四)　(関口　正之)

釈迦如来像　東大寺僧奝然が入宋して雍熙二年(寛和元、九八五)に造立し、翌年わが国に請来した。インドの優塡王が釈迦の在世中に造立し、中国に伝わったという釈迦栴檀瑞像の模刻。像高一六〇・六センチ。縄目状の頭髪や、通肩の大衣に刻んだ流水状の衣文にインド、ガンダーラ風を示す特異な形相の等身立像である。中国産の桜材を用い、前後二材に両体側部を組み合わせ、面部その他を矧《は》ぎ付けて造り、背刳内には絹製の五臓、本像造立の由来を記した『奝然入宋求法巡礼行並瑞像造立記』『入瑞像五臓具記捨物注文』『義蔵奝然結縁手印状』『奝然繫念人交名帳』のほか、文書、経巻、版本仏画、鏡像など多数の納入品が籠められていた。背刳蓋板には作者台州張延皎・張延襲兄弟の刻銘がある。光背は日本産の桜材で、平安時代の補作と見られるが、身光の輪郭を波形にした特異な形は当初のものを模したのであろう。台座に建保六年(一二一八)快慶の修理銘がある。国宝(像内納入品一切を含む)。

参考文献　丸尾彰三郎他編『日本彫刻史基礎資料集成』平安時代造像銘記篇一、京都国立博物館編『釈迦信仰と清凉寺』(特別展目録)、毛利久「清凉寺釈迦像変遷考」(『日本仏教彫刻史の研究』所収)

阿弥陀三尊像　旧棲霞寺本尊。『菅家文草《かんけぶんそう》』所収の願文によれば、源融が発願し、その没後一年の寛平八年(八九六)、子の湛・昇が完成して棲霞観内の一堂に安置したもの。三体とも坐像で、中尊は定印阿弥陀の古例に属し、脇侍の特異な印相は新渡の図像によるものか。檜の一木《いちぼく》造りで仕上げに乾漆を併用する。重厚な量感をもつが、装飾的に整えられた衣文に平安初期様式から次の時期への展開を予測させる。像高中尊一七八・二センチ、両脇侍一六七センチ前後。国宝。

参考文献　塚本善隆『浄土宗史・美術篇』(『塚本善隆著作集』七)、丸尾彰三郎編『日本彫刻史基礎資料集成』平安時代重要作品篇五

(水野敬三郎)

赤山禅院

せきさんぜんいん

京都市左京区修学院関根坊町一八にある。比叡山(延暦寺)における伽藍鎮守神の一つである赤山明神を祀る。赤山明神は、円仁(慈覚大師)が平安時代の初め求法のために入唐したとき、赤山法花院において新羅人が礼拝していた土俗的な神祇を、仏教護法のために日本へ伴い帰った帰化神祇である。像容は彫像でも画像でも赤色の袍を著け、右手には矢を左手には弓を持つ、武神的な姿に造形されるものが多い。三十番神の一つに加えられている。園城寺(天台寺門宗)では、円珍によって伴われた同じ神祇を新羅《しんら》明神と呼んで伽藍鎮守の護法神としている。赤山明神を祀る小祠は比叡山上では横川方面に若干が散在しているが、本院はその本拠であり、比叡山西麓の総鎮護とされている。『赤山禅院略縁起』などによると貞観十年(八六八)に清和天皇によって社殿が荘厳化され、正四位の神階を得たと記している。

参考文献　『赤山大明神縁起』、佐々木進「赤山明神の像容について」(『文化史学』三八)

(景山　春樹)

泉橋寺

せんきょうじ

京都府木津川市山城町上狛《かみこま》西下五にある寺。泉寺・泉橋院ともいい、浄土宗の寺で山号は玉竜山と称す。行基が天平十二年(七四〇)泉川(木津川)北岸の交通の要地に建立した、いわゆる行基四十九院の一つで、『行基年譜』に「讃云、此院天王屢行幸し、影像作て安置し給所也」というのは後世の書き込みであるが、行基と聖武天皇との関係は当寺で密接となった。当地は山城の国衙に近く、行基は寺の南を流れる泉川に泉大橋を架し、布施屋を設けて貢調運脚夫や役民に宿所と食料を与え、彼らを餓死から救済した。貞観十八年(八七六)当寺の求めにより太政官は寺と橋・船を守護するため浪人二人を給し、その雑役を免じた(同年三月一日太政官符、『三代実録』同年三月三日条)。

泉橋寺(『拾遺都名所図会』4より)

参考文献　井上薫『行基』(『人物叢書』二四)、同「行基の布施屋と貢調運脚夫」(『日本歴史』八二)

(井上　薫)

千光寺

せんこうじ

京都市西京区嵐山中尾下町六二にある黄檗宗の寺。山号嵐山、寺号を大悲閣千光寺という。角倉了以が嵯峨釈迦堂西の千光寺故跡を買得、その本尊と伝える千手観音像を得て念持仏とし、慶長十九年(一六一四)嵐山の別業のこの地に大悲閣を建立し安置する。なお素庵が父了以像をここに造立し、以来角倉家菩提所として嵐山千光寺と称された。了以二百年忌を前に文化五年(一八〇八)黄檗僧大顚《だいてん》が入寺して中興、明治初年八代関岳が万福寺末寺とする。明治二十年(一八八七)九代戒岳のとき開基家分家から廃寺の意図があったが、住持らの尽力によって止められた。岡倉天心らが復興に協力してもいる。現在単立。

参考文献　『万福寺文書』、『千光寺文書』、林屋辰三

郎『角倉了以とその子』、京都府文化財保護基金編『京都の社寺文化』

（大槻　幹郎）

ぜんしょうじ

善正寺

京都市左京区岡崎東福ノ川町九にある寺。日蓮宗。慶長五年（一六〇〇）豊臣秀吉の姉妙恵日秀《にっしゅう》がわが子秀次の菩提を弔うため本圀寺求法院檀林三世本妙院日鋭を開山として創建、秀次を善正寺殿高巌道意と称したので、これを寺号に、妙恵を山号とした。のち四世顕寿院日演は寛永元年（一六二四）学室善正講寺を開設。京都六檀林の一つ東山檀林がこれで、明治六年（一八七三）の廃止に至るまで各地から学徒が参集した。

（高木　豊）

ぜんじょうじ

禅定寺

京都府綴喜《つづき》郡宇治田原町字禅定寺一〇〇にある寺院。白華補陀洛山観音妙智院・禅定寺は、曹洞宗大乗寺派の末寺。創建は東大寺別当にも任じた平崇《へいすう》によって発願され、正暦二年（九九一）に堂宇の建築が始まり、五年かかって完成した。長保三年（一〇〇一）四月八日『禅定寺領田畠流記帳』が作成され、寺領が確立した。延久三年（一〇七一）覚勢の時、宇治の平等院の末寺となる。鎌倉・室町時代は、別当・住寺・下司・座長者などによって運営された。戦国時代は平等院の衰退とともに衰微していき、寺の下司氏によって守られていた。延宝年間（一六七三―八一）村民らが加賀国大乗寺の中興の祖月舟宗胡《げっしゅうそうこ》を迎え、律宗から曹洞宗の寺院として再興。月舟のあと卍山鷹峯《まんざんようほう》・曹源滴水《そうげんてきすい》・円鑑雪音《えんがんせついん》・弘《こう》宗万明《しゅうばんめい》らに継承され、現在に至っている。寺宝は、創建時の本尊十一面観音菩薩像ほか八体の像と、平安時代から江戸時代までの古文書(『禅定寺文書』)が重要文化財に指定されている。ほかに伝明兆筆の十六善神図、室町時代の釈迦三尊図・愛染明王図、月舟宗胡画像、月舟宗胡遺偈などがある。また応永二十六年(一四一九)梵清筆写本『正法眼蔵』が注目される。

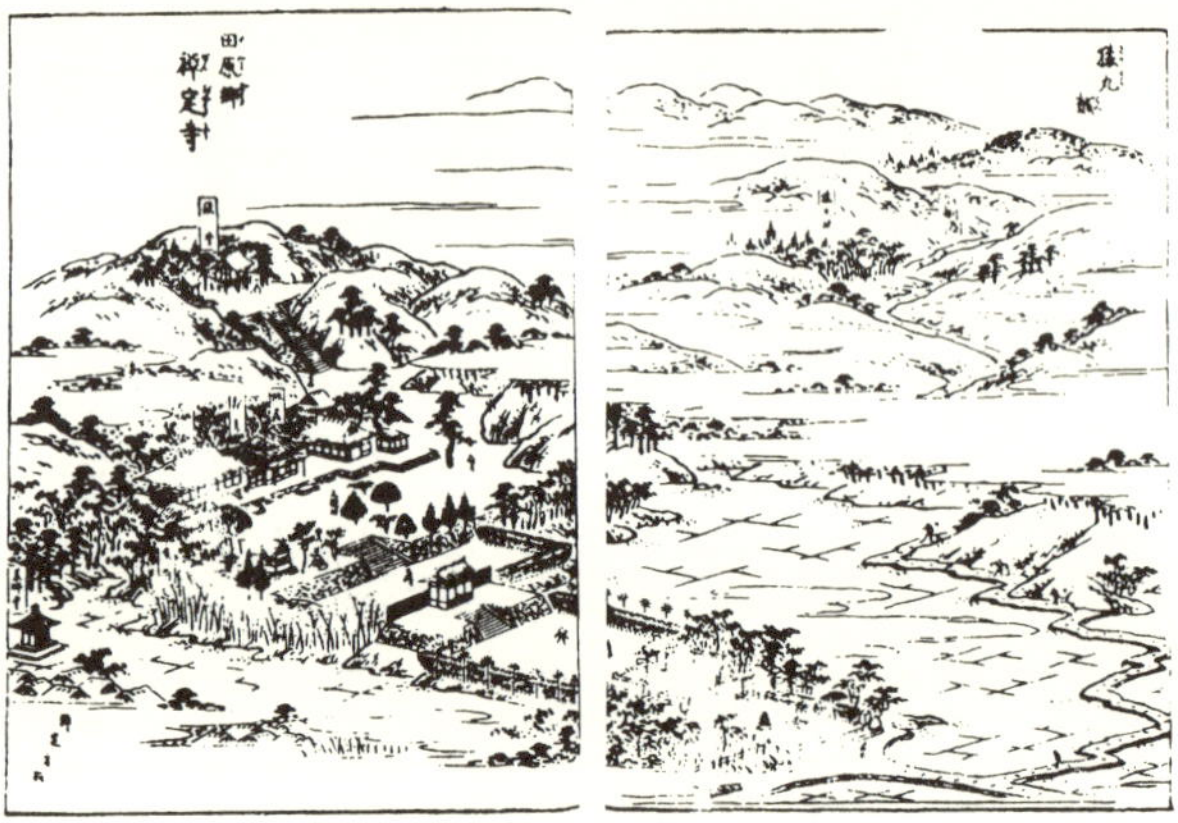

田原郷禅定寺(『拾遺都名所図会』4より)

参考文献 『宇治田原町史』一、中村直勝「禅定寺」(『京都府史蹟勝地調査会報告』八)、水野敬三郎「禅定寺の彫刻とその周辺」(『MUSEUM』一七二)

(藤本 孝一)

泉涌寺 せんにゅうじ

京都市東山区泉涌寺山内町二七の寺院。真言宗泉涌寺派本山。仁治三年(一二四二)四条天皇陵が境内に造営されて以来、当寺は皇室の香華所(菩提所)として「御寺」と通称された。創建については、天長年中(八二四—三四)弘法大師開創の説、斉衡三年(八五六)神修上人開創の説など一定しがたいが、当初法輪寺、のちに仙遊寺と称されていた。しかし平安時代中期に荒廃し、その再興は鎌倉時代前期の俊芿《しゅんじょう》の登場を待つ。大興正法国師俊芿は、肥後常楽寺で真言・天台事教二相を修学ののち、律学再興を求め南北二京の大徳を歴訪、さらに正治元年（一一九九）入宋し、天台山・景福寺にあ

泉涌寺(『都名所図会』 3より)

泉 涌 寺 仏 殿

って律学のほか禅法・台教を修めて帰朝した。俊芿は、建保六年(一二一八)彼に帰依する宇都宮信房より仙遊寺の寄進を受け、同寺の寺号を泉涌寺と改めるとともに、「泉涌寺勧縁疏」を草して伽藍・教学の再興につとめ、台・密・禅・律四宗兼学道場としての寺観を整えた。その戒徳を以て後鳥羽上皇・後高倉院・順徳上皇の戒師をつとめた俊芿の名望や、平安時代末期以来の戒律復興運動のたかまりを背景に、泉涌寺は御願寺に列せられ、北京律宣揚の道場として隆盛期を迎えた。寺内にあって僧衆を統べたのは俊芿を初代とする泉涌寺長老であるが、第六世願行上人憲静《けんじょう》以降の歴世長老は、律僧としての廉直の資質を期待されて東寺大勧進職に就任し、東寺造営や造営料国の経営に従った。しかし応仁・文明の乱の兵火をうけ、一部の子院を除き焼失した当寺は再度荒廃に瀕し、織田信長・豊臣秀吉の寺領寄進を背景に復興事業が進められたものの、仏殿の再建をみたのは寛文八年(一六六八)のことであった。境内には、運慶作とされる釈迦・阿弥陀・弥勒三尊を奉安した仏殿(重要文化財)をはじめ、湛海将来の舎利を納めた舎利殿(同)、皇室の尊牌を安置する霊明殿、歴世長老の廟所である開山堂(同)などが点在し、境内東方には月輪陵《つきのわのみささぎ》・後月輪陵などの皇室陵墓が鎮まる。

参考文献　『泉涌寺不可棄法師伝』、大島武好『山城名勝志』、宮崎圓遵「泉涌寺の建立と宇都宮信房」(石田充之編『鎌倉仏教成立の研究—俊芿律師—』所収)、恵谷隆海「俊芿律師の北京律を中心とした京都の戒律復興運動」(同所収)、網野善彦「東寺修造事業の進展」(『中世東寺と東寺領荘園』所収)

(永村　真)

禅林寺

ぜんりんじ

京都市左京区永観堂町四八にある。浄土宗西山禅林寺派の総本山。山号は聖衆来迎山。一般に永観堂《ようかんどう》と呼ばれている。空海の高弟真紹《しんじょう》が仁寿三年(八五三)藤原関雄の山荘を買い大日如来などの五像を安置し、貞観五年(八六三)定額寺に預かり、禅林寺の名を賜わった。真紹は同十年十五条の「禅林寺式」を定めて宗叡《しゅえい》に付属している。元慶元年(八七七)清和太上皇の御願仏堂が寺中に建てられ、狭隘のため愛宕郡の公田四町が施入され、堂舎は次第に整ったようである。当初は真言密教の道場であったが、十一世紀末に永観が入って以来、浄土教の念仏道場となった。永保二年(一〇八二)永観が念仏行道した時、阿弥陀仏が壇上より降りてともに行道し、永観を左に顧みたと伝える「見返り阿弥陀」が現在の本尊で、永観堂と通称するようになる。こののち、浄土宗を開いた源空(法然房)に帰依した静《じょう》遍《へん》や、証空の弟子法音《ほうおん》らが住持して、浄土宗西山派

永観堂(『都名所図会』3より)

(西谷流)の寺院となった。文永元年(一二六四)当寺の南に営まれた亀山天皇の離宮「禅林寺殿」が南禅寺に発展するに伴い、やや衰えたが、室町時代には「聖衆来迎院」を中心に観経曼陀羅の信仰を集めている。住持の宏善や甫叔らに対する皇室の崇敬も厚く、元亀三年(一五七二)門流僧侶の香衣出世の執奏を勅許され、西山派内の本山の地位を確立した。当寺はもともと洛東の景勝地で、桜や紅葉の名所として名高い。国宝の「山越阿弥陀図」、金銅蓮華文磬《けい》などを所蔵する。

参考文献 稲村修道編『禅林寺誌』、粟野秀穂「禅林寺」(『史蹟と古美術』九ノ二)　(中井　真孝)

双林寺　そうりんじ

京都市東山区鷲尾町五二七にある天台宗の寺院。金玉山と号す。最澄を開基とし、彼が唐より将来した経典や仏具を置き、霊鷲山沙羅双樹林寺と称された。また鳥羽天皇の皇女あや御前は当寺に入り双林寺宮と呼ばれた。その後しばらく頽廃したが、至徳年間(一三八四

金玉山双林寺(『都名所図会』3より)

一八七）に国阿《こくあ》によって再興され、時宗国阿派の寺となったが、明治維新に至って天台宗に復した。境内は室町時代以後、観桜の名所となり、豊臣秀吉も当寺に閑遊して賞花の宴を張ったと伝えるが、明治初年に寺域が円山《まるやま》公園に指定されたため、現在は本堂（薬師堂）を残すのみである。本尊薬師如来は貞観時代の作として知られている。また平康頼や西行らが隠遁生活を送ったところで、現在、その庵室跡に碑がある。

参考文献 大島武好『山城名勝志』一四（『（増補）京都叢書』八）、松野元敬『扶桑京華志』二（同二）、『国阿上人絵伝』（『国文東方仏教叢書』五）

（武 覚超）

大雲院 だいうんいん

京都市東山区祇園町南側五五四－一にある浄土宗の寺。山号は竜池山。安土問答で日蓮宗の日珖らを論駁した聖《しょう》誉《よ》貞安《ていあん》を開基とする。もとは烏丸御池の西北、二条殿の地にあって、ここで自刃した織田信忠を追善するため、天正十五年（一五八七）に貞安が一寺を建て、信忠の法名をとって大雲院と号した。同年六月二日付で前田玄以が裏面に花押する寺地指図が当院に残っている。十八年に豊臣秀吉の命で寺町四条の南（下京区貞安前之町）に移転し、勅願所となり、翌年には後陽成天皇から勅額を賜わった。また島津《しまづ》以久《もちひさ》の帰依により、島

大雲院（『都名所図会』２より）

津家の保護をうけた。『百瓶華序《ひゃくべいかじょ》』によると、慶長四年(一五九九)九月には新築落成し、それを祝して池坊《いけのぼう》専好《せんこう》が百瓶花会を催している。天明八年(一七八八)の大火に焼け、その後、次第に復興し、元治元年(一八六四)の禁門の変には島津藩兵が出て類焼を防いだ。昭和四十八年(一九七三)都市再開発の先頭を切って、現在地へ移転した。寺宝には「絹本著色前田玄以像」「紙本墨書正親町天皇宸翰御消息」(重要文化財)がある。

参考文献　水野恭一郎・中井真孝編『京都浄土宗寺院文書』　（中井　真孝）

大雲寺　だいうんじ

京都市左京区岩倉上蔵《あぐら》町三〇三にある寺院。もと天台宗寺門派。紫雲山と号し、本尊は行基作と伝える十一面観音像。天禄二年(九七一)藤原文範《ふじわらのふみのり》が本願となり、僧真覚《しんかく》(俗名藤原佐理)を開基として山城国愛宕《おたぎ》郡小野郷石蔵の地に開創。『源氏物語』若紫の帖にみえる「北山のなにがし寺」に擬定する説もある。天元四年(九八一)に山門寺門の確執によって智証門徒領袖である余慶《よけい》が、叡山を下り移り住んだので寺門派の拠点となった。創建期には講堂・五大堂・灌頂堂・法華堂・阿弥陀堂・真言堂の六堂宇を備え、寛和元年(九八五)二月昌子内親王が観音院を建立、境内に昌子内親王陵(岩倉陵)がある。同寺寺主の成尋《じんそん》は、延久四年(一〇七二)入宋して『参天台五台山記』を著わした。梵鐘は、「天安二年(八五八)八月九日」の紀年銘をもち、国宝。もと叡山西塔宝幢院の什物。

参考文献　『大雲寺縁起』、『大雲寺諸堂記』、角田文衛「大雲寺と観音院—創建と歴史—」(『若紫抄—若き日の紫式部—』所収)、佐々木令信「比叡西山麓普門寺私考—平安時代中期草創寺院の一視点—」(『仏教史学研究』二三ノ二)　（佐々木令信）

大覚寺

だいかくじ

京都市右京区嵯峨大沢町四にある寺院。古義真言宗大本山。山号は嵯峨山。通称は嵯峨御所・大覚寺門跡。本尊は五大明王。はじめ嵯峨天皇の離宮であった嵯峨院を、貞観十八年(八七六)二月二十五日に嵯峨天皇の皇女正子内親王(淳和太后)が寺に改め大覚寺と号したのがはじまり(『三代実録』)。開山は淳和天皇の第二子の恒寂《こうじゃく》入道親王(恒貞親王)。親王は阿弥陀如来像と諸経論を安置するとともに、定額僧十四口を置くなど寺院としての組織を整えた(『後拾遺往生伝』上)。元慶五年(八八一)八月、勅により山城国葛野《かどの》郡二条大山田の地三十六町が大覚寺に施入され寺地が定まった。同年十二月には、付近に存在した嵯峨上皇・檀林皇后(橘《たちばなの》嘉智子《かちこ》)・淳和太后の三陵と檀林寺の管理を任され、それらを検校するために公卿別当が置かれた。その後、二世寛空、三世定昭《じょうしょう》と次第するが、天元年中(九七八―八三)に定昭が興福寺内に一乗院を創建したために、文永五年(一二六八)までの二百八十余年間、一乗院主が大覚寺を兼帯した。鎌倉時代には後嵯峨・亀山・後宇多の三上皇が当寺に入住した。特に後宇多上皇は延慶元年(一三〇八)に寺内の蓮華峰寺を仙洞《せんとう》御所(嵯峨御所)として院政を行い、また元亨元年(一三二一)に諸堂の造営・整備に尽力したので大覚寺中興の祖と呼ばれる。以来この皇統の上皇や皇子が当寺に入住したため、この皇統を大覚寺統と称す。この大覚寺統は、南北朝時代に南朝として北朝(持明院統)と皇位継承をめぐって対立を続けたが、明徳三年(元中九、一三九二)に南北朝の和議が成立し、南朝の後亀山天皇は当寺御冠の間で北朝の後小松天皇に神器を譲り、応永元年(一三九四)当寺内の小倉御殿に隠棲した。応仁二年(一四六八)の応仁の乱によって伽藍が焼失し、

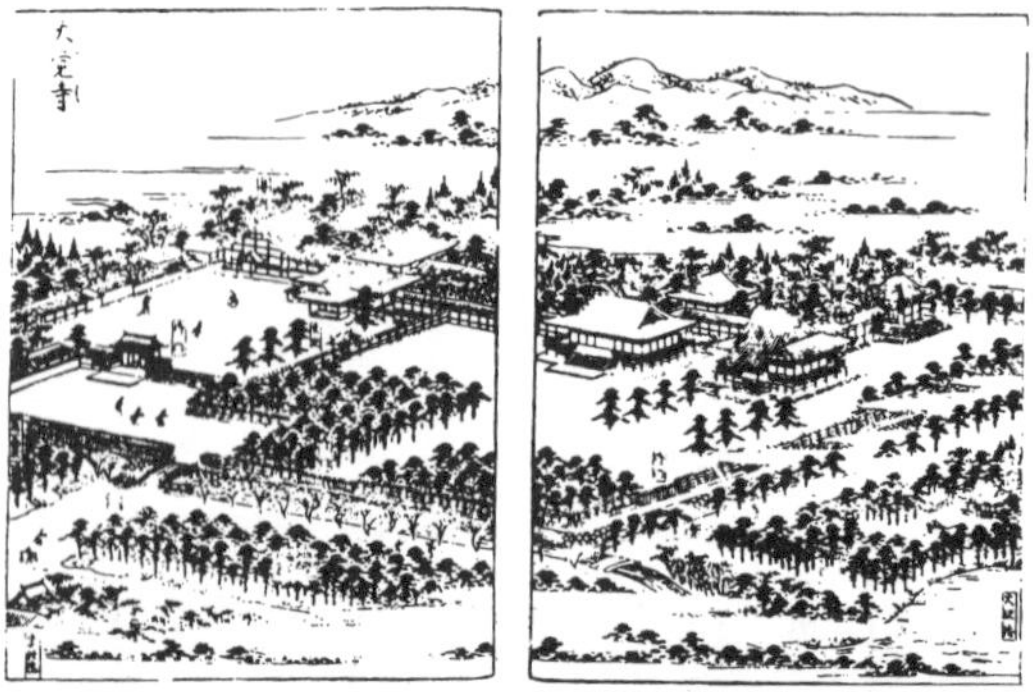

大覚寺(『拾遺都名所図会』 3より)

五大明王像

大威徳明王像

不動明王像

大沢池と心経宝塔

金剛夜叉明王像

軍荼利明王像

降三世明王像

一時荒廃したが、織田信長の天正三年（一五七五）・同四年の二度にわたる寺領寄進や、豊臣秀吉による天正十三年・同十六年の寺領寄進によって復興された。江戸時代にも徳川家康の寺領の安堵や、後水尾天皇の寄進などがあり門跡寺院としての伽藍が整備された。明治維新の際には一時無住となったが、明治六年（一八七三）神海が住持し復興に努めた。同三十三年独立して古義真言宗大覚寺派を称したが、大正十四年（一九二五）高野山・御室両派と連合して古義真言宗と改称する。多数の寺宝があり、国宝の後宇多天皇宸翰御手印遺告・同宸翰弘法大師伝をはじめとして、重要文化財の絹本著色五大虚空蔵像・紙本著色後宇多天皇宸影・大覚寺障壁画・木造五大明王像など多数が所蔵されている。また、建造物では客殿・宸殿が重要文化財に指定されている。

参考文献　平岡定海「御願寺の成立とその性格」（『日本寺院史の研究』所収）

（松本　信道）

五大明王像

本寺五大堂に安置される。各木造、彩色、切金、中尊不動明王坐像は像高五二センチ、他の四尊は立像で像高六〇～七五センチ。金剛夜叉明王像台座裏に墨書銘があり、安元二年（一一七六）に七条殿弘御所で造り始めたこと、法眼明円の造進であることが記される。七条殿は後白河院御所、法眼明円は平安時代末より鎌倉時代初期にかけて活躍した仏師明円にあたり、明円が後白河院のために造立し、寄進したものと解される。その確証ある唯一の遺作で、堅実な巧技がうかがわれる。大覚寺旧本尊の再興像か。重要文化財。

参考文献　丸尾彰三郎他編『日本彫刻史基礎資料集成』平安時代造像銘記篇四、水野敬三郎「院政期の造像銘記をめぐる二、三の問題」（『日本彫刻史研究』所収）、伊東史朗「明円作五大明王像再考」（京都国立博物館『学叢』一五）

（水野敬三郎）

醍醐寺

だいごじ

京都市伏見区醍醐東大路町二二にある真言宗醍醐派の総本山。深雪山と号する。本尊薬師如来。貞観十六年（八七四）に、聖宝《しょうぼう》が、のちに上醍醐とよばれるようになった笠取山の山頂に草庵を建て、如意輪《にょいりん》・准胝《じゅんてい》の両観音像と、両像を安置するための堂宇とを造り始め、翌々十八年に完成したのに始まるとされる。当時、山科盆地の南、笠取山西麓一帯に住みついていた宮道氏は、その娘が藤原高藤の妻となり、その間に生まれた胤子《いんし》が醍醐天皇の母になったために勢力を増した。醍醐寺の北にある勧修寺《かんじゅじ》は、宮道氏と高藤の子定方に始まる勧修寺家《かじゅうじけ》の寺であるが、醍醐寺の創建と発展も宮道氏と関係があるものと思われる。延喜七年（九〇七）笠取山頂の小さな寺は、醍醐天皇の御願寺となった。聖宝の没後、門弟の観賢が初代の座主となったが、そのころから貴顕の参詣が多くなったため、参詣に便利な笠取山の麓に下醍醐の大伽藍が造営され始めた。天暦五年（九五一）に落成し翌年落慶供養された五重塔は、京都府に現存する最古の建築として知られる。醍醐寺は、聖宝の時以来、東大寺と密接なつながりをもって発展し、東密小野流の中心、また聖宝が三論宗の教学を伝える東大寺東南院の院主であったことから、三論教学の拠点としても重んぜられた。藤原氏の全盛時代に、寺勢はやや後退したが、白河上皇の帰依を受けた勝覚・勝賢らの活動によって院政期には活気をとりもどし、鎌倉時代の初めにかけて諸堂の建立が相つぎ、重源が宋版一切経を施入するなど、仏教界の新しい動きも受けいれ、深賢《じんけん》・親快らの学僧を出し、忍性《にんしょう》・通海らもこの寺で学んだ。大寺院となった醍醐寺には、上醍醐には准胝堂・薬師堂・如意輪堂・五大堂・観音堂・御影堂・経蔵などを中心に、持明院・遍照院・岳東院・慈心院・釈迦院・光台院・宝幢院をはじめとする数々の子院があり、鎮守として清滝宮《きよたきのみや》があった。また下醍醐には、釈迦堂(金堂)・三昧堂・五重塔・清涼堂・御影堂・東院などを中心に、三宝院《さんぼういん》・無量光院・遍智院・無量寿院・岳西院・蓮華院・密厳院・金剛王院・宝池院・地蔵院・金剛輪院・報恩院・理性院《りしょういん》をはじめ多数の子院があり、清滝宮のほかに長尾宮・八幡宮も祀られていた。室町時代の初頭に、三宝院門跡で座主となった賢俊・満済が出て、足利氏の厚い帰依を受けたため、寺勢は伸長したが、応仁・文明の乱の兵火にかかって伽藍のほとんどを失い、寺領も失って急速に衰えた。しかし、近世初頭の座主として名高い義演《ぎいん》が出ると、豊臣秀吉の援助によって三宝院が再興され、荒廃していた境内は復興された。秀吉が醍醐寺で盛大な花見の宴や茶会を開いたことは広く知られている。醍醐寺は、早くから修験道と関係を持っていたが、室町時代に天台系の修験者が園城寺の子院の聖護院を中心に本山派を組織し始めたのに対抗し、真言系の修験道の中心となり、当山派とよばれる組織が三宝院に属するようになった。明治時代には、仏教界の混乱の中で、醍醐寺も動揺したが、明治三十三年(一九〇〇)に真言宗醍醐派として独立、また神仏分離によって壊滅状態に陥っていた修験道の復興の中心となって現在に至っている。現在は、三宝院門跡が醍醐寺座主の地位につき、醍醐派管長を兼ね、八百五十余の同派末寺を率いており、修験系の講の活動も盛んである。中世以来、上醍醐の准胝観音は、西国三十三番第十一番の観音として信仰を集めてきた。醍醐寺は、建築・庭園・彫刻・絵画・典籍・古文書など数々の寺宝を有する文化財の寺としても知られ、五重塔・金堂・清滝宮拝殿(上醍醐)・薬師堂・三宝院殿堂・同唐門、絹本著色五大尊像・同閻魔天像・同文殊渡海図・同訶梨帝母《かりていも》像、紙本著色『絵因果経』、木造薬師三尊像、伝空海筆『狸毛筆奉献表』、空海筆『大日経開題』、紙本墨書『聖宝文書』、後醍醐天皇宸翰『天長印信』、後宇多天皇宸翰『当流紹隆教誡』の数々が国宝に、三宝院庭園が特別史跡名勝に指定されている。

参考文献 『醍醐雑事記』、義演『醍醐寺新要録』、中島俊司『醍醐寺略史』、佐和隆研『醍醐寺』

三宝院 醍醐寺の子院。永久三年(一一一五)、左大臣源俊房の子にあたる勝覚が開創。はじめ灌頂院といったが、定賢・義範・範俊三師の法流を一身に受けた勝覚が、醍醐寺の興隆を念じ、三法に因んで三宝院と改めた。鳥羽上皇の御願所となったが、鎌倉時代以降、たびたび火災にあい、成賢《じょうげん》・憲深《けんじん》らが復興、賢俊・満済らは足利氏の帰依を受け、満済以降、歴代の院主は、醍醐寺座主となるのが例となり、五門跡(三宝院・報恩院・理性院・金剛王院・無量寿院)の中心として重きをなした。応仁・文明の乱で荒廃したが、義演が、豊臣秀吉の支援を受けて復興していた金剛輪院の名を、由緒ある三宝院に改めてその院主となった。本尊の弥勒菩薩像は快慶作で、重要文化財に、唐門は勅使門ともよばれ、桃山時代の気風をよく伝え、堂舎の中心である表書院は、寝殿造の伝統を伝える桃山時代書院造の代表的な遺構で、ともに国宝に指定。その他、多くの文化財を伝え、また修験道当山派の本山としても大きな力を持った。

参考文献 福山敏男「下醍醐の伽藍と三宝院の建築」(『寺院建築の研究』三所収)

(大隅 和雄)

三宝院枕流亭 枕流亭《ちんりゅうてい》は純浄観の南東、池の東側の小高い丘の上に建つ茶室である。三畳に半間の床《とこ》をもつ茶室、二畳大目の広さの水屋、二畳と板張の部分からなる勝手の三室によって構成される。慶長三年(一五九八)、金剛輪院泉水すなわち現在の三宝院庭園が整備されたとき、藤戸石とともに枕流亭も聚楽亭から移したと伝えているが、現在の建物は昭和九年(一九三四)の台風のあとの復興の際、ほとんど新材にとり替えられた。

(稲垣 栄三)

理性院　醍醐寺の子院。永久三年(一一一五)、同寺の賢覚が、父賢円の住房に大元帥明王を安置したのに始まる。賢覚は、三宝院の開祖勝覚の法を受けており、理性院流は小野六流・醍醐三流の一つに数えられ、院主は醍醐五門跡の一つにあげられた。また平安時代末以来、国家安穏に威力ある太元帥法を伝える寺として重んぜられた。現在は、三宝院の北東に隣接し、真言宗醍醐派の別格本山。

金剛王院　醍醐寺の子院。平安時代末に三宝院の開祖勝覚の法を受けた聖賢によって開かれ、源運・杲海《こうかい》・賢海と受けつがれ、覚済・実助らが住した。醍醐五門跡の一つにあげられ、金剛王院流の法脈は、小野六流・醍醐三流の一つに数えられたが、近世に入って衰退し、明治七年(一八七四)、醍醐寺の南にある一言寺に併合、現在、真言宗醍醐派金剛王院一言寺としてその名を伝える。

無量寿院　醍醐寺の子院。平安時代末、大納言源雅俊の子で三宝院流の法を受けた元海によって開かれ、一海・雅海・全賢と受けつがれた。醍醐五門跡の一つ。無量寿院は別名を松橋といったので、第二代院主一海を祖とする三宝院流の支流は、松橋流・無量寿院流とよばれ、報恩院流と並んで三宝院流の中で大きな力を持ち、尭雅《ぎょうが》・尭円などがその法流から出た。東密三十六流の一つに数えられる。

報恩院　醍醐寺の子院。鎌倉時代中期の醍醐寺僧成賢は、藤原通憲の孫にあたり、極楽坊に住した。成賢の甥憲深は、極楽坊を改めて報恩院とし、以後、実深・覚雅・憲淳と受けつがれ、経深・隆源・賢深らが住した。水本坊とも称し、その法流は、報恩の字から幸心方、三宝院流の憲深から三憲方などとよばれ、三宝院流の中で大きな力を持った。醍醐寺五門跡の一つ。現在は霊宝館の南にある。

(大隅　和雄)

醍醐寺の建築・彫刻

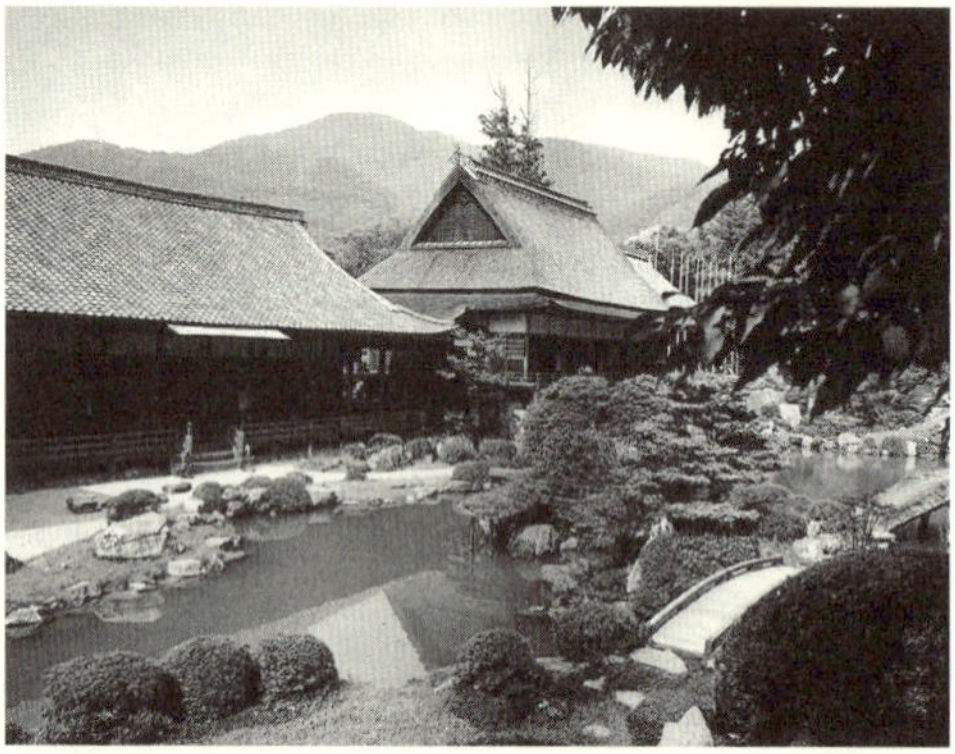

三宝院殿堂

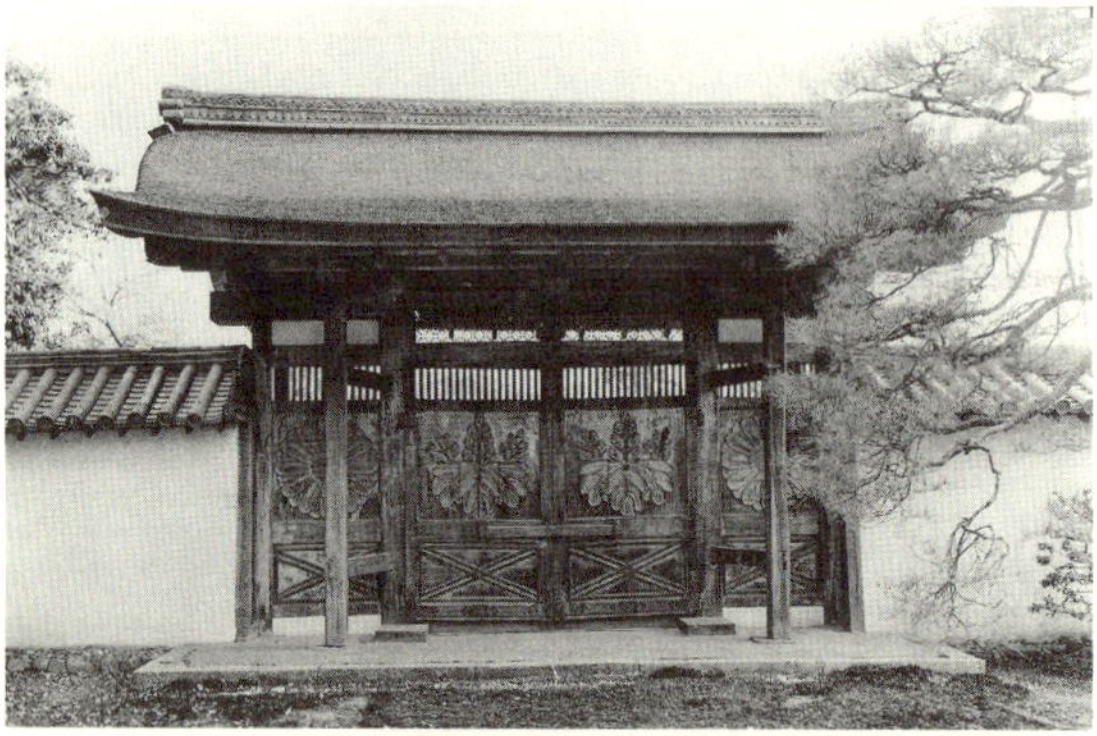

三宝院唐門

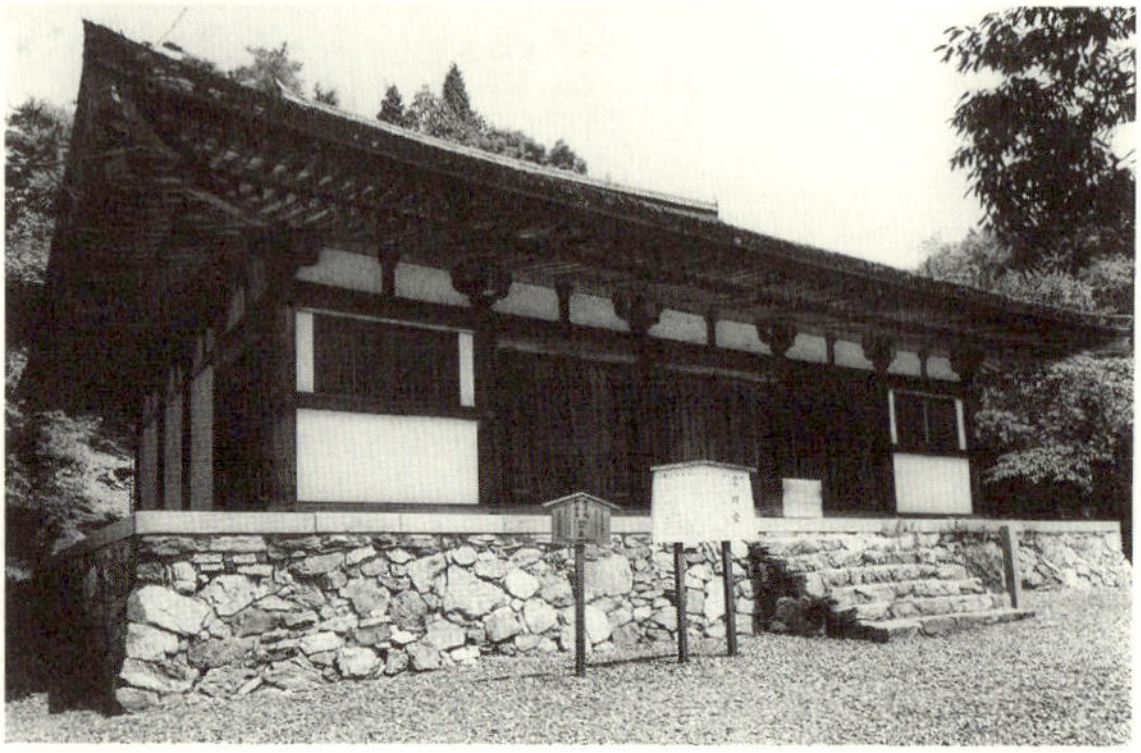

薬　師　堂

金　　　堂

五　重　塔

213　醍醐寺

五重塔　承平元年(九三一)発願され、天暦五年(九五一)に完成したが、朱雀上皇の女御藤原慶子の死によって、翌年供養された。低い基壇上に立つ全高百二十六尺(約三八・二メートル)の堂々たる五重塔で、九輪は全高の三四%にのぼる長大なものを載せている。各重の逓減寸法は法隆寺五重塔のような均等でなく、初重・二重間の差を大きくし、安定感を特に高めている。基壇があるにもかかわらず、初重内部を板敷としているのは日本化の傾向を示すものであろう。各重が三手先組物であるのは、塔の一般形式であるが、三手先目の出が長く、平等院鳳凰堂の三手先に達する前の状態を示している。内部の心柱覆板・柱・頭貫・長押《なげし》・天井・羽目板には仏像・真言八祖・宝相華文様などが描かれ、絵画史上貴重な作品となっている。この塔は平安時代後期の初頭を代表する遺構である。国宝。

参考文献　京都府教育庁編『国宝建造物醍醐寺五重塔修理工事報告書』、太田博太郎編『日本建築史基礎資料集成』一一

薬師堂　延喜七年(九〇七)聖宝が上醍醐に醍醐天皇御願として造立を企て、同十三年以前に完成した創建堂は、その後、朽損して礎石を残すだけとなっていたが、保安二年(一一二一)定海《じょうかい》が再建し、旧本尊を移座したのが現堂である。桁行五間、梁行四間、入母屋造、檜皮葺。内部はすべて土間で、三間二間の母屋を内陣とし三方を壁で囲い、正面に格子を入れて、はっきり内外陣を区画している。梁行では母屋より庇の方が柱間が大きく、この時代の特徴を示している。母屋に使われた本蟇股は年代の明らかな最古のものである。国宝。

金堂　延長四年(九二六)の創建堂は永仁三年(一二九五)に焼け、再建堂も文明二年(一四七〇)に焼失して久しく再建されなかったが、慶長三年(一五九八)豊臣秀吉が再興を計り、紀伊国有田郡湯浅村の満願寺本堂を移建、同五年に完成したのが現金堂

である。桁行七間、梁行五間、入母屋造、本瓦葺の堂で、前一間を外陣とし(ただし内外陣の間仕切はない)、周囲に廻縁をめぐらす。満願寺は平安時代末の創立と伝えるが、堂は鎌倉時代末に修理があり、慶長移建時の改修もあって、細部は近世のものが多い。国宝。

（太田博太郎）

薬師三尊像　山上の薬師堂本尊。延喜十三年(九一三)の太政官符に、同七年聖宝が御願の仏像を造り始め、同九年聖宝の没後、弟子観賢が仏堂を完成させたといい、その仏像にあたる。木造漆箔、中尊は坐像で像高一七六センチ、両脇侍は立像で、像高一二〇センチ。中尊像の光背とそれに付された六軀の薬師仏も当初のもの。三尊とも一木造り、平安時代初期彫刻の量感をなお十分にとどめながら、衣文の細部などに装飾性がきざし、この期彫刻の特色を示す。東寺食堂の丈六千手観音像とともに、造像・修造に力をつくした聖宝の関係の代表的遺品である。国宝。

参考文献　西川新次・山根有三監修『醍醐寺大観』一、丸尾彰三郎他編『日本彫刻史基礎資料集成』平安時代重要作品篇五、西川新次「聖宝・会理とその周辺」(『国華』八四八)

（水野敬三郎）

五重塔板絵　五重塔の初層内部には両界曼荼羅の諸尊と真言八祖像とが描かれ、密教寺院にふさわしい堂内荘厳となっている。両界図は、中心柱を四方から板で覆った心柱覆板四面から四天柱および周囲の連子窓八面にわたって、両界の院会の諸尊を、胎蔵界は堂内の西半に、金剛界は東半に、それぞれ曼荼羅の構成に従って立体的に整然と配し描かれ、また真言八祖像は周囲の腰羽目板八面に描かれていた。しかし、現在、四天柱はすべて新材に換えられ、ただ西側にあった当初の二柱だけは、一部を切り取って継ぎ合わせ一柱に仕立ててあったのが、同寺霊宝館に別置保存されており、また連子窓八面のうち一面は欠失、他の面にも欠損があり、ほぼ完全なのは一面だけで、なお、一部、寺外に出たものもある。一方、腰羽目板も欠損箇所が少なくなく、善無畏像は全く欠失するが、八祖像一具としては最古の遺例である。さらに東側扉二面には護世八方天の痕跡がみられ、そのほか、建築の各部材や天井には種々の装飾文様が施されている。これらの板絵は五重塔の創建された当時のままで、損傷や剝落・褪色が少なくないが、十世紀絵画の唯一の基準作（天暦五年（九五一））としてはなはだ貴重である。なかでも両界図の諸尊は平安時代前期に伝わった唐様式の形態を継承しながらも、賦彩は明るく描線も穏やかさが加わり、国風文化の形成期にふさわしい表現をみせている。なお、昭和二十九年（一九五四）―三十五年の塔解体修理で天井板から発見された片仮名・平仮名の落書（和歌）は、書道史や国語学上の重要資料として注目される。国宝。

参考文献 高田修編『醍醐寺五重塔の壁画』、文化財保護委員会編『醍醐寺五重塔図譜』
（柳沢　孝）

閻魔天像

伝統的な閻魔天像の形式に従う画像で、同様の例は平安・鎌倉時代に数例がある。密教の修法である閻魔天法の本尊として描かれたと推定される。本図の特色は描線・形態感・彩色にある。大きめな菱形の切箔により表わされた光背は、平安時代後期仏画の装飾的傾向を余韻として伝えるが、着衣における切金文様を施さずに淡彩を主にした彩色表現は、若々しく引き締まる肉身を表わす淡墨の描線と呼応して、鎌倉時代における新しい画風の誕生を示唆する。従来の仏画表現に用いられた鉄線描風の輪郭線ではなく、自由に描いた肉身や衣褶の墨線と、明眸ともいえる切れ長で大きな眼にも作者の潑溂とした意欲が反映された作品である。絹本著色、縦一二九・一センチ、横六五・四センチ。国宝。

参考文献 高崎富士彦『国宝閻魔天像（醍醐寺）・国宝訶梨帝母像（三宝院）』（『日本の仏画』一期九）

訶梨帝母像　訶梨帝母(鬼子母神)を単独に描く本尊画としては、最優の、しかも現存最古の作品である。訶梨帝母の顔の表現には平安時代仏画の趣きがあるが、青・淡緑・白を主調にして赤系を抑えた色調、勢いのある衣褶線の多用は平安仏画にはみられない表現である。訶梨帝母と童子が中国風の服装を着ることや、訶梨帝母を正面向きには表わさない自由な構図、着衣や帯の先を柔軟に翻らせる表現法にも中国の原画を手本としたことが明らかである。これらの特色からみて、本図は平安時代後期から鎌倉時代前期にかけて認められる中国宋代絵画摂取の傾向を示す好例と考えられている。絹本著色、縦一二四・三センチ、横七七・九センチ。国宝。

参考文献　高崎富士彦『国宝閻魔天像(醍醐寺)・国宝訶梨帝母像(三宝院)』(『日本の仏画』一期九)、佐和隆研「醍醐三宝院蔵訶梨帝母図について」(『大和文華』一一)

五大尊像　五大明王像五尊を一幅に一尊ずつ描く五幅の画像。制作年代を示す銘文などは存在しないが、表現の特色から鎌倉時代初期の作品と推定される。五幅とも同じ様式的特色を示す一具の作品であり、五大尊としては鎌倉時代を代表する作例。描線や装飾の特色からは本図が伝統的様式の作品であるといえるが、切金文様も彩色も形式化がみられ、平安時代後期仏画における優美な装飾性は弱められている。さらに忿怒尊としての怒りの身振りや火焔の勢いが強調され、火焔の激しい揺らめきも写実的に表わされるなど、鎌倉時代仏画の特色を明瞭に示している。新時代の表現の特色が、平安時代後期以前の伝統的な旧派の仏画表現形式の中に現われた好例である。絹本著色、各縦一九三・九センチ、横一二六・二センチ。国宝。

参考文献　浜田隆『国宝五大尊像(醍醐寺)』(『日本の仏画』二期七)

(関口　正之)

大聖寺

だいしょうじ

京都市上京区御所八幡町一〇九にある寺院。もと臨済宗相国寺派で現在は単立。山号は岳松山、別称は御寺御《みでらご》所《しょ》。足利義満が無相定円禅尼(光厳院妃)を花の御所の岡松殿に招き住まわせ禅尼寂後寺名を付して成立した。正親町天皇皇女が入寺し、尼五山第一位の門跡寺となる。近世には御朱印寺領二百五十七石を有した。寺地は移転を重ね、元禄十年(一六九七)に現在地へ移建された。寺蔵の一翁院豪像・無外如大自筆譲状が重要文化財に指定されている。

参考文献 大島武好編『山城名勝志』二(『(増補)京都叢書』七)

(竹貫 元勝)

大通寺

だいつうじ

京都市南区西九条比永城《ひえいじょう》町一にある真言宗東寺派の寺。万祥山遍照心院と号し、本尊は宝冠釈迦如来。もとは源実朝の妻内大臣藤原信清の女が実朝の菩提を弔うために自身の邸宅を寺とした遍照心院で、六孫王社(南区八条町)の北に隣接していたが、明治四十五年(一九一二)東海道線を敷設するにあたり現在地に移った。実朝の妻は廻心上人真空を請じて開祖とし、みずからも真空を師として出家したので尼寺とも称された。もとの地は貞純親王・源経基などが住した源氏ゆかりの地で、経基を祀る六孫王社を鎮守とした。また、源氏ゆかりの寺として鎌倉・室町幕府代々の将軍をはじめ、豊臣・徳川氏も庇護を加えたので、中世から近世にかけて隆盛を見た。応永二年(一三九五)十月塩小路朱雀の田地一町半をめぐり醍醐寺理性院と相論し、同二十年十月には西八条左右京職巷所が遍照心院領として上皇から安堵されるなど、中世にはいくつかの寺領があったことが知られる。江戸時代には真言・律・三論兼学の寺として東林院・実法院(十方院)・清涼院・成就院・大雲院・真住院・慈眼院・多聞院《たもんいん》・恩徳院などの塔頭《たっちゅう》を擁し、御朱印寺領二百八十三石(一説に二百八十石)を有した。元禄・宝永年間(一六八八―一七一一)東林院に住した南谷上人照什《しょうじゅう》は能書家・作庭家として著名。寺宝は本堂安置の源実朝像ほか多くを数え、絹本著色善女竜王像・『醍醐雑事記』第九・十はともに重要文化財。境内の阿仏塚は『十六夜日記』の著者阿仏尼の墓といわれ、もと八条町にあったと伝える。

参考文献 『東寺百合文書』て・ト、白慧『山州名跡志』二一(『大日本地誌大系』)、秋里籬島『都名所図会』二(『日本名所風俗図会』八)、同『都林泉名勝図会』一(同七)、三熊思孝『続近世畸人伝』四(『東洋文庫』二〇二)

(武内　孝善)

大徳寺

だいとくじ

京都市北区紫野大徳寺町五三に所在する臨済宗の名刹。大徳寺派の大本山。山号は竜宝山、開山は宗峯妙超《しゅうほうみょうちょう》(大燈国師)である。もとは赤松則村の援助でなった小院で、正和四年(一三一五)ころから元応元年(一三一九)ころの間に大徳庵と称し、庵居したのに始まる。正中元年(一三二四)雲林院辺菩提講東塔の地を得て寺地拡大し、翌二年方丈がなり、同年花園上皇・後醍醐天皇がおのおの祈願所とし、嘉暦元年(一三二六)法堂《はっとう》が落成し、同年十二月二十九日開堂され成立した。その後、寺領や末寺の寄進が相つぎ寺勢を高め、後醍醐天皇は元弘三年(一三三三)本朝無双の禅苑、宗峯門弟相承刹とし、また花園上皇も建武四年(一三三七)に宗峯一流相承刹となし、大燈禅の道場として保護を加え、公家の外護する特異な禅刹を形成した。しかし、足利政権下ではその寺勢の維持がむずかしく、至徳三年(一三八六)には十刹第九位の官刹にとどまった。第一世住持徹翁義亨《てっとうぎこう》は、応安元年(一三六八)大徳寺に法度を制し、住持職以下諸役職の職掌を詳細に規定し、ことに寺院経済と宗峯の正系徹翁派による大徳寺派の確立を計り寺勢維持に尽力したが、その後、衰微し、復興は養叟宗頤《ようそうそうい》・一休宗純により進められ、永享三年(一四三一)には養叟が室町幕府に請うて官刹からはずし弁道所となし、ここに林下の禅寺として展開をみることになる。享徳二年(一四五三)火災で焼失し、養叟が復興したが、再度、応仁・文明の乱で烏有に帰し、一休が堺の豪商尾和宗臨の支援を得て復興した。一休は絶法したが、養叟の一系に春浦宗熙・実伝宗真がでて、その実伝下に古岳宗亘《こがくそうこう》と東渓宗牧をだし、古岳開創の大仙院を本庵とする北派、東渓開創の竜源院を本庵とする南派の両派を形成して大いに栄え、堺の商人や茶人、さらに戦国大名を外護者に、教線を地方に拡大し、また大徳寺境内にそれら檀越《だんおつ》の菩提所を内設する塔頭《たっちゅう》が漸次建立され、特に天正から元和期に多くの塔頭が成立した。天文八年(一五三九)隣接する白毫寺《びゃくごうじ》から大徳寺は敷地を買得し、同十年西京安井の竜翔寺を移建するが、その後も数度にわたり白毫寺敷地や山林を買得し、大徳寺寺域の西北部拡大をみた。近世には江戸幕府の宗教統制下に展開するが、元和元年(一六一五)法度が下付され、それの内容をめぐって南派は軟派、北派は硬派の二派に分かれて論争し、勅賜紫衣出世者に対する寛永四年(一六二七)の紫衣剝奪で硬派の沢庵《たくあん》宗彭《そうほう》・玉室宗珀《ぎょくしつそうはく》・江月宗玩《こうげつそうがん》は幕府に強く抗議し、同六年沢庵・玉室は流罪となり、紫衣事件が起きた。同九年両者は赦免され、同十五年徳川家光が江戸品川に東海寺を建立して沢庵を開山となし、関東に有力末寺をもった。この寛永期には方丈・法堂・寝堂などが建立されて伽藍の整備がなされ、天明七年(一七八七)の調査では御朱印寺領二千十一石、塔頭二十四、准塔頭六十五、末寺二百八十五の寺勢であったが、明治に入り寺領は上地となり、塔頭も廃寺や合併により整理された。現在、建造物の唐門・方丈および玄関が国宝、勅使門・鐘楼が重要文化財に指定され、絹本著色大燈国師像・後醍醐天皇宸翰置文・虚堂智愚墨蹟などが国宝で、絵画・文書・墨蹟など文化財を多く蔵している。

参考文献 『大徳寺文書』、『竜宝山大徳寺誌』乾、山田宗敏編『史料大徳寺の歴史』、竹貫元勝『日本禅宗史研究』、同『京都の禅寺散歩』、同「大燈国師の一側面」(水野恭一郎先生頌寿記念会編『日本宗教社会史論叢』所収)、玉村竹二「大徳寺の歴史」(『日本禅宗史論集』下二所収)

徳禅寺 開祖は徹翁義亨。山号を霊山と称し、もとは船岡山の東麓に創建された独立の禅寺で、徹翁は庭園を造り、寿塔正伝庵を設け、尊胤法親王・花山院兼信らから庵領の寄進を得た。応安元年(一三六八)には、その管理運営について徳禅寺法度・正伝庵法度を定めている。応仁・文明の乱で焼失し、一休宗純が尾和宗臨《おわそうりん》らの援助を得て現在地に再興した。近世には御朱印配当九石五斗余を有した。現在、大燈国師墨蹟・徹翁義亨墨蹟・徳禅寺法度などが重要文化財に指定されている。

参考文献 『大徳寺文書』、『大徳寺並塔頭明細帳』、竹貫元勝「林下における教団経営について―大徳寺徹翁義亨を中心として―」(『日本仏教宗史論集』七所収)

真珠庵 大徳寺境内の東北端に所在する塔頭。開祖は一休宗純。延徳三年(一四九一)二月に現在の敷地が大徳寺から分譲され、堺の豪商尾和宗臨(宇和屋四郎左衛門)らの出資で同年七月に堂宇が完成し、成立した。寛永十三年(一六三六)法堂が新造、同十五年に客殿が再建され、近世には御朱印配当六十七石八斗二升九合、所管末寺六宇を有した。現在、庭園は国史跡・名勝に、また大燈国師墨蹟、方丈の襖絵などは国宝に指定されている。絹本著色一休宗純像など重要文化財指定のものを数多く蔵し、境内に村田珠光らの墓が所在する。

参考文献　『大徳寺文書』、『大徳寺並塔頭明細帳』、川上貢『禅院の建築』、『日本禅宗史研究』

（竹貫　元勝）

真珠庵庭園　真珠庵の方丈建築は寛永十五年（一六三八）に建立された。その襖絵に室町時代末期から安土桃山時代ごろの作品もあるから、古い建物の位置に、大きさを改めて建てたものと考えられ、したがって方丈東庭の小柄な七・五・三的に配置した枯山水石組はもっと古いとの解釈もある。中潜門から玄関までの露地の、大柄な平石を縦横に七・五・三的に並べた飛石道もおもしろく、方丈の北背面の通遷院客殿東庭を兼ね、茶室庭玉軒への露地の極度に切りつめた飛石、燈籠、植栽なども特色がある。国史跡・名勝に指定。

（森　蘊）

竜源院　開祖は東渓宗牧。南派の本院。養徳院（開祖実伝宗真）内に設けられた東渓の退居庵一枝軒が徳禅寺西方の現在地に移動し、竜源院に発展した。成立は永正年間（一五〇四―二一）で、東渓寂後まもない時期とみられ、畠山義元・大友義親・大内義興が檀越となり造営された。近世期には御朱印配当三十七石八斗四升五合を有した。本堂・表門は中世末の建築物で重要文化財に、また木造釈迦如来坐像も重要文化財に指定されている。

参考文献　『大徳寺並塔頭明細帳』、秋里籬島『都林泉名勝図会』（『（新修）京都叢書』九）、川上貢『禅院の建築』

大仙院　開祖は古岳宗亘。永正六年（一五〇九）六角政頼が創建。大徳寺北派の本庵で、住持は孤篷庵《こほうあん》など九ヵ院の輪番制による。近世には御朱印配当九十石、所管末寺三を有した。現在、永正十年の棟札を残す本堂が国宝、書院は重要文化財に、また大燈国師墨蹟が国宝、紙本著色花鳥図などのもと本堂襖絵、牡丹孔雀模様堆朱盆などが重要文化財に、さらに書院庭園は国史跡・特別名勝に指定されている。

参考文献 『大徳寺並塔頭明細帳』、『竜玉山大徳寺誌』乾、川上貢『禅院の建築』

総見院 豊臣秀吉が織田信長の菩提を弔うため、天正十年(一五八二)に創建した塔頭。造営は古渓宗陳《こけいそうちん》を開祖に翌十一年ほぼ完成したが、同十六年古渓が讒言で筑前に追放されたため玉甫紹琮《ぎょくほじょうそう》が住持となっている。秀吉は三百石を寄せて厚遇し、近世の御朱印配当高は二百石であった。境内には織田信長・信忠・信雄および信長女(岡崎殿徳子)らの墓がある。

参考文献 『竜宝山大徳寺誌』乾、大徳寺編『明治五年壬申禅臨済宗本末寺院明細帳』、川上貢『禅院の建築』

孤篷庵 大徳寺境内西端に所在する塔頭。慶長十七年(一六一二)小堀遠江守政一(遠州)が江月宗玩を開祖に創建。もと竜光院内に所在し寛永二十年(一六四三)ごろ現地に移建された。江月のあと政一の子の江雲宗竜《こううんそうりゅう》(大徳寺百八十四世)が住し、寛政五年(一七九三)火災にあい、当庵九世寰海《かんかい》のとき松平治郷(不昧公)が再興し、所管末寺三、孫末寺二を有した。現在、本堂・書院・茶室が重要文化財、井戸茶碗が国宝、また庭園は国史跡・名勝に指定されている。

参考文献 『大徳寺並塔頭明細帳』、川上貢『禅院の建築』

(竹貫 元勝)

孤篷庵庭園 慶長十七年(一六一二)、小堀遠州が同寺竜光院の中に江月宗玩《こうげつそうがん》を開基として創始した。寛永二十年(一六四三)現在地に移された。寛政五年(一七九三)に火災があり、不燃性の庭園とその石造物以外は遠州の崇拝者松平不昧により、古図に準じて復旧された。茶室忘筌《ぼうせん》・書院直入軒などがそれであ

大徳寺の建築・庭園

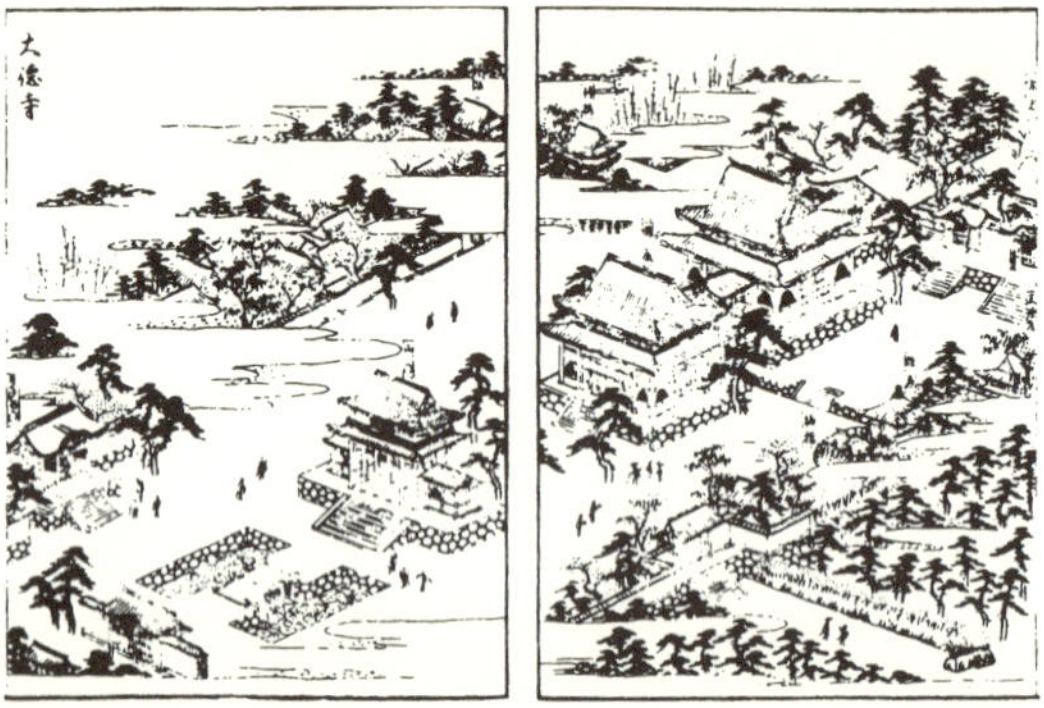

大徳寺(『都名所図会』 6より)

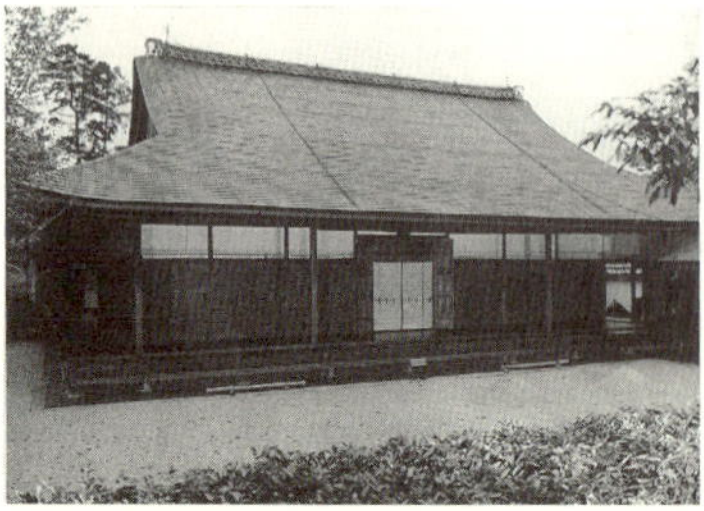

大仙院本堂

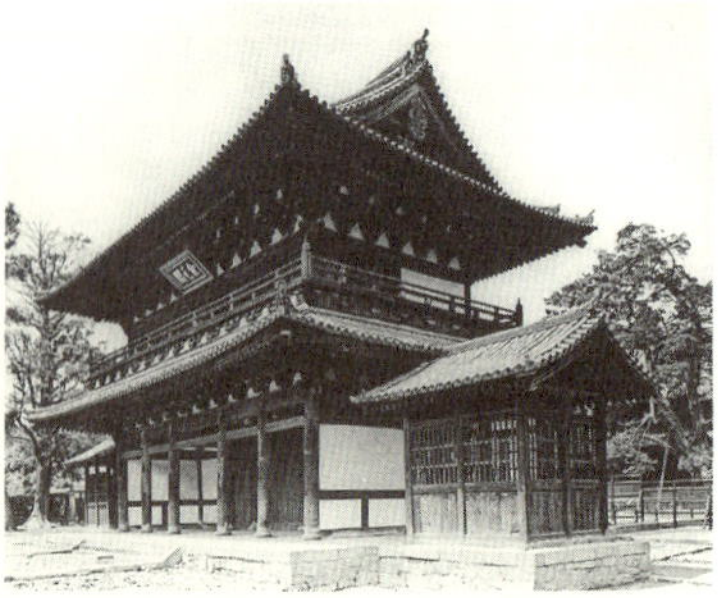

山　門

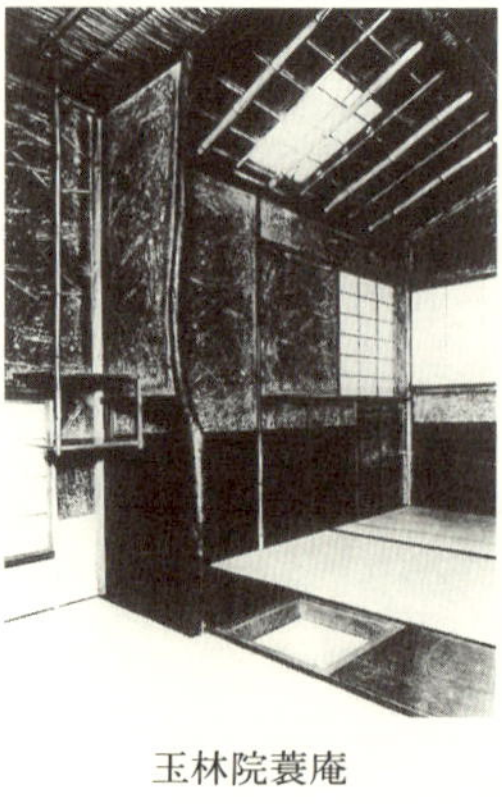

玉林院蓑庵

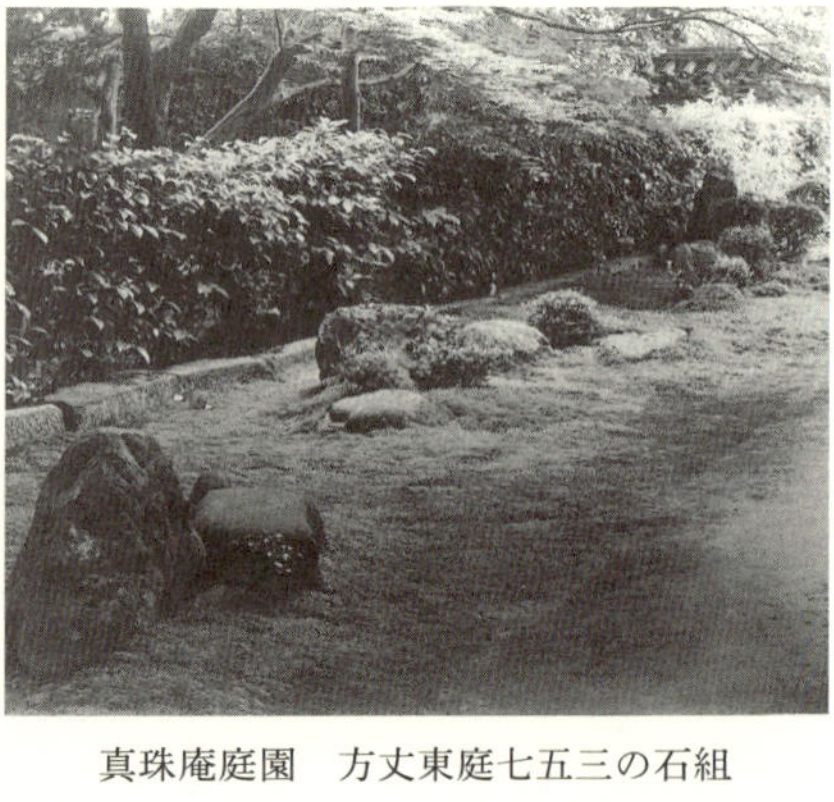

真珠庵庭園　方丈東庭七五三の石組

孤篷庵庭園　書院南庭

孤篷庵忘筌

孤篷庵山雲床

竜光院密庵席

る。遠州の意匠をよく伝えている建物と庭園との調和、および細部に見られる遠州好みの手法は高く評価され、国史跡・名勝に指定。

（森　蘊）

孤篷庵忘筌　寛永二十年（一六四三）ころ現在地に移った孤篷庵の創建時の建物は寛政五年（一七九三）十一月一日に焼失し、現在の客殿・庫裏・書院はその後の再建である。寛政九年六月に上棟された客殿の平面は焼失前と大差なく、場所も動いていない。特にその西北の一室である忘筌が火災前の状態を忠実に復原したものであることは古図や起し絵図によって知られる。忘筌は十二畳の広さをもつ茶室であって、床脇一畳の点前座、八畳の客座、三畳の相伴席からなる構成を示す。面取角柱・長押《なげし》・張付壁をもつ意匠は完全に書院造風であって、草庵茶室の要素はどこにもない。西に広縁と落縁を設け、縁先に中敷居を入れて上に障子を立て、下方だけを吹抜きにしてそこから露地の風景が見えるようにしたのが、この茶室の独創的な手法であった。しかも縁の外のたたきには飛石・沓脱石が配されており、中敷居は同時に潜り（躙口）の役割も果たすことが工夫されている。小堀遠州の好みと創意の十分に発揮された茶室といえよう。重要文化財。

参考文献　中村昌生編『茶室』（『日本建築史基礎資料集成』二〇）、堀口捨己『茶室研究』

孤篷庵山雲床　忘筌から矩折りに連なる書院を直入軒といい、その西北隅の一室が山雲床《さんうんじょう》と称する茶室である。古図によると寛政焼失前の書院は現状とは少し異なっており、この茶室に相当する部屋は存在しなかった。寛政十二年（一八〇〇）書院が再建されたとき、新たに設けられたものであって、復興に協力した松平不昧の指導がここに反映しているのかもしれない。山雲床は竜光院密庵席を範とした四畳半大目であるが、違棚や押板が省略されている。

参考文献　堀口捨己『茶室研究』

黄梅院昨夢軒

黄梅院は春林宗俶《しゅんりんそうしゅく》（大徳寺第九十八世住持）が永禄五年（一五六二）に創立した庵居黄梅庵を前身とし、春林の法嗣玉仲宗琇《ぎょくちゅうそうしゅう》（第百十二世住持）が天正十四年（一五八六）以来施設を一新して、同十六年に客殿（現本堂）が落成したとき、改めて塔頭黄梅院として発足した。このころ小早川隆景が玉仲を知って造営を援助し、以後、黄梅院は小早川家の塔頭所となって寺領百石が毎年寄進された。その後、慶長年間（一五九六―一六一五）に小早川家の宗家にあたる毛利氏が外護者となった。天正の客殿の西に承応元年（一六五二）ごろの造営と考えられる書院があり、その書院のなかに造り込まれた四畳半を昨夢軒《さくむけん》という。昨夢軒は武野紹鷗の遺構と伝え、昔は境内東南部にあったが、書院造立のときそのなかに取り込まれたと寺伝にある。この茶室は一方が縁側、三方が他室に接し、炉を四畳半切とし、大目床を構える。棹縁天井・長押をもち、全体として書院風ではあるが、長押を大面取りとし、床（とこ）に墨蹟窓をあけ、床が大目畳の大きさに作られている点など、紹鷗好みとしては不適当な個所が多い。この茶室が紹鷗好みに発することを裏付ける史料が見出されず、むしろ建築から判断されることは、江戸時代後期に復古的意図で造られた書院風茶室ということになろう。

参考文献　中村昌生『茶室の研究』

高桐院松向軒

高桐院《こうどういん》は玉甫紹琮《ぎょくほじょうそう》（大徳寺第百三十一世住持）が俗甥細川忠興（三斎）の後援を受けて、慶長七年（一六〇二）に創立した塔頭であって、細川家の菩提所と玉甫の塔頭所の二様の性格を併せもつ。院の創立時の建築は現存せず、書院の西北隅に三斎好みの茶室と伝える松向軒《しょうこうけん》があるが、これも後世の手が多く入っていて当初の姿は判明しない。現在の松向軒は二畳大目で、その平面は真珠庵庭玉軒に共通する。なお、松向軒の扁額裏面に高桐院二世院主清《せい》巌宗渭《がんそうい》による寛永五年（一六二八）の銘文があるが、茶室がそのころのものと断定はできない。境内に三斎の廟所とした石燈籠と手水鉢が現存する。

参考文献　川上貢『禅院の建築』

玉林院蓑庵　宮廷と幕府の侍医であった曲直瀬正琳《まなせしょうりん》は月岑宗印《げっしんそういん》（大徳寺第百四十三世住持）に帰依し、慶長八年（一六〇三）菩提所として塔頭正琳院を創立した。六年後の同十四年正琳院は火災に遇い、その再建にあたって月岑は正琳の琳字を分解して玉林院と改めた。玉林院の第八世院主大竜宗丈《だいりゅうそうじょう》のとき、大坂の富豪鴻池了瑛が祖先の位牌堂を造営した。それが南明庵であり、その左右にある茶室蓑庵《さあん》と霞床席は位牌堂の付属施設であって、これらは寛保二年（一七四二）落成した。蓑庵は三畳中板付きで、炉を中板の位置に大目切に切る。「囲座敷其他飛石ニ至ル迄、御自身（了瑛）御好也」と大竜は記しており、町人の好みのよく現われた茶室といえよう。重要文化財。

参考文献　中村昌生編『茶室』（『日本建築史基礎資料集成』二〇）、川上貢『禅院の建築』

竜光院密庵席　竜光院は黒田長政が父如水の菩提のために春屋宗園《しゅんおくそうえん》（大徳寺第百十一世住持）を開基として、慶長十三年（一六〇八）に創立された。寛永二十年（一六四三）春屋の法嗣江月宗玩が入寂したのち、方一間の昭堂が建てられたが、慶安二年（一六四九）に至って、創立時に建てられた二階書院を壊し、その骨組を利用して新たに昭堂（重要文化財）が造立された。このとき、おそらく現在の書院も造られたが、その書院の西北隅にある四畳半大目の茶室が密庵席《みったんのせき》である。しかしこのときに密庵席が造られたのではなく、以前から境内の別の位置に建っていた茶室を、書院造立時にそのなかに組み込んだのであった。寛永十八年六月二十九日、江月に招かれた松屋久重の茶会記『松屋会記』によると、茶室の西と南に折廻し縁がつき、南庭に飛石や植込みがあった。西北隅に南面する四尺の床《とこ》、その脇に東面する半間の違棚がある点など、間取りの大体は現状と同じであるが、東南の位置にある押板は茶会記では(付)書院とあり、書院飾が行われていた。この茶室が今の書院の一部となったとき、付書院を押板に変え、のちにこの押板に密庵咸傑の墨蹟を懸ける慣例が生じて、今の茶室の名称が定着したのであろう。この茶室は面皮柱と角柱を交ぜて用い、長押《なげし》・釘隠・張付壁・腰高障子をもつ書院造風茶室である。小堀遠州作の伝承をもつが、意匠の卓抜さから見てありえないことではない。国宝。

参考文献　中村昌生編『茶室』(『日本建築史基礎資料集成』二〇)

(稲垣　栄三)

大報恩寺

だいほうおんじ

京都市上京区五辻通六軒町西入溝前町一三〇五に所在する真言宗智山派の寺院。山号瑞応山。千本釈迦堂・北野釈迦堂と呼ばれている。またその本坊の名前から養命坊と呼ばれたこともあった。本尊釈迦如来。用明天皇創建、義空中興開山とする伝えがあるが、求法上人義空が勧進して仏像を彫刻し、承久三年(一二二一)これを安置する小堂を建立したことが当寺の草創であろう。

大報恩寺本堂

その後、義空は大堂建立を発願し、喜捨を受けて安貞元年(一二二七)その上棟が行われた。現在の本堂(釈迦堂、国宝)がこれにあたる。嘉禎元年(一二三五)倶舎・天台・真言三宗弘通の道場とされたが、義空は天台僧であり、検校職は妙法院が持ったので天台宗寺院だった。寺領は山城・播磨などに相当あったが、応仁・文明ごろにはこれを失い、衰退に向かった。このため大和長谷寺玄空が大勧進となって修造を計ったことなどもある。天正九年(一五八一)豊臣秀吉は寺領百石を与えた。江戸時代もこれが引きつがれ朱印地百石を領した。江戸時代初期、住持について相論があり、改めて真言宗新義派本山智積院に付され、その住職の隠居所となった。当寺の釈迦念仏(遺教経会《ゆいきょうぎょうえ》)は『徒然草』にも記され、今に行われている。本尊木造釈迦如来坐像・木造十大弟子立像・木造六観音菩薩像をはじめ仏像彫刻に優品多く、重要文化財に指定されるもの十九体を数える。また応永十九年(一四一二)書写の一切経五千四十八帖(補写を含む)を蔵し、重要文化財に指定されている。

参考文献 『大報恩寺文書』 (林 亮勝)

本　堂

安貞元年(一二二七)の建築(棟木銘)。桁行五間、梁行六間、入母屋造、檜皮葺。いわゆる「一間四面堂」(方三間堂)に前庇をつけ、さらに四周に庇を加えた平面で、「一間四面堂」の発展形を示す。蔀戸《しとみど》を多く用い、純和様の堂で、旧京都市内現存最古の建築。仏堂の向拝《こうはい》は平安時代からあったと思われるが、確実な例としては、この堂がもっとも古い。国宝。

参考文献 京都府教育庁編『国宝大報恩寺本堂修理工事報告書』 (太田博太郎)

建勲神社

たけいさおじんじゃ

京都市北区紫野北船岡町四九に鎮座。「けんくんじんじゃ」ともよばれ、「けんくんさん」と親しまれている。旧別格官幣社。祭神は織田信長・信忠。明治元年（一八六八）四月木戸孝允・高矢主膳《たかやしゅぜん》・五条為栄《ごじょうためしげ》らが信長の表忠を建議し、翌二年八月織田信敏が神社創立を請願した。同十一月十七日信長の勤王敬神を追褒して健《たけし》織田社《おりたのやしろ》の神号を賜わり、信敏の東京邸内および天童城跡に社殿を建てて祀った。翌三年十月十七日神号を建《たて》勲社《いさをのやしろ》と改め、同八年四月二十四日別格官幣社に列格、同十三年九月一日に京都市船岡山に社殿を造営して鎮座。翌二日に信長の子の信忠を配祀し、同四十三年十一月二十四日に現在地に移築した。大正六年（一九一七）十一月十七日に信長に正一位を追贈。例祭は七月一日、十月十九日には船岡祭を行い、神幸式を催す。

参考文献　吉井良地編『別格官幣社建勲神社由緒略記』、藤井貞文「明治維新と織田信長」（『国学院雑誌』四九ノ一二）

（藤井　貞文）

蛸薬師

たこやくし

京都市中京区新京極通蛸薬師下ル東側町五〇三にある寺院。浄土宗西山深草派に属し、正しくは妙心寺という。本尊の薬師如来石像は俗に蛸薬師の名で親しまれている。もとは永福寺といい、室町二条にあって水上薬師堂と呼び、近くに水沢があったので、「沢《たく》薬師」と通称したのが訛って「蛸薬師」となったという（『山城名勝志』）。蛸屋の家から掘り出した唐臼に薬師像が彫られていたからともいい、また、この寺の僧が病母の求めで蛸を買ったところ、蛸は経典に変わり、僧は咎めを受けず、母の病気もなおったから、蛸薬師と呼ぶとも伝える(『京童』)。天正十九年(一五九一)円福寺の中に移り、四条坊門小路はこの薬師堂に突き当たるので、

蛸薬師通というようになった。明治十六年(一八八三)円福寺が愛知県額田郡岩津(岡崎市岩津町)へ移転するに際し、同地の妙心寺と寺名を交換した。

(中井 真孝)

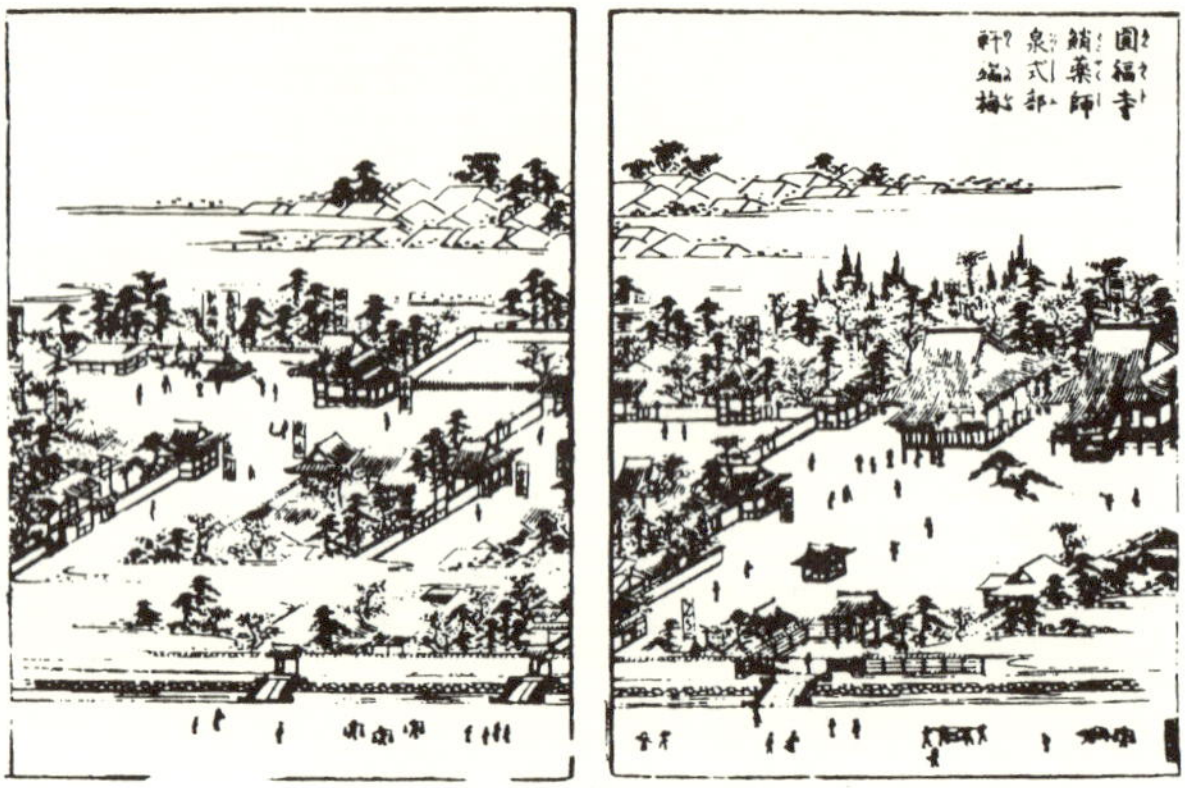

鮹薬師(『都名所図会』1より)

知恩院 ちおんいん

京都市東山区新橋通大和大路東入ル三丁目林下町四〇〇にある寺院。浄土宗の総本山。華頂山大谷寺知恩教院と号する。法然房源空が三十年余住み念仏を弘めた「吉水の御房」、流罪の後帰洛し建暦二年(一二一二)入滅した「大谷の禅房」に位置する。源空は住房の東崖上に葬られ、門弟らは毎月の命日に源空の廟堂に集まり「知恩講」を修した。安貞元年(一二二七)念仏停止を主張する延暦寺の衆徒によって廟堂が破却されたが、遺骸はほかに移し難を免れた。廟堂の廃滅を嘆いた源

智が文暦元年(一二三四)再興し、伽藍を整えて、四条天皇より華頂山大谷寺知恩教院の額を賜わったと伝える。知恩院の名は、知恩講に由来すると考えられるが、十四世紀初頭に成立した『法然上人行状画図』に初出。永享三年(一四三一)・応仁二年(一四六八)・永正十四年(一五一七)と焼けたが、いずれも勧進によって再建

智恩院吉水御旧跡(『二十四輩順拝図会』1より)

知　恩　院　三　門

し、次第に単なる「祖師入寂の霊蹟」から末寺を擁する「浄土一宗の本寺」へと発展をとげる。大永三年（一五二三）知恩寺との間で抗争したが、天正三年（一

知恩院御影堂

五七五）香衣綸旨の執奏権を得て、本寺の地位を確立した。当院を香華寺と定めた徳川家康は、慶長八年（一六〇三）七百余石の寺領を寄せ、伽藍の拡張工事を行い、慶長十二年後陽成天皇皇子八宮（良純入道親王）を門跡に治定し（宮門跡は明治元年（一八六八）尊秀入道親王の復飾で廃絶、同十九年門跡号の公称を許される）、元和元年（一六一五）浄土宗法度を制定するなど、浄土宗の総本山にふさわしい外護を加えた。寛永十年（一六三三）壮麗な伽藍の大半を焼いたが、将軍徳川家光の命で諸堂を逐次再建した。明治維新で徳川氏の外護を失い、財政危機に陥ったが、寺債の発行、講社の結成などによって切り抜け、寺運は挽回した。昭和二十二年（一九四七）浄土宗から離脱して本派浄土宗（のち浄土宗本派）を立てたが、昭和三十六年浄土宗と合併する。什宝は絹本著色阿弥陀二十五菩薩来迎図など国宝五点、重要文化財三十五点。このうち『上宮聖徳法王帝説』などの古写経類は第七十五世住職養鸕徹定《うかいてつじょう》

の蒐集にかかる。

参考文献 『総本山知恩院旧記採要録』(『大日本仏教全書』)、水野恭一郎・中井真孝編『京都浄土宗寺院文書』、藪内彦瑞『知恩院史』、藤堂恭俊編『知恩院―法然上人伝―』(『日本のお寺シリーズ』八)、梅原猛・岸信宏『知恩院』(『古寺巡礼京都』一九)

(中井 真孝)

阿弥陀来迎図 阿弥陀聖衆が飛来する速さが表わされているとして「早来迎《はやらいごう》」の名で親しまれる来迎図の代表作。絹本著色、掛幅装、縦一四五・一センチ、横一五四・五センチ。往生者の前に『法華経』と思われる八巻の経巻を描く点に平安時代後期の貴族社会における浄土教信仰の痕跡が指摘されるが、往生者の庵を画中に描き、山岳など環境描写を重視する表現には来迎の光景を説明的に描こうとする姿勢が顕著であり、また、聖衆の肉身著衣ともに金色に表わすことなどにより本図の制作年代は鎌倉時代後半と推定されている。「阿弥陀二十五菩薩来迎図」の名称で国宝指定。

参考文献 高崎富士彦他編『国宝阿弥陀二十五菩薩来迎図知恩院』(『日本の仏画』二期一)、渡辺一「阿弥陀廿五菩薩来迎図(早来迎図)」(『美術研究』一六)、上場謙澄「来迎絵画考―特に知恩院聖衆来迎図(早来迎)について―」(『大谷史学』八)

(関口 正之)

知恩寺 ちおんじ

京都市左京区田中門前町一〇三にある寺院。浄土宗の四箇本山の一つ。長徳山功徳院と号し、百万遍と通称する。法然房源空が住した「賀茂の河原屋」に始まると伝え、弟子の源智が知恩寺と改めた。今出川(今小路・北小路)高倉のあたりにあって、「今出川の釈迦堂」ともよばれたが、元弘元年(一三三一)疫病流行に際し、善阿空円が後醍醐天皇の勅を奉じて百万遍念仏を修し効験あったので、天皇より「百万遍」の号を賜わった。以後、結衆十人が千八十顆の大数珠を回す百万遍念仏が

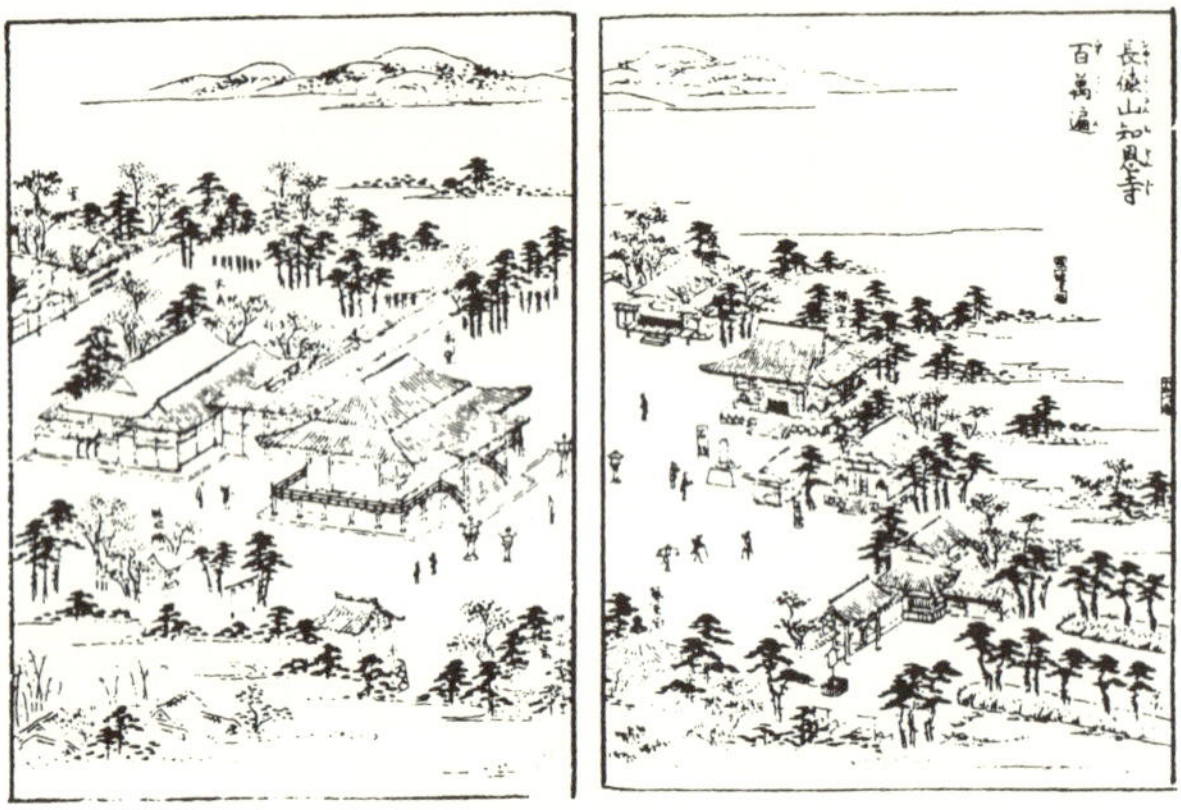

長徳山知恩寺百万遍(『都名所図会』 3より)

恒例となった。永徳二年(一三八二)足利義満の相国寺造営のため、一条油小路の北に移った。応仁元年(一四六七)兵火で焼けたが、住僧らは都にとどまって再

知　恩　寺　山　門

興、宮廷に接近し、法誉聖然《ほうよしょうねん》が後花園上皇の臨終知識をつとめ、伝誉慶秀《でんよけいしゅう》が後柏原天皇の帰依をうけ、次第に浄土宗の本寺の地位を確立していった。永正十七年（一五二〇）三好之長が細川高国に捕まり、当寺で切腹している。大永三年（一五二三）浄土宗僧侶の香衣綸旨の執奏をめぐって知恩院との間で抗争を生じ、青蓮院《しょうれんいん》と延暦寺を巻き込む大騒動となったが、当寺の地位は揺るがなかった。しかし、寛永四年（一六二七）の諸宗出世法度で知恩院より一段低い「小本寺」におとされている。天正十九年（一五九一）京極土御門に移り、寛文元年（一六六一）禁裏よりの出火に類焼し、翌年現在地に転じた。近世の寺領は朱印地三十石。什宝のうち、絹本著色「蝦蟇鉄拐図」、同「善導大師像」、同「十体阿弥陀像」、同「浄土曼陀羅」、同「涅槃図」は重要文化財。

参考文献　常道編『長徳山知恩寺歴志略』（『大日本仏教全書』）、水野恭一郎・中井真孝編『京都浄土宗寺院文書』、伊藤祐晃『浄土宗史の研究』

（中井　真孝）

智恩寺　ちおんじ

京都府宮津市字文珠四六六に所在する臨済宗妙心寺派の寺。山号は天橋山。切戸文殊堂・九世戸文殊堂などの通称をもつ。嘉暦年間（一三二六―二九）に嵩山居中《すうざんきょちゅう》（大本禅師）が入寺して禅宗寺院となった。前身の寺は平安時代の創建で、大同三年（八〇八）平城天皇の勅願

智恩寺多宝塔

によってなり、延喜四年(九〇四)醍醐天皇が天橋山智恩寺の号を賜わったと寺伝はいう。『丹後国田数帳』では寺領五町四段余を所有している。室町時代には足利義満の参詣もあり、近世には宮津藩主歴代の保護を受け、寛永年間(一六二四—四四)に別源《べつげん》禅師が中興して妙心寺派に属し、寛政元年(一七八九)の『妙心寺末寺帳』によると、末寺二十一ヵ寺、塔頭《たっちゅう》に本光院など三宇を数えた。本尊木造文殊菩薩像や多宝塔などが重要文化財に指定され、細川藤孝などの文書、絵画など数多く所蔵している。

参考文献 永浜宇平編『丹後宮津志』

(竹貫　元勝)

智積院

ちしゃくいん

京都市東山区東大路七条下ル東瓦町九六四にある寺院。

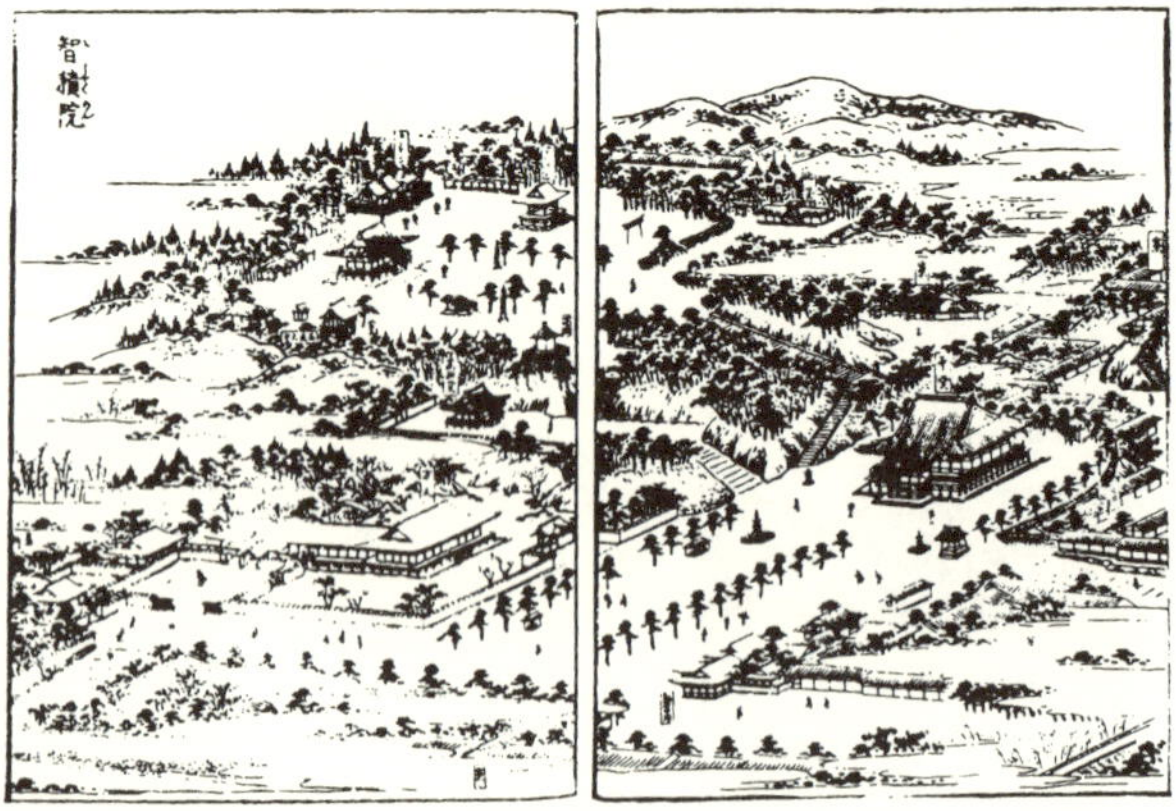

智積院(『拾遺都名所図会』2より)

真言宗智山派の総本山。院号は南北朝時代に紀州根来《ねごろ》寺大伝法院内に長盛が建立した学問所智積院に由来する。山号は五百仏山。天正十三年(一五八五)三月、豊臣秀吉が根来を壊滅したとき、学頭の玄宥《げんゆう》は学徒を率いて、高野山・醍醐などを転々としたが、徳川家康の援助で慶長六年(一六〇一)に東山七条の豊国廟前の現在地に智積院を再興し、第一世となった。元和元年(一六一五)豊臣氏滅亡後、江戸幕府は秀吉の建立した祥雲寺《しょううんじ》の寺域を分割して東半分を智積院に下賜した。第七世運敞《うんしょう》の時代は特に講学が隆盛で、全国より参集した学徒は千七百名、学寮七十余が軒をつらねた。またた歴代能化は学匠で、宗学のみならず、唯識・倶舎をはじめインドの諸哲学(勝論・数論)・国学・漢学・天文暦学・算数・兵学などの講義も行われて、学山と称された。明治二年(一八六九)勧学院が炎上し、翌年寺地の上知を命ぜられて衰微したが、同五年新義真言宗の総本山となり、高野山などと交替制の管長が置かれた。同三十三年に勧学院を復興し、智山勧学院大学(大学林)で宗門子弟の教育が始まった。また、この年、新義真言宗智山派を公称した。第二次世界大戦後、真言宗智山派として独立した。国宝は長谷川等伯らの描いた障壁画など。庭園は国指定の名勝である。

参考文献　村山正栄編『智積院史』

(宮坂　宥勝)

障壁画　桃山絵画を代表する、もと祥雲寺の金碧障壁画群。壁貼付など二十五面、改装屛風二曲一双、すべて国宝に指定され、現在は宝物館に保管展示されている。祥雲寺は豊臣秀吉が夭逝した長男鶴松(棄君)の菩提を弔うため、東山大仏殿の近く、現智積院の位置に造営した寺院である。建築は三周忌にあたる文禄二年(一五九三)八月には完成、障壁画も同時の制作と推定されている。元和元年(一六一五)豊臣家の滅亡に伴い、徳川家康により祥雲寺は智積院に与えられた。その後二度の火災や盗難によって、障壁画も一部が失われた。かつては狩野永徳あるいは山楽の筆と伝えられたが、現在では『都林泉名勝図会』に記されている長谷川等伯と、その一門の制作と見る説が定

智積院障壁画　大書院壁貼付の状態

説となっている。長谷川派は永徳を中心とする天正度造営御所の障壁画制作に割り込みを策して失敗している。この点から、天正十八年(一五九〇)永徳が没し、狩野派が一時的動揺をきたした機に、長谷川派がついに秀吉関係の仕事を手に入れた可能性が考えられている。作者は「楓図」「松に黄蜀葵図」については等伯、「桜図」については子の久蔵を擬定する説が強い。永徳の巨木による統一的構成の影響を受けつつ、小さな草花にも限りない愛情を注ぐ大和絵の感覚を取り入れ、豪快にして優美な装飾性に到達している。祥雲寺は妙心寺の南化玄興を開山とする禅宗寺院であった。これら障壁画があった建物は、もとの画面の大きさが縦二・二五《メートル》(七尺五寸)あったことからもわかるとおり、禅宗方丈建築として最大級のものであった。したがって、今はほとんど失われてしまった秀吉関係の大城郭障壁画を考察する資料としても、きわめて重要な位置を占めている。

(河野　元昭)

参考文献　水尾比呂志『障壁画全集』智積院、山根有三他「智積院障壁画の研究」(『国華』八五〇)、土田杏村「智積院障壁画の筆者を論ず」(『東洋美術』七)

長講堂

ちょうこうどう

京都市下京区富小路五条下ル本塩竈《しおがま》町五二八にある。西山浄土宗。法華長講弥陀三昧堂が正称。後白河上皇が院の御所六条殿（六条西洞院《にしのとういん》）に設けた持仏堂に始まる。文献上の初出は文治元年（一一八五）であるから（『山槐記』）、創建は寿永二年（一一八三）から元暦元年（一一八四）のころと思われる。文治四年六条殿とともに焼けたが、上皇は諸国に課して再建させ、同年末に成った。建久三年（一一九二）正月、上皇は五ヵ条の「長講堂起請」を書き、㈠別当・供僧・長講衆、㈡阿闍梨《あじゃり》、㈢恒例仏事、㈣荘園、㈤修理などに関することがらを定めた。上皇の死後、堂宇と所領の荘園は宣陽門院（覲子内親王）に伝えられ、さらに後深草天皇以下、持明院統に相続されていく。この間、長講堂は承元二年（一二〇八）・貞応元年（一二二二）・文永十年（一二七三）・建治三年（一二七七）としばしば焼失したが、そのつど再建された。『百錬抄』寛元三年（一二四五）十二月条に「宣陽門院令レ供二養土御門東洞院長講堂一給」、『勘仲記』弘安二年（一二七九）三月条にも「参二長講堂一（正親町高倉）」とあるが、これは土御門第に設けられた「新長講堂」のことであろう。新長講堂は、嘉元二年（一三〇四）七月の「後深草上皇処分状」に「已称二新長講堂一、本堂有事之時、仏事等委移行、令レ修二理之一」とあるごとく、有事の時にも御願の仏事を懈怠なく修するための代替用であったと考えられ、応永八年（一四〇一）土御門内裏焼失ののちは、土御門油小路東南に再建され、「上長講堂」（『康富記』文安元年（一四四四）九月条）と称した。上長講堂のその後のことは不詳だが、「本堂」は、六条殿が消滅したのちも、室町時代末期まで六条の地に存し（『康富記』宝徳三年（一四五一）三月条に「六条油小路長講堂」とあり、上杉本

「洛中洛外図屏風」には六条道場の東に「ちやうかうたう」を描く）、天正年間（一五七三—九二）に下寺町の現在地へ移転した。近世の寺領は朱印地二十七石。現存の建造物は元治元年（一八六四）禁門の変に類焼したのちの再建にかかる。崇光天皇の勅封と伝える後白河上皇自筆画像は五十年に一度の開帳だが、重要文化財の木造後白河法皇御像は毎年四月十三日に開扉する。本尊の木造阿弥陀如来及両脇侍像も重要文化財。

参考文献 『古事類苑』宗教部三、八代国治「長講堂領の研究」（『国史叢説』所収）、坪井九馬三「六条殿長講堂考」（『史学雑誌』四ノ四三）

（中井　真孝）

長福寺 ちょうふくじ

京都市右京区梅津中村町三七に所在する臨済宗南禅寺派の寺。山号は大梅山。梅津荘開発領主梅津氏後裔の尼真理が嘉応元年（一一六九）に創建したのに始まり、建久元年（一一九〇）梅津上荘に堂宇新建があり、これを

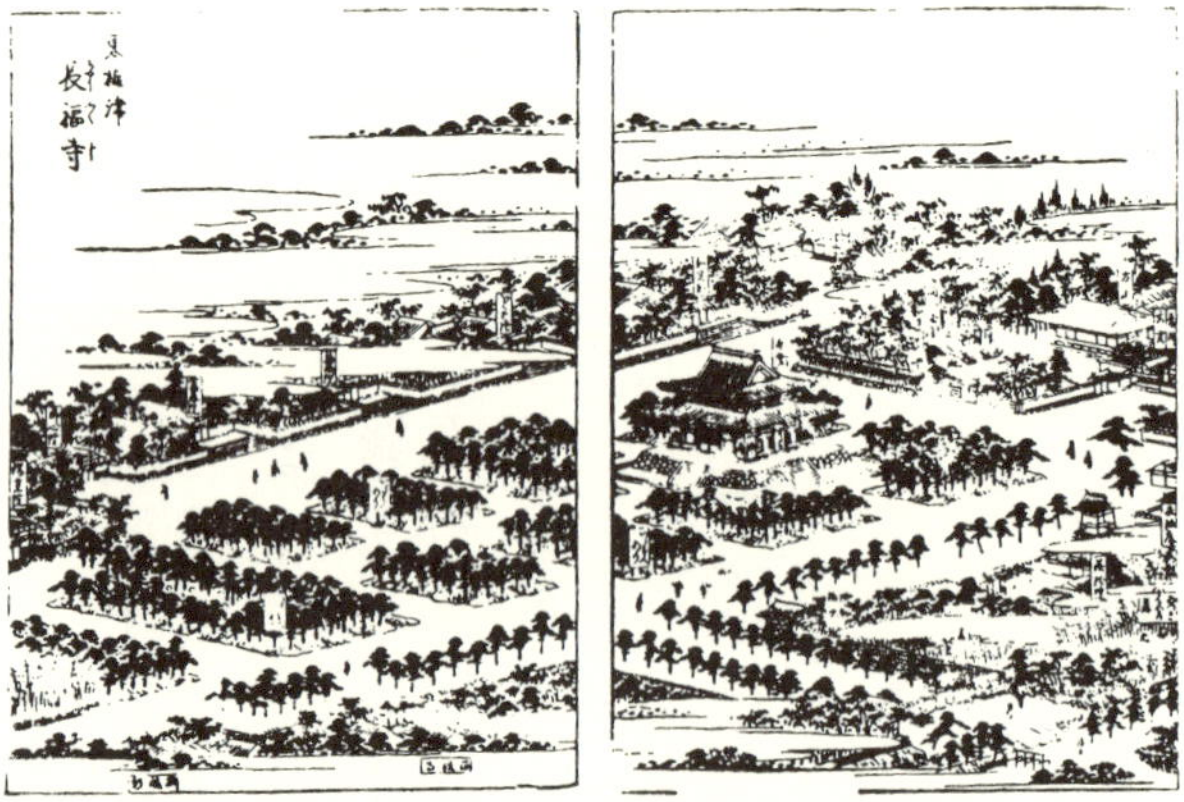

東梅津長福寺（『拾遺都名所図会』3より）

新御堂、先の堂宇を本御堂と称した。天台宗に属し、開山月林道皎《げつりんどうこう》（普光大幢国師）とする禅宗寺院となるのは暦応二年（一三三九）。同年に本御堂の寺務寛舜純覚《かんしゅんじゅんがく》（肯信）が寺を月林に寄せ、新御堂は暦応三年梅津清景《うめづきよかげ》が田地を、貞和三年（一三四七）藤原氏女が執行職を寄進するなどを経て、月林による両御堂を一つとする寺の一切管理は康永四年（一三四五）になる。貞和元年花園上皇が備中国園東荘を寄進するなどして充実し、観応元年（一三五〇）勅願寺となる。応仁の乱で荒廃し、その再興は山名宗全がなし、文禄元年（一五九二）には諸山に列せられ官刹となった。江戸時代に入ると南禅寺の末寺となり、寛政元年（一七八九）の南禅寺末寺帳によると、御朱印高三百五十石、末寺八ヵ寺、寺家十一ヵ寺を数えている。現在、本堂・方丈などが存するがこれらは近世の建築物である。所蔵の紙本著色花園天皇像・古林清茂墨蹟が国宝、建武元年（一三三四）銘の石造宝塔、紙本墨書『長福寺縁起』、花園天皇宸翰、絹本著色仏涅槃図など多くが重要文化財に指定されている。

参考文献　『京都府史蹟名勝天然紀念物調査報告』二〇

（竹貫　元勝）

頂法寺　ちょうほうじ

京都市中京区堂之前町二四八にある寺院。もと天台宗で現在は単立寺院。六角堂とも称する。『六角堂縁起』（『伊呂波字類抄』ほか所引）によれば、聖徳太子が四天王寺創建のための良材を求めてここに立ち寄った際に建立したという。この伝承が正しいとすると飛鳥時代の寺院ということになるが、現在までのところ飛鳥時代にさかのぼる遺構は確認されておらず、疑問が多い。当寺のことが史料上にみえ始めるのは平安時代中期からで、六角形の堂舎に安置された観音への信仰がたかまり、六角堂の名が頻出する。観音信仰の隆盛によって貴賤の人々が当寺に参詣したが、とりわけ親鸞が当寺参籠で得た夢想は浄土真宗開立の基礎となった

六角堂(『都名所図会』1より)

ものとして著名。中世後期には下京の中心地にあったため町堂としての機能をもち、上京の革堂《こうどう》(現在中京区の行願寺)とならんで市民に身近な寺院であった。

頂　法　寺　本　堂

なお、当寺の子院である池坊《いけのぼう》は華道発祥の場所としてよく知られている。

参考文献　古代学協会編『平安京六角堂の発掘調査』

（井上　満郎）

頂妙寺　ちょうみょうじ

京都市左京区仁王門通川端東入大菊町九六にある日蓮宗の寺。山号聞法山。下総中山法華経寺日薩の弟子日祝《につしゆう》が細川勝益の外護をうけ明応四年（一四九五）創建、戦国時代には京都日蓮宗二十一ヵ本山の一つ、天文五年（一五三六）の天文法華の乱で堺に退出、のち帰洛再興、延宝元年（一六七三）現在地に移建という。安土宗論の日蓮宗代表者日珖は当寺三世。近世、京都本法寺・堺妙国寺とともに上方《かみかた》三ヵ寺の一つとして、貫首は輪番により本寺法華経寺の貫首をつとめた。

頂妙寺（『都名所図会』1より）

参考文献　中尾尭編『中山法華経寺史料』、『諸宗末寺帳』（『大日本近世史料』）、立正大学日蓮教学研究所編『日蓮教団全史』上、高木豊「近世初頭におけ

る関東日蓮教団の動向」(『史潮』八〇)

(高木　豊)

長楽寺　ちょうらくじ

京都市東山区八坂鳥居前東入円山町六二六にある時宗寺院で、山号は黄台山。寺伝は延暦二十四年(八〇五)桓武天皇の勅願により最澄を開山として創建したのがはじまりというが、『阿娑縛抄《あさばしょう》』には寛雅《かんが》の建立と記している。創建当初は延暦寺の末寺であったが、平安時代の末には准胝《じゅんてい》観音を安置する霊験所として貴賤の崇敬をうけるなど観音信仰を中心に、阿弥陀仏信仰が行われていた。建久五年(一一九四)から元久三年(一二〇六)にかけて、境内の来迎房には天台の学僧隆寛《りゅうかん》が住したこともあった。永和四年(一三七八)道勤《どうきん》・慈仙・了真は洛中の道俗男女に勧進して梵鐘を鋳造したが、至徳二年(一三八五)住僧栄尊房《えいそんぼう》は国阿弥陀仏に帰依してその弟子となり、天台宗を時宗に改めた。江戸時代には文人墨客が訪れたが、経済的には不如意で、借財

東山長楽寺(『都名所図会』3より)

のため寺は養福寺・極楽寺・良音寺・西念寺にと移り、明治維新時には知恩院の塔頭《たっちゅう》良正院の支配下におかれていた。浄土宗から再び時宗に復帰したのは明治三年（一八七〇）九月のことであり、本堂の再建が成ったのは明治二十六年である。同四十一年には下京七条にあった七条道場金光寺《こんこうじ》が荒廃したため金光寺を合併した。長楽寺に現蔵している歴代遊行他阿弥陀仏の書状二十四通と、歴代遊行他阿弥陀仏像七軀は、このとき金光寺から移管されたものである。

参考文献　菊地勇次郎『長楽寺千年』

（大橋　俊雄）

珍皇寺

ちんこうじ

京都市東山区小松町五〇五にあり、臨済宗建仁寺派に属する。詳しくは大椿山六道珍皇寺という。愛宕念仏寺《おたぎねんぶつでら》または愛宕寺ともいい、単に六道（寺）ともいっている。寺伝によれば慶俊《けいしゅん》僧都の開基にして、当初は宝皇寺または鳥戸寺といい、空海も幼少の時慶俊に師事し当寺に住したという。空海の『御遺告《ごゆいごく》』にも「以㆓珍皇寺㆒可㆑修㆓治後生弟子門徒之中㆒縁起」の一条があり、長く東寺の所管であった。天安二年（八五八）四月火災により金堂・礼堂を焼失したが、復興後今の名に改められた。かつて小野篁《たかむら》は当寺の檀越《だんおつ》となり堂塔伽藍を造営し、また篁には常に六道に往来せる霊異があって当

六道珍皇寺（『都名所図会』２より）

寺に閻魔堂を建て盂蘭盆会を修したと伝え、今に至るまでお盆の精霊迎の行事が盛んである。これらの伝承を暗示するごとく仏堂には閻魔王・空海・篁の三像を安置する。今の珍皇寺は貞治三年(一三六四)聞渓良聡《もんけいりょうそう》が建仁寺に住し、大昌院を創建するとともに衰退せる珍皇寺を再興して以来建仁寺の末寺になったという。一説には平安京遷都の際庶民の葬所と定め、引導誦経ののち鳥辺野に送ったので六道という。また文保年間(一三一七—一九)当寺の中興とされる千観《せんかん》内供は念仏行者として知られ、世に念仏上人といい、寺も念仏寺と称した。かくして珍皇寺と愛宕寺と念仏寺の異同については諸説があり、急には決定しがたい。『伊呂波字類抄』第六に「珍皇寺、一に愛宕寺」といい、『山城名跡巡行志』第二にも「珍皇寺、一名愛宕寺」とあって、いずれも愛宕寺を珍皇寺の別名としている。しかし、『山城名勝志』一五では「愛宕寺。或は云く、元と六道の西竹林の中、建仁の大統院の南に在り。本尊は弥陀丈六坐像なり」といい、『京都坊目誌』もこれを踏襲し、さらに「承雲の開基に係り、明達の時、比叡山南谷五仏院の金色阿弥陀像を移して本尊となし、延暦寺に属せしが、保安四年(一一二三)四月焼失し、爾後荒廃せり」という。かつて近隣の弓矢町に天台宗所属の等覚山念仏寺があって、愛宕寺と称していたが、今は嵯峨に移り愛宕念仏寺と呼ばれている。

(夏目 祐伸)

天竜寺

てんりゅうじ

京都市右京区嵯峨天竜寺芒ノ馬場町六八に所在する臨済宗の禅寺。天竜寺派の大本山。山号は霊亀山。開山は夢窓疎石。足利尊氏は夢窓疎石のすすめを受けて、後醍醐天皇の冥福を祈るために一寺創建を発願し、暦応二年(一三三九)光厳上皇の院宣を得て亀山殿の地に禅寺造営を決定し、また年号をとって暦応資聖禅寺を寺号とする院宣が下された。木作始は暦応三年に挙行されたが、翌四年に寺号は天竜資聖禅寺と改称された。

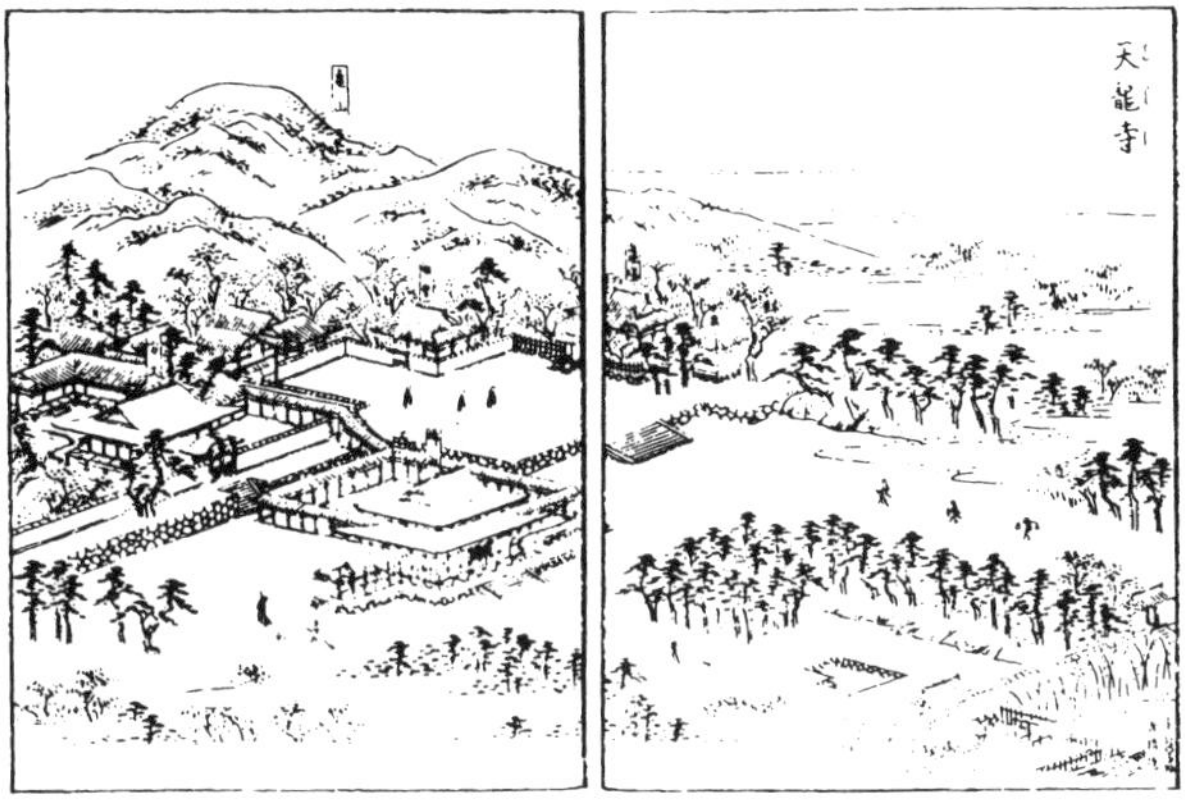

天竜寺(『都名所図会』4より)

落慶法要は貞和元年(一三四五)の後醍醐天皇七年忌の年に営まれたが、当日予定した光厳・光明両院の臨幸は、いわゆる康永の山門嗷訴により変更された。伽藍は仏殿・法堂・庫裡・僧堂・三門・総門・鐘楼・方丈・輪蔵・雲居庵・七十余寮舎などを完備するものであったが、財源は備後国三谷西条地頭職・日向国国富荘・阿波国那賀野山荘地頭職・山城国物集女《もずめ》荘・丹波国弓《ゆ》削《げ》荘地頭職など造営料所の寄進や光厳上皇が百人分の成功を寄せ、さらに天竜寺船の派遣によるなどして捻出された。開創と同時に五山第二位に列せられ、至徳三年(一三八六)に同第一位、応永八年(一四〇一)に相国寺と交替して第二位となったが、同十七年以後は第一位に列せられた。すぐれた五山僧を出し、五山版の開版事業も行われ五山文化の発展に貢献し、経済的には漸次寺領を増して至徳四年には二千四百二石の寺納米と五千七百二十一貫文の銭貨の収入が確認され、祠《し》堂銭《どうせん》運用による金融業や日明船への投資などにより財

力をもった。応永三十三年の古図には塔頭百余宇を数えているが、延文三年(一三五八)の火災以後室町時代に六度焼失し、応仁二年(一四六八)の兵火による焼失

天　竜　寺　法　堂

後は復興も容易ではなく、中世末期には寺勢も衰退し、天正十三年(一五八五)に豊臣秀吉が寄せた御朱印地は千七百二十石であった。近世の寺勢は低迷し、天明八年(一七八八)の末寺帳によると、御朱印高は碩学料三百石を含め千七百二十石、塔頭四十一、十刹二、諸山五、末寺三十八、同寺家八、孫末寺百二、曾孫末寺二を擁したが、同年の調査で敗壊塔頭百七十二、同寮舎十八、同末寺六十六、改派末寺七十四件が確認され、中世以降の寺勢に大きな変化があったことを知る。文化十二年(一八一五)に火災にあい、再建ののち元治元年(一八六四)に兵火で焼失し、その復興は多宝塔建立がなる昭和九年(一九三四)にまで至り、その間、明治十年(一八七七)には所有地のうち二十五町余が上地された。明治九年天竜寺派として独立し、現在、所属寺院百一ヵ寺を擁する天竜寺派の大本山で、塔頭は境内に九、境外に三の十二院である。絹本著色「夢窓国師像」、紙本墨書「応永鈞命絵図」などの重要文化財を

所蔵している。

参考文献 『天竜寺造営記録』、奈良本辰也監修『天竜寺』（『寺社シリーズ』三）、竹貫元勝『京都の禅寺散歩』

鹿王院

京都市右京区嵯峨北堀町に所在する禅寺。単立寺院、もと天竜寺派。康暦元年（一三七九）足利義満が覚雄山大福田宝幢寺《ほうとうじ》を開創し春屋妙葩《しゅんおくみょうは》を請じて開山とし、寺後に鹿王院を造営し春屋の寿塔として与えた。宝幢寺は京都十刹に列せられ寺勢は盛んであったが、応仁の乱で荒廃し、寛文年中（一六六一―七三）に酒井忠知が再興して寺号は鹿王院とした。天明八年（一七八八）の天竜寺末寺帳には、塔頭として御朱印配当九十六石二斗八升七合をもつ鹿王院が記載されている。一方、「覚雄山大福田實幢寺」が十刹の章に見出せ、實幢が寳幢の誤記とすれば、末寺帳は鹿王院と宝幢寺を別個に取り扱っていることになる。現在、所蔵の絹本著色「夢窓国師像」、紙本墨書『後醍醐天皇宸翰御消息』、夢窓疎石筆『臨幸私記』、紙本墨書『鹿王院文書』などが重要文化財に指定されている。昭和四十三年（一九六八）三月単立となる。

参考文献 奈良本辰也監修『天竜寺』（『寺社シリーズ』三）

妙智院

京都市右京区嵯峨天竜寺芒ノ馬場町にある天竜寺の塔頭。明治期に華蔵院を合併。開山は竺雲等連《じくうんとうれん》。開創は享徳年間（一四五二―五五）、享徳二年ともする。また、竺雲が等持院住持中の長禄元年（一四五七）から寛正四年（一四六三）の間に寿塔として開創し兼住したともいう。天明八年（一七八八）の天竜寺末寺帳によると九十一石一斗八升二合の御朱印配当を得ているが、元治元年（一八六四）の火災で焼失し、のち再興された。歴代住持の中には、二度の遣明使をつとめた策彦周良《さくげんしゅうりょう》がいて、寺蔵のものに策彦和尚像（重要文化財）などがある。

参考文献 奈良本辰也監修『天竜寺』（『寺社シリー

ズ』三）　（竹貫　元勝）

庭　園　天竜寺庭園は夢窓疎石の作で一部亀山離宮の旧池を利用し、方丈西広縁の前面に展開する。曹源池を中心とし、西正面に滝口の石組がある。現在水は落ちていないが、もとは亀山裾の小池から引かれた水が落ちていた。滝口にかかる石橋、その付近の池水中の立石群の構成は美しい。国史跡および特別名勝に指定されている。　（森　蘊）

天竜寺庭園　滝口前の石橋と岩島

等持院　とうじいん

京都市北区等持院北町六三に所在する臨済宗天竜寺派の禅寺。山号は万年山。仁和寺の一子院を前身とし、足利尊氏が暦応年中（一三三八―四二）に夢窓疎石を開山に請うて禅院とし、足利氏の菩提所となし、足利義詮が天竜寺末寺とする。のちに、洛中の等持寺（京都三条坊門万里小路、現在廃寺）を管轄するが、この洛北の等持院の場所には、鳳凰山等持院があって、暦応元年ごろに足利直義が幕府邸隣地の浄華院（浄土宗）跡に移転し、古先印元《こせんいんげん》を第一世住持とし、康永元年（一三四二）ごろに院号を寺号に改め諸山官刹とした。貞和五年(一三四九)古先が退き、その後夢窓疎石を開山にして、足利義満が永和三年(一三七七)に十刹の首位とし、相国寺創建まで幕府の公事・仏事執行の重要な寺

等持院(『都名所図会』6より)

となっていて、足利氏家刹と官刹の両性格を持っていたが、文安三年(一四四六)・文正元年(一四六六)火災にあい廃寺同様となり洛北等持院管轄となる。その時期は、天正十一年(一五八三)を下らない。室町時代の等持院領は幕府の御料所に準じ、元亀三年（一五七二）の『等持院領所々目録』では十四ヵ所を確認する。天正十三年の指出は三百十六石七斗一升八合で、豊臣秀吉の朱印状で二百八十六石余が下付された。江戸時代には朱印寺領三百二十六石を所有した。伽藍は慶長十一年(一六〇六)に豊臣秀頼が修造したが、文化五年(一八〇八)に焼失し、文政元年(一八一八)に本堂、天保十四年(一八四三)に霊屋、弘化二年(一八四五)に総門・中門が造営された。現在、足利歴代将軍の木像を安置し、重要文化財の紙本淡彩等持寺絵図などを所蔵する。

参考文献 今枝愛真『中世禅宗史の研究』

(竹貫　元勝)

東福寺《とうふくじ》

京都市東山区本町十五丁目七七八に所在する臨済宗の禅寺。東福寺派の大本山。山号は恵日山。開山は円爾《えんに》(聖一国師)。開基九条道家。かねて建寺度僧の志をもっていた道家は、嘉禎二年(一二三六)発願文を作り、寺号は東大・興福両寺の一字をとり付した。延応元年(一二三九)越中国東条・河口保などの寺領を施入、同年仏殿上棟があり造営事業は進行した。時に伝禅帰朝した円爾を知った道家は、寛元元年(一二四三)相見し、東福寺開山に招請する。その落慶供養会は、道家没後三年の建長七年(一二五五)で、一条実経が挙行し円爾が開堂した。全諸堂宇完成は文永八年(一二七一)で発願以来三十五年を費やす大事業であり、仏殿・法堂《はっとう》・三門・僧堂・東司《とうす》・方丈・浴室など禅院の七堂伽藍、五重塔・灌頂堂など教宗の堂塔建立をもって東福寺伽藍となし、さらに成就宮(鎮守社総社)・最勝金剛院(阿弥陀堂)・宝光院(円堂)・普門院(観音堂)・報恩院・

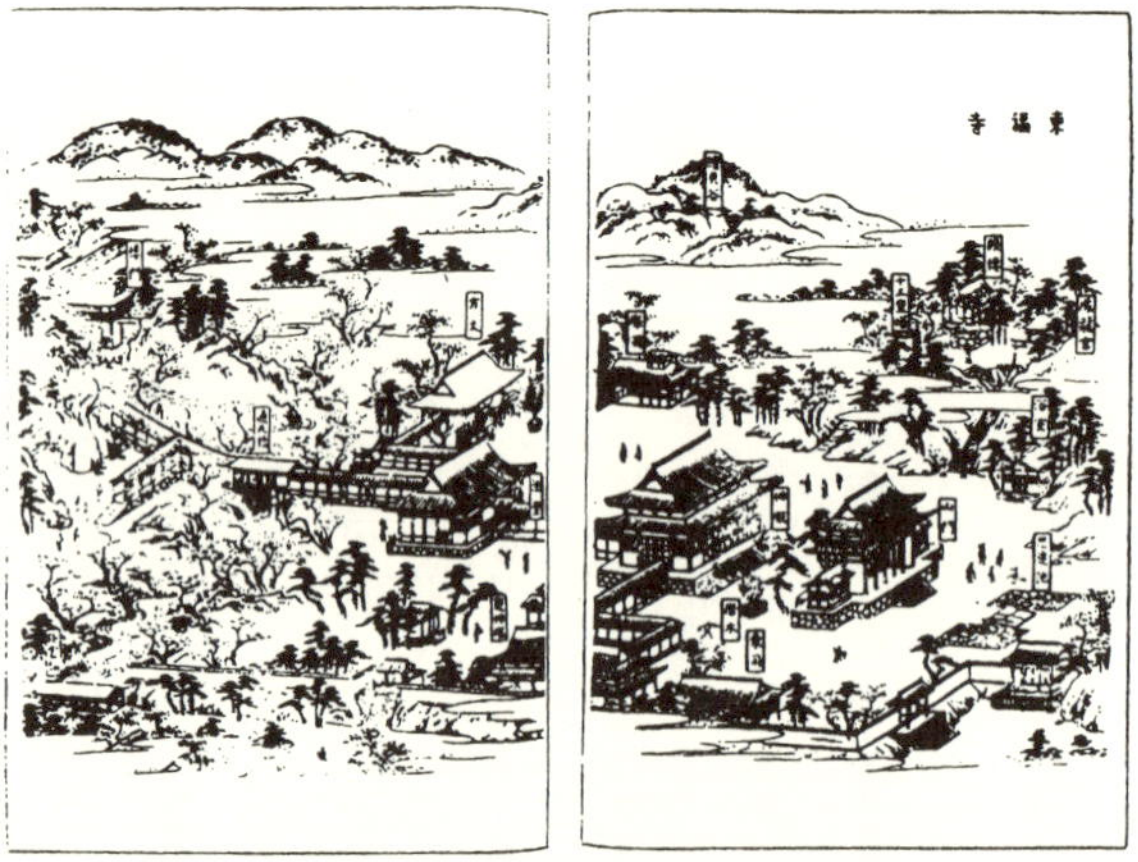

東福寺(『都名所図会』 3より)

光明峰寺などの堂宇造営が計画された。灌頂堂には両界曼荼羅と真言八祖像がかかげられ、東西廻廊壁面に禅宗西天二十八祖・震旦六祖、真言八祖、天台六祖の行状が図絵され、また、長老と六知事・六頭首《ちょうしゅ》の役位は禅僧であったが、供僧は天台・真言の僧が司り、最勝金剛院には天台の僧が任ぜられるなど、禅・天台・

東福寺三門(上)と通天橋(下)

真言三宗兼修道場の創建であった。寺領は長老の一向管領で、九条河原菜苑九町・周防国得地上保・筑前国三奈木荘などを領有した。弘安三年(一二八〇)規範八ヵ条を制した円爾は、同寺を一流相承刹にすることを規定、聖一派の度弟院となり、教禅兼修の宗風がよく護持され、すぐれた五山僧の輩出をみた。室町幕府による五山官寺制度下では、京都五山に列したが、度弟院を理由に除外されようとしたこともあった。応永年中(一三九四―一四二八)には伽藍修造工事に着手したが、寺領荘園からの不納がつづき寺院経済は窮乏し、修造は中止されている。その後正長元年(一四二八)法堂修造がなり、享徳三年(一四五四)三重塔造立がなっている。同年幕府は寺領百六十九貫八百九十文と定めているが、歴代将軍は寺領安堵や課役免除をもって保護した。天正十三年(一五八五)豊臣秀吉が寺領千八百五十四石を寄進し、また同年地震で傾倒した山門の修復や法堂屋根瓦修繕を行い、慶長元年(一五九六)には庫裡再建を安国寺恵瓊に指示するなど伽藍の維持に援助を加えた。近世には徳川家康が朱印千八百五十石を下付し、寛永十一年(一六三四)徳川家光が伽藍修理をなし、その寺観を保った。天明八年(一七八八)の『禅宗済家五山東福寺本末帳』によると、朱印高千八百五十石四斗余、塔頭四十九、十刹二、諸山十七、末寺百三十六、寺家九十五、孫末寺三百四十三、曾孫末寺三十一を数えたが、一方同年の調査で、敗壊改派寺院千二百八十五件が確認され、中世から近世期に大きな寺勢の変化があったことを知る。明治に入り、門前寺領十二町を失い、明治九年(一八七六)東福寺派として独立し一派公称したが、同十三年永源寺が分離独立し転派寺院を多く出し、翌十四年に方丈・庫裡・法堂・仏殿を焼失した。その再建は昭和九年(一九三四)本堂(仏殿兼法堂)落慶をもって終り、現在、三百六十四ヵ寺を数える東福寺派の大本山であり、建造物は応永年間造立といわれる三門(五間三戸二階二重門・入母屋造・本瓦葺、両山廊付）が国宝で、禅堂・東司など諸堂宇が重要文化財に指定、絹本著色無準師範像・宋版『太平御覧』などの国宝や仏像・絵画・文書など重要文化財も多く蔵している。塔頭は二十五宇あり、正応四年（一二九一）無関玄悟《むかんげんご》開基の竜吟庵《りゅうぎんあん》の方丈（一重・入母屋造・杮葺《こけら》）は国宝で、また諸塔頭所蔵のものに重要文化財指定のものが多くある。

参考文献 白石虎月編『東福寺誌』、『東福寺文書』、竹貫元勝『京都の禅寺散歩』

栗棘庵 東福寺の塔頭。白雲恵暁《はくうんえぎょう》開基。永仁二年（一二九四）創建。もと洛北に所在し栗棘庵《りつきょくあん》と称したが、徳治二年（一三〇七）聖寿寺に改称。のち焼失し、再建は東福寺山内に移して行い、旧庵号栗棘の称を付した。庵領は能登国志津良荘などがあった。天明八年（一七八八）の『禅宗済家五山東福寺本末帳』によると、東福寺朱印地の内から五十一石余の配当を得ている。現在、所蔵の紙本白描白雲恵暁像・『聖一国師印信』などが重要文化財に指定。

参考文献 白石虎月編『東福寺誌』

海蔵院 東福寺の塔頭。開山は虎関師錬《こかんしれん》で、創建は元弘元年（一三三一）もしくは翌二年ころとされる。貞和二年（一三四六）示寂した虎関の霊骨は塔中に納められ、本覚塔と称する。虎関の一派は海蔵派とも称し広く教線をのばした。摂津国弘井荘などの寺領を有した。天明八年（一七八八）の『禅宗済家五山東福寺本末帳』によると、東福寺朱印地の内から四十一石余の配当を得ている。現在、所蔵物のうち、絹本著色虎関和尚像・紙本墨書『楞伽禅寺《りょうがぜんじ》私記』が、重要文化財に指定されている。

参考文献 白石虎月編『東福寺誌』

（竹貫 元勝）

同聚院不動明王像 東福寺の塔頭同聚院《どうじゅいん》の本尊で、もと法性寺五大堂中尊と伝える。像高二六六・八センチ、丈六の坐像で、ヒノキ材の一木造り彩色。両脚部は近世の補作。法性寺五大堂は藤原道長が建立し、寛弘三年(一〇〇六)に供養されたが(『御堂関白記』『権記』)、この像の和様化の著しい作風とすぐれたできばえは、その造仏にあてるにふさわしく、また当時道長に重用された仏師康尚《こうしょう》の作に比定して誤りないと思われる。重要文化財。

参考文献　丸尾彰三郎他編『日本彫刻史基礎資料集成』平安時代重要作品篇五、井上正「東福寺同聚院不動明王坐像」(『国華』八四八)、山岸公基「同聚院(旧法性寺五大堂)不動明王像の造立とその意義」(『美術史』一二八)

(水野敬三郎)

豊国神社

とよくにじんじゃ

京都市東山区《ひがしやま》茶屋町《ちゃやちょう》五三〇に鎮座。旧別格官幣社。「ほうこくじんじゃ」ともいわれる。祭神は豊臣秀吉。明治初年に豊国廟を再興したもの。慶長三年(一五九八)八月十八日秀吉は没したが、その死は翌四年正月まで公表されなかった。その間早くも九月六日には前田玄以が遺言による「八棟作ノ社頭」建立と称し、内密の縄張りを方広寺の東方にある阿弥陀ヶ峰西麓(太閤坦《たいこうだいら》)に行なっていた。四年三月同所で仮殿の建設に着手、四月に完工し、同月十三日密かに秀吉の遺骸を伏見城より廟所に移し、阿弥陀ヶ峰山頂に埋葬した。同月十六日、大仏鎮守遷宮条々が発表され、廟所を方広寺の鎮守社と定めるとともに仮殿遷宮が行われ、十七日には神号宣命使より「豊国大明神」の神号が奉られた。十八日正遷宮があり、十九日には正一位の神位が贈られた。この方広寺鎮守社豊国社創立にあたっては、吉田社神主吉田兼見《よしだかねみ》の功績が大きく、神号を含めてこれに関与し、創建後は当代随一の神道家であった神竜院梵舜《ぼんしゅん》を神宮寺社僧として送り込むなど、慶長期における豊国社盛況の基礎をつくった。豊国社は豊臣秀頼より社領一万石の寄進をうけ、これを財政的背景として、北野社の社殿を範とした、中心的な建物である「八棟造」社殿の造営を続けた。関ヶ原の戦にも中断することなく続けられ、慶長七年には二層の楼門も完成、その宏壮華麗さは古今に絶するといわれた。この社殿の結構は、近世霊廟建築の起源ともなり、以後の日光廟建築などに影響を与えた。また、この壮大な景観は『洛中洛外図』(舟木本、重要文化財)、『豊国祭礼図』(豊国神社本・徳川黎明会本、ともに重要文化財)に描かれる。豊国社の例祭は四月十八日と八月十八日で、例年諸大名の参詣があり、能楽をはじめ種種の芸能があったが、慶長九年秀吉七回忌に際しての臨時大祭の盛儀はあまりにも有名。元和元年(一六一五)豊臣氏滅亡後、徳川家康は社領地を没収、神号を除き、神体を方広寺境内に移し、同五年には神宮寺を妙法院に移管、社殿の修理を禁止したため、まもなく退転した。のち明治元年(一八六八)朝廷は豊国社の再興を命じ、同六年別格官幣社、同十一年京都府によって旧方広寺大仏殿跡地に社殿が再興された。現在「豊国四社」として、京都のほかに大阪市中央区馬場《ばんば》町・名古屋市中村区中村町・滋賀県長浜市南呉服町に豊国神社がある。なお、現豊国神社の唐門は、南禅寺金地院《こんちいん》より移築したもので伏見城の遺構と伝え、また唐門としては、豊国社から滋賀県竹生島《ちくぶしま》に移築されたとする宝厳寺《ほうごんじ》唐門が現存する。社宝としては前記以外に伝粟田口吉光作薙刀直シ刀・蒔絵唐櫃・鉄燈籠などの重要文化財を所有する。

（森谷尅久）

曇華院　どんげいん

京都市右京区嵯峨北堀町三五に所在する尼寺。竹の御所ともいう。もと高倉宮御所跡(現、京都市中京区曇華院前町の東側地域)に所在した。暦応年中(一三三八—

四二）智泉尼《ちせんに》が高倉宮跡に瑞雲山通玄寺《つうげんじ》を創建し、のち曇華庵を建てて退居した。智泉は足利義詮夫人良子の母、夢窓疎石の法嗣無極志玄《むきょくしげん》（天竜寺二世）の姉である。通玄寺は京都尼五山に列せられ、曇華庵は院号に改称するが、応仁の乱で焼失したため通玄寺と合併して曇華院と号した。慶長八年（一六〇三）焼失し、衰退したが、近世には寺領六百八十四石を有し、第二十四世として入寺した後西天皇の皇女大成尼が延宝年中（一六七三―八一）に中興した。元治元年（一八六四）焼失し、明治に入って現在地に移り、鹿王院塔頭《ろくおういんたっちゅう》の瑞応《ずいおう》院《いん》を買得して再興がなった。

参考文献　飛鳥井慈孝編『曇華院蔵通玄寺誌』、堀永休編『嵯峨誌』

（竹貫　元勝）

奈具神社（京丹後市）

なぐじんじゃ

京都府京丹後市弥栄《やさか》町船木奈具三七三に鎮座。式内社。旧村社。奈具大明神すなわち豊宇賀能売神《とようかのめのかみ》を祀る。創建年代は明らかではないが、鎮座に関する伝来については、『丹後国風土記』に比治の真名井の天女羽衣伝説として世に聞えた神社で、所在の船木の里の奈具村は、天女が万病を癒す霊酒を醸して養父母の家を有富にしながらついにその家を追われ、放浪の末に「心成ニ奈具志久こ」といい留まった処とされ、『丹後旧事記』には「祭神、（中略）豊宇気比売死給跡也」と天女臨終の地としている。伊勢の『神道五部書』の中の『天照《あまてらし》坐伊勢二所皇太神宮御鎮座伝記《ますいせにしょこうたいじんぐうごちんざでんき》』『倭姫命世記《やまとひめのみことせいき》』などには、奈具社の神を酒殿神・農耕神としてある。例祭は十月十日。

（鈴木　義一）

奈具神社（宮津市）　なぐじんじゃ

京都府宮津市由良宮ノ上三三七に鎮座。この地は旧宮津街道の長尾峠の入口、丹後富士と呼ばれる由良岳の北西麓。式内社。旧村社。豊宇賀売命《とようかのめのみこと》を祀る。伴信友は『神名帳考証』に『丹後田辺府志』を引いて「奈具神社、天避社トモ天酒トモ云ヘリ、宇賀乃咩命也、豊宇気比女神也ト云リ」と述べ、鈴鹿連胤《すずかつらたね》は『神社覈録《じんじゃかくろく》』四三に「奈具は仮字也、祭神豊宇気比女神、今天避社、又酒社と称する、在所詳ならず」といっている。鎮座年代は不詳であるが、京丹後市の奈具神社と深い関係にあることは察知でき、『丹後国神社考証』にも「此社ハ竹野郡ナル奈具神社ヲ移セシナラン、勧請ノ年月ハ詳ナラネド奈具ノ神ハ酒神ノ神云々」と記している。例祭は十月十日。

（鈴木　義一）

梨木神社　なしのきじんじゃ

京都市上京区寺町通広小路上ル染殿町六八〇鎮座。明治十八年（一八八五）十月創建。旧別格官幣社。贈右大臣正一位三条実万《さんじょうさねつむ》・内大臣正一位大勲位三条実美《さねとみ》を祀る。神域は旧御苑内梨木町、三条家旧邸に隣接。実万は五摂家につぐ清華《せいが》家に生まれ、光格・仁孝・孝明の三代天皇に仕え、ことに孝明天皇を補佐して明治維新に尽くした。安政六年（一八五九）に没し、明治十八年生地に梨木神社が建設され、祭神として奉斎された。実美は実万の第四子、父の遺志を継いで王事に奔走、明治日本建設の大業を達成した。明治二十四年に没し、大正四年（一九一五）十一月十日第二座祭神として奉祀された。例祭は四月十八日・十月十日。社頭の染井の水は京都三名水のうち現存する唯一の名水で、境内は春は山吹、秋は萩の名所としてよく知られている。

（鈴木　義一）

奈良神社　ならじんじゃ

京都市北区上賀茂本山三三九鎮座の賀茂《かも》別雷《わけいかづち》神社摂社。奈良刀自神《ならとじのかみ》を祀る。鎮祭年代は不詳であるが、この神は神饌調理の守護神として膳部《かしわでべ》に斎き奉られてきた。そしてその膳部には、近衛天皇の久寿二年（一一五五）、十二人が置かれていたことが『台記』に記載されているから、それによって平安時代中期ころと推察できる。またいわゆる散飯《さば》神として崇敬されてきたことは、『左経記』長元四年（一〇三一）十二月十九日条に「参二斎院一、女房曰、朝夕散飯等、至二神宮一奉二難良刀自神一」と述べていることからも知られる。したがって年中諸祭典には、調之舎より神饌行立の際、まず当社にその散飯を奉るを例とされ、それは明治維新まで続けられ、現在も賀茂祭には奉られている。ナラトジの祭神名は、神饌・饗膳などに古く用いられた容器を神聖視してまつったところからきたものであろう。なおまた賀茂御祖《かもみおや》神社にも、古くから本宮の東（現在の亀島）に鎮祭されてあったことが諸文献によって知られる。

参考文献　伴信友『神名帳考証』一（『伴信友全集』一）、鈴鹿連胤『神社覈録』上

（鈴木　義一）

成相寺　なりあいじ

京都府宮津市字成相寺三三九にある寺。高野山真言宗。山号成相山（かつては世野山）。本尊聖観世音菩薩。西国三十三所札所二十八番。寺伝によれば慶雲元年（七〇四）真応の開山という。『今昔物語集』巻一六に「丹後国成合観音霊験語」をのせ、『梁塵秘抄』には本朝

七つの修験の霊験所の一つにあげている。重要文化財に、絹本著色紅玻璃阿弥陀如来像一幅、紙本墨書丹後国諸庄郷保惣田数帳目録一冊、鉄湯船一口がある。

（中嶋　利雄）

南禅寺　なんぜんじ

京都市左京区南禅寺福地町にある寺。臨済宗南禅寺派の本山である。文永元年（一二六四）亀山天皇は東山の一隅粟田口に接する福地の地に離宮を営んで禅林寺殿と称した。離宮には御堂護念院があったが、弘安九年（一二八六）火災で焼け、翌年再建された御堂が南禅院と名付けられた。今は南禅寺の別院として存し、庭園は史跡および名勝庭園に指定されている。天皇はのち臨済禅に帰依して正応四年（一二九一）には離宮を改めて寺とし、東福寺三世無関普門《むかんふもん》（大明国師）を請うて開山とした。南禅寺の起源である。しかし無関はその時すでに八十歳の高齢でその年に入寂したので翌年二世規庵祖円《きあんそえん》（南院国師）が入寺し亀山法皇の詔を受けて伽

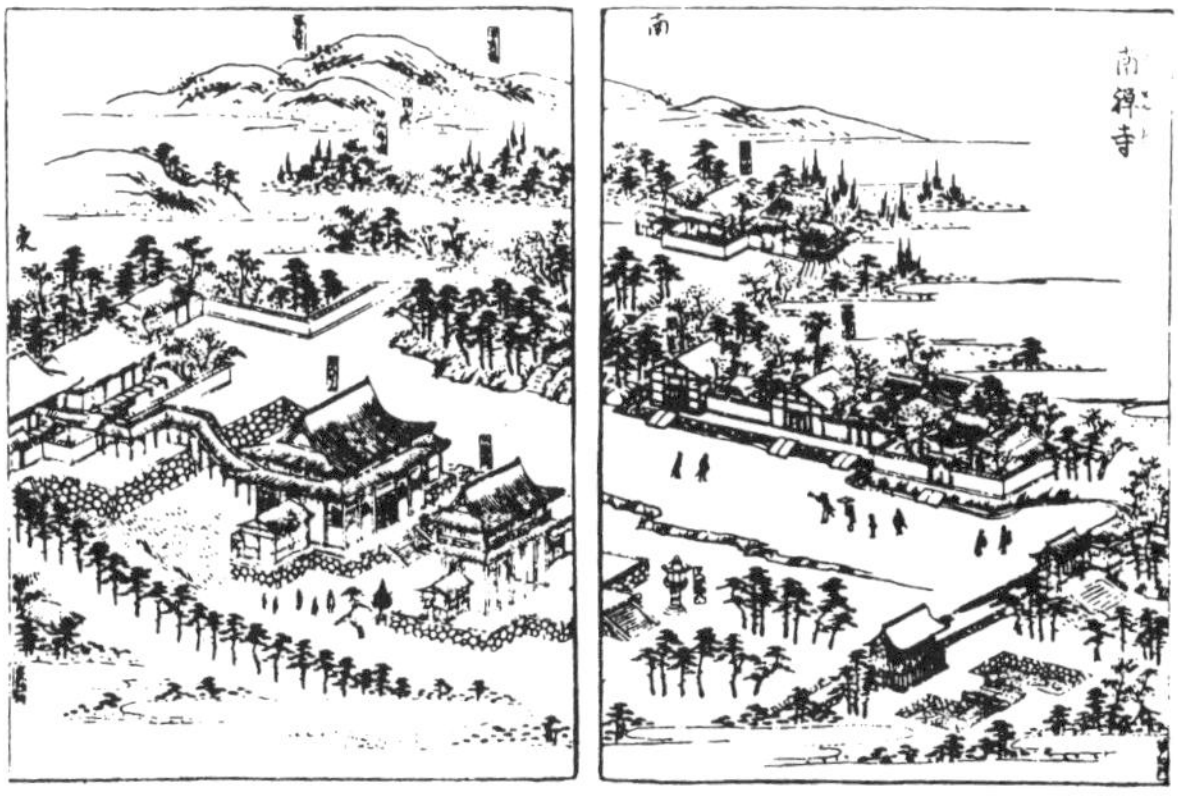

南禅寺（『都名所図会』３より）

藍の造営にあたった。永仁元年（一二九三）まず仏殿が完成し、続いて僧堂・三門・法堂《はっとう》などが竣工して七堂伽藍が完備した。はじめ寺を竜安山禅林禅寺と号したが、主要伽藍がほぼ整った永仁七年（正安元）亀山法皇はみずから禅林禅寺起願事を起草して寺の将来のことを定めた。寺領として遠江国初倉荘・加賀国小坂荘・筑前国宗像《むなかた》社の三ヵ荘を寄進するとともに、住持は法流を問わず器量卓抜才智兼全の人を選んで補任するいわゆる十方住持制を採ることを定めた。ついで寺名も改めて瑞竜山太平興国南禅禅寺とした。爾来大覚寺統を旦那とする寺となり後宇多法皇は徳治二年（一三〇七）鎌倉幕府に令して南禅寺を准五山に列せしめて建武中興に及んだ。建武元年（一三三四）後醍醐天皇は五山の制を用い、当寺を五山第一位に列し、暦応四年（一三四一）五山の順位を改定した室町幕府も南禅寺の順位はそのままとした。至徳三年（一三八六）足利義満は新たに建立した相国寺を五山に加えるため、南禅寺を京・鎌倉両五山の上に位する五山之上の寺格にし、禅宗寺院最高の地位に置いた。それ故鎌倉時代から室町時代にわたっては特に名僧の住持するものが多く黄

南禅寺三門

金時代を現出した。寺は創建以来三度の大火に遭ったがそれは明徳四年(一三九三)、文安四年(一四四七)と応仁元年(一四六七)とである。応仁元年の火災は兵火であって全山を烏有に帰し、そのうえ戦国時代となり寺領も各地の守護に横領されて大いに衰微するに至った。織田信長・豊臣秀吉による天下統一の実現した桃山時代から復興の気運に向かい、秀吉に用いられた玄圃霊三《げんぽれいさん》、徳川家康に重用された以心崇伝《いしんすうでん》らの努力により慶長十一年(一六〇六)には法堂が豊臣秀頼の寄進で再興され、同十六年には御所の御殿を拝領して方丈が建立され、さらに寛永五年(一六二八)には藤堂高虎《とうどうたかとら》の寄付によって三門も建立されて主要伽藍の復興が実現した。往時には及ばなかったが秀吉・家康の手で八百九十二石の寺領も与えられて近世南禅寺の基礎が確立した。神仏分離、廃仏毀釈の風潮の中で進行した明治維新の改革は、寺領の喪失、境内の縮小、塔頭《たっちゅう》の減少などかなりの打撃を与えた。その上明治二十八年(一八九五)一月には法堂の火災に見舞われたが同四十二年再建され、爾来塔頭の改築増築も行き渡り、現在塔頭十一、全国に散在する末寺四百三十ヵ寺の本山として活発に宗教活動を行なっている。

参考文献 桜井景雄編『南禅寺史』

天授庵

京都市左京区南禅寺福地町にある、臨済宗南禅寺派の本山南禅寺の開山塔である。開山無関普門は遷化のとき東福寺三世の住持でもあったので東福寺内に塔頭竜吟庵《りゅうぎんあん》が営まれ、南禅寺には設けられなかった。のち無関の法姪にあたる虎関師錬《こかんしれん》が南禅寺十五世住持になると開山塔なきことを嘆き暦応二年(一三三九)天授庵を開いた。戦国時代には衰微したが、桃山時代に細川幽斎の室の姪雲岳霊圭《うんがくれいけい》が住し細川氏の後援で再興し今日に至る。

参考文献 『無関和尚塔銘』

金地院

京都市左京区南禅寺福地町にあり、南禅寺塔頭の一院、臨済宗南禅寺派に所属する。

南禅寺六十八世住持大業徳基《だいごうとくき》が洛北鷹ヶ峰に開いた寺と伝えられているが明らかでない。大業の法曾孫以心崇伝が慶長十年(一六〇五)南禅寺住持に就任する直前に現在地に再建した。崇伝が徳川家康の帰依を得て徳川秀忠・家光にも仕えて幕府に重きをなすと、寺領も次第に加増されて千九百石にも及んだ。伽藍の増改築もしばしば行われたが、寛永四年(一六二七)に着手された工事は最大のもので現存する大方丈・小方丈・東照宮(いずれも重要文化財)、庭園(小堀遠州作庭、特別名勝)はそれから数年のうちに完成した。このほか崇伝が家康に用いられ幕府の行政に関わるようになると慶長十五年には駿府に、元和五年(一六一九)には江戸に金地院が建立された。また同年崇伝が僧録に任命されて以後明治元年(一八六八)まで歴代住職がその職を奉じ五山寺院の支配的地位に立った。

[参考文献] 粟野秀穂『本光国師崇伝長老』、桜井景雄『本光国師と南禅寺』、同「中興開山本光国師と金地院及僧録司」(『続南禅寺史』所収)、辻善之助「黒衣の宰相金地院崇伝」(『日本仏教史之研究』続編所収)

(桜井　景雄)

金地院八窓席

南禅寺塔頭金地院にある茶室。金地院崇伝の依頼をうけた小堀遠州の設計になる。『本光国師日記』の記事によれば、寛永五年(一六二八)中ごろまでには完成していたとみられる。外側に縁を付し、縁から躙り入る形式がとられている。内部は三畳台目。床と点前座が並んで配され、躙口は中央寄りに位置する。八窓席《はっそうのせき》と呼ばれているが、中柱袖壁の下地窓を合わせて六窓しかない。重要文化財。

[参考文献] 稲垣栄三「金地院茶室」(堀口捨己他編『茶室起絵図集』三所収)

(日向　進)

西大谷

にしおおたに

京都市東山区五条橋東六丁目五一四にある、浄土真宗本願寺派(西本願寺)の宗祖親鸞の廟所、および歴代宗主・門末の墓所。親鸞の廟所はもと大谷廟堂と称し、現在の知恩院境内にあった。その地は寛正六年(一四六五)延暦寺衆徒の襲撃により退転、天正十七年(一五八九)に再興した。その後慶長八年(一六〇三)に知恩院拡張のため、江戸幕府の命をうけ現地へ移った。廟地は二十丈四方、寺領一石余を有し、元来地名であった大谷の称をも移転継承した。万治三年(一六六〇)、親鸞四百回忌を翌年にひかえ、仏殿を西方三十歩に改築着工し、その背後に廟墳を移し、また鐘楼(兼鼓楼)を築いた。翌寛文元年(一六六一)仏殿落成、第十三世良如自刻の仏像を本尊として慶讃、はじめて輪番所を置いた。

また同年、本廟の外域に九条西光寺が造墓、門末による大谷造墓の発端となった。寛文二年、親鸞廟墳の北に第十一世顕如、南に第十二世准如の墳を築き、歴代宗主大谷造墓の例となった。同九年、茶所(接待所)建築。延宝元年(一六七三)、福井別院の本尊を遷座。元禄七年(一六九四)、はじめて宝形造方一間半の霊廟を築いた。同九年、本尊を新刻。同十一年「祖壇」の額を霊廟に、同十五年山号「竜谷山」の額を仏殿に掲げた。この山号は、「瀧」の字をオオタニと訓むのに因むという。宝永六年(一七〇九)拝堂(明著堂)、享保九年(一七二四)玄関・対面所・聴聞所・納骨堂造営。数々の堂舎が整備され、洛東の景勝の地となった。明和八年(一七七一)には境域一万千二百九十五歩に、八千の墓塔が並ぶに及んだ。慶応三年(一八六七)、二天門より出火し、仏殿・玄関・対面所・奥書院・輪番所・納骨堂・香積などを焼失。明治三年(一八七〇)仏殿・仮書院・香積・納骨所、同五年二天門、同三十二年書院を再建。同四十一年に至り、親鸞六百五十回忌予修に際し、対面所・聴聞所・手水屋形・通用門などを造営修理し、ようやく諸堂が再興整備された。また昭和四十四年(一九六九)に無量寿堂(納骨堂)と会館を新築した。→本願寺《ほんがんじ》

参考文献 石倉重継『本派本願寺名所図会』、『本

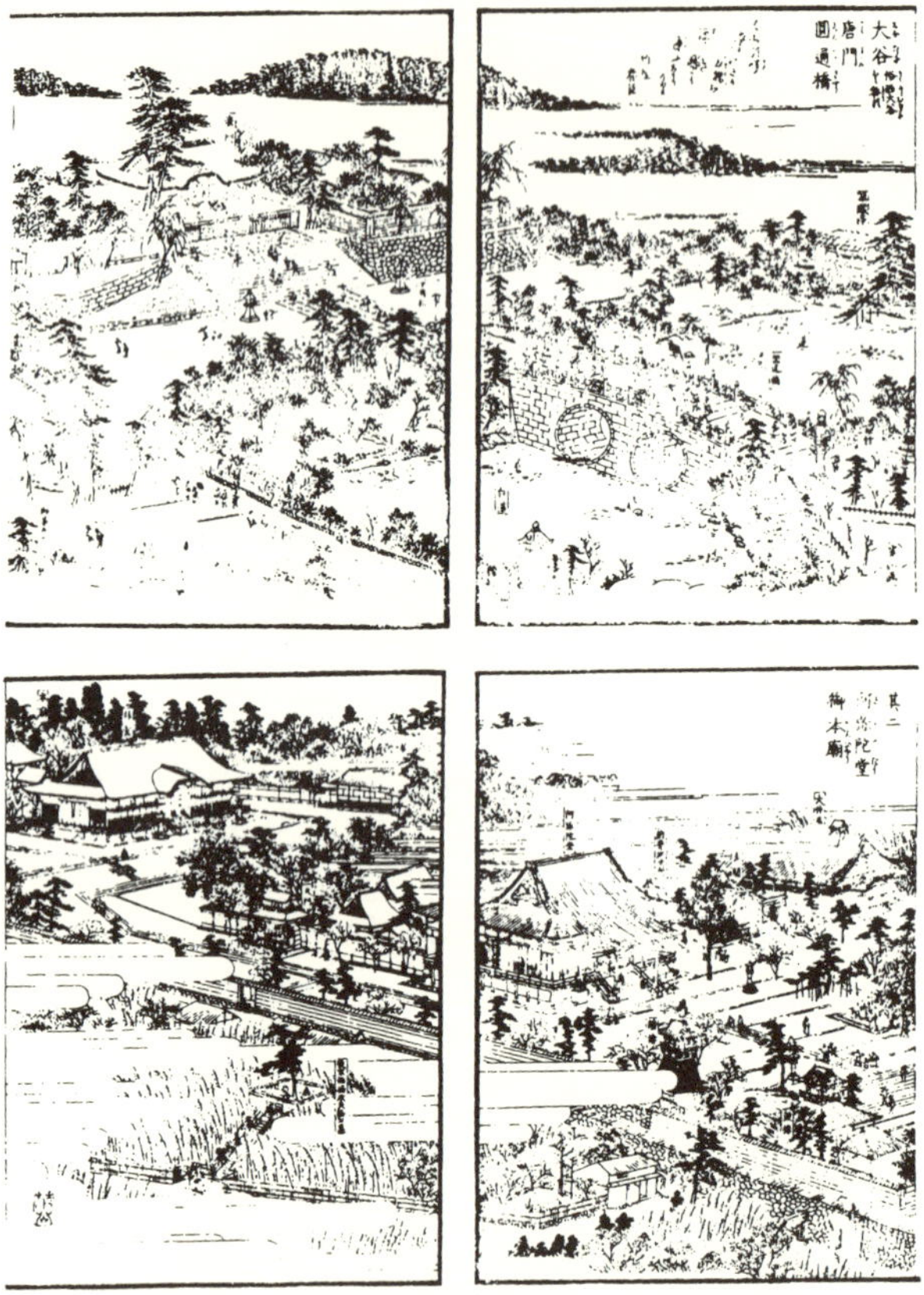

西大谷(『花洛名勝図絵』 4より)

願寺史』二　（首藤　善樹）

二尊院

にそんいん

京都市右京区嵯峨二尊院門前長神町《ちょうじん》二七にある天台宗の寺院。承和年中（八三四―四八）に開創されたといわれる。鎌倉時代作といわれる釈迦・弥陀二尊を本尊とするので二尊院の名があるが、寺号は小倉山華台寺《けだいじ》（また阿耨菩提寺）という。その後衰微したが、法然房源空およびその弟子湛空が入り再興し、天台・真言・律・浄土の四宗兼学の道場として隆盛した。さらに南北朝時代に焼失し、足利義教によって再建された。その後、応仁の乱で荒廃したが、再興して後柏原天皇や後奈良天皇に授戒し、さらに三条西実隆《さんじょうにしさねたか》の尽力で堂舎が整備された。江戸時代には寺領が与えられ発展した。明治時代、三条実美によって本堂や庫裡が修理された。境内には角倉了以・伊藤仁斎などの墓がある。寺宝として、足曳御影と呼ばれる絹本着色法然上人像、七箇条制誡、さらに絹本着色の三条西実隆像・浄土五祖像・

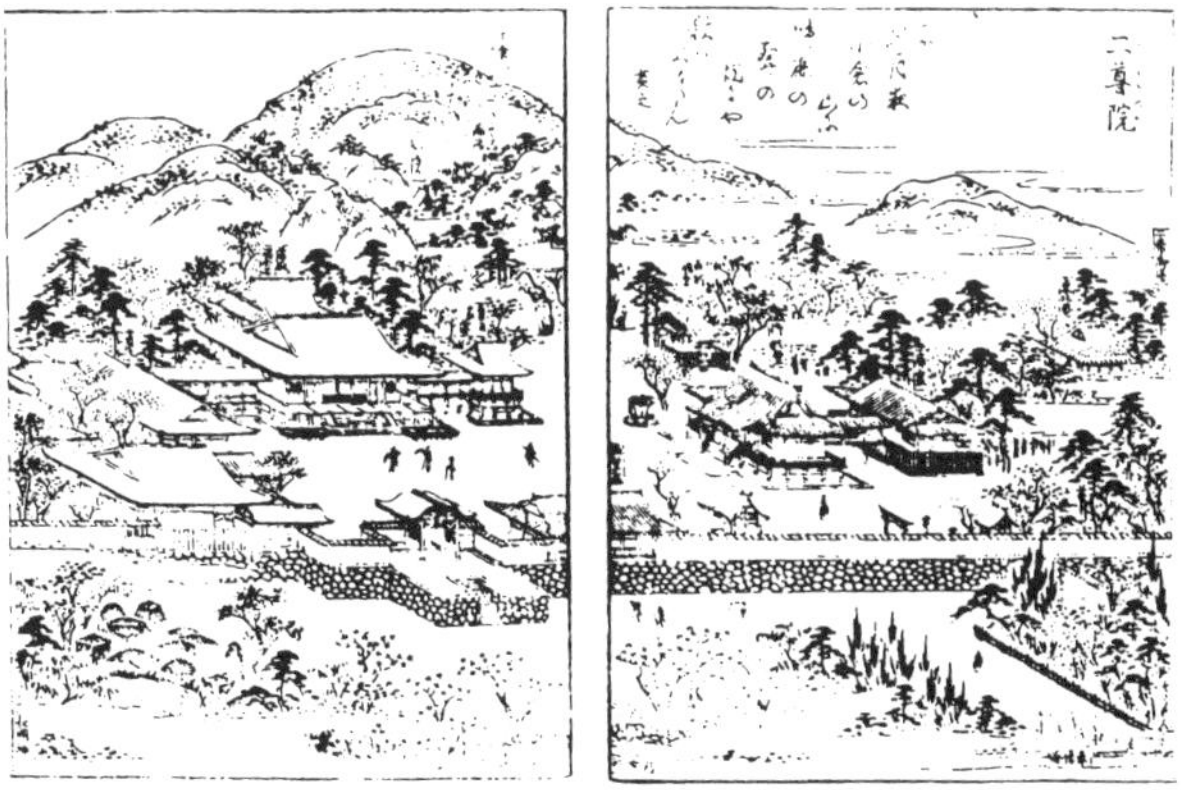

二尊院（『都名所図会』４より）

十王像・釈迦三尊像、木造の釈迦如来像および阿弥陀如来像(以上いずれも重要文化財)など、多数のものがある。

二　尊　院　本　堂

参考文献　『二尊院縁起』、大島武好『山城名勝志』九(『(増補)京都叢書』七)、秋里籬島編『都名所図会』四(同一一)

(福原　隆善)

若王子神社

にゃくおうじじんじゃ

京都市左京区若王子町二にある。祭神は天照《あまてらす》・国常立《くにのとこたち》・伊弉那岐《いざなぎ》・伊弉那美《いざなみ》の四神(『京都坊目誌』)。社伝では永暦元年(一一六〇)に熊野那智権現神を勧請したものといい、神仏習合思想により若王寺とも表記された。禅林寺(永観堂)に近接していたためその鎮守神となり、熊野信仰の盛行とともに朝野の尊崇をうけた。すぐ西には同じく後白河法皇の勧請を伝える熊野神社がある。源頼朝が『般若心経』を奉納し、足利尊氏・義満が所領の寄進・安堵をするなど、京都近郊の熊野神としての地位をたもったようである。応仁の乱の戦火で荒廃

若王子(『都名所図会』3より)

したが豊臣秀吉の保護などによって再興され、江戸時代には正東山若王子乗々院と号し聖護院の院家の一つとなった。明治に至って神仏分離により神社となる。

(井上　満郎)

仁和寺　にんなじ

京都市右京区御室大内《おむろおおうち》三にある。真言宗御室派総本山。大内山と号し、仁和寺門跡・御室御所という(「御室」は仁和寺の異称として鎌倉時代からみえ、多く用いられている)。光孝天皇の御願により造営が始められ、宇多天皇の仁和四年(八八八)八月に金堂の落慶供養が、真然を導師として行われ、年号により仁和寺と名付けられた。宇多上皇は、昌泰二年(八九九)十月益信《やくしん》を戒師として当寺において出家し、延喜元年(九〇一)十二月益信から東寺において両部灌頂を受けた。当寺金堂の西南に法皇のために御室(室は僧房のこと)がつくられ、法皇は延喜四年三月遷御し、承平元年(九三一)御室において崩じた。宇多法皇—寛空—寛朝(広沢遍照寺を創む)—済信と伝えられた法流は、御室第二代性信(大御室)に伝えられた。第三代覚行(中御室)ははじめて法親王の宣下を蒙った(以後、開田准后を除き法親王が御室を継承)。第四代覚法(高野御室)・第五代覚性(紫金台寺御室)を経て、第六代守覚(喜多院御室)は博学で著作・聖教を多くのこし、当寺の中興とされ

仁和寺の建築・彫刻

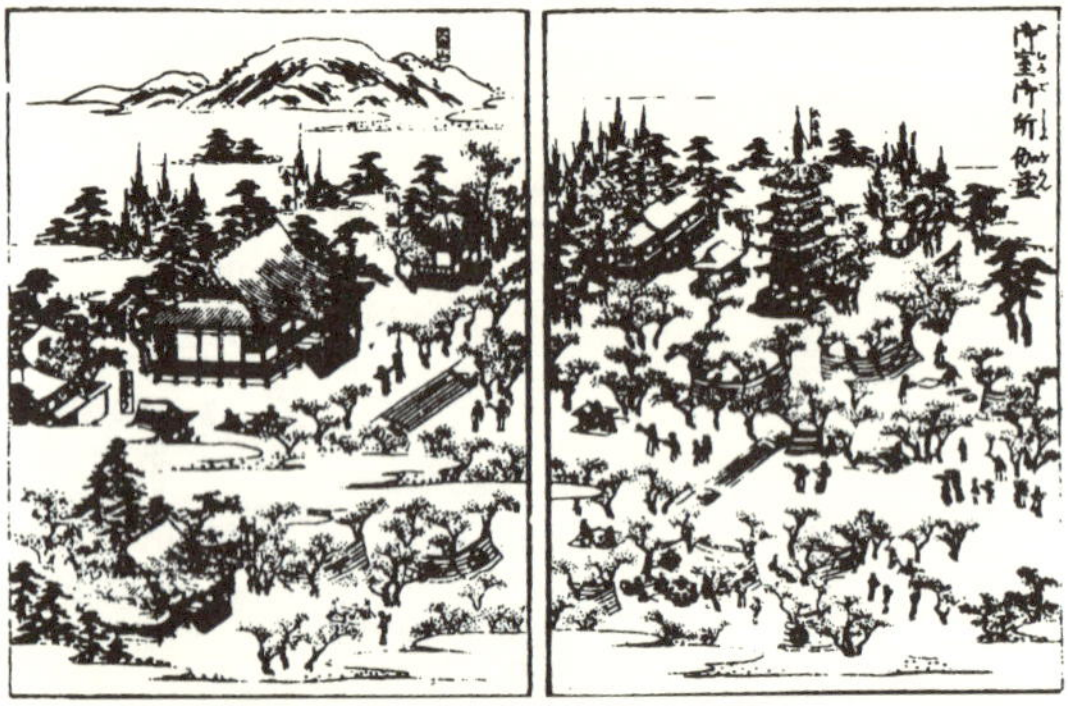

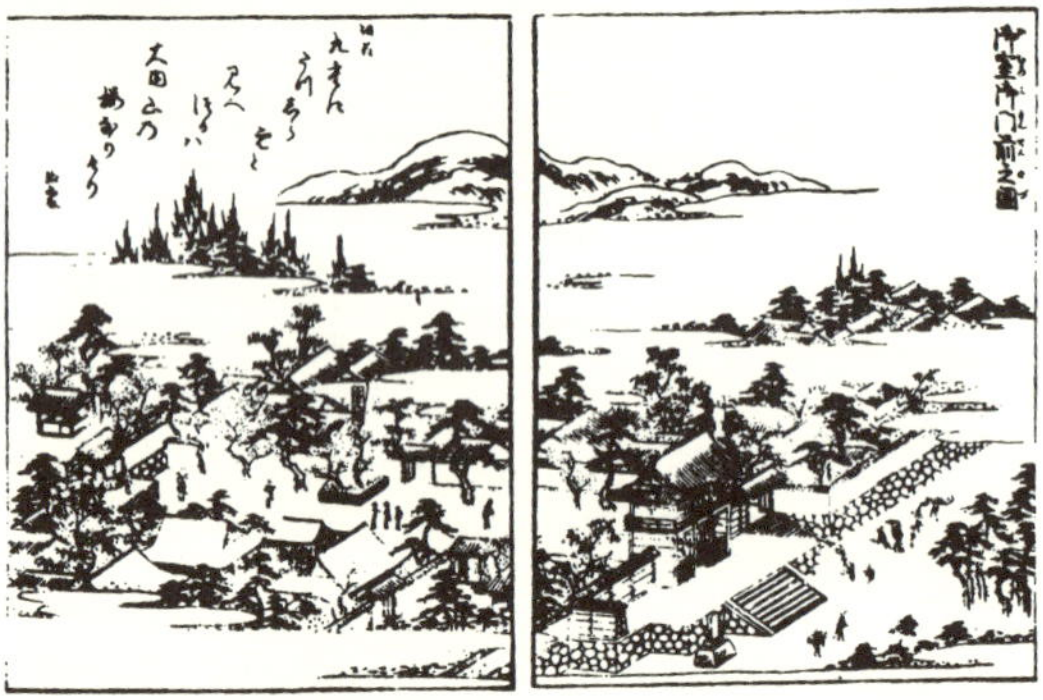

仁和寺(『都名所図会』6より)

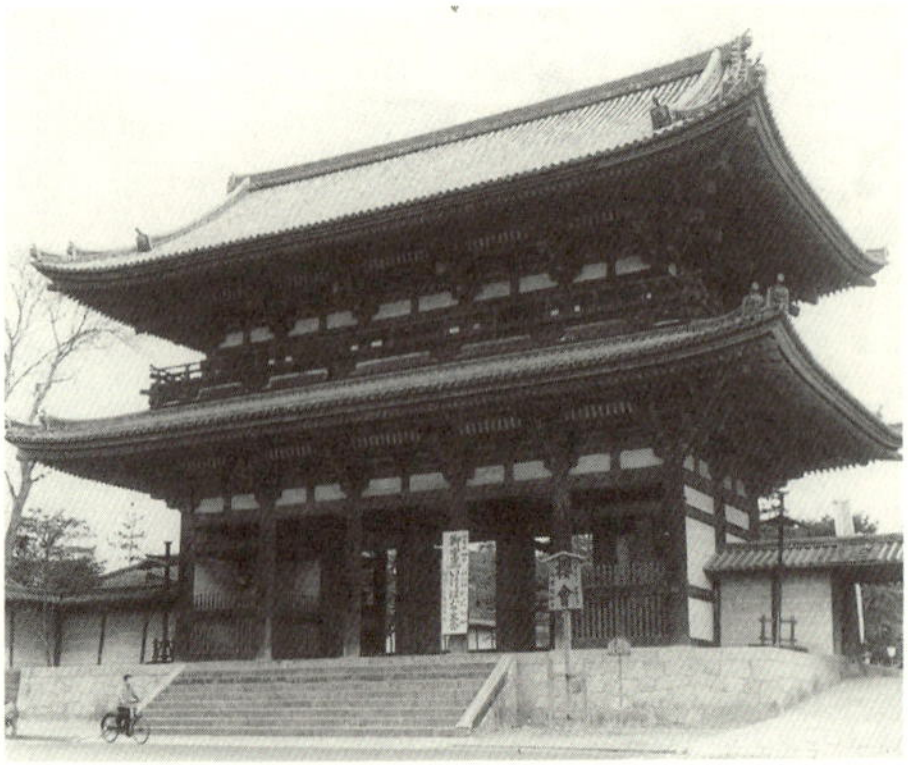

二　王　門

金　　　　堂

右脇侍

中　尊

左脇侍

阿　弥　陀　三　尊　像

る。第七代道法(後高野御室)・第八代道助(光台院御室)・第九代道深(金剛定院御室)・第十代法助(開田准后、九条道家息)・第十一代性助(後中御室)・第十二代性仁(高雄御室)・第十三代深性(尊勝院御室)・第十四代寛性(常瑜伽院御室)・第十五代法守(禅阿院御室)と相承けて、南北朝時代に及んだ。一方、平安時代から鎌倉時代にかけて、円融寺(円融法皇御願)・円教寺(一条院御願)・円乗寺(後朱雀院御願)・円宗寺(後三条院御願)・法金剛院(待賢門院御願)をはじめ、多くの寺院が建立され、また寺内の子院も多く、盛時には六十余に及んだ。応仁二年(一四六八)九月堂塔が全焼し、双ヶ丘《ならびがおか》の西麓の数箇の子院において法務が維持された。第二十一代覚深(後南御室)は、寛永年間(一六二四—四四)復興を成し遂げた。時の皇居改造に際し、旧の紫宸殿《ししんでん》・清涼殿(慶長年間(一五九六—一六一五)造)を金堂・御影堂として移建、ほか五重塔などの堂塔・子院十余を再興、正保三年(一六四六)落慶供養が行われた。朱印地は千五百二石であった。江戸時代末、第三十代純仁は還俗し(小松宮彰仁親王)、皇族の御室は終った。しかし小松宮は仁和会を組織し、当寺の興隆を計った。明治二十年(一八八七)の火災で二十余宇が焼け、二十三年に十余宇が建てられた。明治三十六年真言宗御室派を称し、大正十四年(一九二五)に大覚寺・高野の二派と合併し、古義真言宗を称した。その後、昭和十六年(一九四一)真言宗各派と合同して真言宗となり、第二次世界大戦後、独立して真言宗御室派となる。この間、土宜法竜管長の時、堂舎の復興を計り、黒書院・霊明殿などを建築し、大正三年落慶供養が行われた。寛永時再興の堂塔は、金堂・五重塔・御影堂などが現存する。当寺の重宝は、空海将来の『三十帖冊子』をはじめとし数多いが、記録・典籍では『承久三年四年日次記』『仁和寺日次記』『別尊雑記』『黄帝内経明堂』『黄帝内経太素』があるほか、『仁和寺文書』には後宇多天皇・後嵯峨天皇の宸翰、後鳥羽天皇『無常講式』などが含まれている。

参考文献　奈良国立文化財研究所編『仁和寺史料』寺誌編（『奈良国立文化財研究所史料』三・六）、出雲路敬和『仁和寺史談』

（田中　久夫）

阿弥陀三尊像　中尊は定印の坐像で像高八九・五センチ、両脇侍は立像で像高約一二三センチ。いずれもヒノキ材の一木造りで乾漆仕上げ、漆箔とする。中尊の光背二重円相部・蓮華座は当初のものを存する。作風上、仁和四年（八八八）に建立された仁和寺金堂の当初の本尊とみられる。納衣を右肩に少し懸けた定印の坐像は、平安時代以後阿弥陀如来像の通形となるが、その初例である。定印は密教図像に因るが、立像の両脇侍を配した三尊構成は天平時代以来の伝統に則ったものである。国宝。なお本像と一具同時の作と思われる二天像が同寺に存する。

参考文献　丸尾彰三郎他編『日本彫刻史基礎資料集成』平安時代重要作品篇四、紺野敏文「仁和寺阿弥陀三尊像の造立年代の検討」（『仏教芸術』一二二）、伊東史朗「仁和寺阿弥陀三尊像の諸問題と同寺二天像」（『MUSEUM』四四五）

（水野敬三郎）

橋　寺　はしでら

京都府宇治市宇治東内一にある真言律宗寺院。山号は雨宝山。橋寺・放生院と通称するが、正しくは放生院常光寺。当寺蔵の宇治橋断碑（重要文化財）によれば、大化二年（六四六）に道登が宇治橋を架橋しているが、その北畔に寺は位置する。ただし、この架橋については道照とする別伝もある（『続日本紀』）。この橋はしばしば流失したから、元来橋寺は渡河に難渋する人々の救済のための施設でもあったらしい。寺伝では推古天皇十二年（六〇四）聖徳太子の創建というものの、明らかでない。鎌倉時代に叡尊が橋の修築と網代の破棄を行なっており、現存する浮島十三重塔（石造十三重塔、弘安九年（一二八六）、重要文化財）はこのときのものである。放生院の名もこのときに生じたものかと思われる。

（井上　満郎）

橋寺（『都名所図会』５より）

般舟三昧院

はんじゅざんまいいん

京都市上京区今出川千本東入般舟院前町一五一にある。

般舟院（『都名所図会』１より）

指月山般舟院といい、天台・真言・律・浄土（または禅）の四宗兼学の道場であったが、現在は天台宗に属する。後土御門院の草創で、もと伏見（豊後橋北、通称般舟院屋敷)にあり、橘俊綱の住居であった。離宮として代々に及び、伏見殿と号した。後崇光院の第一皇子の後花園天皇が称光天皇のあとを継ぎ、伏見殿(一説三条公光第)において即位した(『般舟三昧院記』)。のち後土御門院が継ぎ、幼少の間、この離宮に住した。後土御門院は二尊院の四宗兼才の円慈和尚善空(恵篤)より菩薩大戒を受け、安養浄土の安心を得た。般舟三昧院は二尊院の住持が兼ねた時期がある。文明年中(一四六九―八七)に離宮に仏閣を建て、般舟三昧を修する寺として般舟三昧院の勅額をかけたのがはじまりという。延徳元年(一四八九)後土御門院四十八歳の時の尊形を模写し、和歌一篇を題しこの寺に残した。以後、遺勅あって代々院の追善追福の法が修せられる。永正十四年(一五一七)九月、後土御門院の聖忌をこの院に修し、覚雅《かくが》を導師として御経供養を行う(『宣胤卿記《のぶたねきょうき》』)。天正年中(一五七三―九二、一説に文禄三年(一五九四))に豊臣秀吉が伏見に築城のため千本今出川に移した。この地はもと歓喜寺の旧地と伝える。方丈に後水尾院の賛、妙法院の宮尭恕《ぎょうじょ》親王の筆になる後水尾院の画像がある。方丈のうしろに藤原定家を供養する地蔵石塔があり、定家の時雨亭もこの地に在ったとも伝える。なお寺宝として、木造不動明王坐像(平安時代、重要文化財)、木造阿弥陀如来坐像(同)がある。

参考文献 黒川道祐『雍州府志』四(『(増補)京都叢書』三)、大島武好編『山城名勝志』二(同七)、白慧『山州名跡志』二一(同二〇)

(福原 隆善)

東大谷

ひがしおおたに

京都市東山区円山町四七七にある、真宗大谷派(東本願寺)の大谷本廟(大谷祖廟)をさす。開祖親鸞の廟所。慶長七年(一六〇二)、教如が東六条に本願寺を別立した際、境内西南隅に祖廟を建立したのに始まる。琢如《たくにょ》のとき現在地を買収、親鸞・教如以下の墳墓を移転し、寛文十年(一六七〇)七月十八日移徙供養を遂げた。元禄十四年(一七〇一)廟墓を改葬し、仏殿を落成。その後、公武の縁故者などの収骨が増えた。 ↓本願寺《ほんがんじ》

参考文献 細川行信『大谷祖廟史』

(首藤 善樹)

毘沙門堂 びしゃもんどう

京都市山科区安朱《あんしゅ》稲荷山町一八にある寺。天台宗。毘沙門堂門跡。山号院号は護法山安国院。かつては出雲寺と称した。鎌倉時代の初め平親範《たいらのちかのり》が、平等寺(桓武平氏の祖葛原親王が建立、本尊以外は焼失)・尊重寺(平親信が建立するが廃寺)の二ヵ寺を護法寺(親範の父範家が創建、長寛元年(一一六三)に焼亡、毘沙門像だけが大原を経て、建久六年(一一九五)に出雲に移転)にまとめ、京都出雲路に五間の精舎を建立し、この平氏ゆかりの三寺の本尊を、毘沙門天を中心に安置する。すなわち、西を平等寺、東を尊重寺、護法寺を中として、比叡山延暦寺の根本中堂《こんぽんちゅうどう》にならった。桜花で世にきこえ、明禅《みょうぜん》も住持したとされるが詳らかでない。その後一時廃絶し、寛文五年(一六六五)天海の弟子公海が再興して門跡寺院となる。伽藍は本堂・霊殿・寝殿・庫裏・仁王門などで、塔頭《たっちゅう》寺院の双林院・竜華院《りゅうげいん》・妙光院がある。また『紙本墨書洞院公定日記』『注大般涅槃経』『紙本墨書篆隷文体』などの重要文化財を蔵する。

参考文献 『大日本史料』四ノ一三、建保二年二月十七日条、大島武好『山城名勝志』二・一七(『(増補)京都叢書』七・八)

(野村 恒道)

平等院

びょうどういん

京都府宇治市宇治蓮華一六にある寺院。現在は単立。山城国宇治の地は古来大和から北方に通ずる交通の要衝で、平安時代では山水の景勝として貴族の別業の地となった。長徳四年(九九五)十月、左大臣源重信の未亡人から左大臣藤原道長が買いとったのが宇治殿(宇治院)である。万寿四年(一〇二七)十二月、道長が没すると、宇治殿はその子頼通に伝えられた。永承七年(一〇五二)三月、関白頼通は宇治殿を仏寺とし、平等院と号した。その翌年の天喜元年(一〇五三)に落成したのが平等院の阿弥陀堂(近世になって鳳凰堂と呼ぶ)である。その本尊阿弥陀像は仏師定朝《じょうちょう》の作で、同年三月四日に堂とともに供養された(『定家朝臣記』)。康平四年(一〇六一)十月二十五日、平等院の塔が供養された(『定家朝臣記』)。治暦二年(一〇六六)十月十三日、頼通の子右大臣師実《もろざね》は五大堂の供養を行なった(『扶桑略記』)。延久元年(一〇六九)、当寺の経蔵で一切経会《いっさいきょうえ》がはじめて行われ、翌年からは三月三日と定めて毎年の盛大な行事となった(『扶桑略記』)。同五年、右大臣源師房《もろふさ》は不動堂を供養した(『江都督納言願文集』三)。大治元年(一一二六)八月九日には愛染堂(円堂)が供養された(『中右記目録』)。降って建武三年(一三三六)正月七日、楠正成と畠山高国らの攻防戦で、平等院の宝蔵以下の建物が焼失した(『続史愚抄』など)。寛文十年(一六七〇)には鳳凰堂の修理を行なった(『平等院奉加帳後記』)。元禄十一年(一六九八)三月三日、宇治の大火で平等院の北大門と西大門が焼けた(『山州名跡志』)。明治三十六年(一九〇三)—四十年には鳳凰堂の半解体修理、昭和二十五年(一九五〇)—三十一年には同堂の解体修理が行われた。庭園は国指定の史跡・名勝。

参考文献 『平等院大観』、『古事類苑』宗教部三、

福山敏男他『平等院図鑑』、福山敏男『日本建築史研究』　（福山　敏男）

鳳凰堂　天喜元年（一〇五三）三月に供養されたこの堂は、中堂を中心にして左右に翼廊、後ろに尾廊がある。中堂はもこしをつけるので、二重の建物のように見え、左右翼廊の隅に設けられた二重三階の宝形造《ほうぎょう》の隅楼とともに均整のとれた形を示す。前庭には池を配し、さながら浄土曼荼羅の宝楼閣を見るような構成をとる。中堂は組物が三手先《みてさき》で、軒は地垂木《じ》・飛檐《ひえん》垂木の二軒《ふたのき》とし、奈良時代以来の古式な地円飛角（地垂木が円、飛檐垂木が角の断面を持つ）の伝統を踏襲する。内部は背面のもこしを取り入れ中央に須弥壇《しゅみ》を置き、方三間堂的な平面としている。小壁には多数の雲中供養菩薩を飾り、柱・組物・天井など極彩色を施し華麗である。正面のもこし中央の屋根を切り上げたのは、本尊阿弥陀如来の尊顔を欄間ごしに拝めるように計画したものである。もこしは大面取りの角柱で組物は平三斗《ひらみつと》とし、組物の下は三方を吹放し、床も簀子《すのこ》敷にして軽やかな外観とする。国宝。

平等院鳳凰堂

参考文献　『平等院大観』一　（工藤　圭章）

阿弥陀如来像

鳳凰堂の中堂須弥壇上に安置される本尊。像高二七八・八センチ、髪際下を八尺とした丈六の坐像で、定印を結ぶ。『定家朝臣記』によれば天喜元年(一〇五三)二月十九日に京から運ばれて仏壇上に安置され、この日「法眼定㝵《じょうちょう》」が禄をたまわった。「㝵」は「朝」の音通で、仏師定朝が本像を造立したことを証する。やさしく穏やかな表情、なだらかな曲面と曲線により構成された調和のとれた尊容は、定朝晩年の完成様式を示すと同時に、彫刻における和様化の極点を示す。檜材の寄木造り漆箔で大きく内刳りを施し、完成した寄木技法の初例である。像内には梵字の阿弥陀大呪・小呪を記した白色の円板を華麗な彩色を施した蓮台上に安置したものを納入する。以後に多く知られる心月輪《しんがちりん》納入の最古の遺例である。台座は蓮華八重座。光背は二重円相に雲烟《うんえん》を透し彫りした周縁部をつけるが、周縁部はこれに付した飛天六軀のほかは後補で、当初はこれ以後に流行した、飛天とその天衣で構成するいわゆる飛天光であったとみられる。上方には立体的な宝相華透し彫りで装飾した木造の天蓋《てんがい》が吊られ、中堂内の長押《なげし》上小壁には五十二軀の木造彩色の供養菩薩群像が懸けられて、阿弥陀如来を讃嘆するさまがあらわされる。これらの荘厳は阿弥陀如来像の円満な慈悲相と渾然とした調和を保ち、華麗な浄土の景観を表現している。いずれも定朝の統率下、その工房の制作になるものである。国宝。

平等院阿弥陀如来像

参考文献　丸尾彰三郎他編『日本彫刻史基礎資料集成』平安時代造像銘記篇六・七、秋山光和他編『平

等院大観』二

（水野敬三郎）

鳳凰堂壁扉画

鳳凰堂中堂内部は、創建当初より至るところ華麗に彩色されていたが、なかでも壁扉画配置図で示すように、正面（東面）三対の扉、左右（南北）側面の東寄り各一対の扉および同側面の各中央板壁、仏後壁裏面（二図）の計九画面と背面（北面）一対の扉画面には、『観無量寿経』が説く九品《くぼん》往生観と日想観とが描かれ、堂内壁扉画の中心画題となっている。九品往生観、すなわち生前の善根や悪業の深浅に応じてさまざまな臨終をとげる往生者の有様と、その魂を迎えとるため極楽浄土から現世に出現した阿弥陀如来・諸菩薩を描いたいわゆる九品来迎図は、ここでは『観経』の説く九品の差異とは関わりなく、いずれも盛儀を尽くした華やかな聖衆来迎の光景を表わし、その背景には興趣あふれるやまと絵四季風景画が展開している。とりわけ正面左右扉（上品中生・上品下生）と側面二扉（中品上生・下品上生）四対の扉絵は、当初の鮮明な色調が失われてはいるが、張りのある精緻な朱の肉身線や衣の美しい截金線などで穏和な仏菩薩をこまやかに描き出しており、創建当初のもの。現存最古のしかも最も優れた構成を示す典型的な来迎図として貴重である。両側面板壁の二図は、時代が降り平安時代末ころ、正面中央扉は、江戸時代に描き直され、仏後壁裏面二図は、剝落が著しく図様は不明。なお、仏後壁表面には、創建時の扉絵とはまた別趣の画風で地上の王侯たちによる阿弥陀仏供養の図が表わされ、さらに堂内十本の柱に描かれた奏楽歌舞の菩薩や瑞鳥文様も堂内に極楽浄土を現出するのに役だっている。国宝。

参考文献　秋山光和『平安時代世俗画の研究』、田口栄一『平等院と中尊寺』（『名宝日本の美術』九）、同「鳳凰堂扉絵における来迎表現と観経九品往生観について」（『美術史』九七・九八合併号）、同「鳳凰堂九品来迎図調査報告」（『仏教芸術』一四一・一四

三）

（田口　栄一）

びょうどうじ

平等寺

京都市下京区松原通烏丸東入因幡堂町七二八に所在する真言宗智山派の寺。通称、因幡薬師、因幡堂。山号は福聚山。開創については、長徳三年（九九七、一説、寛弘二年（一〇〇五））因幡国加留津の海に夜々光あり、国司橘行平が夢告を受けて漁師に命じ網を下すと、薬師如来像を引き上げたので一宇を建立した。長保五年（一〇〇三）この尊像は烏丸高辻の行平邸に飛来したので、彼の邸宅を薬師寺とした、と伝える。開山は行平の孫の光朝である。応保元年（一一六一）後白河上皇の御幸あり、承安元年（一一七一）四月、高倉天皇が勅命を下して寺名を平等寺と定めた。治承元年（一一七七）四月の京都大火など、たびたび火災で全焼した。本尊薬師如来は等身一本彫で、信濃善光寺の阿弥陀如来、嵯峨清涼寺の釈迦如来とともに日本三如来の一つといわれる。本尊薬師如来立像、如意輪観世音菩薩坐像、

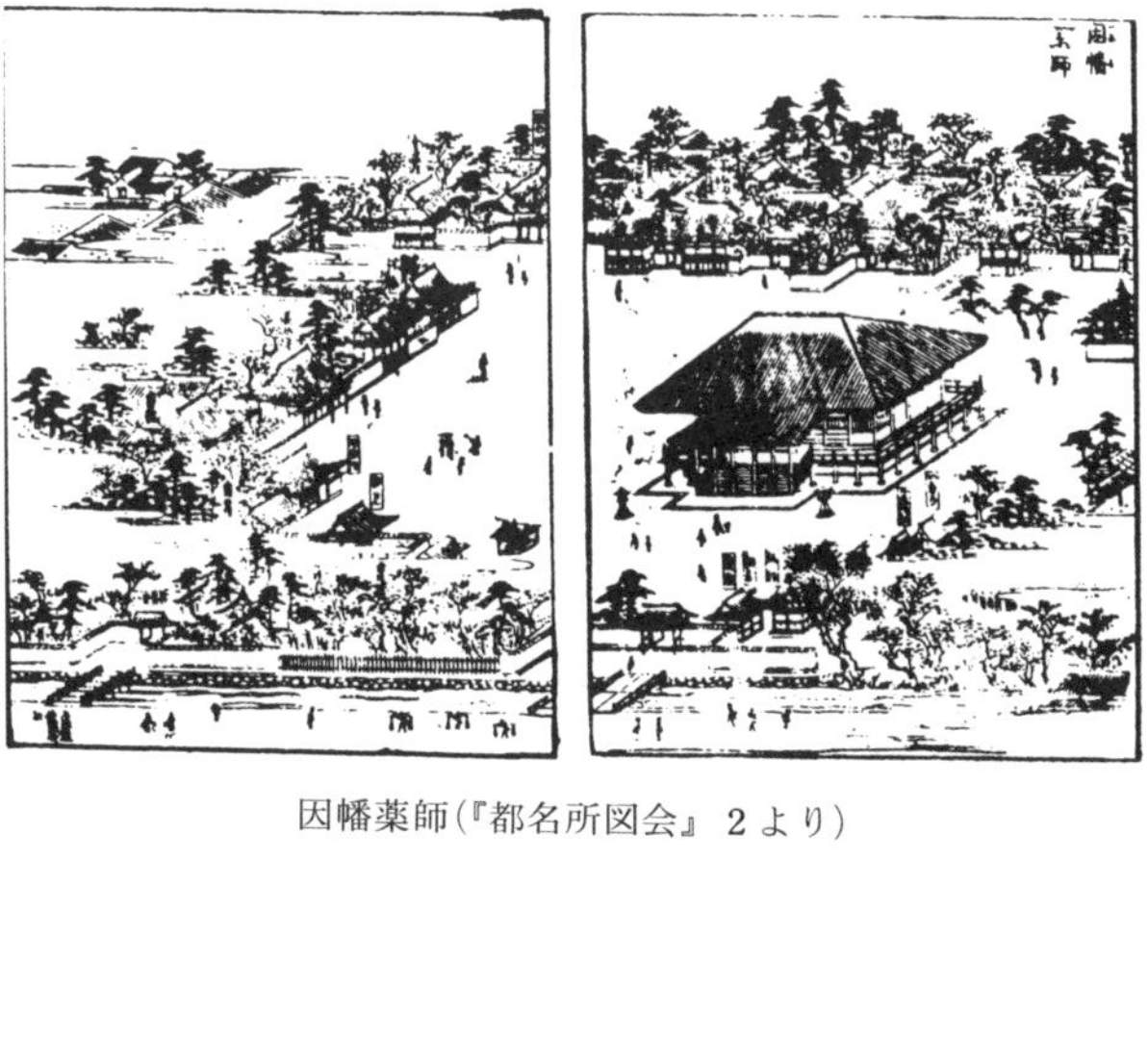

因幡薬師（『都名所図会』２より）

平　等　寺　本　堂

建保元年（一二一三）銘の釈迦如来立像は重要文化財に指定されている。

参考文献　『因幡堂縁起』（『（新修）日本絵巻物全集』三〇）、竹村俊則『昭和京都名所図会』五、林屋辰三郎・村井康彦・森谷尅久他編『京都市の地名』（『日本歴史地名大系』二七）、京都国立博物館『学叢』五

（宮坂　宥勝）

平野神社

ひらのじんじゃ

京都市北区平野宮本町一鎮座。旧官幣大社。祭神は今《いま》木神《きのかみ》（第一殿）、久度神《くどのかみ》（第二殿）、古開神《ふるあきのかみ》（第三殿）、比《ひ》売神《めのかみ》（第四殿）。当社は延暦十三年（七九四）十月桓武天皇が平安遷都の後、生母高野新笠《たかののにいかさ》の祖廟として祀られていたのを外戚の故をもって大和国から皇居近くに遷し祀ったもので、その時期は、『類聚三代格』貞観十四年（八七二）十二月十五日の太政官符に、延暦年中に建てられた由がみえ、ついで延暦二十年五月十四日の太政官符には平野祭が載っているので、それ以前と思

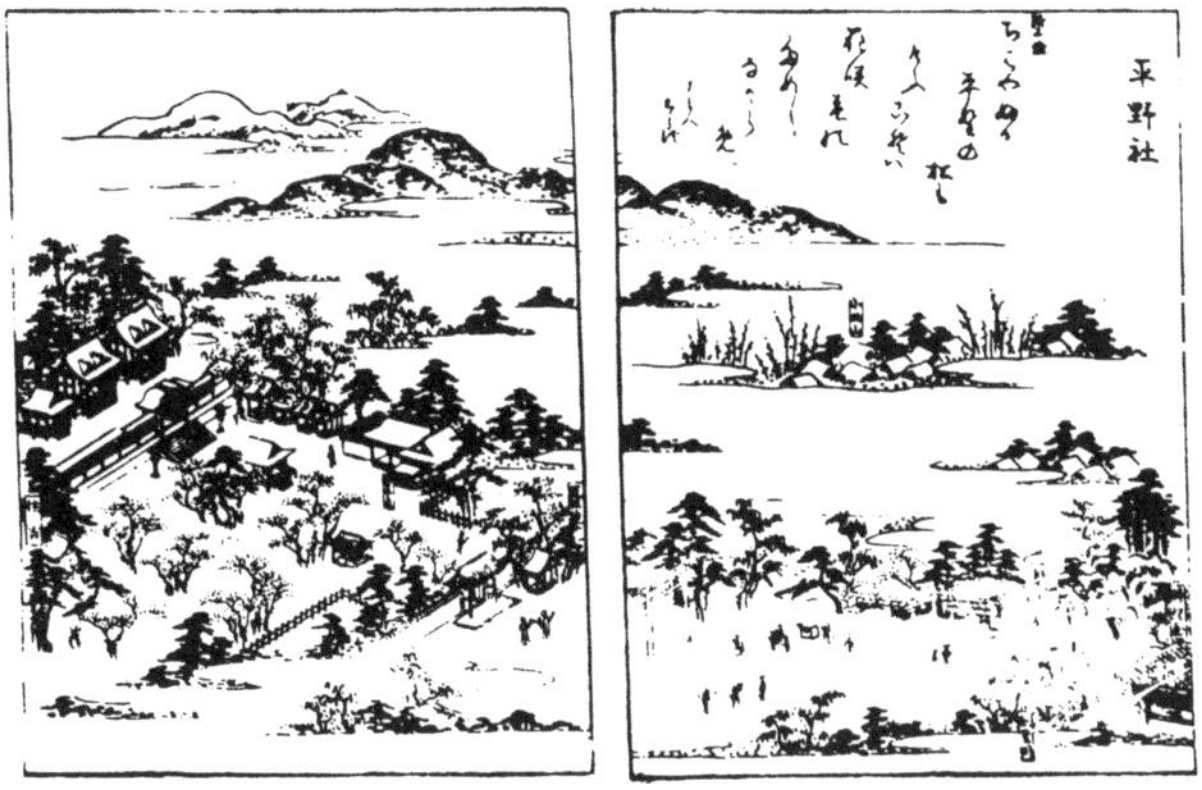

平野神社(『都名所図会』6より)

われ、したがって遷都から程遠くない時期と考えられよう。そして『延喜式』祝詞《のりと》の平野祭には「今木与利仕奉来流皇太御神能広前爾白給久」とあるから、今木すなわち大和国高市《たけち》郡今木より遷し祀られたものであり、また同祭の祝詞が今木神と久度・古開二所の宮とが別祝詞になっていることから、遷祀の順はまず今木神、ついで久度・古開両神が祀られたものであろう。さて今木神の今木はもと今来(新来)の意で、新たに渡来した帰化人を指したが、後にはその住居地をも称するようになった。高野新笠の出自は、『続日本紀』延暦九年正月壬子条に「后先出㆑自㆓百済武寧王之子純陀太子㆒」とみえ、百済の王族のわが国に帰化したもので、その地に祖先を祀ったのが今木大神である。次に久度神は、『延喜式』神名帳の大和国平群《へぐり》郡二十座の中の久度神社の祭神と考えられ、大枝朝臣土師宿禰《おおえのあそんはじのすくね》がその祖神を祀ったもの。次の古開神は、諸本に古関神ともあって、開・関のいずれに従うべきか明らかでなく、あまつさえ旧地名も見当らない。あるいは大和国添下《そうのしも》郡の旧地名であるかも知れない。とすればこの地の佐紀神社を桓武天皇の外祖母大枝氏(貞観年中大江氏と改む)の氏神の故をもって新都に遷し祀ったものであろう。なお金子武雄は、この古開神と久度神とはもと同一の神であったであろうと『延喜式祝詞講』において述べ、また内藤湖南は、久度神は百済の祖、尚古王《しょうこおう》の子仇首王のことで、仇首は日本音で「くど」と訓ぜられるので、これを久度神と称して今木神とともに桓武天皇の外祖神として祀ったとしている(『日本文化史研究』)。次に比売神については、古くは神を奉斎した女性をのちに神として祀り比売神と称したもので、当社第四殿の神は高野新笠姫と伝えられている。なお『延喜式』太政官に「凡平野祭者、桓武天皇之後王(改レ姓為レ臣者亦同)、及大江和等氏人、並預二見参一」とあるのをみると、桓武天皇のあとの王と大江氏と和《やまと》氏とが平野の祭神といかに特別な関係にあったかがわかる。この祭神四柱については、古来種々の説があり、これを次田潤は『祝詞新講』の中で次の三つにまとめている。第一説は、古く一般に行われた今木神を源氏の氏神、久度神を平氏の氏神、古開神を高階《たかしな》氏の氏神、比売神を大江氏の氏神とする説。第二説は、四柱をことごとく竈の神とみる説(『大祓執中抄』『平野神社祭神考』)。すなわち、今木は今食《いまけ》。久度は烟抜の穴のある竈(『和名類聚抄』)。古開は主上の朝夕の膳を調達するための竈の霊で、この竈は一代ごとに改造される例となっており、崩御の後に空器となった竈を古開と称えて祀ったもの。比売神は炊《かし》ぐことを諸民に教えた功ある神とする説。第三説は、平野の諸神をことごとく桓武天皇の母方の祖神とする説(伴信友の『蕃神考』)である。神階については、承和十年(八四三)今木神に名神を、ついで貞観五年久度・古開二神に正三位、比売神に従四位上を、同六年七月十日今木神は正一位に叙され、そして平安時代中期以後は二十二社のうちの上の第五位に、ついで明治四年(一八七一)五月官幣大社に列せられている。祭日は『延喜式』四時祭上の平野神四座祭の条に「右夏四月冬十一月上申日祭レ之」とあり、現在の例祭は四月二日。本殿（四殿二棟）の建築様式は平野造とも比翼春日造とも称し、寛永三年（一六二六）・同九年の再建で重要文化財。拝殿は東福門院寄進の「接木《つぎき》の拝殿」として有名。境内の桜苑は、花山天皇が寛和元年（九八五）に手植してより桜の名所として名高く、江戸時代には平野の夜桜として一般庶民に親しまれ、今日に至っている。

参考文献　鈴鹿連胤『神社覈録』、伴信友『神名帳考証』（『伴信友全集』一）、『平野宮御伝記』、遠藤允信編『増訂平野集説』

（鈴木　義二）

福徳寺　ふくとくじ

京都市右京区京北《けいほく》下中一五に所在する曹洞宗の寺院。山号は玉泉山。明治十五年（一八八二）に富春庵から改称して現寺号となる。和銅四年（七一一）行基が大谷口の地に創建した弓削寺《ゆげでら》に始まるという。応永三年（一三九六）焼失し、元和元年（一六一五）永林寺（京北町塩田）二世の居山桂宅《きょざんけいたく》が富春庵を創建。安永八年（一七七九）焼失し、翌年現建物を再建。『延享度曹洞宗寺院本末牒』に永林寺末八ヵ寺の一つに中村富春庵とみえる。本尊薬師如来像と持国・増長天像が重要文化財に指定されている。

参考文献　『京都府北桑田郡誌』

（竹貫　元勝）

普済寺　ふさいじ

京都府南丹市若森庄気谷《しょうきだに》一六に所在する曹洞宗の寺院。山号は大慈山。延文二年（一三五七）足利基氏女（仏性院殿）開基で、夢窓疎石開山の臨済宗寺院が前身というが不詳。寛永十一年（一六三四）亀山城主菅沼定芳が天外梵舜《てんがいぼんしゅん》を中興開山として菩提寺となし、末寺四ヵ寺を擁す曹洞宗寺院となる。延文二年建立の禅宗様の仏殿（観音堂）が重要文化財で、昭和七年（一九三二）解体修理される。堂内に観音・地蔵菩薩像を安置し、脇仏

普済寺仏殿

は千種姫（足利尊氏妹）像とされる。

参考文献　竹貫元勝『日本禅宗史研究』

（竹貫　元勝）

藤森神社

ふじのもりじんじゃ

京都市伏見区深草鳥居崎町六〇九に鎮座。旧府社。藤森天王社とも称す。祭神は素盞嗚尊《すさのおのみこと》・日本武尊・神功皇后・別雷神《わけいかずちのかみ》・応神天皇・仁徳天皇・武内宿禰《たけしうちのすくね》で、のちに崇道天皇（早良親王）・天武天皇・井上内親王・崇道尽敬皇帝（舎人親王）・伊予親王を合祀したと伝える。創祀は不詳であるが、山城国紀伊郡藤尾の霊地に祭神を鎮祭、早良親王の崇敬あつく、天応元年（七八一）異敵襲来に際し大将軍に任ぜられ、その戦勝を当神社に祈請、その出陣の軍旅が神幸の武者行列として再現されたことから、弓兵政所《ゆづえのまんどころ》の別称があり、平安遷都に際

藤森社(『都名所図会』 5より)

し大将軍社《だいしょうぐんしゃ》を境内に勧請した。江戸幕府は二百石の朱印領を与える。例祭は六月五日(藤森祭)。境内の大将軍社・八幡宮本殿(ともに一間社流造柿葺《こけら》)、社蔵の紫糸縅鎧一領・木造狛犬一対は重要文化財に指定される。山崎闇斎は『藤森弓兵政所記』を著わしている。

参考文献 京都府神道青年会編『神社の文化財京都』

(二宮　正彦)

峰定寺 ぶじょうじ

京都市左京区花背《はなせ》原地《はらち》町七三にある寺院。山号は大悲山。もと修験宗聖護院派。久寿元年(一一五四)に僧西念が創立した。花背は経塚が営まれるなど聖地視された場所だが、京都をはるか北方に離れた山中であり、那智《なち》・大峰《おおみね》などで修行した西念が寺院を始めるのにふさわしい地であった。太政大臣藤原忠通が隣接する久多荘などの所領を寄せ、また平清盛も寺物を寄進している。観音閣とも称する本堂はいわゆる懸崖造(舞台造)で、観応元年(一三五〇)再建。本堂および堂内内陣須弥《しゆみ》壇《だん》、久寿元年創建の仁王門・供水所は重要文化財。仏像も創建時の木造十一面千手観音坐像・木造不動明王及二童子立像・木造毘沙門天立像や、木造釈迦来立像・木造金剛力士立像などを伝え、草花文磬《けい》とともに重要文化財。

（井上　満郎）

峰定寺本堂(上)と仁王門(下)

仏光寺　ぶっこうじ

京都市下京区新開町三九七にある寺。真宗仏光寺派本山。山号渋谷山。仏光寺門跡。寺伝では建暦二年（一二一二）親鸞が山科に興隆正法寺を草創、第七世了源が中興し、後醍醐天皇から仏光寺の号を得たとする。しかし『存覚一期記』によると、元応二年（一三二〇）了源が関東から上洛し本願寺覚如に入門、正中元年（一三二四）山科に一宇を建立し、覚如が興正寺と名づけたものである。元徳二年（一三三〇）京都汁谷へ移転。その一両年前に存覚《ぞんかく》が仏光寺と改名した。了源は存覚の指導を受け、嘉暦元年（一三二六）絵系図を作り、他派にはない名帳・絵系図を用いて畿内・西国に教線を拡張した。室町時代には仏光寺が本願寺を圧倒する勢いにあったが、比叡山から弾圧を受けた。応仁二年（一四六八）八月二十六日兵火で焼亡し、一時寺基を摂津平野に移転。文明十三年（一四八一）六月、ときの住持経豪《きょうごう》が多くの末寺・門徒を率いて本願寺蓮如に帰参し、

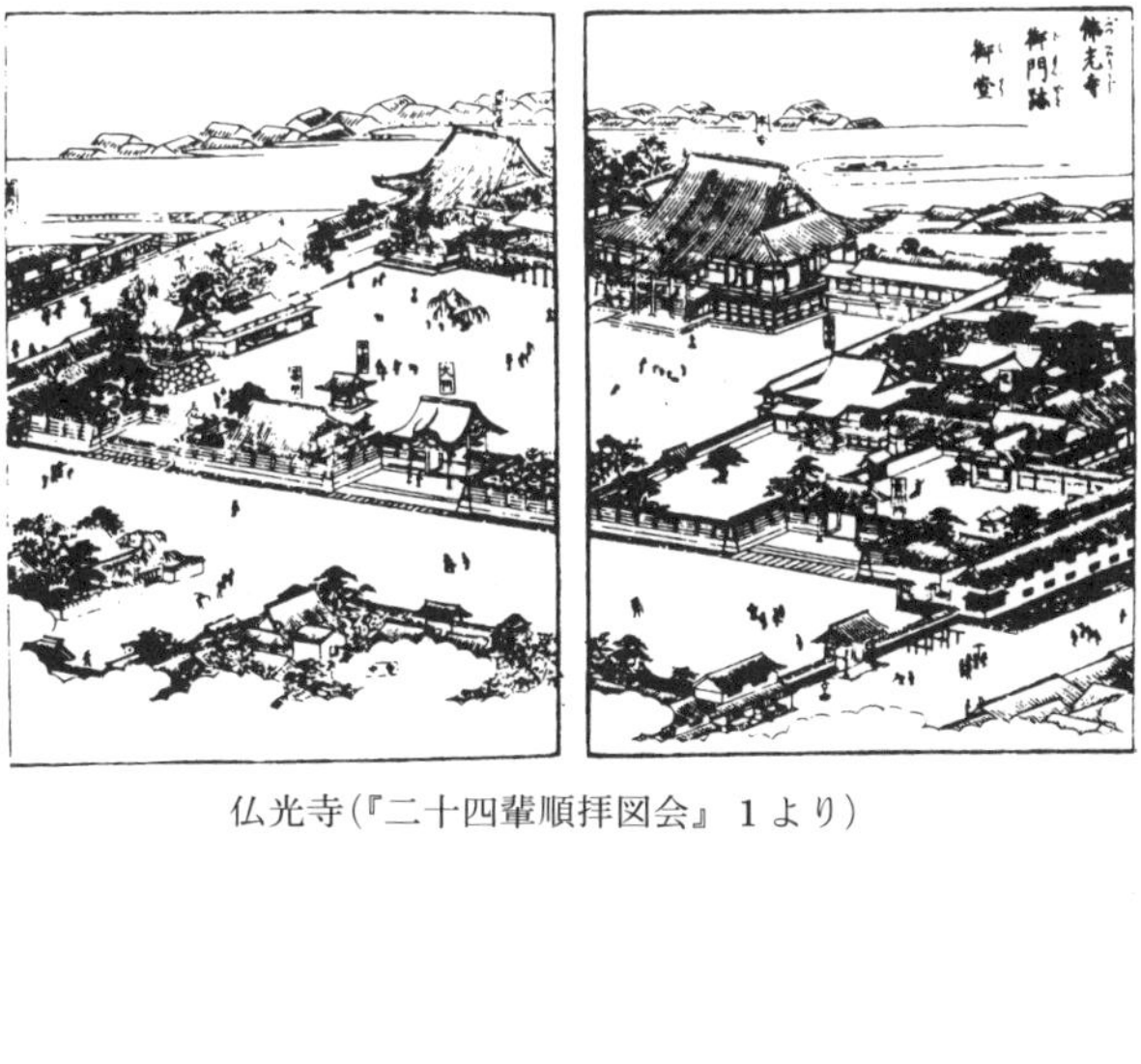

仏光寺（『二十四輩順拝図会』１より）

興正寺の号を復興したため、仏光寺は衰微した。経豪の転出後、弟経誉があとを継ぎ、残った六坊（中坊・西坊・南坊・角坊・奥坊・新坊）を中心に再興。天正十四年（一五八六）豊臣秀吉の東山大仏殿造営のため、現在の五条坊門高倉に移転した。慶長元年（一五九六）閏七月十二日京都大地震のため諸堂舎が倒壊。天明八年（一七八八）正月晦日京都大火のため御影堂・阿弥陀堂以下が類焼。元治元年（一八六四）七月二十日にも禁門の変のため炎上した。明治十七年（一八八四）五月一日御影堂、同三十七年五月四日阿弥陀堂を再建遷座した。寺宝に聖徳太子立像・絵系図（いずれも重要文化財）がある。

参考文献　徳義・徳常編『渋谷歴世略伝』（『真宗全書』）、仏教史学会編『仏光寺小部集』、平松令三編『専修寺・諸派』（『真宗史料集成』四）、同編『仏光寺の歴史と信仰』、佐々木篤祐『仏光寺史の研究』

（首藤　善樹）

平安神宮

へいあんじんぐう

京都市左京区岡崎西天王町に鎮座。旧官幣大社。祭神は桓武天皇・孝明天皇。明治二十八年（一八九五）平安奠都千百年に際し創建された。京都市は市民の要望を納れて岡崎に大極殿を模造した記念殿を建て紀念祭を行うことを計画して四方に財を募った。一方、平安奠都紀念協賛会が設立され、明治二十七年一月桓武天皇奉祀の神宮を創立することを請願して許され、二十八年大極殿の模造を拝殿とする社殿が竣成、三月十五日勅使参向、鎮座の式典を挙行、平安神宮と号し官幣大社に列せられた。その後、平安京最後の天皇として内外未曾有の難局に対処した孝明天皇追慕の情が市民の間にとみに熾んとなり、昭和十三年（一九三八）同天皇合祀の儀が出され、同十五年合祀。例祭は四月十五日。世に著名な時代祭は十月二十二日に行われる。これは延暦十三年(七九四)の平安奠都の日によるもので、当時の風俗に模した文武百官が神幸に供奉することになっている。

(柴田　実)

平　安　神　宮

遍照寺　へんじょうじ

京都市右京区嵯峨広沢西裏町一四所在の寺。真言宗御室派の準別格本山。山号は広沢山。永祚元年(九八九)十月二十六日創建。開山は寛朝《かんちょう》。以後衰退し、元亨元年(一三二一)後宇多法皇の御願により再興した。広沢池は寛朝の開掘と伝えられ、古来、観月の勝地として知られる。また寛朝遺跡の座禅石がある。開創当初以来、広沢池の西北に在ったが、寛永十年(一六三三)仁和寺宮覚深《かくじん》入道親王の命により現在地に移転し、天保元年(一八三〇)現存の諸堂宇を再建した。真言宗の法流のうちの広沢流の発祥の寺院としても知られる。本尊十一面観世音菩薩立像、赤色不動明王坐像はいずれも藤原期の木像で重要文化財に指定されている。

参考文献　『大日本史料』二ノ一、永祚元年十月二

十六日条、井上正「遍照寺の彫刻と康尚時代」(『国華』八四六)

(宮坂　宥勝)

法界寺　ほうかいじ

京都市伏見区日野西大道町一九所在の寺。真言宗醍醐派。「ほっかいじ」とも。別称、日野薬師または乳薬師。山号は東光山。最澄が自刻の薬師如来を安置し開山したと伝える。日野家宗の開基で、永承六年(一〇五一)二月、家宗末孫の資業が阿弥陀堂などを建立し、日野一族の氏寺とした。阿弥陀堂内陣は極彩色で、格天井・支輪・四本柱および小壁には壁画が描かれ、天人飛翔図があって、極楽浄土を表現している。末法時代を迎え、浄土教信仰が天下を風靡したころの代表的な建築物である。また、承安三年(一一七三)浄土真宗の開祖親鸞はこの地で誕生したといわれ、彼の幼少年時代の念持仏がこの阿弥陀堂の本尊阿弥陀如来であると伝えられる。応仁年間(一四六七―六九)香西《こうざい》又六の乱入で阿弥陀堂以外の諸堂宇を焼失。さらに天正年間(一五

日野薬師(『都名所図会』5より)

七三―九二)織田信長の兵火で薬師堂が焼けた。文化年間(一八〇四―一八)本願寺第十八世文如が親鸞誕生の聖地を伝えるために別堂を建立した。日野別堂という。もとは天台宗であったが、江戸時代に真言宗に改宗した。境内に親鸞誕生水・胞衣《えな》塚、日野家代々の墓碑があり、寺域東方に親鸞縁りの誕生院がある。定朝様の木造漆箔の阿弥陀如来坐像は国宝、本尊薬師如来立像、伝運慶作の十二神将立像十二体、薬師堂(旧奈良伝燈寺本堂)はいずれも重要文化財に指定されている。

参考文献 山崎正和・岩城秀雄『法界寺』(『古寺巡礼京都』二九)、中野玄三『法界寺』

(宮坂 宥勝)

阿弥陀堂 桁行五間、梁行五間の主屋に、吹放しの裳《も》階《こし》と回縁をつけた檜皮葺の軽快な堂で、中央に四天柱を立て須弥壇《しゅみだん》を造り、丈六の阿弥陀坐像を安置する。平面は正方形であるが、正面と背面、母屋と庇とで柱筋が揃わず、複雑な柱間寸法となる。四天柱内は内方に内法長押《なげし》上に柱形を立て、三斗をおき、さらに通肘木上に斗をおいて折上小組格天井を張り、小壁には飛天を、間斗束左右には笈形を描き、木部に

法界寺阿弥陀堂

も彩画を施す。造立年代には諸説あるが、『民経記』嘉禄二年(一二二六)九月二十六日条に「本堂当時造営也」とあり、薬師堂はこの時すでに再建されているので、この「本堂」が現堂を指すものと考えられる。国宝。

参考文献 太田博太郎『古代建築の研究』下解説(『足立康著作集』二所収) (太田博太郎)

阿弥陀如来像

阿弥陀堂本尊。像高二八〇センチ、丈六の坐像で、定印を結ぶ。ヒノキ材の寄木

法界寺阿弥陀如来像

造り、漆箔。定朝《じょうちょう》様になり、十一世紀後半から十二世紀へかけての制作と思われるが、その間のいつの時期の造立か、文献上に数多く知られる当時の阿弥陀如来像のいずれにあてるべきか、定説がない。飛天光背・蓮華座・天蓋を具備するが、光背周縁部と天蓋は、鎌倉時代の堂建立時のものとみられる。国宝。

参考文献 井上正「阿弥陀如来像」(『国華』八四三)、三宅久雄「法界寺丈六阿弥陀仏造立考」(『仏教芸術』一三八) (水野敬三郎)

阿弥陀堂壁画・柱絵

壁画は方形の内陣の上方、長押上四方に繞《めぐ》らされた小壁の内側と外側に描かれる。壁は漆喰壁で、内側各面とも東で三区に分け、南と北の面ではそれぞれ中央区に、雲上の火舎の図と飛揚する楽器の図を描き、残りの十面に、南北の面では中央に向かう飛天、また東西の面ではともに北に向かう飛天を、一体ずつ描いている(各縦七六・二×横一四六センチ)。天衣をなびかせて飛翔する飛天

はたいてい蓮華を盛った華盤《けばん》をとり、いずれも自由なポーズで散華供養する姿に表わされる。抑揚のある太目な墨線で自在に筆を走らせ、彩色はその線を避けながら、時には墨線の上から、無造作にほどこされるが、色数は少なく、おおまかな賦彩である。内陣の外側は各面とも二区に分かち、各区に正面向き定印の阿弥陀坐像を二体ずつ配する。どの像も筋彫《すじぼり》の上から肉太の墨線で描いており、簡単な彩色で、疎略な表現になる。国宝。一方、四天柱は床面から長押の下辺まで五メートルに及ぶ丈高い円柱で、周囲は約一・六六メートル。各柱とも文様帯と尊像帯とを交互に配して荘厳されているが、長年の薫煙《くんえん》によって画面の黒化や変褪色が著しい。各柱の尊像帯は東西南北の正方位に、月輪《がちりん》内に安置の尊像一体ずつを併せて四段に配している。文様帯は上下の縁に連珠文を繞らし、尊像帯と同じように各正方位に宝相華団花文を五段にわたって描くほか、その下の広い面には大きな円相を南北に配し、外側に迦陵頻伽《かりょうびんが》、内側に宝相華団花文を描き、最下部を文様帯でくくる。尊像は各柱十六体の計六十四体。金剛界曼荼羅の三十七尊のうち阿弥陀を除く三十六尊と、賢劫十六尊および十二天を整然と配して描く。各尊はあらいデッサンの上に彩色を加え、宝冠や瓔珞《ようらく》などは金箔で飾り、最後に細勁な朱線や墨線で描き起し、着衣には精緻な文様を配して仕上げている。柱絵と壁画とでは作風が異なるが、柱絵の下描きの墨線は壁画と同じような自由な運筆を見せており、同時の制作であるに相違なく、様式技法から見て、建物の建立された鎌倉時代前期のものとみなすことができる。

参考文献 柳沢孝・三浦定俊「赤外線テレビカメラによる堂塔荘厳画の調査研究―主として法界寺阿弥陀堂の四天柱絵について―」(古文化財編集委員会編『古文化財の自然科学的研究』所収)、白畑よし「法界寺壁画(飛天)の制作期に関する推察」(『美術史』三二)

(柳沢　孝)

法観寺

ほうかんじ

京都市東山区八坂上町三八八に所在する臨済宗建仁寺派の寺院。通称八坂の塔。山号は霊応山。本尊は五智如来五体（釈迦・大日・阿弥陀・阿閦《あしゅく》・宝生）。創建年次は塔周辺からの出土古瓦で飛鳥期とみられ、創建者は聖徳太子とも、渡来系豪族の八坂氏ともいわれる。古くは八坂寺と称し、『延喜式』の盂蘭盆供養料七寺の一寺に数えられた。治承三年（一一七九）焼失し、建久二年（一一九一）源頼朝が再興する。禅寺となり法観寺と称するのは、仁治元年（一二四〇）に中興の祖とされる済翁証救《さいおうしょうぐ》（建仁寺八世）入寺による。南北朝時代に同寺五重塔が山城国利生塔とされ、暦応元年（一三三八）足利尊氏・直義寄進状で播磨国印南《いなみ》荘地頭職の寄進があり、応永八年（一四〇一）足利義満御教書《みぎょうしょ》で塔頭普翠庵などが確認される。永享八年（一四三六）焼失、同十二年足利義教が再建する。近世には元和四年（一六一八）・寛文三年（一六六三）・寛政十一年（一七九九）に塔修理が行われ、江戸幕府は元和五年年貢地十四石四斗余を下付し、天明八年（一七八八）の『建仁寺末寺帳』に御朱印配当一石四斗余を受ける塔頭としてみえる。五重塔と寺宝の紙本著色八坂塔絵図などが重要文化財に指定。

法観寺（八坂の塔）

参考文献　碓井小三郎編『京都坊目誌』五（『（増補）京都叢書』一八）

（竹貫　元勝）

宝鏡寺

ほうきょうじ

京都市上京区寺之内通堀川東入百々《どど》町五四七所在。現在臨済宗単立の尼寺。元は景愛寺派の比丘尼《びくに》御所であった。西山と号す。真実の開創については不詳であるが、足利義満が父義詮の安牌所として鹿王院《ろくおういん》(当時の寺地は現在地の北方、京福電鉄嵐山線の北側にあった)の西に西面して創建し、妹桂林理昌尼を第一世としたものとも考えられる。ともかく室町将軍家が最初に関わった尼寺であり、将軍の姉妹が伝燈した、いわゆる武家の御所である。嵯峨にあったため天竜寺一山が西山と称するのと同様、当寺も西山を称したのが今に山号のごとく用いられている。応仁二年(一四六八)九月嵯峨が兵火で焼亡した時、難を洛中に避け、やがて小河《こがわ》殿から北路寺之内を隔てた現在地の南半に新寺地を得、小川を面として北の南御所大慈院と相並んで門を開いた。江戸時代初期両寺は一境内とし、寺之内に宝鏡寺として門を開いたが、大慈院の上臈恵聖院・瑞華院は西北隅に残された。足利義輝の女大慈院耀山聖□尼は宝鏡寺を兼帯し、弟子の玉山理光尼(鷹司信房女、徳川家光室孝子姉)は宝鏡寺を主宰、大慈院を兼帯した。玉山尼のころは比丘尼御所の新序列が成立しつつある時期であった。従来尼五山筆頭として尊重されていた景愛寺の開山(無外如大尼)嫡伝の法脈を証する『建聖《けんしょう》院《いん》文書《もんじょ》』を、建聖院→恵聖院→大慈院を経て所有していたことは宝鏡寺の立場を有利にするものであった。加えて錯乱していた宝鏡寺の系譜を整理するに際し、この文書によって開山を華林恵厳《かりんえごん》(寺伝では光厳院皇女とするが『看聞御記《かんもんぎょき》』によれば花山院家の一族である)とし、建聖院の歴代を宝鏡寺の世代に入れ、無外尼の塔と建聖院主の塔のある真如寺を菩提寺に加え、ここに従来の菩提寺竜安寺から先住華屋理春尼の塔を分霊起塔した。やがて宝鏡寺は比丘尼御所第二席を獲得し、景愛長老として大聖寺についで紫衣を着け、さらに室町将軍家・近衛家・中和門院の縁によって後水尾院の皇女(久岳理昌尼)を玉山尼の弟子に迎え、以降皇女住持の寺格を確立、明和元年(一七六四)十二月には御所号「百百御所」を勅許された。比丘尼御所の常として公卿の女を上﨟として召し使うが、大永ころから園家の養林庵を上﨟とした。のち天文ころから黒上《くろきかみ》々《がみ》(比丘尼御所の一階級)の一つで細川管領家を出身家とする継孝院が上﨟となったので養林庵は小上﨟として仕えた。明治四年(一八七一)六月門跡・比丘尼御所が廃止され、その貴族生命を閉じたが、当時宝鏡寺は空室であり、一﨟が看坊となり、ついで継孝院主が住持となり継孝院は売却され、養林庵は曹洞宗に転じた。現在の建造物は天明八年(一七八八)正月の京都大火に類焼したのち再建されたもので、明治に住持の小書院と上﨟休所の二棟が失われたものの、よく往時の結構を保存しており、大慈院・建聖院、近世宝鏡寺などの文書を蔵している。なお、いわゆる御所詞や宝鏡寺様の『源氏物語』の訓み、観音懺法なども伝えていたが、前住平松周禅尼の入滅によってその伝を失った。

参考文献 『古事類苑』宗教部三、『実相院記録』、『花営三代記』、『兼宣公記』(『史料纂集』)、「応永鈞命絵図」(天竜寺蔵)、『建内記』(『大日本古記録』)、『看聞御記』、『蔭凉軒日録』、『応仁記』、『実隆公記』、玄彰中巌編『大雲山誌稿』、『後法興院記』、『後法成寺関白記』(『陽明叢書』記録文書篇三)、『言継卿記』、『鹿苑日録』

(大塚 実忠)

方広寺 ほうこうじ

京都市東山区大和大路正面茶屋町五二七にある天台宗の寺。天正十四年(一五八六)豊臣秀吉が小早川隆景に命じて奈良東大寺にならって大仏を安置し建立した。大徳寺古渓宗陳《こけいそうちん》を開山として住せしめたが、寺は完成せず、聖護院道澄《どうちょう》を別当職とした。当時の大仏は像高六丈の坐像で、重層瓦葺仏殿は二十丈の高さがあった。諸国より材木・巨石を運ばせた。慶長元年(一五九六)の大地震によってすべてが破壊、秀吉は信州善光寺本尊を請じて本尊としたが、異変あって善光寺へ送還せしめたという。のち豊臣秀頼は木食応其《もくじきおうご》を監事として再興を志した。しかし工事中に出火したため、慶長十五年再び着工して同十七年に完成した。仏殿は棟高十七丈三尺・桁行三十丈七尺・梁十九丈二尺、金銅像の高さ六丈三尺、南北百二十間・東西百間の廻廊を配し、楼門に一丈四尺の金剛力士像、内外に七尺の狛犬を置く。総奉行片桐市正且元、京都所司代板倉伊賀守勝重監検のもとに、高さ一丈八寸、口径九尺一寸五分、厚さ九寸の巨鐘を鋳たが、鐘銘をめぐり不和がおこり、落慶式を停止した。寛文二年(一六六二)の震災で破壊した銅像を銭貨となし、寛政十年(一七九八)には造り直された木仏も雷火で焼失した。天保年中(一八三〇―四四)に尾張国から半身木仏を運び安置したのが現存のものである。明治十七年(一八八四)鐘楼をつくり再び巨鐘(重要文化財)をかける。なお大仏殿の旧地に豊太閤塔があり、門前に朝鮮人耳塚がある。

参考文献 小瀬甫庵『太閤記』七(『(改定)史籍集覧』六)、松野元敬『扶桑京華志』二(『(増補)京都叢書』二)、大島武好『山城名勝志』一五(同八)、秋里籬島『都名所図会』三(同一一)、黒川道祐『雍州府志』四(同三)

(福原 隆善)

法金剛院 ほうこんごういん

京都市右京区花園扇野町四九にある律宗の寺。双ヶ丘の東麓に位置し、山号を五位山という。この地は清原夏《きよはらのなつ》野《の》の山荘のあった所で、夏野の死後、山荘は仏寺となり、双丘寺《そうきゅうじ》と称し、ついで天安寺と改め、定額寺に列せられたが、十世紀末以後に衰微した。大治四年（一一二九）九月、鳥羽上皇中宮の待賢門院璋子《たいけんもんいんしょうし》が仁和寺に御堂を建てるべき地を三ヵ所占わせたところ、「天安寺跡」と決定し（『長秋記』）、翌五年十月、法金剛院として落慶の供養が行われた（『中右記』）。中央に池を掘り、池の西に御堂、東に女院の御所を建て、北には仁和寺の林賢《りんけん》が滝を造るなど、壮麗を極めた（『中右記』『長秋記』）。この滝は長承二年（一一三三）九月、女院が徳大寺静意に命じて五、六尺高くしている（『長秋記』）。この後、保延元年（一一三五）に北斗堂、翌二年に三重塔・経蔵、同五年に南御堂・三昧堂が建てられた（『百錬抄』など）。東御所は待賢門院の没後、その娘上西門院統子内親王の御所ともなったが、養和元年（一一八一）五月に炎上した（『吉記』）。以後、法金剛院は衰微したが、鎌倉時代後期の律僧導御《どうご》（円覚上人）が弘安

法金剛院阿弥陀如来像

五年（一二八二）入寺し、融通念仏を修して寺運をもりかえした。応仁の乱に焼失し、天正・慶長の大地震で倒壊するなどで荒廃したが、元和五年（一六一九）現存の本堂が再建されている。江戸時代は六十五石の朱印地を有し、塔頭《たっちゅう》に亭子院《ていじいん》があった。昭和四十三年（一九六八）丸太町通拡張に伴い堂舎を移転、同四十五年に庭園を発掘復元し、翌年名勝に指定された。本尊の阿弥陀如来坐像・十一面観音菩薩坐像（元応元年（一三一九）朝海の造立願文、結縁交名《きょうみょう》などの胎内文書あり）・僧形文殊菩薩坐像・地蔵菩薩立像・蓮華式香炉が重要

文化財に指定。境内に待賢門院と上西門院の陵がある。
参考文献 森蘊「法金剛院の庭園について」(『建築史』一ノ一・二)、杉山信三「法金剛院発掘調査概要」(京都府文化財保護課編『埋蔵文化財発掘調査概報』一九六九年)

(中井 真孝)

宝慈院 ほうじいん

京都市上京区下木下町一七一に所在する単立寺院。通称千代野御所。開創は無学祖元の弟子無外如大尼《むがいにょだいに》(幼名千代野)で、はじめ樹下山資樹院《しじゅいん》と号し、のち現号に改称したという。尼五山景愛寺(無外如大尼開基)の一子院で、応仁・文明の乱で焼失し、宝慈院を復興して景愛寺の本尊など移し入れたという。江戸時代に四十八所の阿弥陀仏霊場の一つに数えられた。本尊阿弥陀如来像・無外如大尼像は重要文化財に指定されている。

参考文献 白慧『山州名跡志』二一(『大日本地誌大系』)、大島武好『山城名勝志』二(『(増補)京都叢書』七)

(竹貫 元勝)

宝積寺 ほうしゃくじ

京都府乙訓《おとくに》郡大山崎町大字大山崎字銭原一所在の真言宗智山派の寺。別称、宝寺《たからでら》。山号は天王山、古くは補《ふ》陀洛山《だらくせん》と号した。神亀四年(七二七)聖武天皇の勅願、行基の開創と伝える。天安二年(八五八)文徳天皇が御物を奉納し、現寺号に改める。本尊十一面観世音菩薩像、弘安九年(一二八六)銘の板絵着色神像四面、倶生神坐像、闇黒童子坐像、閻魔王坐像、司録・司命坐像、金剛力士立像、三重塔はいずれも重要文化財指定。

参考文献 『大山崎町史』、『島本町史』

(宮坂 宥勝)

宝塔寺

ほうとうじ

京都市伏見区深草宝塔寺山町三にある。山号深草山。日蓮宗。もと真言寺院で極楽寺と称したという。十四世紀初頭、洛内を追放された日像《にちぞう》が同寺良桂《りょうけい》と法論を行い、これを論破して改宗させ、同寺を活動の拠点とした。のちその遺言により日像の荼毘所・廟所となる。寺号を鶴林院と改め、常寂寺と称していたが、十六世紀末八世日銀が堂宇を整備して宝塔寺と改称、現在に

宝塔寺多宝塔

宝塔寺(『都名所図会』5より)

至るという。多宝塔・総門は重要文化財。

参考文献 辻善之助『日本仏教史』五、立正大学日蓮教学研究所編『日蓮教団全史』上

（高木　豊）

法然院　ほうねんいん

京都市左京区鹿ヶ谷御所ノ段町三〇にある浄土宗系の単立寺院。山号は善気山、寺号は万無寺。この地は法然房源空が弟子安楽・住蓮とともに念仏した所と伝え、近世初頭の寛永五年（一六二八）に僧導然《どうねん》が隠棲し草庵を営んでいたのを、延宝八年（一六八〇）に知恩院第三十八世の万無《まんむ》が祇園社に割いた同院境内地の替地として賜わって般舟三昧の道場、浄土律院に改めたという。浄土宗改革を唱え、万無の意向をうけて諸堂の造営に尽力した忍澂《にんちょう》が実質上の開山である。法然の遺跡というのは、寛永八年以後に起立した寺院は「新地（寺）」とみなされ、新寺建立を禁じた幕府の法度を免れるために由緒を古くさかのぼらせたとも考えられる。江戸

鹿ヶ谷法然院（『都名所図会』3より）

時代は無本寺で、三十石の朱印地を有した。方丈には狩野光信筆襖絵（重要文化財）と堂本印象筆襖絵が対照の妙をなし、庭園の善気水や境内の白砂壇など林泉の景観は絶佳で、また内藤湖南・河上肇・谷崎潤一郎ら文化人の墓がある。

参考文献 小林月史『獅子谷法然院』、宇高良哲「鹿谷法然院の草創について」（『仏教論叢』一六）

（中井 真孝）

■法林寺■ ほうりんじ

京都市左京区川端通三条上ル法林寺門前町三六にある浄土宗の寺院。正しくは檀王《だんのう》法林寺といい、通称を檀王という。山号は朝陽山。寺伝によれば浄土宗三条派の派祖・了慧《りょうえ》道光《どうこう》の開いた悟真寺《ごしんじ》が応仁の乱や鴨川の洪水などで廃絶していたのを、琉球国教化から帰洛した良定袋中《りょうじょうたいちゅう》が慶長十六年（一六一一）に復興し、現寺名に改めたという。元和五年（一六一九）第二世を継いだ良仙団王の代に寺観を整え、通称の「檀王」は彼の法号にちなむという。現在の本堂は第八世良妙貞雅により寛延三年（一七五〇）に再建され、天明八年（一七八八）の大火を免れ、今日に及んでいる。寺宝には天平六年（七三四）書写の『七知経』（重要文化財）、日吉山王祭礼図（同）、熊野権現影向図（同）、琉球国尚寧王画賛袋中上人画像などがあり、境内鎮守の主夜神は近在の信仰を集めている。

参考文献 信ヶ原良文『だん王法林寺史』

（中井 真孝）

■法輪寺■ ほうりんじ

京都市西京区嵐山虚空蔵山町所在の真言宗五智教団の

寺。別称、嵯峨虚空蔵。山号は智福山。和銅六年(七一三)元明天皇の勅願で行基が開創、空海の弟子道昌が再興、貞観十六年(八七四)諸堂宇を建立したと伝える。後陽成天皇より智福山の勅号を下賜。前田利家の帰依を受ける。徳川綱吉は寺領五十石の朱印状を与えた。持国天像・多聞天像はともに鎌倉時代の作で、重要文化財に指定されている。

嵯峨法輪寺(『拾遺都名所図会』3より)

法輪寺多宝塔

参考文献 中村雅俊『虚空蔵信仰の研究』

(宮坂　宥勝)

法性寺

ほっしょうじ

京都市東山区本町通九条河原、鴨川の東岸にあった寺で、江戸時代には東福寺門前に旧跡を残し、世に寺屋敷といわれた。明治に再興し、現在西山禅林寺派に属す。延長三年(九二五)左大臣藤原忠平によって落慶が行われた。天台座主法性房尊意を開山とし法性寺と号す。同七年宇多法皇は忠平の五十賀法会を、またのち藤原実頼も同法会を修した。さらに忠平の四人の子も同法会を修し、毘盧遮那像前に銀薬師像を安置した。ほかに金の蒔絵、殿上に水精火炎珠をおくなど豪華をきわめた。その後六十賀法会・七十賀法会をも修す。承平四年(九三四)定額寺となり年分度者《ねんぶんどしゃ》が置かれる。天慶五年(九四二)皇太后が『涅槃経《ねはんきょう》』の供養をし、また多宝塔・一切経の供養を修す。天暦元年(九四七)に法華八講を修し、同八年勅あって造塔し、一切経五千百十三巻を供養する。天元四年(九八一)智証門徒の余慶を当寺座主に任じたところ慈覚門徒が反発したため辞すこととなる。寛弘三年(一〇〇六)藤原道長五大堂を建て丈六五大尊像(東福寺塔頭《たっちゅう》同聚院《どうじゅいん》の本尊不動明王はこの中尊と伝える)を安置し、長和四年(一〇一五)に五十賀法会を修す。同頼通も六十・七十賀法会を修す。天仁二年(一一〇九)白河法皇は曼陀羅堂を供養、久安四年(一一四八)近衛天皇行幸す。建仁二年(一二〇二)九条兼実は当寺において出家し月輪殿といい、また後法性寺殿とよばれる。兼実居住の際、流罪の法然房源空が立ちよる。延応元年(一二三九)同道家この地に東福寺を創し、次第に寺領を移す。経通の代になってすべて東福寺に移管した。

参考文献 『日本紀略』、『百練抄』、『扶桑略記』、碓井小三郎『京都坊目誌』(『(増補)京都叢書』一三)、大島武好『山城名勝志』一六(同八)、黒川道祐『雍

州府志』五(同三)、西田直二郎「藤原忠平の法性寺及道長の五大堂」(『京都史蹟の研究』所収)、杉山信三「法性寺から東福寺へ」(『院家建築の研究』所収)

(福原　隆善)

千手観音像　近世地誌類に法性寺観音と称され、法性寺旧仏という。中世の記録(『拾芥抄《しゅうがいしょう》』など)にも法性寺観音堂が見える。本面の左右に二面、頭上に二十四面、あわせて二十七面の千手観音像で、四十二臂をあらわす。像高一一〇センチ、桜材の一木造り。飜波式《ほんぱしき》衣文に鋭い彫り口を見せるが、相貌はやさしく穏やかで和様化がきざしている。寺伝に法性寺灌頂堂本尊といい、法性寺で尊意がはじめて灌頂を修した承平四年(九三四)ころ造立の可能性が考えられる。国宝。

法性寺千手観音像

参考文献　伊東史朗「法性寺千手観音像について」(『仏教芸術』一〇二)

(水野敬三郎)

本願寺　ほんがんじ

現在、京都市下京区堀川通花屋町下ル門前町六〇の浄土真宗本願寺派本山(西本願寺)と同区烏丸通七条上ル二丁目常葉町七五四の真宗大谷派本山(東本願寺)とが別派分立する。真宗の開祖親鸞の遺骨は最初京都東山大谷に埋葬されたが、文永九年(一二七二)冬吉水の北にあった親鸞の末女覚信尼《かくしんに》の居住地に改葬された。門徒らはそこへ六角の小堂を建て親鸞の影像を安置した。これがいわゆる大谷廟堂であり、本願寺の起源となる。

当初、廟堂の建物は門徒の共有であり、敷地は覚信尼の夫禅念の私有であった。禅念の死後、建治三年(一二七七)九月二十二日覚信尼は敷地を門徒中に寄進するとともに、廟堂を管理する職についた(のちの留守職)。その職は事実上、覚信尼の子孫が相承し、子覚《かく》恵《え》、孫覚如《かくにょ》と相承した。覚如は真宗教団の統一と親鸞門流の顕揚を宿願とし、三代伝持の血脈を説いて真宗の法流は源空・親鸞・如信と師資相承し、それを覚如が的伝しているとした。ゆえに本願寺の世代は第一世親鸞、第二世如信、第三世覚如と数える。正和元年(一三一二)寺号を称して専修寺《せんじゆじ》の額を掲げたが、叡山の抗議により撤去。その後、元亨元年(一三二一)二月付文書に本願寺の名がみえるのを、通説では寺号の初見とする。しかし近年、弘安十年(一二八七)八月廿九日付専修寺所蔵文書に本願寺号がみえる事実が注目される。第四世善如、第五世綽如《しゃくにょ》、第六世巧如、第七世存如の約百年間、本願寺は不振であったが、おもに北陸に教化を展開した。中興とされる第八世蓮如は長禄元年(一四五七)継職。叡山の弾圧にあい、ついに寛正六年(一四六五)正月九日大谷を襲撃破却された。蓮如は大谷退出後、近江金森・堅田などに仮寓し、文明元年(一四六九)春大津南別所に顕証寺を建て親鸞影像を安置した。そして北陸に赴き、同三年七月二十七日越前吉崎に坊舎を構え教化の拠点とした。「御文《おふみ》」の述作など蓮如独自の布教により、ほどなく吉崎は門徒が群集するに及んだ。そのため戦乱への関与を避け、同七年八月二十一日蓮如は吉崎を退去。ついで摂・河・泉地方を教化したのち山城山科に本願寺を再建した。同十二年八月に御影堂を完成し、十一月十八日に親鸞影像を顕証寺から移した。また明応五年(一四九六)十月八日大坂に石山坊舎を建立した。教線の飛躍的な拡張に加え、一揆により加賀一国を支配下におくなど本願寺は戦国大名と伍する一大勢力に成長。第九世実如および第十世証如のころ、いよいよ戦国争乱の渦中に入り、天文元年(一五三二)八月二十四日六角定頼・法華宗徒らによって山科本願寺が焼かれてしまった。そのため証如は石山坊舎を本寺とした。第十一世顕如は永禄二年(一五五九)十二月十五日門跡に列せられ、公家社会に確固とした地位を築いた。元亀元年(一五七〇)九月十二日石山を欲する織田信長と交戦を開始。この石山本願寺合戦は天正八年(一五八〇)三月十七日勅命により講和した。その結果、顕如は石山を退去し紀伊鷺森に移り、退去に同意しなかった嗣法教如を義絶。同十一年七月四日さらに和泉貝塚へ移った。同十三年五月三日豊臣秀吉から大坂天満に寺地を与えられ、ついで同十九年閏正月五日改めて京都七条坊門堀川の地を寄進された。顕如の示寂後、長男教如と三男准如が後継を争ったが、文禄二年(一五九三)十月十六日秀吉は准如の継職を裁定した。一方、慶長七年(一六〇二)二月に至り徳川家康が烏丸六条の地を教如に与えたため、本願寺は勢力を二分し東西に分立するに及んだ。そのため末寺・門徒も双方に分かれ、その勢力はほぼ相半ばしたが、江戸時代を通じて改派の問題を生じた。 →西大谷《にしおおたに》 →東大谷《ひがしおおたに》 →山科別院《やましなべついん》

参考文献 『真宗史料集成』、『新編真宗全書』史伝編、『本願寺史』、本願寺史料研究所編『本願寺年表』、辻善之助『日本仏教史』二・六―九、井上鋭夫『本願寺』(『日本歴史新書』)、森竜吉『本願寺』(『三一新書』一九六二)

西本願寺　京都市下京区堀川通花屋町下ル門前町六〇の浄土真宗本願寺派本山。正しくは本願寺であるが、大谷派本願寺と区別するため西を冠して通称する。本願寺第十一世顕如の示寂後、豊臣秀吉の裁定により准如が第十二世を継職。天正十九年(一五九一)に秀吉から与えられた九万三千六百余坪の広大な寺地に伽藍と寺内町を構成した。また秀吉から天正十四年に二百八十石、同十七年に二十石寄進され、その計三百石が近世の朱印地となった。慶長七年(一六〇二)二

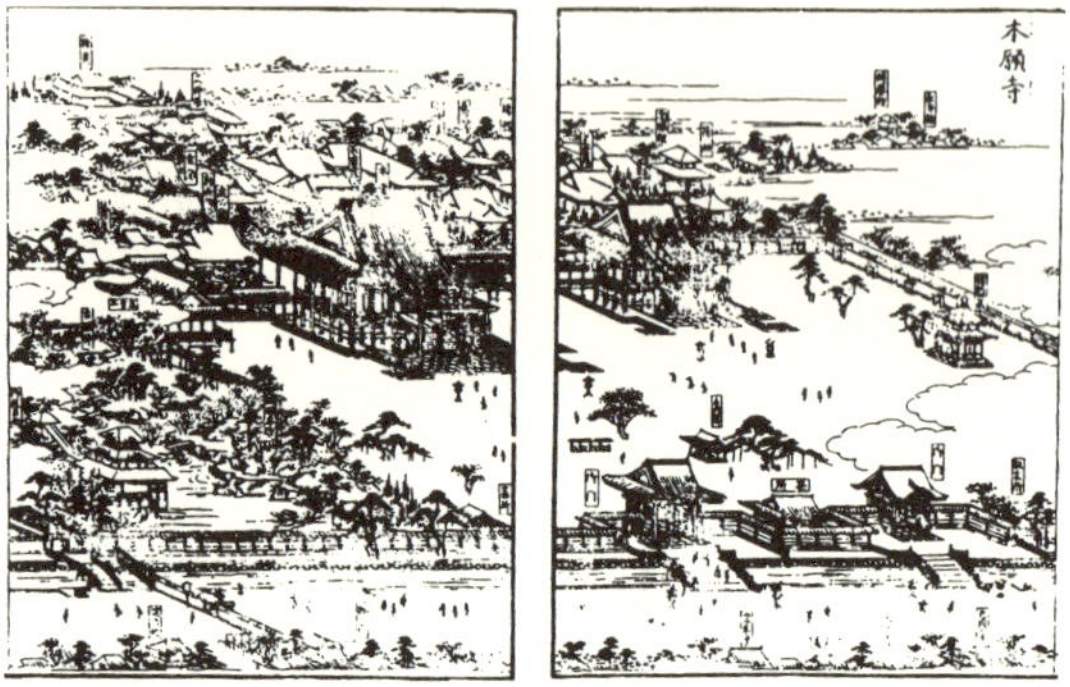

西本願寺(『都名所図会』2 より)

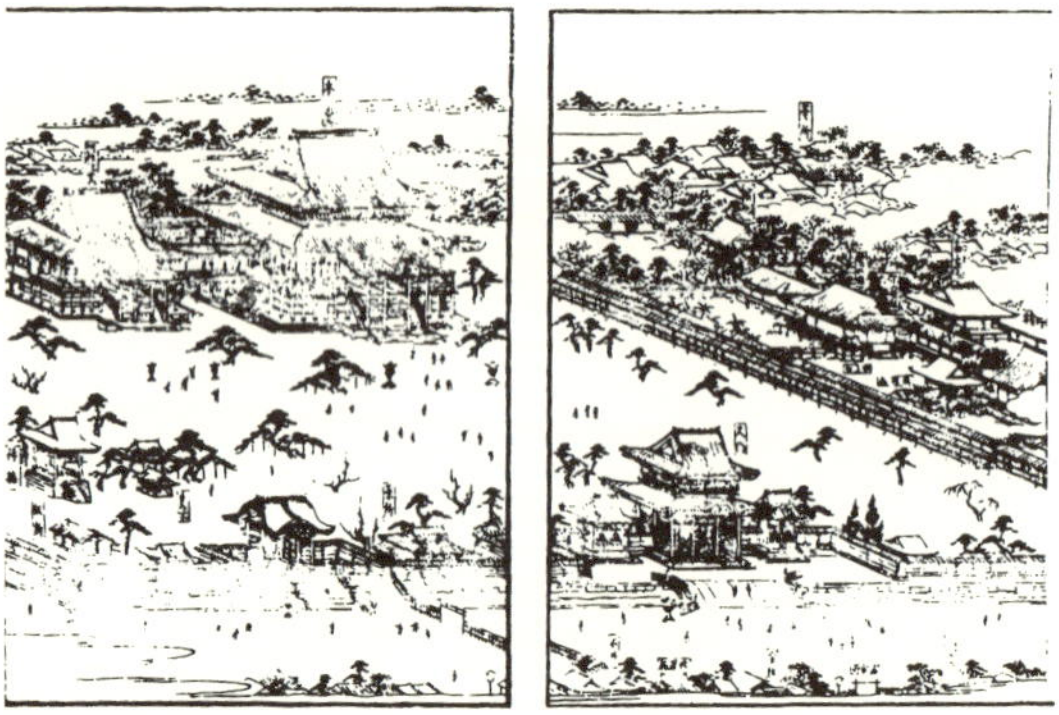

東本願寺(『都名所図会』2 より)

西本願寺御影堂

西本願寺書院対面所

西 本 願 寺 飛 雲 閣

月兄教如が別寺(東本願寺)を創したため勢力が半減した。慶長元年大地震のため諸堂が倒壊、その後元和三年(一六一七)十二月二十日失火により御影堂・阿弥陀堂などを焼失。翌年十一月十七日阿弥陀堂(仮堂)移徙。御影堂は寛永十三年(一六三六)八月十九日第十三世良如のとき落慶遷座した。同十六年学寮(のち学林)を造立。その後、承応鬩牆・明和法論・三業惑乱など、教団を動揺させる宗義上の争論が起った。宝暦十年(一七六〇)三月二十六日第十七世法如のとき阿弥陀堂落成。第二十世広如のとき財政が極度に悪化し、石田敬起を起用して天保の改革を断行した。第二十一世明如(大谷光尊)のとき明治十四年(一八八一)十月、国会に先駆けて集会(宗会)を開設するなど近代的組織を積極的に編成した。第二十二世鏡如(大谷光瑞)は西域探検で知られる。建築では飛雲閣・書院(対面所・白書院)・北能舞台・唐門・黒書院および伝廊が国宝、御影堂・阿弥陀堂が重要文化財に指定され、宝物では鏡御影、安城御影(正・副)、親鸞筆『観無量寿経註』、同筆『阿弥陀経註』、『三十六人家集』、熊野懐紙が国宝に指定されるなど文化財が多数ある。

参考文献　『本願寺史料集成』、『本願寺史』、本願寺史料研究所編『本願寺年表』、宮崎円遵他編『秘宝西本願寺』

（首藤　善樹）

飛雲閣　西本願寺の東南隅にある滴翠園《てきすいえん》に建つ三層楼の庭園建築。一階を招賢殿、二階を歌仙の間、三階を摘星楼と名付けている。北側が池に臨み、その東端に舟入りを張り出している。東側に茶室憶昔《おくじゃく》亭《てい》と勝手を付属している。招賢殿の主室には七畳半の上段があり、その正面の床《とこ》は壁面の下部に障子を入れる独特の意匠である。上段の北に三畳の上々段を設け、庭に面して軍配形の窓をつけている。上段・上々段まわりの平面形は対面所と共通していて、対面所が改造された寛永十年(一六三三)ごろに関連して飛雲閣も建てられたのではないかと考えられる。屋根や窓の意匠に変化をみせる二・三階は古風で、古い建物を利用したのであろう。国宝。

（平井　聖）

東本願寺　京都市下京区烏丸通七条上ル二丁目常葉町七五四の真宗大谷派本山。正しくは本願寺であるが、本願寺派本願寺と区別するため東を冠して通称する。本願寺第十一世顕如の示寂後、一旦教如が継職したが、豊臣秀吉の裁定により弟准如が改めて継職し、教如は隠退した。その後教如は、慶長七年（一六〇二）二月徳川家康から烏丸六条の地を与えられ、翌年正月上野国厩橋妙安寺に伝わる親鸞聖人の木像を迎え、同年十一月十日阿弥陀堂の遷仏、同九年六月十六日御影堂の遷座を遂げた。このように教如が別寺を建立して第十二世を称し、末寺・門徒も約半分が従ったため、本願寺は両派が分立するに至った。寛永十八年（一六四一）六月二十日第十三世宣如のとき徳川家光から、さらに東洞院以東六条・七条の間の地の寄進を受け寺内町が形成され、のちその内方百間に渉成園（枳殻邸）を築いた。万治元年（一六五八）三月第十四世琢如のとき御影堂の改築が成った。第十五世常如のとき、寛文五年（一六六五）ごろ学寮を創建。同十年三月十五日阿弥陀堂の改築を終え遷仏。その後、天明八年（一七八八）・文政六年（一八二三）・安政五年（一八五八）・元治元年（一八六四）の四度火災にあった。明治二年（一八六九）九月三日北海道開拓の許可を獲得。第二十一世厳如は同五年九月から翌年七月にかけて欧州を視察、以後布教・学事に旧来の面目を一新した。同九年六月中国上海に別院、同年七月北京に仮別院設置。同二十八年四月第二十二世現如のとき現在の両堂が完成した。寺宝として親鸞筆『教行信証』（坂東本）が国宝に指定されているほか、安城御影、親鸞聖人伝絵（康永本・弘願本）、親鸞筆『一念多念文意』などが重要文化財の指定をうけている。

参考文献　橋川正『真宗大谷派史要』（『日本宗教大講座』五）、小串侍『近世の東本願寺』、大谷大学編

『真宗年表』、真宗教学研究所編『近代大谷派年表』

（首藤　善樹）

本光院　ほんこういん

京都市上京区今出川七本松真盛町七四五にある天台真盛宗の尼寺。寺伝では乾元元年（一三〇二）に媞子内親王が父後二条天皇の菩提をとむらうために創建したという。その後、織田信長が再建した。本尊地蔵菩薩像はその念持仏と伝える。代々貴族の女子が入寺し、のち尼門跡となったが荒廃し、現在地へは昭和四十三年（一九六八）の移転で西方寺境内に再建されて住職もその兼務。

（井上　満郎）

本圀寺　ほんこくじ

京都市山科区御陵大岩《みささぎおおいわ》町六にある。日蓮宗。中世には本国寺と書き、近世になり徳川光圀の貢献より本圀寺としたと伝えるが、これよりもさかのぼるともいう。妙竜院日静《にちじょう》が鎌倉本勝寺を京都堀川に移して本国寺と号したのがそのはじめという。開創の時期は未詳だが、日静没後の永徳元年（一三八一）のころには、日像《にちぞう》創建の妙顕寺とともに洛中の日蓮宗を代表する寺院となっていて、日像の四条門流に対する六条門流の本寺で、京都二十一ヵ本山と称された同宗本山の中心的存在であった。中世末期には、寺の周囲に環濠を配し、寺内《じない》町が形成された大寺院となっている。天文五年（一五三六）の天文法華の乱により堺成就寺に疎開するが、同十一年帰洛の勅許を得て諸寺とともに復帰した。同五年制作の『日蓮聖人註画讃』(日蓮の伝記を描いた絵巻)五巻を所蔵。寛永十年(一六三三)の『京都本国寺末寺帳』には末寺二百六十九寺が記されている。昭和四十六年(一九七一)下京区柿本町の地を退去して現在地に移った。

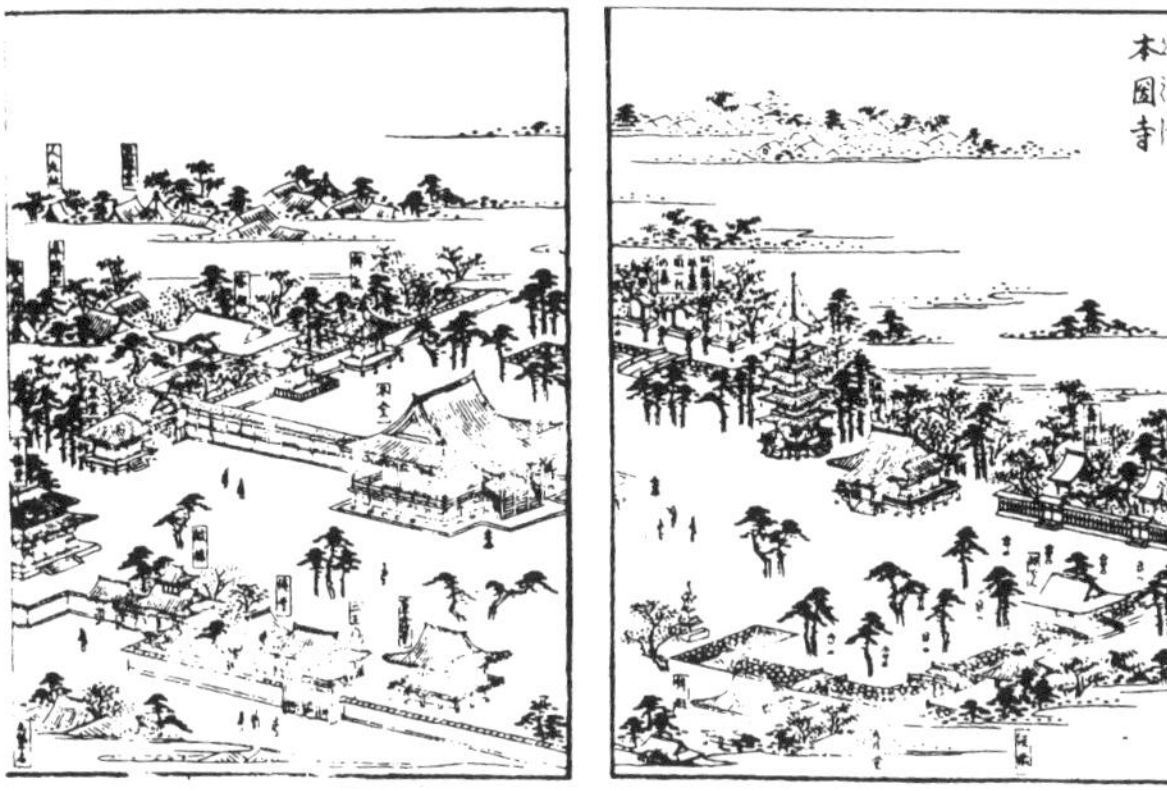

本圀寺(『都名所図会』2より)

参考文献 『本圀寺年譜』、『諸宗末寺帳』下(『大日本近世史料』)、立正大学日蓮教学研究所編『日蓮教団全史』上、今谷明『天文法華の乱』、糸久宝賢『京都日蓮教団門流史の研究』、『京都の歴史』三

(高木 豊)

本禅寺　ほんぜんじ

京都市上京区北之辺町三九四にある。法華宗陣門流の本山。山号光了山。京都六条門流本国寺日静《にちじょう》の弟子で越後本成《ほんじょう》寺を譲られた円光房日陣が創立した。日陣は本《ほん》迹《じゃく》勝劣を主張して、本国寺を継いだ日伝と論争、本国寺と訣別、別派をたて、応永十三年(一四〇六)京都堀川油小路に本禅寺を建立して、京都の弘通所とし、い

ずくに死のうとも日陣の魂魄は四条堀河（本禅寺）にとどめるとまでいっている。越後本成寺とともに日陣門徒の二大拠点の一つであり、中世末期の京都日蓮宗の代表的寺院二十一ヵ本山の一つでもあった。天正十九年（一五九一）現在地に移転したという。寛永十年（一六三三）の『洛陽法華宗本禅寺末寺帳』には末寺二十七ヵ寺および本成寺から預かり支配する十八ヵ寺、合計四十五ヵ寺が列挙されている。

参考文献　『諸宗末寺帳』下（『大日本近世史料』）、立正大学日蓮教学研究所編『日蓮宗宗学全書』七・二三、同編『日蓮教団全史』上、『京都の歴史』三

（高木　豊）

本能寺　ほんのうじ

京都市中京区寺町通御池下ル下本能寺前町五二二にある。

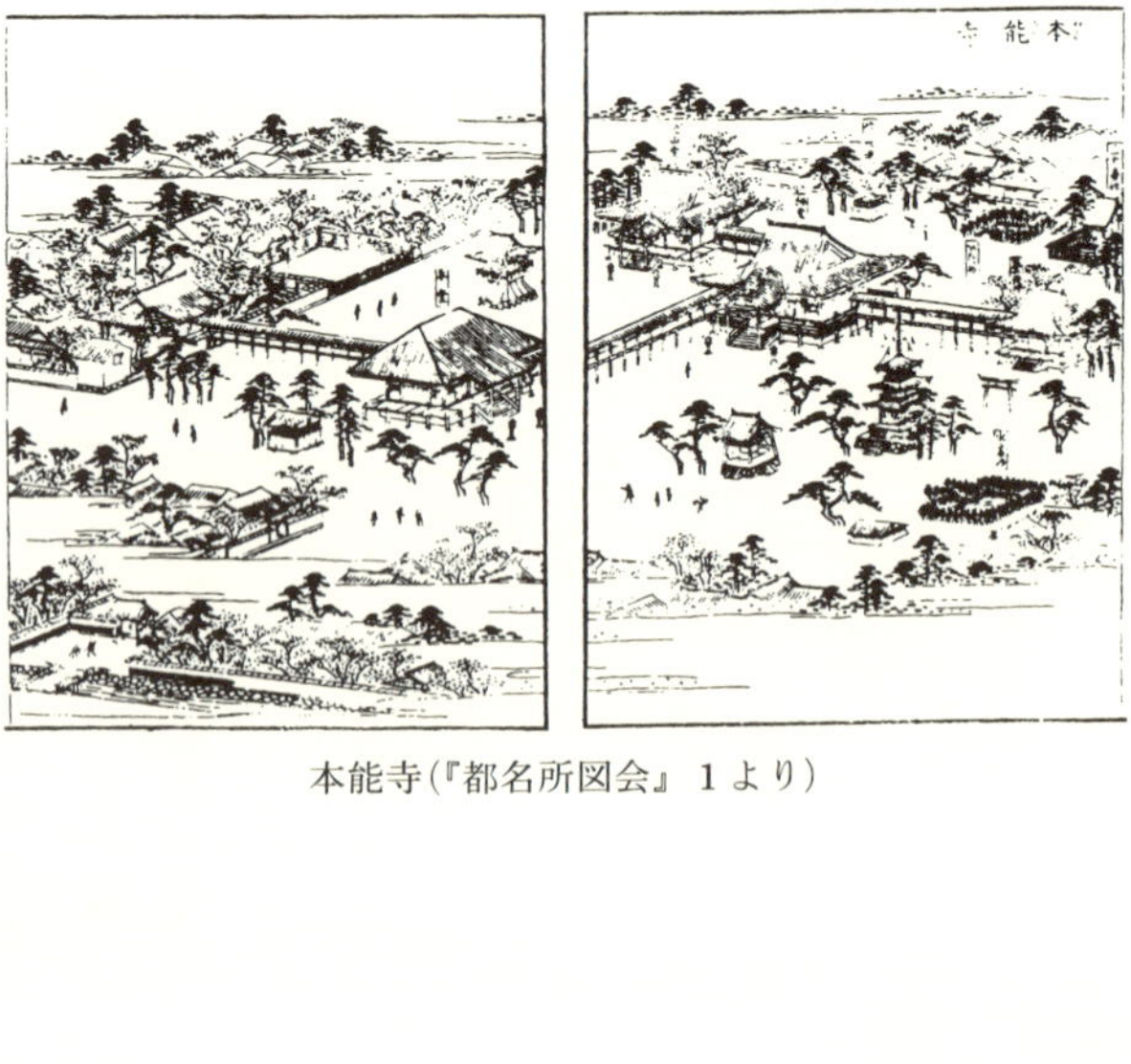

本能寺（『都名所図会』1より）

法華宗本門流の本山。妙本寺《みょうほんじ》（現在の妙顕寺《みょうけんじ》）の僧日隆《にちりゅう》が応永二十二年（一四一五）油小路高辻と五条坊門に本応寺を開創して、一派を成したことに始まる。たびた

び火災にあって移動したが、京都法華一揆のころには法華宗二十一ヵ本山の一つとして栄えた。天文五年(一五三六)におこった天文法華の乱によって焼かれ堺

本能寺本堂

に移ったが、間もなく帰洛して復興した。このころから十六本山の一つとして京都法華宗の一翼をになったが、天正十年(一五八二)に明智光秀が織田信長を攻め滅ぼした本能寺の変によって、四条坊門西洞院《にしのとういん》に構えられた伽藍は焼失した。その後、豊臣秀吉の命によって現在の地に移り、寺町を形成した。境内には信長主従の供養塔があり、信長ゆかりの寺として有名である。早くから種子島に伝道したので、鉄砲や火薬の入手をめぐって戦国武将との関係が深かった。『本能寺文書』は質量ともに優れ、京都法華宗寺院の動向をよく窺うことができる。

参考文献　立正大学日蓮教学研究所編『日蓮教団全史』、藤井学「西国を中心とした室町期法華教団の発展」(『仏教史学』六ノ一)

(中尾　堯)

本法寺

ほんぽうじ

京都市上京区本法寺前町六一七にある。日蓮宗。日親の開創。はじめ永享九年(一四三七)ごろ東洞院《ひがしのとういん》綾小路に建立、同十二年日親が投獄された際破却され、康正年間(一四五五―五七)四条高倉に再建、これも破却され、寛正四年(一四六三)三条万里小路に三たび建立。日親は長享元年(一四八七)「本法寺法式」を定め『本法寺縁起』を起草して自己の行動を叙述した。京都二十一ヵ本山の一つ。のち天正十八年(一五九〇)豊臣秀吉の命により現在地に移転した。当寺は近世を通じて中山門流の上方三ヵ寺(京頂妙寺・堺妙国寺・当寺)の一つ、関西中山門流の拠点の一つとなり、法華経寺貫首を輪番で勤めた。寛永十年(一六三三)の『京本法寺末寺帳』では末寺三十四ヵ寺、天明六年(一七八六)の『末寺帳』では朱印十一石、塔頭《たっちゅう》二十一宇、直末・孫末七十ヵ寺となっている。

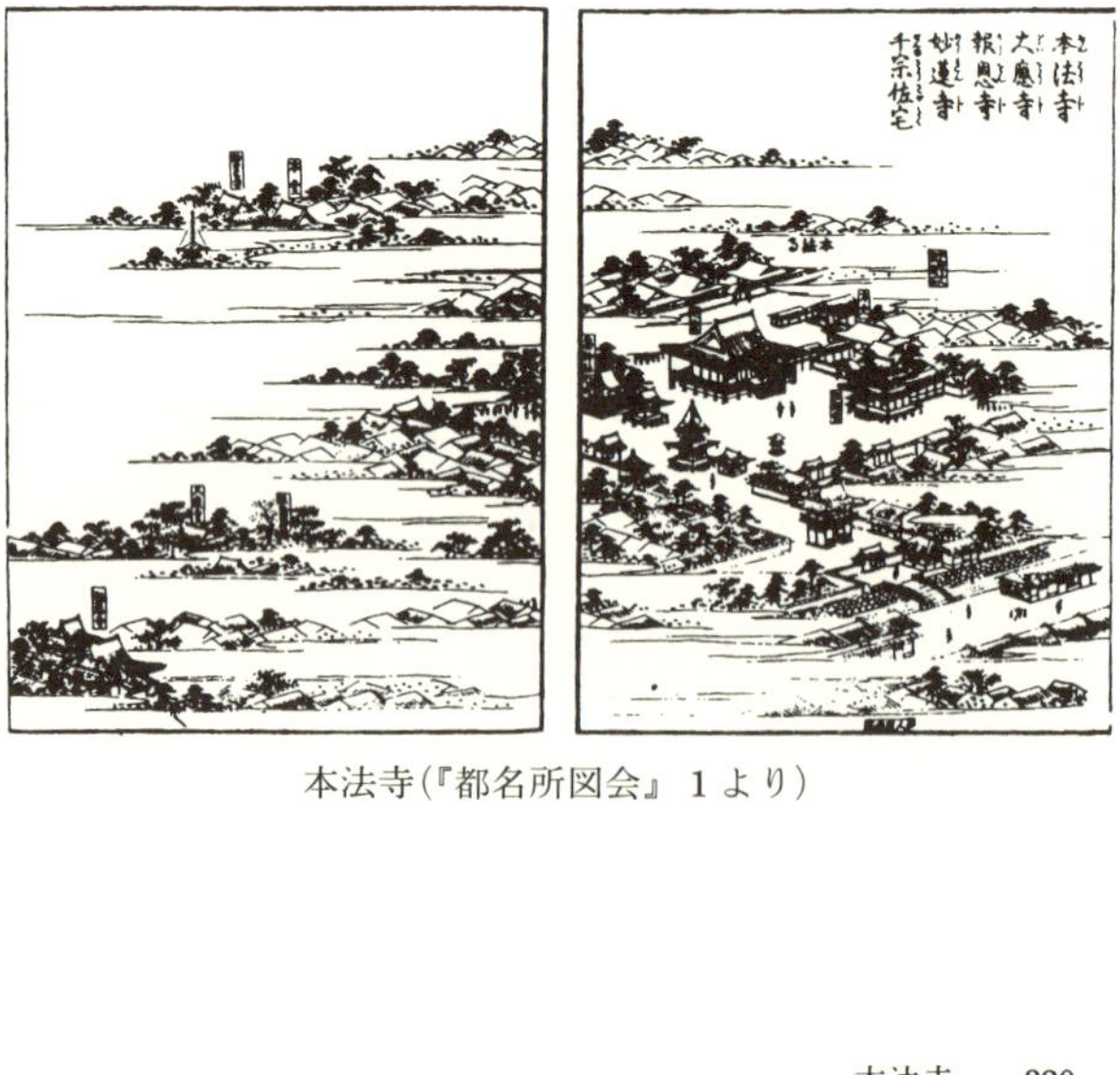

本法寺(『都名所図会』1より)

参考文献　『諸宗末寺帳』下(『大日本近世史料』)、

正中山法華経寺・中山三法縁編『増補中山史』、立正大学日蓮教学研究所編『日蓮宗宗学全書』二〇、『京都の歴史』三・四

（高木　豊）

■本満寺■《ほんまんじ》

京都市上京区鶴山町一六にある。日蓮宗。山号広宣流布山。玉洞妙院日秀（近衛道嗣の子と伝え、本国寺日伝に師事したという）が近衛家の支援により開創した。京都二十一ヵ本山の一つ。その門徒は法華一揆の一角を形成した。近世初頭当寺を継承した日重・日乾《にちけん》・日遠《にちおん》らは教学・教団の両面におけるリーダーとなり、当寺は京都不受派に対する受派の拠点でもあった。寛永十年（一六三三）の『京都本満寺末寺帳』には末寺三十二ヵ寺が記され、延享二年（一七四五）の『身延久遠寺触下本末帳』では塔頭《たっちゅう》十軒・直末五十五ヵ寺・孫末十九ヵ寺合計七十四ヵ寺の末寺が記録されている。重要文化財一字宝塔妙法蓮華経・観普賢経を現蔵。

[参考文献] 立正大学日蓮教学研究所編『日蓮宗宗学全書』二二、『諸宗末寺帳』下（『大日本近世史料』）、林是晋・北村聡編『延享二年身延久遠寺触下本末帳』（『日蓮教学研究所紀要』三・四）、辻善之助『日本仏教史』五、立正大学日蓮教学研究所編『日蓮教団全史』上、糸久宝賢『京都日蓮教団門流史の研究』、『京都の歴史』三、高木豊「近世初頭における関西日蓮教団の動向」（宮崎英修編『近世法華仏教の展開』所収）、同「近世初頭における関東日蓮教団の動向」（『史潮』八〇）

（高木　豊）

■本隆寺■《ほんりゅうじ》

京都市上京区紋屋町三〇にある。法華宗真門流総本山。

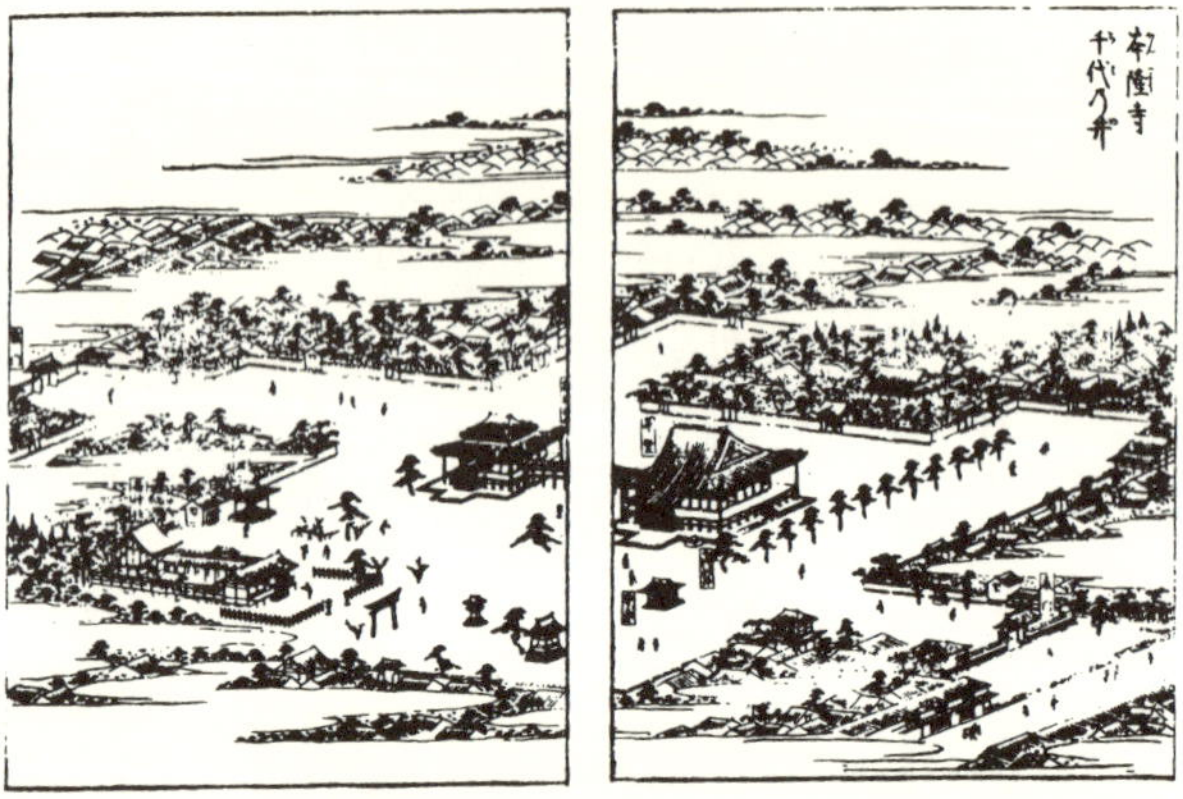

本隆寺(『拾遺都名所図会』1より)

もと妙本寺《みょうほんじ》(妙顕寺《みょうけんじ》)に属した常不軽院日真は本迹《ほんじゃく》勝劣を主張して大林坊日鎮らとともに同寺から独立、延徳元年(一四八九)四条大宮に本隆寺を創設、日真門流の拠点とした。京都二十一ヵ本山の一つ。天文法華の乱後移転を重ねたが、天正十二年(一五八四)豊臣秀吉の命により現在地に移転、後奈良天皇の外護をうける。寛永十年(一六三三)の末寺帳『本隆寺之帳』によれば五十ヵ寺を抱えている。天明八年(一七八八)京都の大火に諸寺とともに類火したが、再建、現在に至った。

参考文献 『諸宗末寺帳』下(『大日本近世史料』)、立正大学日蓮教学研究所編『日蓮教団史』上、『京都の歴史』三

(高木　豊)

松尾大社

まつのおたいしゃ

京都市西京区嵐山宮町三に鎮座。旧官幣大社。祭神は大山咋神《おおやまくいのかみ》・中津嶋姫命《なかつしまひめのみこと》。『古事記』に、大山咋神は葛《かど》野《の》の松尾にます、とみえ、在地の神である。五世紀ごろに秦氏がこの地に移り住み、大宝元年(七〇一)に筑

紫の胸形《むなかた》神社の祭神中都大神(市杵嶋媛命《いちきしまひめのみこと》)を秦忌寸《いみき》都《と》理《り》が松尾に迎え(『秦氏本系帳』)、神殿を造立した(『江《ごう》家次第《けしだい》』)。天平二年(七三〇)大社に預かり(同)、貞観八年(八六六)神階正一位に叙せられた(『三代実録』)。寛弘元年(一〇〇四)一条天皇の行幸があり、後一条・後朱雀・後三条・堀河・崇徳・近衛・後鳥羽・順徳の八天皇の行幸を受けた。延喜の制では名神大社、二十二社の制では上七社に数えられ、皇都鎮護の神として尊崇された。中世中ごろまでは十三の荘園を有した。足利氏・豊臣氏の崇敬を受け、豊臣秀吉は本社に九百三十三石、旅所に百四十五石の朱印地を奉献した。徳川氏も代々この例を継承し、ほかに神供米神事料を供した。明治四年(一八七一)官幣大社に列し、昭和二十五年(一九五〇)社名を松尾大社と改めた。例祭は四月二日、他に神幸祭(四月二十日以後の日曜日に出幸、三週間後の日曜日に還幸)、御田祭、八朔祭などがある。祠職は代々秦氏が世襲し、その数三十三家(『山城志』)に及んだが、明治四年に廃止。本殿は両流造檜皮葺で応永四年(一三九七)造立(天文十一年(一五四二)再建、重要文化財)。拝殿、神庫、神輿庫、客殿、参集殿、儀式殿、亀の井舎、社務所、楼門、庭園の「松風の苑」(昭和五十年造成)がある。境内地は十万八千九百八十八坪。摂末社は三十一社ある。この内、本社を含めて松尾七社といわれた四大《しだい》神社・三宮《さんのみや》神社・衣《ころも》手《で》神社・月読《つきよみ》神社・櫟谷《いちだに》神社・宗像《むなかた》神社からは神幸祭に神輿(月読神社は唐櫃)が出幸する。また月読神社と櫟谷神社は延喜式内社である。社宝の男神像二体、女神像一体は平安時代の彫造で重要文化財に指定されている。

参考文献　『松尾大社史料集』、羽倉敬尚「未刊松尾社家系図」(『神道史研究』一三ノ四)、松原誠司「松尾社境内地の成立と性格」(『日本歴史』五一八)、田島裕久「平安時代の松尾社に関する売券群の検討」(『史学』五八ノ二)、山中隆生「中世松尾社領に関

する一考察―社家の系譜と伝領のあり方をめぐって―」(『年報中世史研究』六)　(西川　順土)

松尾寺

まつのおでら

京都府舞鶴市字松尾吾三にある。真言宗醍醐派。山号は青葉山。慶雲年間(七〇四―〇八)唐僧威光の開創。和銅五年(七一二)元明天皇の勅命で馬頭観音像を安置し、養老年間(七一七―二四)元正天皇の勅命で越の泰《たい》澄《ちょう》が奥ノ院を開いたと伝える。美福門院の帰依を受ける。天正九年(一五八一)細川幽斎が本堂を再建。絹本着色普賢延命菩薩画像は国宝、絹本着色孔雀明王画像・同法華曼荼羅・木造阿弥陀如来坐像は重要文化財に指定されている。

参考文献　小林玄章他編『丹哥府志』(『丹後郷土史料集』一)、『舞鶴市史』史料編　(宮坂　宥勝)

曼殊院

まんしゅいん

京都市左京区一乗寺竹ノ内町四二にある天台宗の門跡寺院。竹内門跡ともいう。最澄が比叡山に建立し、天慶年中(九三八―四七)是算《ぜさん》が西塔北谷に移し東尾坊といった。天暦元年(九四七)北野社が創建され、是算が別当をつとめ、以後代々の兼務となる。天仁年中(一一〇八―一〇)忠尋《ちゅうじん》のとき曼殊院と改める。永久年中(一一一三―一八)慈順のとき北山へ移ったが、足利義満が皇宮の側に転じた。文明年中(一四六九―八七)に伏見宮貞常親王の皇子慈運法親王が入寺して門跡寺院となる。明暦二年(一六五六)良尚法親王のとき現在地に移る。現存の建物の多くはこのときのものである。明治四年(一八七一)門跡号が廃止されたが、同九年に復興される。本堂・書院・庫裏は重要文化財に指定され、ほかに護摩堂・経蔵・八窓茶席など多くの建築物がある。また絹本着色不動明王像(国宝)など美術品も多い。書院の庭園は名勝に指定されている。

参考文献 『曼殊院縁起』、『曼殊院門跡伝法師跡次第』、黒川道祐『雍州府志』四(『(増補)京都叢書』三)、大島武好『山城名勝志』一二(同八)

(福原 隆善)

不動明王像 滋賀県園城寺の秘仏「黄不動」(国宝)を摸した画像。黄不動は、比叡山で修行中の円珍の前に出現した霊験像として尊崇され、後世多くの画像彫像が作られた。本像はその中で現存最古の最も優れた作例。原画と異なり本像では不動尊の足下に岩座を描き加えたこと、着衣の配色や文様に装飾性が増していることなどから、平安時代後期(十二世紀)の作と推定される。天台密教の興隆をも示す好例。絹本著色。縦一七八・一センチ、横八〇・九センチ。国宝。

参考文献 高崎富士彦他編『国宝不動明王像曼殊院・(重要文化財)不動明王二童子像瑠璃寺』(『日本の仏画』二期二)

(関口 正之)

万寿寺 まんじゅじ

京都市東山区本町一五ー七八六に所在する臨済宗東福寺派の禅寺。もと京都五山の一つ。はじめは現在の下京区にあり、寺域の旧跡は同区万寿寺通・万寿寺町・万寿寺中之町の地名に残る。白河上皇皇女郁芳門院媞子内親王の遺宮を承徳元年(一〇九七)に仏寺に改め六条御堂としたのに始まる。正嘉年中(一二五七ー五九)十地上人覚空《かくくう》と東山湛照《たんしょう》の師資が円爾《えんに》(東福寺開山)に帰依し万寿寺と改称。延文三年(一三五八)に官刹の五山となり、至徳三年(一三八六)京都五山第五位に列せられる。永享六年(一四三四)火災、長禄三年(一四五九)土一揆乱入、寛正二年(一四六一)開山堂焼失、翌三年の土一揆などにより衰退し、天正年間(一五七三—九二)東福寺山内の三聖寺に寺基を移し、豊臣秀吉から朱印八十五石余を得る。天明八年(一七八八)末寺帳『禅宗済家五山万寿寺帳』を幕府に提出、それによると御朱印八十五石四斗余、塔頭末寺なしとする。愛染堂(三聖寺遺構)・本尊阿弥陀如来坐像(六条御堂本尊)・絹本著色聖一国師像などが重要文化財に指定されている。

参考文献 『京城万寿禅寺記』

(竹貫 元勝)

万福寺

まんぷくじ

京都府宇治市五ケ庄三番割三四にある黄檗宗の本山。黄檗山万福寺。開山隠元隆琦《いんげんりゅうき》、開基は徳川四代将軍家綱。創建は江戸時代初期の長崎唐三福寺の成立と承応三年(一六五四)明末の僧隠元が渡来し興福寺に入寺したことに端を発する。隠元の招来は鎖国下で中国禅匠に参禅の好機として、多くの僧が参集し、妙心寺派の竺印祖門らの妙心寺住持招請の計画が起る。これは愚堂東寔《ぐどうとうしょく》らの反対に終るが、同心の竜渓宗潜《りゅうけいしょうせん》(のち性潜)が中

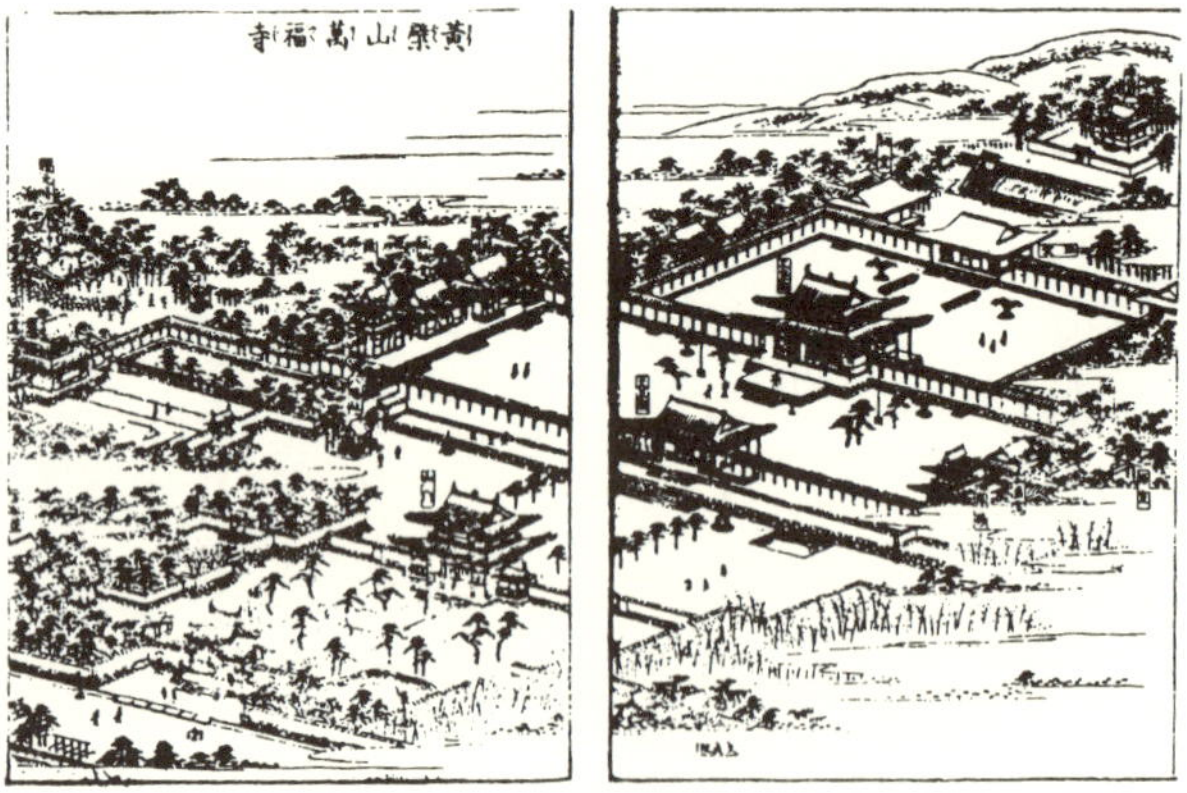

黄檗山万福寺(『都名所図会』5より)

心となり幕府に工作し、万治二年(一六五九)新寺建立を許可、寺地は山城宇治郡大和田村の近衛家別業の地を収公し、翌三年十二月引き渡された。新寺は隠元の故地、華南福建省福州府の黄檗山万福寺の号を付し、彼此を古(唐)黄檗に対し新黄檗と称した。開創は寛文元年(一六六一)五月八日、隠元は多くの唐和僧を従え閏八月二十九日に晋山、開山第一代となった。同年伽藍の建立を開始、前大老酒井忠勝が法堂《はっとう》を、大坂海老

万福寺総門(上)と大雄宝殿(下)

屋勝性印らの西域木(チーク材)・将軍徳川家綱の白金二万両と西域木などの寄進があった。この間隠元は同四年九月松隠堂に退隠、木庵性瑫《もくあんしょうとう》が第二代を継ぎ、同八年十二月落慶法要を終えた。同二年から四年には渡来仏師范道生が観音・韋駄天・達磨・布袋・十八羅漢像などを造立、京仏師らの明様式受容の契機となった。同三年には寺田四百石が寄進され、同五年寺田および境内九万坪の山林竹木諸役免除の朱印状が交付された。隠元は住山三年目に、第一次黄檗三壇戒会を設けたが、黄檗戒壇は以後歴代住持の重要な法儀の一つとなり、他宗へも影響を与えた。住持は三代慧林性機《えりんしょうき》・四代独《どく》湛性瑩《たんしょうけい》と隠元法嗣が継ぎ、五代高泉性潡《こうせんしょうとん》から法孫となり、隠元派下の渡来僧二名、和僧二名(のち和僧のみ二名)を前住持が推挙し、幕府が選任するのを例とした。やがて渡来僧が絶え、十四代竜統元棟《りゅうとうげんとう》より和僧住持が始まり、二十一代大成照漢の唐僧住持を最後に以後はすべて和僧住持となった。その法式は中国禅院の風に倣い、読経も唐音《とういん》によるなどの特色がみられる。伽藍配置、堂内の様相も中国風で、宝暦四年(一七五四)参詣した俳人菊舎の句、「山門を出れば日本ぞ茶摘み歌」が万福寺の特色を示している。大雄宝殿ほか主要建築二十棟と多くの聯額、喜多元規筆隠元像・池大雅筆障壁画・陳賢筆観音図が重要文化財に指定、隠元三百年遠忌記念建立の文華殿に寺宝・文書・語録などを収蔵、展観される。塔頭《たっちゅう》は三十三ヵ院を数えたが、明治初年陸軍省に接収され、廃絶・移転縮小して現在十八ヵ院。うち宝蔵院に鉄眼版大蔵経版木(重要文化財)が収蔵される。

参考文献 隠元隆琦編『新黄檗志略』、『両序執事記建立殿舎冊』、佐々木剛三『万福寺』(『美術文化シリーズ』一三六)、富士正晴・安倍禅梁『万福寺』(『古寺巡礼京都』九)、平久保章『隠元』(『人物叢書』九六)

(大槻 幹郎)

みとじんじゃ

水度神社

京都府城陽市寺田水度坂八に鎮座。『山城国風土記』逸文にみえ、延喜式内小社の後身というが、明治時代以前は天神宮と称した。旧府社。現在の祭神は天照皇《あまてらすお》大神《おみかみ》・高皇産霊神《たかみむすびのかみ》・和多都美豊玉姫命《わたつみとよたまひめのみこと》の三座。祭礼は寺田祭といい、寺田郷の産土神として盛大であった。祭礼は宮座の座人を中心に行われ、九月三十日の御出祭から大祭(還幸祭)の十月二日まで神輿のお旅所渡御がある。祭に先立つ九月二十七日に宮座の当屋の門口にオハケサンを立て、座敷に籠子《ろうじ》という台に座ごとに特殊な神饌を盛り立てていた。現在は栗榧座のみが残り、今も座人が神饌を盛っている。本殿は、文安五年(一四四八)建造の棟札をもつ一間二面の流造であるが、正面は千鳥破風である。重要文化財。

参考文献　井上頼寿『京都古習志』

(岡田　精司)

みぶでら

壬生寺

京都市中京区壬生梛《なぎ》ノ宮《のみや》町三にある。律宗の別格本山。地蔵院・宝幢三昧寺(院)・心浄光院とも号する。縁起によると、正暦二年(九九一)園城寺の快賢が仏師定朝《じょうちょう》に三尺の地蔵菩薩像を彫刻させ、寛弘二年(一〇〇五)御堂を供養した。承暦年間(一〇七七―八一)に白河天皇が行幸し、地蔵院の号を賜わり、天承年間(一一三一―三二)に鳥羽上皇も行幸した。建保元年(一二一三)平宗平が五条坊門壬生から坊城の現在地に移建したが、正嘉元年(一二五七)五条大宮殿の炎上に類焼した。復興には宗平の子政平が尽力し、正元元年(一二五九)惣供養を行い、地蔵院の名を改めて宝幢三昧寺と号した。

壬生寺(『都名所図会』2より)

これは『百錬抄』正元元年二月二十八日条に「五条坊門坊城地蔵堂供養」とある記事で確かめられる。正安年間(一二九九―一三〇二)に導御《どうご》(円覚)が当寺で融通念仏(大念仏会)を修した(『雍州府志』)。壬生狂言(重要無形民俗文化財)はこの融通念仏に起源するといわれる。導御は嵯峨釈迦堂や法金剛院でも盛んに融通念仏を修しており、融通念仏と結びついた当寺の地蔵信仰は京洛の道俗貴賤に浸透し、本尊の地蔵菩薩に関する霊験譚も流布していったと思われる。中世後期には衰微し、『二水記』大永八年(享禄元年、一五二八)二月八日条に「壬生地蔵堂、悉以壊㆓破之㆒、只本堂南門等許残也」とみえるが、近世には堂舎や子院が次第に建立されて寺観は整った。天明八年(一七八八)の大火に焼け、文化八年(一八一一)に再建された本堂は、昭和三十七年(一九六二)定朝作の本尊もろともに焼失した。現在の本尊(重要文化財)は同四十二年に唐招提寺から移座する。寺宝は長谷川等伯筆紙本墨画淡彩列仙図屏風(重要文化財)など。

参考文献 『壬生寺縁起』

(中井 真孝)

三室戸寺

みむろどじ

京都府宇治市菟道滋賀谷《とどうしがたに》二一にある。本山修験宗。明星山と号す。宝亀年中(七七〇―八一)光仁天皇から千手観音の御室を賜わったので御室戸寺といい、行表《ぎょうひょう》(一説円珍)により開基されたという。のち寛空は五間四面の堂を建立、康和元年(一〇九九)園城寺の隆明《りゅうみょう》によって中興される。嘉禄元年(一二二五)園城寺長吏覚実は円珍の御影をまつり、堂舎を閉じて恒例の仏事を断絶した。鎌倉時代以後は衰退し、寺地も移転した。文明年中(一四六九―八七)現在地に移る。現存の建物は江戸時代後期のもので、本堂・阿弥陀堂などがある。木造の阿弥陀三尊像・釈迦如来像・毘沙門天像などは重要文化財であり、西国三十三所の札所でもある。

三室戸寺(『都名所図会』5より)

参考文献 『塵添壒囊鈔』一七(『大日本仏教全書』)、『百錬抄』、黒川道祐『雍州府志』一・五(『(増補)京都叢書』三)、大島武好『山城名勝志』一七(同八)、秋里籬島『都名所図会』五(同一一)

(福原 隆善)

妙覚寺

みょうかくじ

京都市上京区下清蔵口町一三五にある。日蓮宗。山号具足山。妙顕寺《みょうけんじ》・立本寺《りゅうほんじ》とともに竜華の三具足山とよばれる。開山日像《にちぞう》とするが、竜華院日実《にちじつ》が永和四年（一三七八）開創。はじめ四条大宮妙覚に、ついで室町西二条南小路衣棚、さらに豊臣秀吉の命で現在地に移建。日成《にちじょう》は「妙覚寺法式」を定め門徒に不受不施義の厳守と強信の貫徹を求める。二十一ヵ本山の一つ。門徒は法華一揆の一角を形成。秀吉の方広寺千僧供養出仕令をめぐり、京都日蓮宗は受・不受の両派に分裂、日成以来の不受を貫いたのは同寺日奥《にちおう》であったが、同寺は受派に接収された。接収後の寛永十年（一六三三）の「妙覚寺諸末寺覚」には末寺のほとんどに「違背、于今不参」と記され、末寺の受派の抵抗を示すが、延享二年（一七四五）の『身延久遠寺触下本末帳』（『日蓮教学研究所紀要』三・四所収）では直末百十二ヵ寺、孫末二十八ヵ寺、計百四十ヵ寺が記されている。

参考文献　『諸宗末寺帳』下（『大日本近世史料』）、立正大学日蓮教学研究所編『日蓮教団全史』上、宮崎英修『不受不施思想とその源流』、坂本勝成「京都妙覚寺本末考」（宮崎英修編『近世法華仏教の展開』所収）

（高木　豊）

妙喜庵　みょうきあん

京都府乙訓《おとくに》郡大山崎町大山崎竜光六に所在する寺。臨済宗東福寺派。山号は豊興山。本尊は聖観音。開創は春岳士芳《しゅんがくしほう》が明応年間（一四九二―一五〇一）になし、東福寺塔頭荘厳院《たっちゅうしょうごんいん》末寺としたというが、開基年次を文明年中（一四六九―八七）とする説、延文二年（一三五七）成立の正続山地蔵寺（妙喜庵西側所在）末庵として創建されたとする説、庵の前身を連歌師山崎宗鑑の庵とする説などがある。茶道との関係を第三世功叔士紡《こうしゅくしぼう》がもち、津田宗及などが天正九年（一五八一）に茶会を催し、千利休（宗易）も功叔をたずねて来庵し、また滞在もしている。豊臣秀吉も山崎の戦後に会所とした。天明八年（一七八八）の東福寺末寺帳に御朱印高四十四石、ほかに離宮八幡宮社領内に四石六斗四升二合とみえる。明治期に東海道本線敷設で寺観を変えた。茶室（待庵）は国宝、書院は重要文化財。

（竹貫　元勝）

待庵　茶室。江戸時代初期から千利休作として知られており、確証はないが、利休好みと信じ得る唯一の遺構で、国宝に指定されている。内部は二畳敷。点前座の隅に炉を切り、太鼓襖を隔てて次の間が接続する。躙口《にじりぐち》が通例より大きいのは、それが待庵ではじめて試みられたことを示しているのかも知れない。床は壁の入隅から天井まで塗り廻した室床《むろどこ》の形式で、床天井をきわめて低くし、框には大きな節が見付に三つもある丸太を据えている。炉の隅の柱を消して壁を塗り廻し、天井は化粧屋根裏を組み入れ三つに分割するなどの手法により狭隘感を解消し、荒壁仕上の小空間を精神性の深い緊張した茶湯の空間に組み立てている。

妙喜庵待庵外観

参考文献　太田博太郎他編『日本建築史基礎資料集成』二〇、堀口捨己『利休の茶室』、同編『茶室起絵図集』五

（日向　進）

妙顕寺　みょうけんじ

京都市上京区妙顕寺前町五一四にある。日蓮宗。山号は具足山。妙覚寺《みょうかくじ》・立本寺《りゅうほんじ》とともに三具足山とよばれる。日像《にちぞう》の開創。日像＝四条門流の本寺。日像は永仁二年

(一二九四)京都で布教開始、京都追放の難をうけながら弘通してその拠点として同寺を建立したが、その時点は明確ではない。元亨元年(一三二一)後醍醐天皇か

妙顕寺(『都名所図会』1より)

ら弘通の勅許を得、御溝の傍、今小路に寺地を下賜されたといい、建武元年(一三三四)勅願寺としてその宗旨を弘め四海泰平を祈るべき綸旨を賜わった。さらには将軍家祈禱所ともなり、暦応四年(一三四一)四条櫛笥に移転。四条門流と称するのはこれにもとづく。同寺は、日蓮宗の進出を抑圧しようとした延暦寺僧徒から非難攻撃されたが、後醍醐天皇の綸旨などによりこれをしのいで発展、京都二十一ヵ本山のなかでも重きをなした。この間、同寺から妙覚寺その他が分出。明徳四年(一三九三)三条坊門堀川の地に移転し妙本寺と改号、永正十六年(一五一九)のころ妙顕寺の号に復した。天文法華の乱では堺に避難、その後帰洛、天正十一年(一五八三)豊臣秀吉の市中区画整理により現在地に移転。文禄四年(一五九五)の方広寺大仏殿千僧供養出仕をめぐり受・不受の論が起ったのち、同寺は受派の拠点となった。寛永十年(一六三三)当時、末寺百九十三ヵ寺を数え、延享二年(一七四五)には三百二十九

ヵ寺という。

参考文献　『諸宗末寺帳』下（『大日本近世史料』）、『延享二年身延久遠寺触下本末帳』（『立正大学日蓮教学研究所紀要』三）、立正大学日蓮教学研究所編『日蓮宗宗学全書』一九、同編『日蓮教団全史』上、辻善之助『日本仏教史』五、山田日真編『日宗竜華年表』

（高木　豊）

■妙光寺■　みょうこうじ

京都市右京区宇多野上ノ谷町に所在。臨済宗建仁寺派。山号は正覚山。本尊は釈迦如来。開山は心地覚心《しんじかくしん》（法燈円明国師）で弘安八年（一二八五）開創。花山院藤原《ふじわらの》師継《もろつぐ》が長子忠季《ただすえ》の菩提を弔うため北山仁和寺の別業を改めて禅寺となし、忠季の幼名、妙光を寺号としたのに始まる。花山院藤原師信・師賢・家賢・長親などが住したという。方丈の神器の間は、神器が一時置かれた室であるということなど、南朝との関係が伝えられている。室町時代、至徳三年（一三八六）には官刹の山城十刹に列せられ、江戸時代には、天明八年（一七八八）書上げの建仁寺末寺帳で、建仁寺御朱印の内、高四石六斗七升を有し、歳寒庵《さいかんあん》など塔頭《たっちゅう》三宇をもっていた。本堂に法燈円明国師像、印金堂に柿本人麿像を蔵し、境内に野々村仁清墓碑がある。現堂宇は寛永十六年（一六三九）再建によるもの。

参考文献　黒川道祐『雍州府志』五（『（増補）京都叢書』三）、大島武好『山城名勝志』八（同七）

（竹貫　元勝）

■妙心寺■　みょうしんじ

京都市右京区花園妙心寺町一に所在する臨済宗妙心寺

派の大本山。山号は正法山（略して「法山」）。開山は関山慧玄《かんざんえげん》。建武四年（一三三七）花園上皇は参禅の師の宗峯妙超《しゅうほうみょうちょう》（大徳寺開山）が病臥するや、宗峯に代わる参禅の師の推挙を願い、宗峯は法嗣の関山を推した。上皇は花園の離宮を改めて寺となし、山号寺号の命名を宗峯に委嘱し、美濃山中に韜晦していた関山を開山に迎えた。開創の時期は諸説があり定めがたいが、暦応五年（康永元、一三四二）正月付の、仁和寺領花園御所跡を関山に管領せしめた花園上皇の院宣があり、このころ寺基が確立したものと思われる。関山は世俗を嫌う隠遁癖の強い性情の持ち主で、語録・頂相《ちんぞう》・筆蹟など自己の足跡を一切遺さなかった。修禅を第一義とする関山の枯淡清楚な禅風は、その後当寺の伝統となり、五山官寺の叢林に対して林下と呼ばれる在野教団を形成して行った。応永六年（一三九九）大内義弘の乱（応永の乱）が起ると、住持拙堂宗朴《せつどうそうぼく》が義弘と師檀関係にあることを知った足利義満は、乱後寺地寺産を没収してことごとく青蓮院《しょうれんいん》に付与し、さらに三年後、その一部を自己の弟にあたる竜雲寺の廷用宗器（一山派）に与え、妙心寺は中絶した。永享年間（一四二九―四一）寺地の一部が返還され、尾張犬山瑞泉寺の日峯宗舜《にっぽうそうしゅん》が六世住職となって再建に着手し、八世義天玄詔《ぎてんげんしょう》が細川勝元の外護を得て竜安寺を開創、妙心寺の復興につとめたが、応仁の乱の兵火によってもとの無に帰した。乱後雪江宗深《せっこうそうしん》が後土御門天皇より妙心寺再興の綸旨を得て、細川管領家の援助のもとに再興を進め、経営面でも文明八年（一四七六）に会計簿（米銭納下帳）を作成し、健全な寺院経済の策を講じた。このようにして再興された妙心寺は、以前の妙心寺が公家系統の寺領荘園の年貢によって立っていたのに対し、多数の信徒（たとえば戦国諸侯）の檀施や、散在する田畠・山林の所有に基盤を置く経営へと変わって行った。雪江の後、弟子の景川宗隆《けいせんそうりゅう》・悟渓宗頓《ごけいそうとん》・特芳禅傑《とくほうぜんけつ》・東陽英朝《とうようえいちょう》の四人がおのおの竜泉派・東海派・霊雲派・聖沢派の四派を形成し、妙心寺は以後この四派の組織を基軸に発展し、今川・織田・武田などの戦国大名の帰信を得て地方に進出した。ことに安土桃山時代から江戸時代初期にかけて豊臣・徳川配下の諸大名が、争って伽藍の造営や塔頭《たっちゅう》の開創につとめ、最盛期には八十三もの塔頭を擁し七堂伽藍を完備する大寺院となった。紫衣《しえ》事件で一時江戸幕府と対立することもあり、来朝僧隠元隆琦《いんげんりゅうき》を妙心寺住職に招請する運動などもあったが、愚堂東寔《ぐどうとうしょく》・大愚宗築らのすぐれた禅匠の働きによってことなきを得、関山派下一流相承の法燈を守った。江戸幕府も朱印寺領四百九十一石余を付与して維新に及んだ。江戸時代中期、愚堂の法系より白隠慧鶴《はくいんえかく》が出てその法流がやがて妙心寺派をはじめ五山派をも席巻し、日本臨済宗の主流となり今日に至っている。現在塔頭は四十六ヵ寺。臨済宗十四派中の最大門派で、末寺は三千四百余。伽藍は南北一直線上に勅使門・山門・仏殿・法堂《はっとう》・寝堂・大方丈・小方丈・庫裡と並び、禅宗寺院伽藍配置の典型をなし、いずれも重要文化財である。多くの寺宝のうち、大燈国師墨蹟二幅(関山字号・印可状)と、現存最古の銘(文武天皇二年(六九八))のある梵鐘黄鐘《おうしき》調《ちょう》の三点が国宝に指定されている。

参考文献 『正法山六祖伝』、無著道忠『正法山誌』、川上孤山『妙心寺史』、荻須純道編『妙心寺』、玉村竹二「初期妙心寺史の二三の疑点」(『日本禅宗史論集』下二所収)、加藤正俊「初期妙心寺の世代とその住持位次」(『花園大学禅学研究』六七)

玉鳳院 花園上皇が離宮を改めて妙心寺とした時、上皇参禅のために妙心寺方丈の後に構えられたもので、康永元年(一三四二)の上皇の処分状に、「花園を以て塔頭と為すことを、恵玄上人に申し付け候なり」とあるように、後に上皇の塔所となり、上皇の法体像を安置する。院の方丈の東側に、関山慧玄の塔所・開山堂微笑庵《みしょうあん》がある。開山堂は天文七年(一五三八)に東福寺から移されたもの、開山堂前の四脚門

妙心寺

妙心寺(『都名所図会』6より)

山　門

大方丈

玉鳳院開山堂

退蔵院本堂

霊雲院書院

は後小松天皇が皇居の門を応永十六年（一四〇九）に移建したものといわれ、ともに重要文化財。院内の東北に豊臣秀吉の子棄丸（法名祥雲院殿）の霊屋があり、棄丸遺品の木造玩具船（重要文化財）を蔵する。庭園は国史跡・名勝に指定されている。

参考文献　無著道忠『正法山誌』、川上孤山『妙心寺史』

退蔵院　妙心寺第三世無因宗因《むいんそういん》を開祖とする塔頭で、波多野出雲守重通が帰依して下京の重通邸内に建立し、のちに妙心寺山内に転じた。それは『臥《が》雲日件録《うんにっけんろく》』長禄三年（一四五九）十月七日条に、「花園退蔵庵」とあるので、この年以前のこととなる。山内でもさらに移転して、永正六年（一五〇九）以降、中興亀年禅愉《きねんぜんゆ》の代に現在地に移建した。方丈（本堂、重要文化財）は慶長七年（一六〇二）の建立。有名な大巧如拙筆「瓢鮎図」（国宝）など多くの寺宝を蔵する。方丈西面に狩野元信作と伝えられる枯山水の名庭があり、国史跡・名勝に指定されている。

参考文献　無著道忠『正法山誌』、川上孤山『妙心寺史』

大心院　山号長松山。開山は雪江下四傑の一人、景川宗隆。創建は細川政元。ただし無著道忠『正法山誌』は、景川は勧請開山で弟子の景堂玄訥《けいどうげんとう》を創建開山とする。創建年次とその場所も諸説あって明確ではないが、寺史の『長松山誌』は明応元年（一四九二）上京新町頭の清蔵口とし、『正法山誌』も清蔵口「在㆓利休宅東㆒」とする。山内への移転は天正年中（一五七三―九二）材岳宗佐《ざいがくそうさ》住持の時で、細川藤孝の資助による。寛永十一年（一六三四）七世嶺南崇六《れいなんすうろく》の時、蒲《が》生氏郷《もううじさと》の孫忠知が方丈を再建した。寺宝に鎌倉時代後期の作とされる絹本着色羅漢像（重要文化財）がある。

参考文献　川上孤山『妙心寺史』

霊雲院　妙心寺四派本庵の一つ。開祖を特芳禅傑とするが、特芳は勧請開祖で、実際の開祖は弟子の大休宗休《だいきゅうそうきゅう》である。大永六年(一五二六)薬師寺備後守国長の先妣模堂清範《もどうせいはん》尼の創建になる。方丈は天文十二年(一五四三)大休が栂尾《とがのお》の阿伽井房を買得移建したもので、元禄六年(一六九三)に改築されている。方丈背後の書院(重要文化財)も天文期のもので、大休に帰依した後奈良天皇の臨幸の間とされる。寺宝に大休に参禅した狩野元信筆の「淡彩水墨山水花鳥図」(重要文化財)四十九幅があるが、これらは天文十二年の銘のある旧方丈に描かれていたことから、元信六十八歳ころの筆と推定される。書院南庭の蓬萊枯山水は、相国寺慈雲庵の子建西堂の作庭とされ、国史跡・名勝に指定されている。

参考文献 無著道忠『正法山誌』、川上孤山『妙心寺史』

天球院

開祖は鳥取竜峰寺三世(妙心寺百四十世)の江山景巴《こうざんけいは》。創建は池田輝政の妹の天球院殿で、もと因幡若桜《わかさ》城(鳥取県八頭郡若桜町)城主山崎家盛の室。離別して池田家に帰っていたが、みずからの永代追善の供養のため、備前・因幡両池田家の賛助によって寛永八年(一六三一)に建立、両池田家の菩提寺となった。方丈(本堂、重要文化財)内の六室は、狩野山楽・山雪父子描くところの金碧障壁画(重要文化財)で囲まれている。ほかに藤原宣房筆の「法華経陀羅尼品」(重要文化財)も蔵する。

参考文献 『天球院由来之略志』

(加藤 正俊)

妙心寺鐘銘

梵鐘の銘としては現存最古のもので、鐘身内面に「戊戌年四月十三日壬寅収糟屋評造舂米連広国鋳鐘」と一行に鋳出されている。糟屋評はのちの筑前国糟屋郡で、郡が評と表記されていることから、戊戌年は文武天皇二年(六九八)にあてることができる。この鐘を鋳造させた糟屋評造はのちの郡領に相当する。糟屋評は、継体朝に成立した糟屋屯倉の後身とみられるが、舂米連は、屯倉におかれた舂米部を統轄する伴造の後裔であろう。日付干支の下の

「収」は、暦注の十二直の一つで、この日が「収」に相当することを示す。なおこの銘を有する梵鐘は、福岡県太宰府市観世音寺の梵鐘と同じ型によって鋳造された部分が多く、ほぼ同時期、同工房での作と考えられている。法金剛院の旧蔵で、『徒然草』二二〇段にみえる「黄鐘調《おうしきちょう》」の鐘は、この梵鐘と伝える。梵鐘の総高一五一センチ。国宝。

参考文献 毎日新聞社編『国宝』一、上代文献を読む会編『古京遺文注釈』、山田孝雄「妙心寺鐘銘考」(『日本古典全集』狩谷棭斎全集九所収)、直木孝次郎「古代税制と屯倉」(『飛鳥奈良時代の研究』所収)、奈良国立文化財研究所編『梵鐘実測図集成』

(東野 治之)

妙伝寺 みょうでんじ

京都市左京区北門前町四八一にある。日蓮宗。山号は法鏡山。円教院日意《にちい》開創。日意は、はじめ天台僧で叡山において同学であったという行学院日朝に師事して日蓮宗に改宗、文明七年(一四七五)日朝の命で京都一条尻切屋町に妙伝寺を建て、身延久遠寺《みのぶくおんじ》にあった日蓮の遺骨を分与され安置したという(一説に文明九年)。このため同寺を西身延という。京都二十一ヵ本山の一つ。延享二年(一七四五)の『身延久遠寺触下本末帳』(『日蓮教学研究所紀要』三・四所収)には、塔頭《たっちゅう》十四、直末寺十八とある。さらに、この末寺帳作成当時、身延久遠寺の関西直末寺を管理していたことも知られる。

参考文献 立正大学日蓮教学研究所編『日蓮教団全史』上、身延山久遠寺編『身延山史』

(高木 豊)

妙法院

みょうほういん

京都市東山区妙法院前側町四四七にある天台宗の門跡寺院。新日吉《いまひえ》門跡・皇居門跡ともいう。延暦年中（七八二―八〇六）最澄が創建。もと別院として比叡山にあったが、長寛二年（一一六四）後白河法皇は法住寺内に蓮華王院を建立、ついで日吉山王を勧請し新日吉社を造営し昌雲に授け、実全のとき妙法院と号した。ついで後高倉院の王子尊性法親王が入り、安貞元年（一二二七）天台座主に補せられて法親王の住する宮門跡となる。応仁元年（一四六七）兵火により焼失したが、豊臣秀吉は方広寺を建立し、のち徳川家康が蓮華王院とともに管領したので繁栄した。現在、国宝の庫裏のほか本堂・寝殿・護摩堂・聖天堂・大黒堂・大書院（重要文化財）・小書院・総門・唐門・玄関（重要文化財）などがある。美術品なども秀吉宛ポルトガル書翰（国宝）はじめ数多い。三十三間堂で知られる蓮華王院を所管。→蓮華王院《れんげおういん》

妙法院庫裏(左)・玄関

参考文献 『妙法院門跡相承次第』、『百練抄』、黒川道祐『雍州府志』四(『(増補)京都叢書』三)、大島武好『山城名勝志』一五(同八)、妙法院史研究会編『妙法院史料』、同校訂『妙法院日次記』(『史料纂集』)、村山修一「妙法院門跡尭恕法親王とその時代」(『史林』五六ノ四)

(福原　隆善)

妙満寺

みょうまんじ

京都市左京区岩倉幡枝《はたえだ》町九一にある。顕本法華宗総本山。山号は妙塔山。日什《にちじゅう》開創。日什は京都六条坊門室町に小庵を建て同地弘通の拠点とし、康応元年(一三八九)これを妙満寺とした。日什の開創した玄妙寺を得道の寺、会津妙法寺を入涅槃の寺としたのに対して、妙満寺を転法輪=弘通の寺としているように、同寺は日什門流の弘通の拠点であった。錦小路東洞院にあって京都二十一ヵ本山の一つであったが、天文法華の乱以後は綾小路堀川西、さらに寺町二条下町に、昭和四十三年(一九六八)現在地に移転。寛永十年(一六三三)の『妙満寺末寺帳』には直末・孫末合わせて二百九十六ヵ寺が記されていて、京都妙顕寺・本国寺(本圀寺)よりも末寺を多く従えていたことがしられる。

妙満寺(『都名所図会』1より)

参考文献 『諸宗末寺帳』下(『大日本近世史料』)、立正大学日蓮教学研究所編『日蓮教団全史』上

(高木　豊)

妙蓮寺

みょうれんじ

京都市上京区妙蓮寺前町八七五にある。本門法華宗本山。山号は卯木山。日存・日道・日隆《にちりゅう》とともに妙本寺を退出した日慶は、応永末年四条綾小路に妙蓮寺を建立。寺号は門流の祖日像《にちぞう》最初の寺という妙法蓮華寺を略したもの。日慶は寺勢の発展を計り、庭田重有の子日応を迎え、皇族・貴族・武家の間に進出した。日隆は日存・日道も同寺再興の功労ありとして、両者の同寺列祖を要求して日慶に拒否され、両派争ったが、文明十五年（一四八三）日応は朗源―日霽《にっせい》―日存―日道―日隆―日慶の『妙蓮寺血脈次第』を作った。同寺内に道輪寺学室が設けられ、学頭日忠が教学の研究と教育にあたった。京都二十一ヵ本寺の一つ。天文法華の乱で堺に避難、のち帰洛、天正十一年（一五八三）豊臣秀吉の命で現在地に移る。寛永十年（一六三三）末寺三十四ヵ寺。昭和十六年（一九四一）三派合同により法華宗に属し、同二十一年合同三派解散、同二十七年に本門法華宗を立て、その本山となる。

参考文献　立正大学日蓮教学研究所編『日蓮宗宗学全書』二三、同編『日蓮教団全史』上、辻善之助『日本仏教史』五、宗門史編纂委員会編『法華宗宗門史』

（高木　豊）

向日神社

むこうじんじゃ

京都府向日市向日町北山六五に鎮座。旧府社。祭神は向日神・火雷神《ほのいかずちのかみ》・神武天皇・玉依姫命《たまよりひめのみこと》。養老年間（七一七―二四）の創祀と伝え、往時は向《むこう》神社を上社、乙訓《おとくに》坐《ます》火雷神社を下社と称したが、建治元年（一二七五）に下社を上社に合祀して相殿に配祀した。向神は素盞嗚《すさのお》尊《みこと》の孫大年神《おおとしのかみ》の子で向日明神とも称す。貞観元年(八五九)従五位下の神位をうけ、延喜式内社に列す。『中《なか》務内侍日記《つかさないしにっき》』に「なつかしむ心を知らば行くさきに迎ひの神のいかが見るらむ」と詠まれる。また乙訓坐火雷神の旧社地については、京都府長岡京市井ノ内南内畑に鎮座の角宮神社に比定する説がある。中世には地

向明神(『都名所図会』4より)

向 日 神 社 拝 殿

域との繋がりも深く、一揆蜂起の場所ともなり、「於二西岡向大明神一、号二徳政一土一揆等及二蜂起之企一云々」(『山科家礼記《やましなけらいき》』文明十二年(一四八〇)八月二十九日条)の記事が知られる。向日神社の例祭は五月第二日曜。三間社流造檜皮葺の本殿には応永二十五年(一四一八)の棟札を蔵す。社蔵の紙本墨書粘葉装の『日本書紀』神代巻下一冊とともに重要文化財に指定される。四月十五日には「年頭《ねんど》」と称する座の祭、毎月六日には索《さっ》餅《べ》祭がある。

参考文献 式内社研究会編『式内社調査報告』一、京都府神道青年会編『神社の文化財―京都―』、六人部克巳『向日神社社誌』

(二宮 正彦)

宗像神社 むなかたじんじゃ

京都市上京区京都御苑九京都御苑内に鎮座。旧府社。延暦年間(七八二―八〇六)に藤原冬嗣が勧請し、平安京左京一条に創建。田心姫神《たごりひめのかみ》・湍津姫神《たぎつひめのかみ》・市杵島姫神《いちきしまひめのかみ》の宗像三女神を祀る。貞観六年(八六四)十月、三女神は従一位に昇進し、建治元年(一二七五)卜部兼文《うらべのかねふみ》の勘奏により、四度の官幣に預かった。平安京東西市の守護神として市姫社とも称され、境内社に少将井《しょうしょうい》神社などがある。例祭は九月十五日。

参考文献 宗像神社復興期成会編『宗像神社史』下

(小島 鉦作)

宗忠神社 むねただじんじゃ

京都市左京区吉田下大路町六三に鎮座。旧府社。黒住教の教祖である黒住宗忠を祀る。備前国の今村宮の神官であった宗忠は、天命(太陽神)を宇宙創造の中心とし人心をその分霊とみる神人合一の思想を説き、広い層に受け入れられた。彼の死後、吉田神社から宗忠大明神の号が授けられ、それから間もない文久二年(一八六二)に門人赤木忠春《あかぎただはる》により創建されたのが当社である。数年後には孝明天皇の勅願所となり、従四位下の神階を授けられた。例祭は四月二十五日・十月十七日。なお、岡山市上中野にも宗忠神社がある。

（朧谷　寿）

八坂神社　やさかじんじゃ

京都市東山区祇園町北側六二五に鎮座。旧官幣大社。八坂神社の名称は、明治元年(一八六八)五月三十日付布告を法源にしていて、歴史的には、祇園社《ぎおんしゃ》・感神院《かんじんいん》の名称が普通である。江戸時代の記録には、「感神院祇園牛頭天王社三座」「祇園大明神」という例がある。近代の社格は、明治四年に官幣中社、大正四年(一九一五)官幣大社に列格。祭神は、三座・十三前。中座には素戔嗚尊《すさのおのみこと》、東座には櫛稲田姫命《くしいなだひめのみこと》、同座に神大市比《かんおおいちひ》売命《めのみこと》・佐美良比売命《さみらひめのみこと》、西座には、八柱御子神(八島篠《やしましの》見神《みのかみ》・五十猛神《いたけるのかみ》・大屋比売神《おおやひめのかみ》・抓津比売神《つまつひめのかみ》・大年神《おおとしのかみ》・宇迦之御魂神《うかのみたまのかみ》・大屋毘古神《おおやびこのかみ》・須勢理毘売命《すせりひめのみこと》)、傍座に稲田宮主須賀之八耳神《いなだのみやじのすがのやみみのかみ》。もとは、本地垂迹により八大王子(八柱御子神)・牛頭天王《ごずてんのう》(素戔嗚尊)・婆利采女《はりさいじょ》(稲田姫)などを祀り、神座の東西が逆であった。創祀は、社伝によれば、斉明天皇二年(六五六)八月、高麗の伊利之が新羅の牛頭山に鎮座する大神つまり素戔嗚尊を山城国愛宕《あたご》郡八坂郷に祀ったのがはじまりという。『社家条々記録』『二十二社註式』『伊呂波字類抄』によれば、貞観十八年(八七六)、常住寺の僧円如が託宣によって八坂郷に観慶寺《かんぎょうじ》(祇園寺)を建立し、ついで藤原基経が精舎を寄進したのがはじまりである。観慶寺には、祇園天神を祀る神殿(祇園天神堂)があり、僧侶が奉仕する精進神として発達した。観慶寺の名称は、次第に本堂の薬師堂のみを指すようになり、むしろ、祇園社感神院が全体を意味するようになった。平安時代には、疫病退治の霊威により崇敬を集め、天禄元年(九七〇)以来、六月の御霊会《ごりょうえ》(祇園会)が盛況になり、二十二社の一つに列し、興福寺ついで延暦寺の支配に服した。中世には、京都下京を中心にして商家の信仰

八坂神社楼門(上)と本殿(下)

を集め、堀川材木座などの諸座が神人として所属して、商工の特権を蓄積した。近世には、氏子区域が下京の町に確定して、商家の産土神として栄える。長上の職は、社務執行といい、歴代の社僧宝寿院が世襲して明治に至った。朱印高は、百四十石であって、この制度の末期にあたる明治三年十月付、用度司充「八坂社神領並神職姓名秩録簿」は、神領百四十石、神職二十二家、百五十石を記載している。維新期の神仏分離では、明治元年、社僧らが復飾し、薬師堂（観慶寺）を撤去、仏像・仏具らを大蓮寺に移し、境内末社の位置などが変容した。旧時代の境内地は一万五千百二十二坪三合六勺であったが、上地令により円山公園を造営するためなどに供出して、明治三十一年の調査では四千六十四坪九勺に減少している。しかし社殿は旧観を残し、本殿と拝殿の二棟が一棟の屋根によって合体する貴重な事例（祇園造）を保持している。例祭は、六月十五日（勅祭）。年中行事には、白朮祭《おけらまつり》（元日の早朝に白朮木に神火を燃やして疫気を祓う、前夜来の参詣人はこの神火を火縄に移して帰宅する）、疫神《えきしん》祭（一月十九日・七月三十一日、茅輪《ちのわ》を設け、護符を授けて疫神の侵入を防ぐ）、祇園祭（七月一日―二十九日、十七日の山鉾巡行を中心とする）がある。本殿・楼門・石造鳥居、および末社蛭子《えびす》社社殿は重要文化財に指定されている。当社には『建内文書』として知られる古文書や古記録のほかに、美術工芸の優品が多い。絵画では元徳三年（一三三一）祇園社絵図（重文）、洛中洛外図屛風、池大雅筆蓬莱山・富士山図、円山応挙筆双鶏図、工芸では出羽大掾藤原国路作太刀（重文）・同剣、豊後国行平作太刀（重文）、越中守藤原正俊作太刀、伝運慶作狛犬像などのほかに、百数十点の絵馬・算額がある。

参考文献　紀繁継編『八坂社旧記集録』、八坂神社社務所編『八坂神社記録』（『八坂神社叢書』一・二）、同編『八坂神社文書』（同三・四）、『祇園』（『神道大系』神社編一〇）、京都府編『重要文化財八坂神社

本殿修理工事報告書』、田中尚房『八坂神社由来記』、神宮嵩寿『八坂誌』、『京都の歴史』、福山敏男『日本建築史の研究』、高原美忠『神ながらの道』、同『八坂神社』(『日本の神社』九)、久保田収『八坂神社の研究』、宮地直一「八坂神社の社領に就いて」(『八坂神社記録』下所収)、同「八坂神社の古文書に就いて」(『八坂神社文書』下所収)、魚澄惣五郎「播磨広峯社と京都祇園社」(『古社寺の研究』所収)、関口恒雄「中世前期の民衆と村落」(『(岩波講座)日本歴史』五所収)、樋畑雪湖「蘇民将来と印槌」(『民族と歴史』二ノ三)、西田長男「祇園牛頭天王縁起の諸本」(『神道史研究』一〇ノ六)、小島鉦作「祇園社領知の神社について」(同)、鈴木日出年「八坂神社日記抄」(同一六ノ五・六合併号)、小杉達「祇園社領「四ヶ保」の成立について」(同)、奥田淳爾「祇園社領越中堀江荘の変遷」(『富山史壇』四七)

(秋元　信英)

山科神社　やましなじんじゃ

京都市山科区西野山岩ヶ谷町一に鎮座。式内社。日本武尊・稚武王《わかたける》・宮道弥益《みやじのいやます》・宮道列子《れっし》を祀る。『延喜式』神名帳に登載され、月次《つきなみ》・新嘗《にいなめ》の官幣に与り、同右馬寮には、夏冬の官祭に使を遣わして走馬十疋を献上する事が定められた。四月・十一月の上巳の日に行われた祭を山科祭という。弥益の女列子と藤原高藤《ふじわらのたかふじ》との間に生まれたのが、醍醐天皇の生母胤子《いんし》である。したがって『師光年中行事《もろみつねんじゅうぎょうじ》』に「醍醐天皇寛平十年(昌泰元、八九八)三月七日丙子勅を奉じて山科祭を始む」(原漢文)とあるが、これは、宮道氏が醍醐天皇の外戚にあたり、その宮道氏の祖神を祀るが故に醍醐天皇の時より官祭となったのであろう。山科神社は延長六年(九二八)十一月八日正四位下が授けられ、山科の総社として一の宮また宮道神社と称し、明治六年(一八七三)村社となった。

(加藤　隆久)

山科別院

やましなべついん

京都市山科区東野狐藪《きつねやぶ》町二に所在する浄土真宗本願寺派の別院、および同区西野今屋敷町に所在する真宗大谷派の別院。本願寺第八世蓮如が山科本願寺を営んだことに因み、近世に創立されたもの。蓮如は浄乗(海老名五郎左衛門)から寺地を寄進され、文明十年(一四七八)正月二十九日山科に坊舎の建立をはじめ、同十二年八月二十八日新築の御影堂に親鸞の画像を安置し、同年十一月十八日に親鸞影像を大津近松から移した。同十三年六月八日新築の阿弥陀堂に本尊を安置し、同十五年には寺内の諸建築がほぼ完成した。境内の周囲には土居と堀が造られ、寺内町が発達した。山科本願寺は第九世実如および第十世証如の前期を通じ五十二年間本寺として存在し、その広大、壮麗、殷盛ぶりが世間の注目を浴びた。しかし天文元年(一五三二)八月

山科御坊(『二十四輩順拝図会』1より)

二十四日六角定頼と法華宗徒らに襲撃されて灰燼に帰し、本願寺の本刹は摂津国石山坊舎に移転した。山科本願寺の旧地は荒廃したが、その一部が天正十四年（一五八六）十二月十日豊臣秀吉から第十一世顕如に寄進された。その後元和年間（一六一五—二四）以降、蓮如の墓所の帰属をめぐり東西本願寺が争い、元文四年（一七三九）二月江戸幕府の裁定により墓所は両本山の共有の形となった。その間西本願寺第十五世住如は蓮如墓所の東一丁に山科講より寺地の寄進を受け、享保十七年（一七三二）十月一日北山御坊養源寺の寺基を移し聖水山舞楽寺と称した。これが天明年間（一七八一—八九）より中世に松林山本願寺と号した旧事に因み、松林別院（山科別院）と称した。一方、東本願寺第十七世真如は享保十七年に本山寺内の長福寺を山科竹ヶ鼻に移し、元文元年三月落慶供養した。これが大谷派山科別院である。明治十五年（一八八二）三月政府より山科本願寺旧跡を両本願寺の共有として授与された。近くに蓮如・実如・証如・円如の墓がある。→本願寺《ほんがんじ》

参考文献 『本願寺史』一—三 （首藤 善樹）

養源院　ようげんいん

京都市東山区三十三間堂廻り町六五六、蓮華王院の東に所在するもと天台宗で、今は浄土真宗遣迎院派の寺。文禄三年（一五九四）浅井石見守親政の息子成（清）伯の開基。豊臣秀吉の内室淀君大虞院が父浅井長政のために建立。長政の院号を寺名とする。『寺格帳』上などによれば、寺領は三百石。毘沙門堂脇門跡となる。元和七年（一六二一）徳川秀忠内室で淀君の妹崇源院が再興した。慶安三年（一六五〇）の梵鐘に寺の縁起が示される。のち方広寺に属す。慶長五年（一六〇〇）に陥ちた伏見城の殿舎を移した本堂や護摩堂などがあり、当時の武将の血の跡を残す天井で知られている。奇岩の

多い庭がある。

参考文献　黒川道祐『雍州府志』五（『（新修）京都叢書』一〇）、大島武好『山城名勝志』（同一四）、白慧『山州名跡志』（同一五）

（福原　隆善）

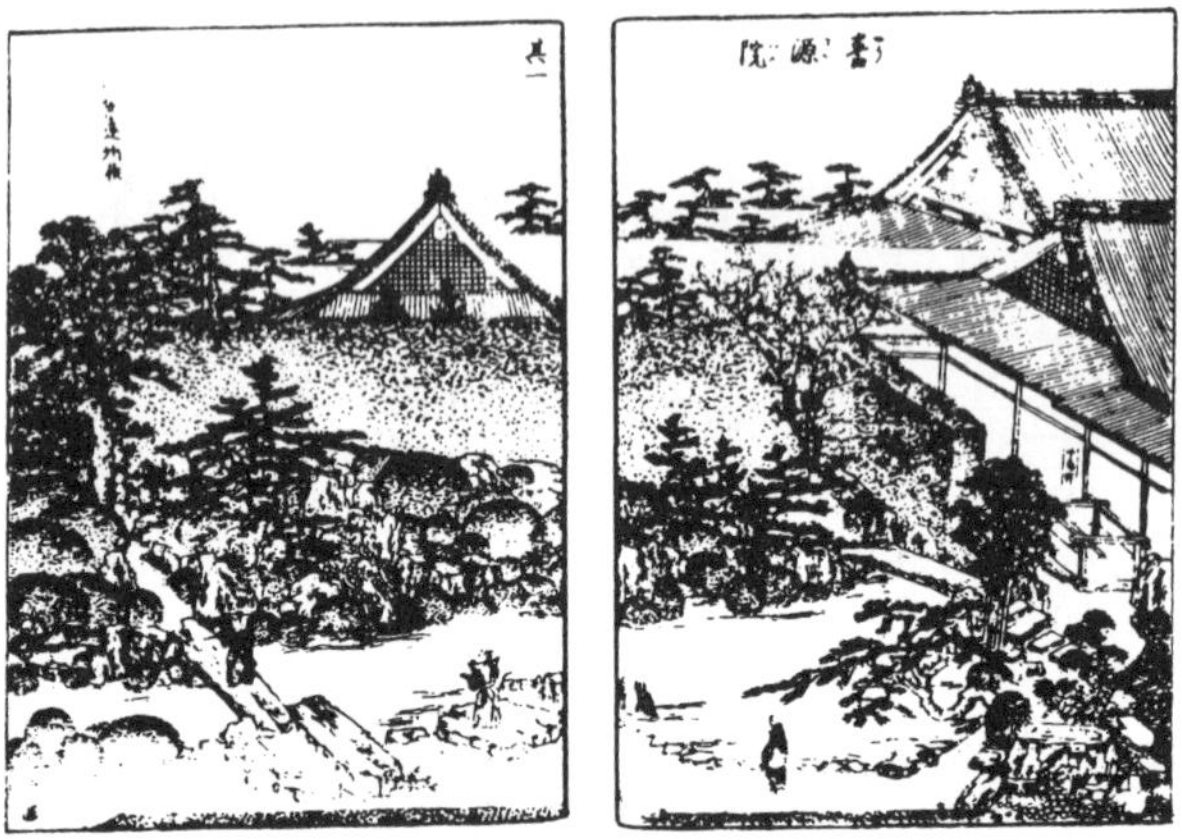

養源院（『都林泉名勝図会』3より）

要法寺　ようぼうじ

日蓮本宗総本山。京都市左京区法皇寺町四四八にある。山号は多宝富士山。富士門流の日目《にちもく》は師日興の遺命により上洛して、暦応二年（一三三九）に六角油小路に上《じょう》行院《ぎょういん》を開創、弘通の根拠地とした。のちこれを弟子日印が継承、同門日大は別に一条猪熊に上行院を開創、弟子日源はこれを本実成寺《ほんじつじょうじ》と改め、さらに二条堀河に移って住本寺となった。両寺ともに京都二十一ヵ本山に数えられた有力寺院で、天文法華の乱で破却された。天文十七年（一五四八）日辰《にっしん》の提案により両寺を合併して復興、要法寺と称した。寛永十年（一六三三）当時末寺六十一ヵ寺を数えた。近世初頭同寺十五世日性は「要法寺版」と称される諸書を開版、この時期の出版文化にかかわった。また同寺の僧で門流の本寺大石寺住持となる者も出ている。明治三十二年(一八九九)大石寺を除く富士門流諸寺により本門宗を形成、昭和十六年(一九四一)顕本法華宗とともに日蓮宗と合同したが、同二十三年独立して日蓮本宗を創めた。寺宝には天文二十四年五月二十八日銘のある金銅蓮華唐草文透

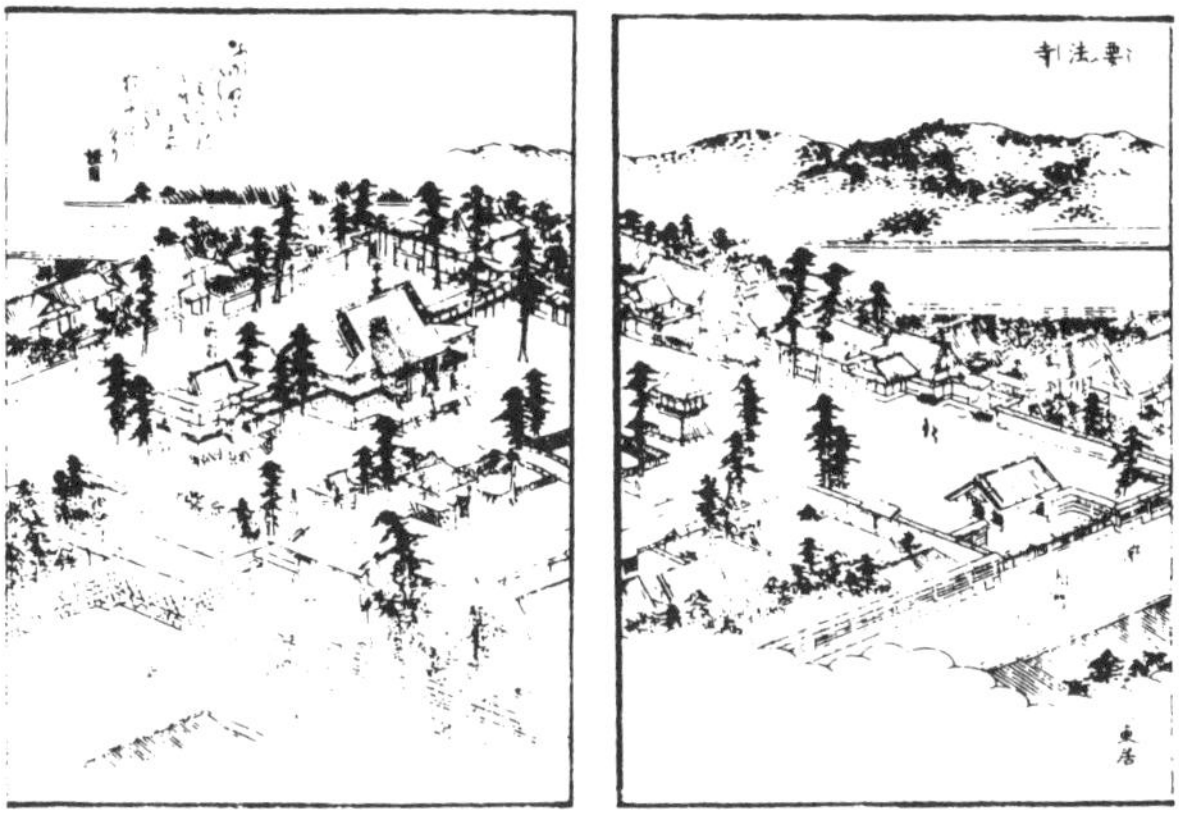

要法寺(『花洛名勝図会』2より)

要法寺本堂(右)と開山堂

彫経箱（重要文化財）などがある。

参考文献　『祖師伝』（堀日亨編『富士宗学要集』五）、立正大学日蓮教学研究所編『日蓮教団全史』上、原日認『法燈よみがえる―広蔵院日辰上人―』

（高木　豊）

吉田神社　よしだじんじゃ

京都市左京区吉田神楽岡町三〇に鎮座。健御賀豆知命《たけみかずちのみこと》・伊波比主命《いわいぬしのみこと》・天之子八根命《あめのこやねのみこと》・比売神《ひめがみ》の四座を祭神とする。旧官幣中社（式外社）。貞観年間（八五九―七七）に平安京の東、神楽岡の西麓に、藤原氏北家魚名《うおな》流の裔、中納言山蔭《やまかげ》が、藤原氏の氏神である大和の春日社の四座を勧請して、山蔭一門の氏神として創建したことに始まり、当初は山蔭の家の鎮守社の性格が強かった。のちに山蔭の子中正《なかまさ》の娘（時姫）と藤原兼家との間に生まれた詮子《せんし》（東三条院）が円融天皇の女御となり、一条天皇をもうけ、母后となるに及んで、外祖父兼家の権勢のたかまりとともに、外祖母の家である山蔭子孫の

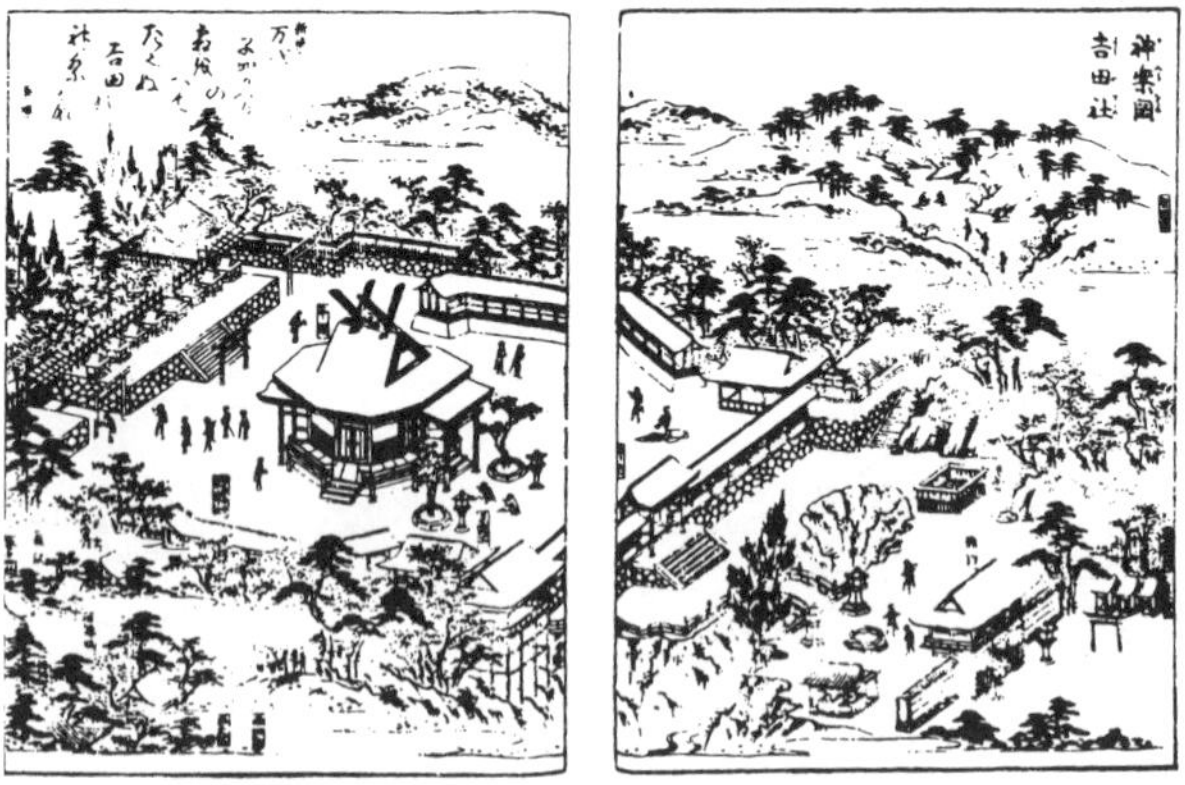

神楽岡吉田社（『都名所図会』3より）

地位も上昇し、家の祭祀が公的性格を帯びることになる。一条天皇が皇位に即いた寛和二年(九八六)の十二月には、同じく藤原氏一門の氏神である大原野の大原野祭に準じて、四月中申日と十一月中酉日の二季の吉

吉　田　神　社

田祭が朝廷の祭である公祭《おおやけまつり》に列することに定められ、翌永延元年(九八七)十一月にはじめて公祭に預かり恒例となる。同社は平城京における春日社、長岡京における大原野社に準じ、平安京における藤原氏の氏の社と位置づけられ、吉田祭には朝廷の公的の官人が祭祀の準備・執行に関わるほか、天皇の使である近衛使(近衛将監《しょうげん》)や中宮・東宮の使が差遣され、藤原氏の氏長者から神馬が奉納される例となり、上卿以下内侍も参向した。神殿は四宇から成り、その南には行事所屋と北屋・着到殿・南屋(舞殿)・直会《なおらい》殿など諸殿舎が設けられ、饗饌は藤原氏出自の后宮が準備した。また一条天皇の時より、公家《こうけ》の大事や祈年穀《きねんこく》のために伊勢以下十六神社に奉幣する制度が確立していったが、十六社に加えて広田社・北野社とともに吉田社も加えられるようになり、正暦二年(九九一)には正式に三社が加列して十九社奉幣となり、十一世紀に入ると二十二社奉幣制へと拡大され完成をみる。以来、公家をはじめ

藤原氏の崇敬は厚く、同社の社司(預《あずかり》)には、神祇官人で平野社の預を兼ねてきた卜部氏の一族が鎌倉時代初期ごろ(確実な初見は兼直《かねなお》の父兼茂《かねしげ》から)には任じられるようになり、兼茂の子孫である吉田流卜部《うらべ》氏が社司・神主職を相伝して明治に至る。この間、吉田家から代々すぐれた神道家が輩出し、『日本書紀』を家の学問として重視し、応仁の乱後には兼倶《かねとも》が唯一神道を創唱して、地方神職の宗家となり、同社は神道界の文化センター的役割を果たした。近世には唯一神道の隆盛の影響をうけて、現在末社になっている斎場所太元宮《さいじょうしょたいげんぐう》への参詣が賑わった。応仁の乱のとき兵火に遭い、本殿以下の殿舎を失ったが、この地は現在の京都大学教養部の南方付近といわれている。社殿はすぐに再建できず斎場所太元宮に合祀され、のち現社地へ再興された(延徳・明応年間(一四八九—一五〇一)ごろか)。現社殿のうち本殿は四棟の春日造で、慶安元年(一六四八)に造営され、神座の浜床、八重畳も新調された。以後何度か修築されている。摂社の神楽岡社は『延喜式』四時祭に記載する霹靂神三座にあたり同地の地主神。例大祭は四月十八日。特殊神事の節分祭は悪鬼を祓い春を告げる祭として有名。

参考文献 福山敏男『神社建築の研究』(『福山敏男著作集』四)、宮地直一「吉田神社の鎮座に就いて」(『歴史地理』一三ノ一)、森口奈良吉「吉田神社の鎮座地について」(『神社協会雑誌』三一ノ一二)、並木和子「平安中期の吉田社について」(『風俗』二一ノ三)

神竜社 吉田神社の境内末社。吉田神道を創唱した吉田《よしだ》兼倶《かねとも》を祀る。兼倶は永正八年(一五一一)二月十九日没し、二年後の同十年に鎮祭され、神号を神竜大明神と称した。神楽岡の西(太元宮の北)に遺骸は葬られ、その上に社壇が建立されたと伝える(『霊簿』『神業類要』)。文禄三年(一五九四)には社殿の造替があり、現在の建物は、一間社流見世棚造で、室町時代末期の作風が残されており、この時の造営のものとみられる。吉田家では兼倶以降、神仏両教による没後の慰霊安鎮を行い、兼致《かねむね》・兼満《かねみつ》・兼右《かねみぎ》・兼見《かねみ》の霊社も建てられたが、現存していない。神竜社の創建は、これまでの神道信仰にはあまり例をみない、人間を死後神として祀る形態の出現であり、のちの豊臣秀吉の豊国社、徳川家康の東照宮創立に強い影響を与えた。また、遺骸の上に神社を建てたことは、死穢《しえ》意識が薄らいだことによるが、近世に入ると、渋川春海《しぶかわはるみ》・谷《たに》秦山《しんざん》らは、穢れを理由に吉田家の行為を鋭く批判した。

参考文献 岡田荘司「近世神道の序幕—吉田家の葬礼を通路として—」(『神道宗教』一〇九)

(岡田 荘司)

太元宮 京都市左京区吉田神楽岡町三〇にある吉田神社の末社。室町時代末期、吉田兼倶《よしだかねとも》により吉田神道の根本霊場として造られた。「日本最上神祇斎場所日輪太神宮」ともいう。文明年間(一四六九—八七)に兼倶によって吉田神道説は唱導され、千界万法の根源を太元尊神と称し、これを太元宮に奉斎した。その周りには式内社三千百三十二座の神々で囲み、ま

吉田神社太元宮

た奥の左右には伊勢の内外両宮がまつられた。天照大神以下の八百万《やおよろず》神は太元尊神に帰一することを説き、教理の実地の表象施設として造営したもので、これを総称して斎場所《さいじょうしょ》と呼ぶ。斎場所は文明の初めころには京内の兼倶の私邸内に造られ、のち同十二年には吉田の地に移されているが、現在のような太元宮の特異な建築様式になったのは、日野富子《ひのとみこ》の援助によって再興された文明十六年のことである。斎場所は神武天皇が日本ではじめて神をまつり、大和国生駒山に立てたことを起源とすると、兼倶は日野富子に答えているが、もとより史実ではない。現在の太元宮(重要文化財)は慶長六年(一六〇一)豊臣秀頼の母淀君の申し出により造替された。同十四年以降、斎場所は神祇官代となり、ここで神宮奉幣使発遣の儀が行われた。その構造は、身舎の平面は八角形で、前面に一間の向拝、背面に六角形の後房を付し、屋上に千木《ちぎ》・堅魚木《かしおぎ》をおき、その中央には宝珠を作る。宝珠の下には太い竹の心柱がまっすぐ延びて、地中の石壇まで達しており、天地一貫の理を表現している。この特異な様式は、但馬国出石《いずし》神社の社殿を模倣したとする福山敏男の見解がある。近世まで信仰の中心は斎場所太元宮に集まっていたが、明治に入ると吉田神社は官幣中社に列し、太元宮は同社の末社となった。

参考文献 西田長男編『神業類要』(『吉田叢書』三)、福山敏男『神社建築の研究』(『福山敏男著作集』四)、山内泰明『神社建築』、江見清風『神道説苑』

(岡田　荘司)

善峯寺　よしみねでら

京都市西京区大原野小塩町一三七二にある天台宗の寺。西国三十三所第二十番の札所。長元二年(一〇二九、一説長元三年)源算《げんさん》によって開創。本尊は長久三年(一〇四二)洛東鷲尾寺の千手観音像を移した。天喜元年(一〇五三)中宮茂子の安産により諸堂が寄進される。治暦四年(一〇六八)源算の降雨の験により良峰の勅額を

西山善峯寺(『都名所図会』 4 より)

賜わったという。源頼朝は住持観性に帰依し、運慶に彫像させ寄進する。建久三年(一一九二)官寺となり、後嵯峨天皇の勅願所となる。皇太子や法親王が住持となり、西山宮とよばれた。室町幕府の保護をうけ境内が堂舎僧坊五十有余に拡張される。応仁の乱で焼失し衰微に向かう。天正十五年(一五八七)豊臣秀吉により復興。徳川綱吉の母桂昌院の帰依により寄進された堂舎が現在に至っている。約三万坪の寺域に七間の本堂・釈迦堂・薬師堂・阿弥陀堂・楼門・鐘楼・護摩堂・経蔵など、多くの諸堂がある。境内には桂昌院が植えたという地上に約三〇メートルの枝がのびる遊竜松(天然記念物)が奇観をそえる。室町時代を中心に『善峯寺文書』数十点が伝存されている。

参考文献 『古事類苑』宗教部三、『西山上人縁起』(『(国文)東方仏教叢書』第一輯五)、秋里籬島編『都名所図会』四(『(増補)京都叢書』六)、黒川道祐『雍州府志』五(同三)

(福原　隆善)

来迎院

らいごういん

京都市左京区大原来迎院町五三七にある天台宗の寺。魚山と称し、薬師・釈迦・弥陀の三尊を安置する。円仁が天台山中の大原魚山の陳思王の声明を叡山に伝え、良忍が天仁二年（一一〇九）中興開創し声明の本山となる。以後、勝林院とともに大原二流の声明道場となる。境内に良忍の経蔵という如来蔵があり、正治二年（一二〇〇）閏二月に藤原兼実・藤原定家が訪れ閲覧する。嘉禎二年（一二三六、一説四年）宗快は声明を再興し『魚山目録』一巻を著わし良忍の遺韻を収める。後醍醐天皇の代に康空示導が綸旨によって住した。応永三十三年（一四二六）十月焼失したが、永享年中（一四二九―四一）に再建、天文年中（一五三二―五五）に改修し今日に至る。文明以後、勝林院とともに、一月・二月・五月に懺法講を修す。江戸時代には朱印六十九石を領し、諸堂を有した。境内に良忍の墓があり、三本尊はじめ「伝教大師得度縁案並僧綱牒」など什宝も多い。

参考文献　『元亨釈書』一一、黒川道祐『雍州府志』四（『（増補）京都叢書』三）、大島武好『山城名勝志』一二（同七）、白慧『山州名跡志』五（同一九）

（福原　隆善）

離宮八幡宮

りきゅうはちまんぐう

京都府乙訓《おとくに》郡大山崎町大山崎小字西谷二一に鎮座。旧府社。祭神は応神天皇・酒解神《さかとけのかみ》・田心姫神《たごりひめのかみ》・市杵島姫命《いちきしまひめのみこと》・湍津姫命《たぎつひめのみこと》。その鎮座地は嵯峨天皇の離宮「河陽宮《かやのみや》」の故地であり、『朝野群載《ちょうやぐんさい》』所収の石清水八幡宮護国寺《いわしみずはちまんぐうごこくじ》略記《りゃっき》により、貞観元年（八五九）八月、八幡大神を宇佐より奉迎して石清水八幡宮に鎮祭する以前に、この地に神霊を暫時奉斎したことを創祀とする。当宮を「大山崎離宮八幡宮」とも称するのは、鎮座地の地名を冠

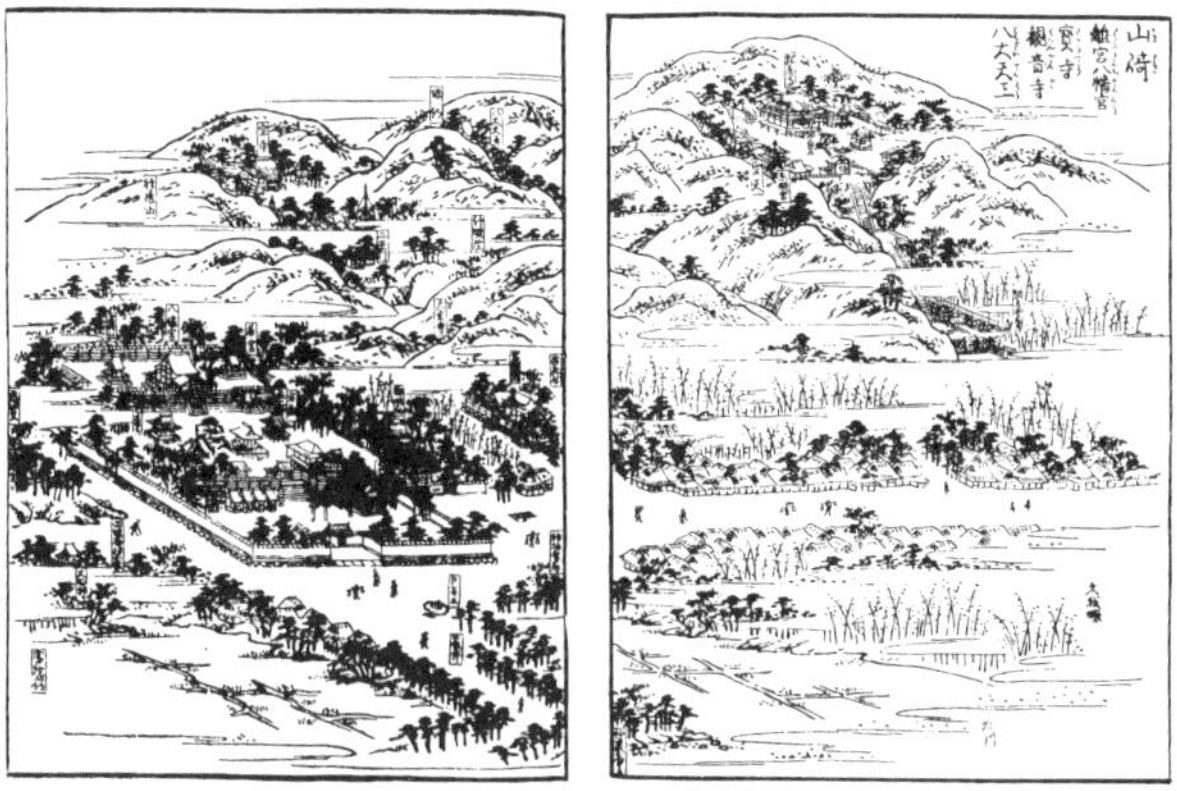

山崎離宮八幡宮(『都名所図会』 4より)

したものである。淀川をはさんで男山と対峙する天王山には、山城国乙訓郡の延喜式内大社「自玉手祭来酒解神社(元名二山埼社一)」が鎮祭されていることから、その山麓を鎮座地とする当宮に、地主神としての酒解神が配祀されたのであろう。当宮と石清水八幡宮は創祀以来の密接な関係を持続するが、中世以降はこの地で燈油を製し、石清水・大山崎の八幡宮に献じたことから、朝廷は油司の免許を与え、やがて諸国の油座を統轄するに至った。足利義満は明徳三年(一三九二)に御教書《みぎょうしょ》を下して社領を定めて課役を免じ、戦国時代には鎮座地周辺が枢要であったことから、各武将の戦勝祈請をうけた。羽柴(豊臣)秀吉は天正十年(一五八二)大山崎に五ヵ条の掟書を下し、当宮の油座・麴座・買得田の既得権を保証、徳川家康は慶長六年(一六〇一)に社領七百石を寄進、同十八年京都所司代は制札をもって社領を保護、寛永十年(一六三三)徳川家光は永井《ながい》直清《なおきよ》に命じて社殿を造替した。元治元年(一八六四)兵

火に罹り、明治八年(一八七五)の鉄道敷設により境内は分断され、現在の社殿は昭和四年(一九二九)以後の造営である。例祭は九月十五日。特殊神事として日ノ《ひの》使《つかい》神事(四月三日)がある。境内には室町時代と推定される牓示石二基があり、社蔵の「離宮八幡宮境内図」は寛永十一、二年ころの作図。その他の関係文書二十四巻・一冊を保有し、製油器具も展示する。

参考文献　魚澄惣五郎・沢井浩三『離宮八幡宮史』

(二宮　正彦)

竜興寺　りゅうこうじ

京都府南丹市八木町八木西山六ー一に所在する臨済宗妙心寺派の寺院。山号は八木山。本尊は釈迦如来。開山は義天玄詔《ぎてんげんしょう》。開創年次は宝徳二年(一四五〇)とも享徳元年(一四五二)ともいう。細川勝元の創建で、八木城主内藤氏の菩提寺創建説もある。栖碧院《せいへきいん》など塔頭《たっちゅう》九宇あり、応仁の乱時に妙心寺僧が逃れ来た。明智光秀の兵火で焼失。寛政元年(一七八九)の『禅宗済家山城州正法山妙心寺派下寺院帳』に、京都竜安寺末で塔頭四ヵ寺とする。園部藩の保護を受け御免地で高六石余をもった。

参考文献　『船井郡誌』

(竹貫　元勝)

立本寺　りゅうほんじ

京都市上京区七本松通仁和寺街道上一番町一〇七にある日蓮宗寺院。山号具足山。妙顕寺《みょうけんじ》・妙覚寺《みょうかくじ》とともに三具足山とよばれる。京都妙本寺(妙顕寺)から出た本応寺衆徒は裏辻家の出身という日実《にちじつ》を擁立、本応寺を立本寺と改称、延暦寺末寺となったが、その期間はわずかであったらしい。京都二十一ヵ本山の一つ。門徒は法華一揆の一角を形成。寛永十年（一六三三）の『立本寺諸末寺帳』では末寺二十ヵ寺を数え、延享二年（一七四五）の『身延久遠寺触下本末帳』には、寺中二十七坊、末寺七十ヵ寺が記されている。『法華経幷観普賢経』七巻（重要文化財）や紺紙金銀泥法華経宝塔曼荼羅図八幅（同）などを蔵する。

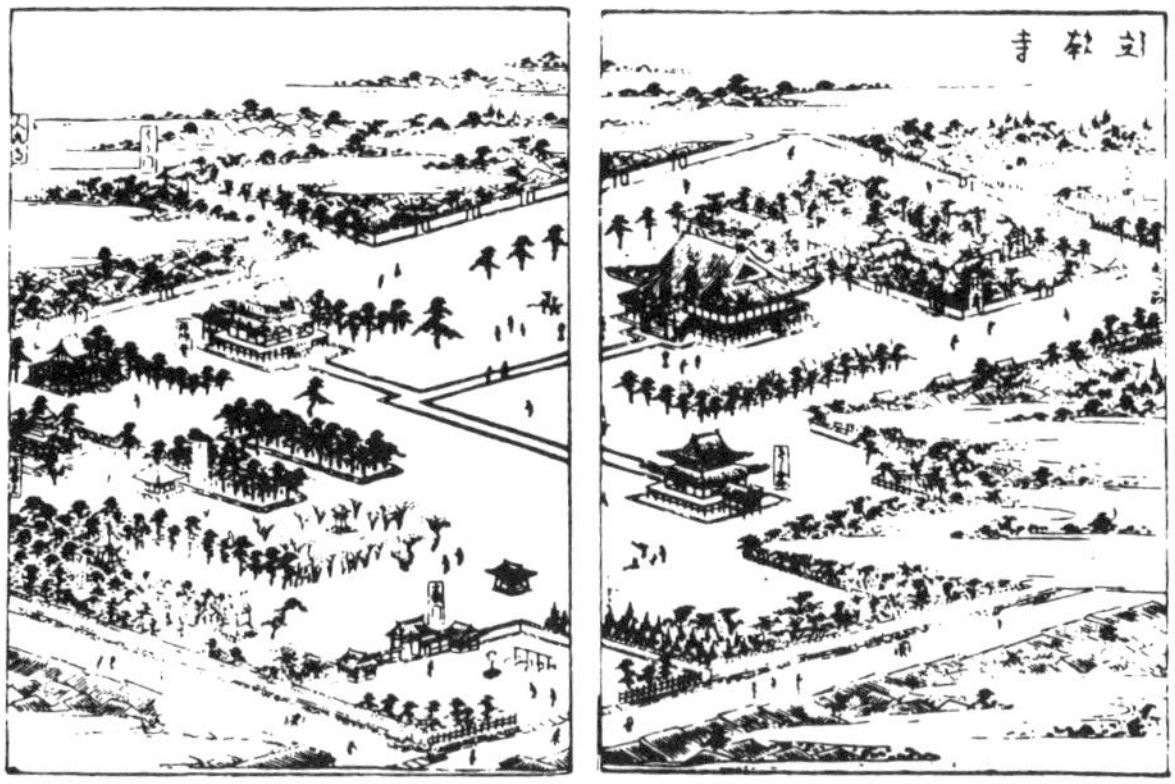

立本寺（『拾遺都名所図会』1より）

参考文献　東京大学史料編纂所編『諸宗末寺帳』（『大日本近世史料』）、林是晋・北村聡『延享二年身延久遠寺触下本末帳』（『日蓮教学研究所紀要』三・四）、立正大学日蓮教学研究所編『日蓮教団全史』上

（高木　豊）

竜安寺　りょうあんじ

京都市右京区竜安寺御陵《ごりょう》ノ下《のした》町三にある。臨済宗妙心寺派。山号大雲山。宝徳二年（一四五〇）徳大寺山荘あとに、細川勝元が妙心寺第八世の義天玄詔《ぎてんげんしょう》を開山に請じて創建したが、義天は師の日峯宗舜《にっぽうそうしゅん》を勧請して開山とした。応永の乱後中絶していた妙心寺は、このころ

竜安寺(『都名所図会』6より)

徐々に復興の途にあったが、竜安寺は当時妙心寺に代わる関山派の拠点であった。長禄三年(一四五九)義天は勝元の資助を得て五山の僧を招き、当寺において妙心寺開山一百年の遠諱を盛大に営んでいる。義天寂後雪江宗深《せっこうそうしん》が住持となったが、応仁の乱によって焼失し、勝元の息政元が長享二年(一四八八)に再建して、特芳《とくほう》禅傑《ぜんけつ》を中興開山に招請した。政元が再建した堂宇の大半は、寛政九年(一七九七)の出火によって焼失し、その後竜安寺塔頭《たっちゅう》西源院《せいげんいん》の方丈を移建した。現在の方丈(重要文化財)がそれにあたる。方丈前の石庭(国史跡・特別名勝)は「虎の子渡し」の名で知られる。西源院本『太平記』(重要文化財)をはじめ、多くの頂相《ちんそう》・肖像画などの寺宝を蔵する。霊光院・大珠院・多福院・西源院の四塔頭が現存する。西源院は延徳元年(一四八九)細川政元が創建し、竜安寺中興の特芳禅傑を開祖とする。

参考文献 玄彰中巌『大雲山誌稿』、東陽英朝『正法山六祖伝』、無著道忠『正法山誌』、川上孤山『妙心寺史』、加藤正俊「角倉氏と竜安寺」(『禅文化研究所紀要』八)

(加藤　正俊)

庭園

方丈庭園は、禅寺の方丈前庭として本来の形式である白砂敷の平庭に、十五個の石を東から五個・二個、三個・二個、三個と五群七五三に配しただけで、一木一草も用いない独創的な枯山水の石庭である。細川政元が現在地に竜安寺を再興し、明応八年(一四九九)に新方丈を上棟したときの作庭とみて、一般的には室町時代の庭とされるが、江戸時代のものとする説も根強く、作者も時代を違えて多彩な人

竜安寺方丈(上)と庭園(下)

物があげられている。石組の作意についても、正保二年(一六四五)の記録に出てくる「虎ノ子渡」を筆頭に、さまざまな解釈がある。寛政九年(一七九七)二月に方丈・庫裡・開山堂などが焼失し、塔頭西源院の方丈を移建したが、桁行で二間半規模が小さいため、建物と前庭との関係にずれを生じ、玄関門の位置の変更もあって石庭の視点に変化をもたらした。庭の南と西を限る築地塀(油土塀)は昭和五十三年(一九七八)度の修理の際、屋根が栈瓦葺から軽快なこけら葺に復元された。方丈庭園は国の史跡・特別名勝に指定されている。また別に鏡容池と総門から中門までの区域は、竜安寺庭園として国の名勝に指定されている。

参考文献 外山英策『室町時代庭園史』、久恒秀治『京都名園記』中、大山平四郎『竜安寺石庭』、森蘊「竜安寺庭園の研究」(『画説』三三) (村岡 正)

■林丘寺■

りんきゅうじ

京都市左京区修学院林ノ脇に所在する臨済系単立寺院。山号は聖明山。本尊は聖観音菩薩。開山は照山元瑶《しょうざんげんよう》(後水尾天皇第八皇女光子内親王)で、朱宮御所(音羽御所)を寺に改めたもの。開創は、朱宮御所を仏寺とすべく遺勅された後水尾院の崩御(延宝八年(一六八〇))後で、光子内親王が薙髪し、御所を林丘寺と号し、天和二年(一六八二)本堂を建立。その後、霊元天皇皇女普光院宮・閑院宮王女善門院宮らが歴代住持に名を連ね、寺領三百石をもっていた。幕末に衰退し、明治初年に天竜寺の滴水宜牧《てきすいぎぼく》が入寺して修理復興に尽力するが、明治十七年(一八八四)に楽只軒・御化粧御殿の建物と二千三百坪の寺地を宮内省に返却し、現修学院「中ノ茶屋」となり、明治十九年書院・庫裏などを現地に移し、寺域千七百坪余をもつ現寺観に変わった。所蔵の紙本墨書林丘寺御手鑑は重要文化財。後水尾天皇・霊元天皇などの宸翰《しんかん》や尊影などを蔵す。

参考文献 黒川道祐『雍州府志』四(『(増補)京都叢書』三)

(竹貫 元勝)

臨川寺 りんせんじ

京都市右京区嵯峨天竜寺造路町三三に所在する臨済宗天竜寺派の寺。山号は霊亀山。本尊は弥勒菩薩。もと亀山法皇の離宮で川端殿。後醍醐天皇皇子世良親王の遺命により、元徳二年(一三三〇)元翁本元《げんおうほんげん》を開山に禅寺となる。開山元翁が寂したあと、後醍醐天皇が建武二年(一三三五)に夢窓疎石を開山とし、臨川寺の寺号をもつ寺に改め、勅願所とする。文和二年(一三五三)足利尊氏が十刹の官刹とし、永和三年(一三七七)足利義満が五山に列したが、二年後十刹にもどる。応仁の乱などで焼失、荒廃し、その後、数度にわたり再建される。近世には、天明八年(一七八八)の『禅宗済家五山天竜寺本末帳』で、天竜寺御朱印配当高三十三石五斗六升四合とあり、『京都御役所向大概覚書』には寺領三十三石五斗余、寺地東西二百三十四間、南北二百六十間とする。現在、三会院・客殿・中門などの建物があり、三会院は開山夢窓の示寂地で、中門の「三会院」額は足利義満筆という。五山版の版行をなし、臨川寺版で知られる。

(竹貫 元勝)

霊鑑寺 れいかんじ

京都市左京区鹿ヶ谷御所ノ段町三に所在する臨済宗南禅寺派の寺院。通称谷の御所。山号は円成山。本尊は如意輪観音。明治二十三年(一八九〇)まで皇女・皇孫

霊鑑寺（『都名所図会』 2より）

女が歴代住持を継承した尼門跡寺院で、承応三年（一六五四）後水尾院が皇女多利宮（浄法身院宗澄）を開山となし、円成寺跡に創建。はじめ天台宗、のち臨済宗。貞享四年（一六八七）現地に移る。旧地は現寺地の南隣に位置した。現客殿・玄関は後西院の旧御所建物、本堂は徳川家斉寄進。女房奉書の裏に書かれた日次記、後奈良天皇などの宸翰《しんかん》、御所人形などを所蔵する。

（竹貫　元勝）

霊源寺　れいげんじ

京都市北区西賀茂北今原町に所在する臨済宗系の単立寺院。山号は清凉山。本尊は釈迦如来像、開山は一絲《いっし》文守《もんじゅ》。寛永十三年（一六三六）後水尾上皇の勅願で開創し、はじめ庵号、寛文六年（一六六六）寺号となり、皇子堯恕《ぎょうじょ》法親王もときどき訪れ、鐘を寄進し、延宝六年（一六七八）勅願所とされる。享保十四年（一七二九）霊元院も勅願所の綸旨を下賜。文久二年（一八六二）岩倉具視が隠棲した。現仏殿は清凉殿の材料を使用したもの。後水尾院の画像・宸翰、一絲の頂相・墨跡などを蔵す。

参考文献　黒川道祐『雍州府志』四（『（増補）京都叢書』三）

（竹貫　元勝）

蓮華王院

れんげおういん

京都市東山区三十三間堂廻町六五七にある天台宗の寺。妙法院《みょうほういん》が管理し、三十三間堂の名で知られる。長寛二年(一一六四)十二月、後白河法皇により法住寺の一院として創建された。鳥羽上皇が、大治五年(一一三〇)に平忠盛に命じて千体観音堂である得長寿院を造営したのについで、後白河法皇が、新しく平清盛に命じて新千体堂として創建したものである。永万元年(一一六五)諸殿が造営され、承安三年(一一七三)には建春《けんしゅん》門院《もんいん》の願による最勝光院や法華堂が建てられた。安元元年(一一七五)に惣社を勧請、治承元年(一一七七)五重塔が建ち、景観を整える。治承二年中宮平徳子の安産を祈る。建久三年(一一九二)後白河法皇が崩御し、法華堂で葬儀を行う。翌年の一周忌に阿弥陀三尊や不動明王を安置する堂を建立したが、建長元年(一二四九)三月諸堂は焼失した。文永三年(一二六六)四月再建し、亀山天皇の行幸があって落慶供養する。現在の本堂(三十三間堂)はこの時のものである。弘安五年(一二八二)惣社祭を行い、延慶三年(一三一〇)広義門院の安産を祈る。南北朝時代には衰微に向かったが、天正十四年(一五八六)豊臣秀吉が方広寺を創建するに及んで当院をも修復し、慶長五年(一六〇〇)には千体観音像を修理した。その後も修復が加えられた。慶長年間から、三十三間堂で矢を射る「通し矢」が行われる。一千一体の観音像をはじめ、風神・雷神像など多くの寺宝を有する。→妙法院《みょうほういん》

参考文献 黒川道祐『雍州府志』四(『(増補)京都叢書』三)、大島武好『山城名勝志』一五(同八)、白慧『山州名跡志』三(『大日本地誌大系』)、田中教忠『蓮華王院三十三間御堂考』

(福原 隆善)

蓮華王院の建築・彫刻

三十三間堂

千手観音像

千体千手観音像

東方天像

密迹金剛力士像

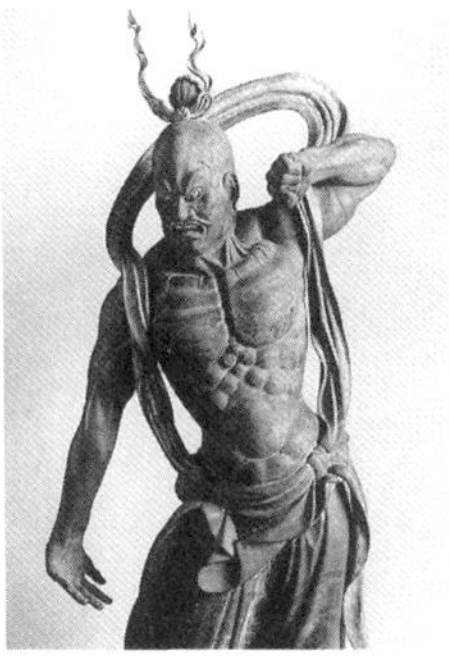

那羅延堅固王像

毘沙門天像

毘楼博勒叉天像

毘楼勒叉天像

二十八部衆像(部分)

風神像(右)・雷神像(左)

三十三間堂

桁行三十五間、梁行五間で、前に七間の板敷の向拝があり、入母屋造本瓦葺である。平安時代には、母屋桁行と庇が何面につくかで、堂の平面形式を示していた(間面《けんめん》記法)。その記法によれば、この堂は「三十三間四面庇」で、堂の名はこれに由来する。三十三間堂は、このほか得長寿院にもあった。丈六の中尊と千体の等身観音像を安置するため、このように長い堂になったのである。現在の堂は建長元年(一二四九)の火災後再建され、本尊は同六年に安置、文永三年(一二六六)に供養されている。向拝が七間もあって板敷であるのは、礼堂の機能をもっていたためで、平安時代の創建堂の時からそうであった。国宝。

(太田博太郎)

千手観音像

本堂(三十三間堂)の本尊。像高三三四・八センチ。光背と蓮華座をふくみ、総高六八メートルを越す巨大な坐像である。当初の本尊は建長元年(一二四九)に堂とともに焼失し、現在の像は建長三年大仏師湛慶《たんけい》が小仏師康円《こうえん》・康清《こうせい》らとともに造り始め、同六年に完成したことが、像内の貼板朱書銘と台座心棒の墨書銘(慶安四年(一六五一)像修理時の転写銘)によって知られる。この時、湛慶が八十二歳であったことも銘に記され、彼の最晩年の作であることが知られ、さらに彼の父運慶の年齢を推定することもできる。本体は檜材の寄木造、漆箔。玉眼を嵌入。四十二臂、頭上の十一面、光背や台座まで、ほぼ制作時の姿がよく遺されている。運慶によって完成された鎌倉彫刻の新様式に、さらに洗練された趣を加えた作風を示し、鎌倉時代中期の仏像彫刻の典型として、きわめて重要な作品といえる。堂内、左右に並列する千体の千手観音立像も、その多くは建長再興時に造られたもので、中に湛慶作の銘を伴うものも遺されている。国宝。千体千手観音像は重要文化財。

参考文献 丸尾彰三郎編『蓮華王院本堂千体千手観音像修理報告書』

二十八部衆像

本堂内に安置。二十八部衆は千手観音の眷属として、しばしば造像されるが、彫像で二十八体完存するものは、滋賀県の常楽寺像とこの一具だけである。当初の二十八部衆像は、建長元年(一二四九)の堂焼失の際、救出されたことが『一代要記』に記されるが、それが現存像にあたるかどうかは確認できない。作風から考えると、仏師湛慶らによる本尊の復興造仏に伴って新造されたものと考えることができる。それぞれ檜材、寄木造で、玉眼を嵌入。截金を混じえた彩色が施されている。力士、四天王、梵天・帝釈天、八部衆などを含む老若男女の姿が、写実的かつ個性的に刻み出され、鎌倉彫刻の表現の豊かさがよく示されている。像高一五三・六〜一六九・七センチ。国宝。

参考文献　文化庁監修『国宝』五

風神・雷神像

二十八部衆像とともに、千手観音の眷属として本堂に安置。それぞれ檜材、寄木造で、玉眼を嵌入。造像の技法は二十八部衆像と同巧であり、同時の制作と考えられる。高い岩座の上に雲を踏み、天空を飛行する姿を示すが、人体の骨格や筋肉の動きを、よくリアルに写し取りながら、想像上の神を滑稽味のある彫像として見事に仕上げている。鎌倉彫刻中の異色作として注目される。なお、風神・雷神が仏教尊像として扱われた遺例は、中国の敦煌莫高窟二四九窟の壁画(西魏、六世紀)が最も古く、日本では、金剛峯寺所蔵の中尊寺経の見返し絵(十二世紀)に描かれているものなどが古例である。彫像では本像が唯一の例といえる。像高、風神一一一・五センチ、雷神一〇〇・〇センチ。国宝。

参考文献　文化庁監修『国宝』五、毎日新聞社編『風神・雷神』(『魅惑の仏像』一六)

(西川杏太郎)

蓮華寺　れんげじ

京都市左京区上高野八幡町一にある天台宗寺院。七条塩小路の時宗の寺が荒廃したのを寛文二年(一六六二)加賀藩家老今枝近義が藩主の娘に従って父の菩提を弔うために再興。本尊は釈迦如来。近義は寛文六年、木下順庵の文、石川丈山の篆額の父の顕彰碑を庭池に建立する。再興にあたってこの二人をはじめ、隠元や狩野探幽らの助けを受ける。寺宝として近義寄進の「山王霊験記」(重要文化財)や探幽筆の画像などがある。

参考文献　黒川道祐『雍州府志』四(『(増補)京都叢書』三)、白慧『山州名跡志』五(『大日本地誌大系』)

(福原　隆善)

蓮光寺　れんこうじ

京都市下京区富小路六条上ル本塩竈町五三四にある浄土宗の寺院。山号は負別山。天台宗の真盛《しんせい》が開基したと伝える。もとは新町通松原の北にあって、萱堂と称したが、のち玉誉が浄土宗に改め、天正十九年(一五九一)現在地に移った。当寺の本尊は「負別の阿弥陀如来」と称し、寺伝によると嘉禎年間(一二三五—三八)に仏師安阿弥(快慶)が東国のある僧の依頼で阿弥陀仏像を彫刻したが、安阿弥はその会心作が惜しくなり、山科まで僧を追っかけて行くと、仏像が二体に分かれる奇瑞があり、僧と安阿弥が一体ずつ東西に負って別れた仏像であるという。境内には駒留地蔵の異称をもつ首斬地蔵や長宗我部盛親の墓がある。

参考文献　白慧『山州名跡志』二〇(『大日本地誌大

系』)

(中井　真孝)

鹿苑寺　ろくおんじ

京都市北区金閣寺町一にある。臨済宗相国寺派。通称、金閣寺。山号は北山。本尊は聖観世音菩薩。開山は夢窓疎石、開基は足利義満。義満の北山殿の舎利殿などをもって禅寺とする。北山殿の地は、もと西園寺家の山荘で、義満がそれを譲り受けて、応永四年(一三九七)北山殿造営に着手。翌五年義満はここに移る。応永十五年義満が没したあと、足利義持、ついで北山院と称された義満夫人日野康子が住し、応永二十六年康子が没したあと、義持が、義満の法号鹿苑院殿によって、寺号を付し、開山に夢窓疎石を勧請して禅寺とする。歴代の足利将軍が護寺に尽力し、しばしば参詣した。建築物には舎利殿(金閣)のほかに、仏殿・書院・不動堂・泉殿などが整っていたが、応仁の乱で、金閣は焼失を免れたものの、寺は荒廃する。復興は、西笑《せいしょう》承兌《じょうたい》(金閣寺独住第一世)によって着手され、天正十七年(一五八九)十二月一日豊臣秀吉が朱印状を下し、寺領三百五十石とする。天正年中に不動堂再建、慶長年中(一五九六―一六一五)に金森宗和《かなもりそうわ》が茶室夕佳亭を建て、延宝年中(一六七三―八一)方丈再建、享保年中(一七一六―三六)に鐘楼・大書院の再建、天保年中(一八三〇―四四)に庫裏・唐門が再建されている。住持は西笑のあと鳳林承章《ほうりんじょうしょう》・円崖承誠《えんがいしょうせい》・文雅慶彦《ぶんがけいげん》・性峰《しょうほう》道廓《どうかく》と継承されるが、鳳林と文雅の代に堂宇再建がなっている。天明八年(一七八八)の『禅宗済家京五山相国寺本末牒』によると、朱印高三百五十石、寺家十三宇とある。明治三十七年(一九〇四)金閣を解体修理するが昭和二十五年(一九五〇)焼失し、同三十年復元・再建、同三十三年方丈・大書院を修理。庭園は池泉回遊式で特別史跡・特別名勝指定。所蔵の無学祖元・高《こう》峯頸日《ほうけんにち》問答語(一幅)、竜湫周沢墨蹟慈聖院幷寿寧院遺誡(一巻)、絹本著色足利義満像(二幅)、伊藤若冲筆大書院障壁画(五十面)が重要文化財指定。鳳林承章の日記『隔蓂記《かくめいき》』や、虚堂智愚などの墨蹟、秀吉の朱印状など文書、さらに茶器など所蔵の文化財は多い。

参考文献　鹿苑寺編『鹿苑』、竹中郁・村上慈海『金閣寺・銀閣寺』(『古寺巡礼京都』二〇)

(竹貫　元勝)

金閣　鏡湖池に臨む三重の楼閣建築。こけら葺・宝形《ほうぎょう》造で木部に金箔を貼り、屋頂に鳳凰を飾り、西に切妻造の漱清と呼ぶ釣殿風の建物が付属する。応永五年(一三九八)建てられ、舎利殿・重々殿閣・三重殿閣などと呼ばれ、金閣の名の初見は文明十六年(一四八四)である。昭和二十五年(一九五〇)七月二日焼失、同三十年旧規通りに再建された。足利義満の室町殿以後、将軍邸内には観音殿が建立される慣しであったが、いずれも二重で、金閣だけが三重である。初重を寝殿造風に、二重を和様仏堂風に造り、三重は方形平面で三間の禅宗様《ぜんしゅうよう》仏殿とする。初重・二重は同大の平面で、初重には屋根はなく、ともに柱間基準寸法

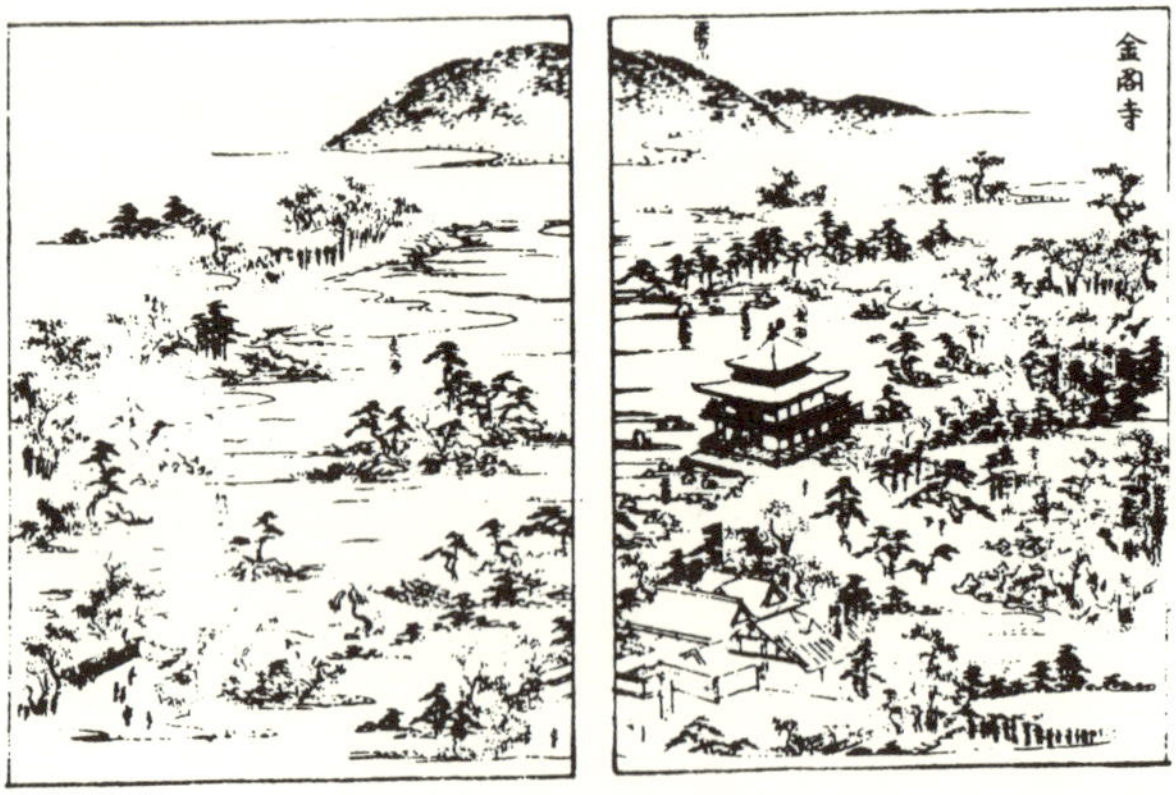

金閣寺(『都名所図会』6より)

を七尺とし、初重は南側一間通り全部を、二重は南西三間分を吹放しの広縁とし、広縁部の柱を二ヵ所抜いて長い持放しにする。これは眺望のためであろうが、

鹿苑寺金閣（昭和25年焼失前）

側柱を抜いた最古の例である。住宅と仏堂の様式を併用して統合した画期的な庭園建築である。

参考文献　太田博太郎他編『日本建築史基礎資料集成』一六

（太田博太郎）

庭　園　西園寺北山第の浄土的景観を受け継いだ足利義満が、さらに大きく改造した庭園である。金閣の建立はその最たるもので、池に配した幾つもの中島や岩島の石組はすべて閣に向かい、閣は広い鏡湖池の全景を求心的にまとめている。今なお王朝風の華やかさを伝えるが、金閣前面の池中に九山八海石《くせんはっかいせき》と名付けた石灰岩の景石一個を立て、これによって壮大な須弥山《しゅみせん》世界を象徴させたことは、いかにも中世的な発想として注目される。国の特別史跡・特別名勝。

参考文献　外山英策『室町時代庭園史』、久恒秀治『京都名園記』中、吉永義信「金閣寺（鹿苑寺）庭園」（文部省編『名勝調査報告』二所収）

（村岡　正）

ろくそんのうじんじゃ

六孫王神社

京都市南区八条町五〇九に鎮座。旧村社。六孫王こと、源経基（清和源氏の祖）を祀る神社。「六孫さん」と通称される。当辺には貞純《さだずみ》親王・経基父子の桃園邸があったとされ、十世紀中期、経基の死後に子息の満仲が亡父の遺骸をこの地に葬って一社を建立したのに始まると伝える。その後、十三世紀になって源氏三代将軍実朝夫人が亡夫の菩提を弔い、この地に遍照心院《へんじょうしんいん》（大《だい》通寺《つうじ》）を建立するに及んでその鎮守社となったが、応永五年（一三九八）七月二十四日の火災にあって灰燼に帰した。足利義満により再建されたが、応仁の乱で荒廃。天禄十五年（一七〇二）徳川将軍家の援助により再興され、本殿以下の造営がなされた。宝永四年（一七〇七）には神輿一式と御旅所などが整備された。当社の祭礼が宝永《ほうえい》祭と称するのはこれにちなむ。境内には経基の墓・六孫王誕生井と伝えるものがあり、また古文書を蔵する。例祭は十月十日。

（朧谷　寿）

ろくはらみつじ

六波羅蜜寺

京都市東山区轆轤《ろくろ》町八一―一所在。真言宗智山派。山号は普陀落山、院号は普門院。かつて当地に地蔵菩薩の小堂宇があり、地名に因み六波羅蜜寺と称した、と伝える。天暦五年（九五一）近畿地方に悪疫が流行したとき、空也が自刻の十一面観世音菩薩に祈請し霊験があったので、これを安置して西光寺を建立し、応和三年（九六三）八月二十三日に落慶供養会を営んだ。第二世中信のとき、現寺名に復し、天台別院とした。源頼朝は当地に居館を構え、当寺を修理した。六波羅は鎌倉時代に幕府の六波羅探題の所在地として知られた。その後、足利義詮が貞治年間(一三六二―六八)円海に命じて大修理を加え、真言宗とした。本堂は何度かの罹災後、貞治二年再建された。天正十九年(一五九一)豊

六波羅蜜寺(『都名所図会』2より)

臣秀吉は御供所として七十石の寺禄を与えた。末寺の十輪院・大慈院・行願寺などすべて廃寺になる。西国三十三番霊場第十七番札所としても知られる。運慶坐像・湛慶坐像、平清盛像と伝える僧形坐像、四天王像四体、地蔵菩薩立像、康勝作の空也像、地蔵菩薩坐像、閻魔王坐像、吉祥天立像の十二体は鎌倉時代の作で、いずれも重要文化財に指定されている。本堂は寄棟造、本瓦葺、室町時代初期の代表的建築で重要文化財。口から六体の小仏を吐き出している空也像は特に有名である。六体は南無阿弥陀仏の六字名号に因む。

参考文献 『大日本史料』一ノ一一、応和三年八月二十三日条、元興寺仏教民俗資料研究所編『六波羅蜜寺民俗資料緊急調査報告書』、『岡山県史』一九、堀一郎『空也』(『人物叢書』一〇六)、杉本苑子・川崎竜性『六波羅蜜寺』(『古寺巡礼京都』二五)

(宮坂　宥勝)

十一面観音像

六波羅蜜寺本尊。「空也誄《るい》」に天暦五年(九五一)空也が造り、西光寺に安置されたと記す金色一丈観音像にあたると考えられる。像高二五八センチの立像で、檜材の一木造、漆箔。穏やかな伏目の丸顔や丸味を持った抑揚ある体軀に、和様化の進みつつある十世紀半ばの特色を示している。同時に造られた四天王像中の三軀も伝存する。重要文化財。

六波羅蜜寺十一面観音像

参考文献　丸尾彰三郎他編『日本彫刻史基礎資料集成』平安時代重要作品篇五、副島弘道「六波羅蜜寺の天暦造像と十世紀の造像工房」(『美術史』一一三)

(水野敬三郎)

盧山寺　ろざんじ

京都市上京区北之辺町三九七の円浄宗の本山。本尊は聖徳太子作と伝える薬師如来。天慶年中(九三八―四七)良源は北山に与願金剛院と称して開創し、寛元三年(一二四五)住心房覚瑜《かくゆ》が船岡山南麓(一説出雲路)に盧山天台講寺として再興する。また本光禅仙は一条猪熊(一説北小路)に草庵を結んで法席を開いた。明導照源は覚瑜・禅仙の跡を伝え二ヵ寺を一所に併合した。照源は仲円・示導より法をうけ、『天台三大部猪熊抄』百巻をつくり応安元年(一三六八)に寂す。のち同じく仲円・示導から受法した三鈷寺十世仁空実導が継ぎ、その法流は盧山寺流と呼ばれた。後醍醐天皇からは御衣が下賜された。応永四年(一三九七)焼失したが再建され、同八年足利義満が参詣する。応仁元年(一四六七)兵火に遇い、永禄十二年(一五六九)にも焼かれたが同年再興した。元亀元年(一五七〇)には塔頭《たっちゅう》があったことが伝えられ、天正年間(一五七三—九二)豊臣秀吉の時、現在地へ移転し五十七石を賜う。宝永五年(一七〇八)、天明八年(一七八八)相ついで焼失。寛政六年(一七九四)再建され、明治以後に塔頭は吸収。良源自作の雕像があり、毎月三日・十八日・二十八日に開帖され参詣者で賑った。境内には本堂・地蔵堂・大師堂などがあり、墓地には皇族や公卿の墓が多い。良源自筆の遺告(慈恵大師自筆遺告、国宝)、法然房源空自筆の『選択本願念仏集』、絹本普賢十羅刹女像、木造如意輪観音像、天皇宸翰《しんかん》(以上、重要文化財)など寺宝も多い。当寺の節分会は有名。

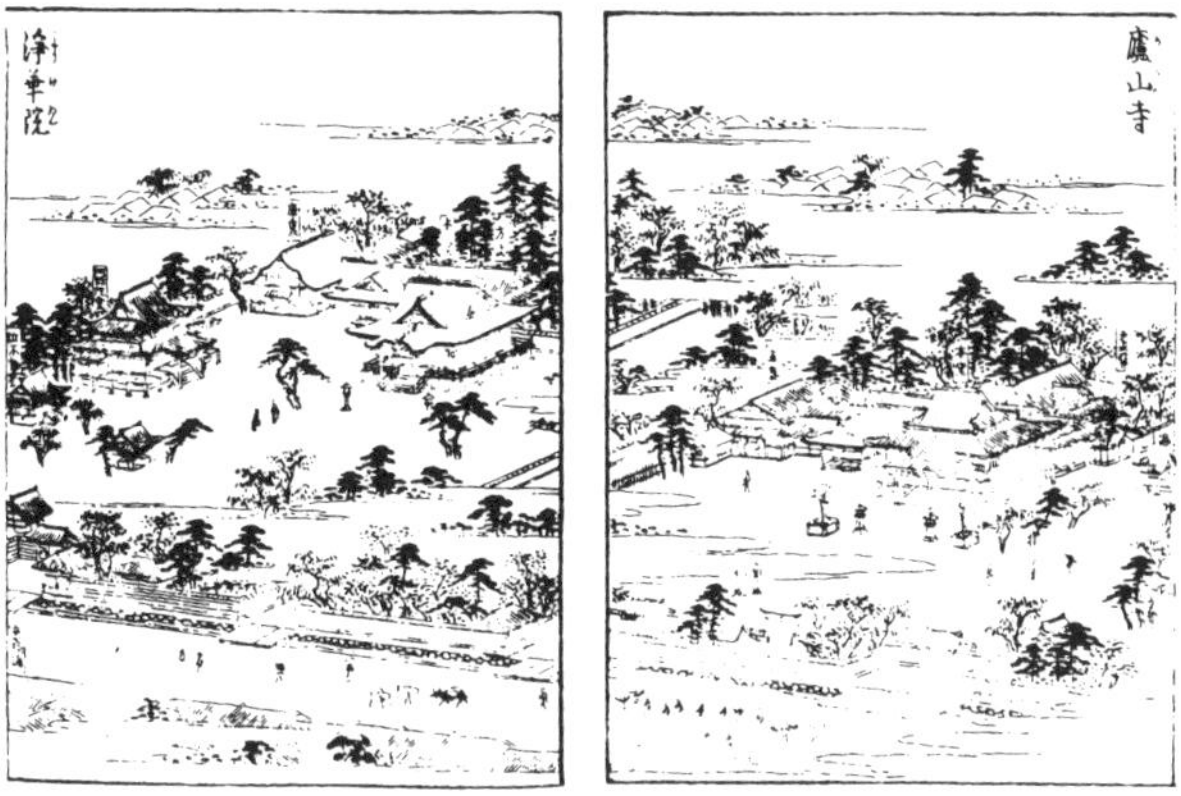

廬山寺(『都名所図会』 1より)

参考文献　『廬山寺縁起』(『大日本仏教全書』)、『廬山寺過去帳』、『廬山寺住持次第』、大島武好『山城名勝志』三(『(増補)京都叢書』七)、白慧『山州名跡志』二〇(同二〇)、黒川道祐『雍州府志』四(同三)

(福原　隆善)

若宮八幡宮

わかみやはちまんぐう

京都市東山区五条橋東五丁目四八〇に鎮座。左女牛《さめうし》八幡宮・六条左女牛八幡宮とも称した。旧郷社。祭神は応神天皇・仲哀天皇・神功皇后で、明治十年（一八七七）に仲恭天皇、昭和二十四年（一九四九）に陶祖神椎根津《しいねつ》彦大神《ひこのおおかみ》を配祀した。天喜元年（一〇五三）創祀と伝える旧社地は六条左女牛西洞院《にしのとういん》で「源義家誕生の地」付近の小祠である。石清水八幡宮の若宮として、その神輿が入洛すると当宮に奉安したため、保延六年（一一四〇）正月、石清水八幡宮の祝融（火災）に際し、その神霊は当宮に遷御したとの風評が広まり、一躍神威をたかめた。源頼朝は源家の氏神として当宮を崇敬し、社領を寄進して二度の上洛にも社参した。室町幕府も当宮を宗祀とし、歴代将軍の社参・祈請多く、社殿の造替、祭儀の盛行をきわめた。天正十一年（一五八三）羽柴（豊臣）秀吉は当宮を旅所に遷座、さらに慶長十年（一六〇五）に現社地へ移る。現在の社殿は承応三年

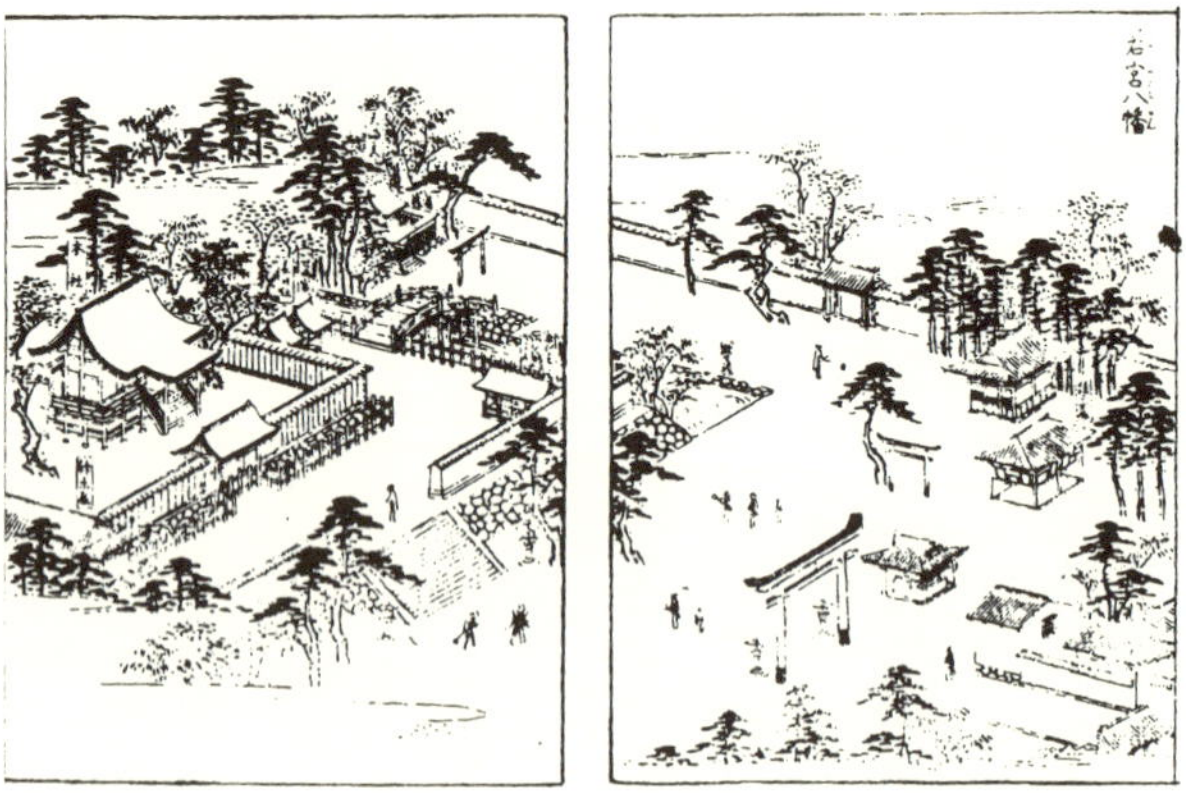

若宮八幡（『都名所図会』 2より）

(一六五四)後水尾上皇の勅により造営。徳川家康は七十三石余の朱印領を寄進した。例祭は八月八日。現社地周辺は清水焼の生産販売地であることから、例祭日より四日間、境内では陶器市が開催される。境内社は阿波《あわ》天満宮・秋葉《あきは》神社・稲荷神社・竹生島《ちくぶしま》神社・産霊《うぶすな》神社・蛭子《えびす》社の六社。本殿横には至徳三年(一三八六)在銘の足利義満寄進と伝える八角形の手水石、拝殿前には孝明天皇胞衣《えな》埋納所の石碑がある。また紙本著色『足利義持参詣図絵巻』一巻その他を襲蔵する。

参考文献 魚澄惣五郎「六条若宮八幡宮について」(『歴史と地理』八ノ六)、宮地直一「六条新八幡宮の性質」(同一〇ノ三・四)

(二宮　正彦)

市町村別古社寺索引

名称	所在地	ページ
山科別院（大谷派）	山科区西野今屋敷町	352
大原野神社	西京区大原野南春日町	44
金蔵寺	西京区大原野石作町	128
西芳寺	西京区松尾神ヶ谷町	132
三鈷寺	西京区大原野石作町	136
勝持寺	西京区大原野南春日町	157
浄住寺	西京区山田開キ町	159
千光寺	西京区嵐山中尾下町	196
法輪寺	西京区嵐山虚空蔵山町	306
松尾大社	西京区嵐山宮町	322
善峯寺	西京区大原野小塩町	360
松尾寺	舞鶴市字松尾	324
光明寺	綾部市睦寄町君尾	108
正暦寺	綾部市寺町	167
県神社	宇治市宇治	18
宇治上神社	宇治市宇治山田	34
興聖寺	宇治市宇治山田	104
許波多神社	宇治市五ヶ庄	121
橋寺	宇治市宇治東内	275
平等院	宇治市宇治蓮華	279
万福寺	宇治市五ヶ庄	326
三室戸寺	宇治市菟道滋賀谷	331
籠神社	宮津市大垣	120
智恩寺	宮津市字文殊	237
奈具神社	宮津市由良	261
成相寺	宮津市字成相寺	262
出雲大神宮	亀岡市千歳町	25
金剛寺	亀岡市曾我部町	127
篠村八幡宮	亀岡市篠町	147
水度神社	城陽市寺田水度坂	329
真経寺	向日市鶏冠井町	175
向日神社	向日市向日町北山	345
乙訓寺	長岡京市今里	45
海印寺	長岡京市奥海印寺	51
光明寺	長岡京市粟生	107
石清水八幡宮	八幡市高坊	31
観音寺	京田辺市普賢寺	66
酬恩庵	京田辺市薪里ノ内	149
大宮売神社	京丹後市大宮町	45
奈具神社	京丹後市弥栄町	260
普済寺	南丹市若森	287
竜興寺	南丹市八木町	364
海住山寺	木津川市加茂町例幣	52
蟹満寺	木津川市山城町綺田浜	56
岩船寺	木津川市加茂町岩船	65
御霊神社	木津川市加茂町兎並	124
浄瑠璃寺	木津川市加茂町西小	168
神童寺	木津川市山城町神童子	184
泉橋寺	木津川市山城町上狛	195
宝積寺	乙訓郡大山崎町大山崎	303
妙喜庵	乙訓郡大山崎町大山崎	332
離宮八幡宮	乙訓郡大山崎町大山崎	362
禅定寺	綴喜郡宇治田原町字禅定寺	197
笠置寺	相楽郡笠置町笠置山	54
金胎寺	相楽郡和束町原山	129
宇良神社	与謝郡伊根町本庄浜	36
延暦寺	滋賀県大津市坂本本町	38
園城寺	滋賀県大津市園城寺町	46

同一市町村の中では社寺の名称の五十音順に配列した。

京都古社寺辞典

二〇一〇年(平成二十二)五月十日　第一刷発行
二〇一五年(平成二十七)四月一日　第二刷発行

編　者　吉川弘文館編集部
発行者　吉　川　道　郎
発行所　株式会社　吉川弘文館
郵便番号一一三—〇〇三三
東京都文京区本郷七丁目二番八号
電話〇三—三八一三—九一五一〈代表〉
振替口座〇〇一〇〇—五—二四四番
http://www.yoshikawa-k.co.jp/
印刷＝株式会社　東京印書館
製本＝誠製本株式会社
装幀＝清水良洋・黒瀬章夫

ISBN978-4-642-08034-7

索　　引

＊配列は，読みの五十音順とした．
＊項目名は太字であらわし，本見出しは先頭に「・」を付した．
＊項目のページを太字であらわし，先頭においた．
＊ａｂは，それぞれ上段・下段をあらわす．
＊子院・塔頭名には，先頭に本寺名を付して配列した．

う

え

お

か

き

さ

ち

付　　録

付録1　京都年中行事一覧

日	行　事
1　月	
1 旧	石清水八幡宮元日御節
1 旧	醍醐寺修正会
1 旧	松尾大社正月神事
1 旧	若　夷
1	稲荷大社元日祭
1	大田神社巫女神楽
1	北野天満宮歳旦祭
1	醍醐寺元三節供
1	東寺五重塔行法
1	西本願寺修正
1- 7 旧	石清水八幡宮修正会
1(以降7日間)	東本願寺修正
1- 7	清水寺修正会
2 旧	角倉船乗始め
2	木遣音頭
2- 4	北野天満宮天満書
3 旧	本願寺松拍子御能
3	東寺御影堂修正会
4 旧	法性寺御八講
4	下鴨神社蹴鞠初め
5	稲荷大社大山祭
6	若菜迎え
7 旧	白 馬 祭
7 旧	松尾大社白馬神事
7	飛鳥路の勧請縄行事
7	上賀茂神社白馬奏覧神事
7(以降の亥)旧	松尾大社猪狩神事
8	梅林寺シシバイ
8-14 旧	吉祥悔過
9・10	八坂神社蛭子社祭
9-16	西本願寺報恩講
10 旧	十 日 汁
10ごろ	松尾大社歩射
11 旧	離宮八幡宮御神事会合初
12	稲荷大社奉射祭
14 旧	最勝光院御八講
14	上賀茂神社御棚会神事
14	日野裸踊
15	相楽の御田
15	東一口のトンド
15(最も近い日曜)	三十三間堂通し矢
15-18 旧	円乗寺御八講
15-19	石清水八幡宮厄除大祭
18 旧	石清水八幡宮大師供
18	石清水八幡宮青山祭
19	石清水八幡宮心経会
19	疫 神 祭
19	観音寺行い荒れ
24 旧	醍醐寺大仁王会
25	本願寺法然上人祥月
30 旧	清水寺本式連歌会
30	孝明天皇祭
初申(以降3日間)	祝園の居籠祭
上寅	鞍馬寺初寅詣
2　月	
1(以降7日間)旧	醍醐寺修二会
1・節分	石清水八幡宮湯立神事
1・5 旧	松尾大社御石塔神事
6 旧	宝荘厳院修二会
8	春　事
8(以降5日間)旧	祇園御八講
9	小山の勧請縄行事

日	行事
9-15 旧	遺教経会
11	知恩院御忌定式
12-15 旧	円融院御八講
15 旧	石清水八幡宮応神天皇御国忌
15 旧	最勝光院修二会
15-17	棚倉の居籠祭(涌出宮の宮座行事◎)
16 旧	石塔会
19(以降5日間)旧	円宗寺最勝会
22	東本願寺聖徳太子祥月
23	醍醐寺五大力尊仁王会
24	上賀茂さんやれ
25 旧	吉祥院八講
25	北野天満宮御忌
上卯 旧	石清水八幡宮御神楽
上卯 旧	大原野祭
中子	上賀茂神社燃燈祭
亥 旧	春イノコ
立春前日	北野天満宮節分祭追儺式
節分	吉田神社節分祭
吉 旧	祇園百講
当月中 旧	本願寺彼岸会

3月

日	行事
3ごろ 旧	知恩院花見
8 旧	貞観寺常楽会
9	貴船神社雨乞祭
10(以降3日間)旧	法勝寺不断念仏始
12 旧	離宮八幡宮大御神楽
14	八坂神社千文祓
15 旧	祇園一切経会
15 旧	白川熊野祭
15 旧	法興院勧学会
15	嵯峨お松明
17	宇良神社延年祭
21 旧	醍醐寺塔本御影供
21	和泉式部忌
21	女座の祭(涌出宮の宮座行事◎)
22	遺教経会
24 旧	尊勝寺灌頂
24・25	蓮如忌
晦 旧	石清水八幡宮率都婆会
晦 旧	仁和寺理趣三昧
中卯 旧	松尾祭
中午 旧	石清水臨時祭
中旬 旧	嘉祥寺地蔵悔過
春分(前後7日間)	本願寺彼岸会
吉 旧	観音院灌頂
吉 旧	真言院孔雀経御修法
当月中 旧	醍醐寺季御読経

4月

日	行事
1 旧	石清水八幡宮更衣御節
1 旧	貴船祭
1	醍醐寺豊太閤花見行列
1- 4 旧	醍醐寺法華八講会
1-18 旧	清水寺随求堂万部読経
1-5月晦日 旧	智積院報恩講
3	上賀茂神社土解祭
3	離宮八幡宮日使頭祭
8 旧	東寺仏生会
8	大原野祭
9 旧	清水寺地主権現祭
10	平野神社桜祭神幸祭
10	やすらい祭(やすらい花◎)
10-15(の間の土・日曜を含む三日間)	清凉寺嵯峨大念仏狂言◎

日	行事
11	西本願寺聖徳太子祥月
13	法輪寺十三参り
14-17 旧	後一条院御八講
15	上宮津祭の神楽・太刀振・奴
15	新井の太刀振・花踊
18	出雲風流花踊
18-22	鞍馬寺花供養
18-25	知恩院御忌法会
20(最も近い日曜)	稲荷大社稲荷祭
20(以降最初の日曜)	松尾祭
21	東寺大師正御影供
21-29	壬生狂言◎
24	籠神社祭礼芸能
25	後野の屋台行事
25	菅野の神楽
30-5月2日 旧	八坂神社致斎神事
上巳 旧	山科祭
上申 旧	平野祭
上申 旧	平野臨時祭
上酉 旧	梅宮祭
中子 旧	吉田祭
中酉 旧	賀茂祭
第二日曜	上賀茂神社賀茂曲水宴
第三日曜	島原太夫道中
松尾祭より7日以降の卯 旧	松尾大社氏神神事

5 月

日	行事
1	木積神社神楽・太刀振・笹ばやし
1(以降10日間) 旧	法勝寺三十講始
1- 4	千本閻魔堂大念仏狂言
1- 4	神泉苑狂言
3	鶏冠井の題目踊
3	下鴨神社流鏑馬神事
4 旧	稲荷大社斎夜神事
4	田原の御田◎
4	三河内の曳山祭
5 旧	石清水八幡宮五月五日御節
5	一乗寺八大神社剣鉾差し
5	市野々の菖蒲田植
5	稲荷大社端午祭
5	今宮祭
5	上賀茂神社競馬
5	清水寺地主権現祭
5	醍醐寺五月五日節供
5	藤森神社駈馬
8	宇治離宮祭
8	松尾寺の仏舞◎
9 旧	新日吉小五月会
10 旧	安楽光院御八講始
12	上賀茂神社御禊神事
12	上賀茂神社御阿礼神事
12	下鴨神社御蔭祭
13・14	蓮如忌
14以前 旧	僧名定
15	賀茂祭
15	やすらい祭(やすらい花◎)
23	清水寺田村麻呂忌
第四日曜	嵯峨祭の剣鉾差し

6 月

日	行事
1	貴船祭
1(以降5日間) 旧	醍醐寺円光院三十講
5- 6	県祭
7- 9	醍醐寺三宝院門跡大峰山花供入峰修行
10	上賀茂神社御田植祭

日	行　　事
10	北野天満宮青柏祭
13(または23)旧	松尾大社御田祭
14 旧	祇園会(京都祇園祭の山鉾行事◎)
14 旧	祇園会御見物
14 旧	祇園御霊会
16 旧	新熊野六月会
17	相国寺観音懺法
18-21 旧	法性寺御八講
19(または20)-晦 旧	糺の納涼
20	鞍馬寺竹切
22-25 旧	円教寺御八講
24 旧	愛宕千日詣
25 旧	北野天満宮御手洗祭
28-7月2日 旧	最勝寺御八講
28-7月2日 旧	法興院御八講
30	稲荷大社夏越祓
30	上賀茂神社夏越神事
30	貴船神社水無月大祓式
7　月	
1	上賀茂神社御戸代会神事
3- 7 旧	法勝寺御八講
6 旧	醍醐寺根本僧正御忌
7	池 替 盆
7	北野天満宮御手洗祭
7	白峯神社蹴鞠
7	醍醐寺七月七日節供
8 旧	最勝光院御八講
10 旧	清水寺千日詣
10・28	八坂神社神輿洗
14	田歌の神楽
14	マンドロ
14・15	東本願寺盆会
15	醍醐寺盂蘭盆講

日	行　　事
17	祇園会(京都祇園祭の山鉾行事◎)
19 旧	仁和寺理趣三昧
19(以降14日間)旧	尊勝寺御八講始
19-23	醍醐寺奥駆修行
27・28	八坂神社祭礼船屋台行事
31	愛宕千日詣
第一日曜	犬甘野の御田
第三日曜	松尾大社御田祭
8　月	
1-18 旧	清水寺随求堂万部読経
3	宇良神社祭礼芸能
4	北野天満宮臨時祭
4	北 野 祭
6 旧	安楽光院御八講始
6	醍醐寺万燈供養会法要
8-10	六道参り
9	壬生六斎(京都の六斎念仏◎)
9-16	清水寺千日詣
10-14 旧	法性寺御八講
12-15	小橋の精霊船行事
13-16	蒲入の精霊船行事
14	円覚寺六斎(京都の六斎念仏◎)
14	上狛の精霊踊
14	西教寺六斎念仏
14	佐伯燈籠◎
14	城屋の揚松明
14・15	西本願寺盆会
15 旧	石清水放生会
15 旧	知恩院鎮守放生会
15 旧	離宮八幡宮放生会
15	千本六斎(京都の六斎念仏◎)

日	行　　事
15	鉄仙流白川踊
15	花背松上げ
15・16	亀島の精霊船行事
15・16	松ヶ崎題目踊・さし踊
16	市原ハモハ踊・鉄扇
16	西方寺六斎(京都の六斎念仏◎)
16	大文字焼き
16	中堂寺六斎(京都の六斎念仏◎)
16	吉原の万燈籠
18	下御霊神社御霊祭
19	大井神社立花
19	上高野念仏供養踊
20・23	西光寺六斎念仏
22	小山郷六斎(京都の六斎念仏◎)
22・23	桂六斎(京都の六斎念仏◎)
22・23	上鳥羽六斎(京都の六斎念仏◎)
23	小塩の上げ松
23	久多宮の町松上げ
23	河梨の十二燈
23(以降4日間)旧	成勝寺御八講始
23・24	地蔵盆
23・24ごろ	松上げ
24	芦生の松上げ
24	梅津六斎(京都の六斎念仏◎)
24	川合の上げ松
24	久多の花笠踊◎
24	雲ヶ畑松上げ
24	殿の上げ松
24	広河原の松上げ・ヤッサコイ
24	牧山の松明行事

日	行　　事
24	盛郷の上げ松
25	吉祥院六斎(京都の六斎念仏◎)
27	修学院大日踊・紅葉音頭
31	一乗寺鉄扇
31	久世六斎(京都の六斎念仏◎)
中酉 旧	粟田宮祭
立秋前夜	下鴨神社夏越神事
当月中 旧	鎌注連立て
当月中 旧	本願寺彼岸会

9　月

日	行　　事
1	大原八朔踊
7	上賀茂紅葉音頭
8・9 旧	松尾大社九月九日会神事
9	上賀茂神社重陽神事・烏相撲
9	醍醐寺九月九日節供
15 旧	法興院勧学会
15	石清水放生会
15	河辺八幡神社祭礼芸能
15	離宮八幡宮放生会
26-29 旧	醍醐寺御八講
30	あえの相撲(涌出宮の宮座行事◎)
晦 旧	石清水八幡宮率都婆会
第一日曜	嵯峨野六斎(京都の六斎念仏◎)
第二日曜	大原野神社御田刈祭
上旬 旧	知恩院茸狩
秋分(前後7日間)	本願寺彼岸会
吉 旧	真言院孔雀経御修法
当月中 旧	醍醐寺季御読経

日	行　　事
10　月	
1 旧	石清水八幡宮更衣御節
1- 4 旧	醍醐寺法華八講会
1- 5	北野天満宮瑞饋祭
1-12月12日旧	智積院報恩講
1・5 旧	松尾大社御石塔神事
3	天座の田楽
3	蓮華王院惣社祭
3・4	相国寺普明忌
5 旧	石清水八幡宮一切経会
5	諏訪神社祭礼芸能
7	北白川高盛御供
7-11 旧	坊城殿御八講
8 旧	最勝光院御念仏
9	大身のヤンゴ踊
9	下鴨神社大国祭
9	野条の紫宸殿田楽
10	宇治田原三社祭の舞物
10	梅ヶ畑平岡八幡宮の剣鉾差し
10	大山の刀踊
10	於与岐八幡宮祭礼芸能
10	遠下のちいらい踊
10	樫原の田楽
10	蒲江の振物・踊り太鼓
10	上乙見の田楽
10	神崎の扇踊
10	黒部の踊子
10	甲坂の三番叟
10	広隆寺牛祭
10	五箇の三番叟
10	島万神社太刀振・太鼓踊
10	周枳の三番叟・笹ばやし・神楽
10	竹野のテンキテンキ

日	行　　事
10	丹波の芝むくり
10	枥谷の三番叟
10	野中の田楽
10	舟木の踊子
10	牧の練込太鼓
10	八瀬赦免地踊
10	山 科 祭
12(最も近い日曜)	三栖の炬火祭
15	大島の神楽・太刀振・踊
15	田原のカッコスリ○
15	八代田楽
16・17	百味の御食(涌出宮の宮座行事◎)
17 旧	吉祥院八講
17	銭司の獅子舞・田楽・相撲
18	和束のおかげ踊
19	岩船のおかげ踊
20	誓文払い
20・21	相国寺開山毎歳忌
22	鞍馬の火祭
22	時 代 祭
23	岩倉火祭
23	木野の烏帽子着
24(以降5日間)旧	法勝寺大乗会
第一日曜	阿須々岐神社祭礼芸能
第二土・日曜	額田のダシ行事
第二日曜	西院春日神社剣鉾差し
第二日曜	質美の曳山行事
第四日曜	奥榎原の練込
中旬 旧	嘉祥寺地蔵悔過
11　月	
1 旧	貴 船 祭

日	行　事
3	河辺八幡神社祭の振物・神楽・三番叟
3	平八幡神社祭の振物・神楽・三番叟
3	田中の三番叟・姫三社・徳若万歳
3	田山花踊
3	東吉原の振物
7	貴船神社御火焚祭
8	稲荷大社御火焚祭
21-28	東本願寺報恩講
26ごろ	愛染御火焚き
30	北野天満宮赤柏祭
上卯 旧	石清水八幡宮御神楽
上巳 旧	山 科 祭
上申 旧	平 野 祭
上申 旧	平野臨時祭
上酉 旧	梅 宮 祭
中子 旧	大原野祭
中卯より7日以降の酉 旧	松尾大社氏神神事
中卯 旧	松尾大社御神楽神事
中申 旧	吉 田 祭
第二日曜	空 也 忌
最終日曜	小倉のお松
12　月	
1	乙子朔日

日	行　事
1	北野天満宮献茶祭
6- 8	知恩院仏名会
9・10	鳴滝了徳寺大根焚き
10-12	智積院報恩講
13 旧	離宮八幡宮判紙の祝儀
13-31	六波羅蜜寺空也踊躍念仏(京都の六斎念仏◎)
14	石清水八幡宮御神楽
15 旧	醍醐寺仏名会
15(または吉)旧	最勝寺灌頂
19 旧	慈徳寺御八講始
23	ダイジョウゴ
25	知恩院御身拭
31(または1月14日)	夜寝ん講
31-1月1日	八坂神社白朮祭
中旬	下鴨神社御薬酒若水神事
節分 旧	祇園心経会
吉(5日間) 旧	円宗寺法華会
吉 旧	観音院灌頂
毎　月	
1	稲荷大社月次祭
21	東寺弘法市
21	東寺大師御影供

◎ 重要無形民俗文化財　○ 選択無形民俗文化財

改暦前に行われていた行事や，現在も旧暦をもって行われている行事には，日付の後ろに「旧」を付した．

付録2　京都史跡一覧

文化財種類	名　　　　称	所　在　地
特別史跡・特別名勝	鹿苑寺(金閣寺)庭園	京都市北区金閣寺町
史　跡	賀茂別雷神社境内	京都市北区賀茂本山町
史跡・特別名勝	大徳寺方丈庭園	京都市北区紫野大徳寺町
史跡・特別名勝	大仙院書院庭園	京都市北区紫野大徳寺町
史跡・名勝	真珠庵庭園	京都市北区紫野大徳寺町
史跡・名勝	孤篷庵庭園	京都市北区紫野大徳寺町
史　跡	船　岡　山	京都市北区紫野北船岡町
史　跡	御　土　居	京都市北区鷹峯旧土居町・大宮土居町・紫竹上長目町・紫竹上堀川町・平野鳥居前町・紫野西土居町・上京区北之辺町・北野馬喰町・中京区西ノ京中合町
史　跡	伊藤仁斎宅(古義堂)跡ならびに書庫	京都市上京区東堀川通出水下ル四町目
史　跡	平安宮跡　内裏跡　豊楽院跡	京都市上京区田中町・中京区聚楽廻西町
史　跡	頼山陽書斎(山紫水明処)	京都市上京区東三本木通丸太町上ル南町
特別史跡・特別名勝	慈照寺(銀閣寺)庭園	京都市左京区銀閣寺町
史　跡	慈照寺(銀閣寺)旧境内	京都市左京区銀閣寺町
史　跡	岩倉具視幽棲旧宅	京都市左京区岩倉上蔵町
史　跡	栗栖野瓦窯跡	京都市左京区岩倉幡枝町
史　跡	延暦寺境内	京都市左京区・滋賀県大津市坂本本町
史　跡	詩　仙　堂	京都市左京区一乗寺門口町・一乗寺小谷町・一乗寺松原町
史　跡	石川丈山墓	京都市左京区一乗寺松原町
史　跡	賀茂御祖神社境内	京都市左京区下鴨泉川町
史　跡	聖護院旧仮皇居	京都市左京区聖護院中町

文化財種類	名　　　称	所　在　地
史　跡	南禅寺境内	京都市左京区南禅寺
史跡・名勝	南禅院庭園	京都市左京区南禅寺福地町
史　跡	琵琶湖疏水	京都市左京区・東山区・山科区・滋賀県大津市
史　跡	旧二条離宮(二条城)	京都市中京区二条通堀川西入ル二条城町
史　跡	神 泉 苑	京都市中京区御池通神泉苑町東入ル門前町
史　跡	高瀬川一之船入	京都市中京区木屋町通二条下ル西側一之船入町
史　跡	青蓮院旧仮御所	京都市東山区粟田口三条坊町
史跡・名勝	高台寺庭園	京都市東山区下河原町通八坂鳥居前下ル下河原町
史　跡	方広寺石塁および石塔	京都市東山区茶屋町
史　跡	本願寺境内	京都市下京区堀川通花屋町下ル本願寺門前町
史跡・特別名勝	本願寺大書院庭園	京都市下京区堀川通花屋町下ル本願寺門前町
史　跡	教王護国寺境内	京都市南区九条町
史　跡	西 寺 跡	京都市南区唐橋西寺町
史　跡	高山寺境内	京都市右京区梅ヶ畑
史跡・特別名勝	竜安寺方丈庭園	京都市右京区竜安寺御陵ノ下町
史　跡	仁和寺御所跡	京都市右京区御室大内
史　跡	大覚寺御所跡	京都市右京区嵯峨大沢町・北嵯峨名古曾町・嵯峨大覚寺門前登り町
史跡・特別名勝	天竜寺庭園	京都市右京区嵯峨天竜寺芒ノ馬場町
史　跡	妙心寺境内	京都市右京区花園妙心寺町・花園寺ノ中町・花園大藪町
史跡・名勝	妙心寺庭園	京都市右京区花園妙心寺町
史跡・名勝	玉鳳院庭園	京都市右京区花園妙心寺町
史跡・名勝	退蔵院庭園	京都市右京区花園妙心寺町
史跡・名勝	東海庵書院庭園	京都市右京区花園妙心寺町
史跡・名勝	霊雲院庭園	京都市右京区花園妙心寺町
史跡・名勝	桂春院庭園	京都市右京区花園寺ノ中町
史　跡	蛇塚古墳	京都市右京区太秦面影町

文化財種類	名　　　　　称	所　在　地
史　跡	天塚古墳	京都市右京区太秦松本町
史　跡	荷田春満旧宅	京都市伏見区深草藪之内町
特別史跡・特別名勝	醍醐寺三宝院庭園	京都市伏見区醍醐東大路町
史　跡	醍醐寺境内	京都市伏見区醍醐東大路町ほか
史　跡	鳥羽殿跡	京都市伏見区中島御所ノ内町・中島前山町
史　跡	山科本願寺南殿跡附山科本願寺土塁跡	京都市山科区音羽伊勢宿町・西野広見町・西野様子見町・西野阿芸沢町・西野大手先町
史　跡	随心院境内	京都市山科区小野御霊町
史跡・名勝	嵐　　山	京都市西京区・右京区
史　跡・特別名勝	西芳寺庭園	京都市西京区松尾神ヶ谷町
史　跡	天皇の杜古墳	京都市西京区御陵塚ノ越町
史　跡	樫原廃寺跡	京都市西京区樫原内垣外町
史　跡	聖塚・菖蒲塚古墳	綾部市多田町
史　跡	私市円山古墳	綾部市私市町
史　跡	隼上り瓦窯跡	宇治市菟道東隼上り
史　跡	宇治川太閤堤跡	宇治市菟道丸山・宇治乙方・槇島町大島
史跡・名勝	平等院庭園	宇治市宇治蓮華
史　跡	丹後国分寺跡	宮津市国分
史　跡	千歳車塚古墳	亀岡市千歳町千歳
史　跡	丹波国分寺跡　附　八幡神社跡	亀岡市千歳町国分
史　跡	久津川車塚・丸塚古墳	城陽市平川
史　跡	平川廃寺跡	城陽市平川
史　跡	芝ヶ原古墳	城陽市寺田
史　跡	正道官衙遺跡	城陽市寺田
史　跡	久世廃寺跡	城陽市久世芝ヶ原
史　跡	森山遺跡	城陽市富野
史　跡	長岡宮跡	向日市鶏冠井町
史　跡	恵解山古墳	長岡京市勝竜寺・久貝
史　跡	松花堂およびその跡	八幡市八幡高坊・八幡女郎花
史　跡	大住車塚古墳	京田辺市大住
史　跡	産土山古墳	京丹後市丹後町竹野

文化財種類	名　　　　称	所　在　地
史　跡	神明山古墳	京丹後市丹後町宮
史　跡	銚子山古墳　第一、二古墳	京丹後市網野町網野
史　跡	函石浜遺物包含地	京丹後市久美浜町箱石
史　跡	赤坂今井墳墓	京丹後市峰山町赤坂
史　跡	恭仁宮跡(山城国分寺跡)	木津川市加茂町例幣
史　跡	椿井大塚山古墳	木津川市山城町椿井
史　跡	高麗寺跡	木津川市山城町上狛
史　跡	石のカラト古墳	木津川市兜台・奈良県奈良市神功
史　跡	歌姫瓦窯跡	木津川市市坂・奈良県奈良市歌姫町
史跡・特別名勝	浄瑠璃寺庭園	木津川市加茂町西小
史　跡	大山崎瓦窯跡	乙訓郡大山崎町大山崎
史　跡	大安寺旧境内附石橋瓦窯跡	綴喜郡井手町・奈良県奈良市大安寺・東九条町
史跡・名勝	笠　置　山	相楽郡笠置町
史　跡	金胎寺境内	相楽郡和束町原山
史　跡	蛭子山古墳	与謝郡与謝野町明石
史　跡	作山古墳	与謝郡与謝野町明石
史　跡	日吉ヶ丘・明石墳墓群	与謝郡与謝野町明石・温江
史　跡	白米山古墳	与謝郡与謝野町後野

付録3　京都国宝一覧

所　蔵　者	名　　称
泉屋博古館 (京都市左京区鹿ヶ谷下宮ノ前町24)	絹本著色秋野牧牛図 線刻釈迦三尊等鏡像
宇治上神社 (宇治市宇治山田59)	宇治上神社拝殿 宇治上神社本殿
海住山寺 (相楽郡加茂町例幣海住山20)	海住山寺五重塔
蟹　満　寺 (相楽郡山城町綺田浜36)	銅造釈迦如来坐像(本堂安置)
賀茂御祖神社 (京都市左京区下鴨泉川町59)	賀茂御祖神社　東本殿・西本殿
賀茂別雷神社 (京都市北区上賀茂本山町339)	賀茂別雷神社　本殿・権殿
歓喜光寺 (京都市山科区大宅奥山田)	絹本著色一遍上人絵伝(法眼円伊筆)
観智院(教王護国寺) (京都市南区九条町403)	観智院客殿
観　音　寺 (京田辺市普賢寺下大門13)	木心乾漆十一面観音立像(本堂安置)
北野天満宮 (京都市上京区馬喰町)	紙本著色北野天神縁起 北野天満宮　本殿・石の間・拝殿及び楽の間
鳩　居　堂 (京都市中京区寺町姉小路上ル本能寺前町520)	伝藤原行成筆仮名消息(十二通)
教王護国寺 (京都市南区九条町1)	絹本著色五大尊像 絹本著色十二天像(伝宅間勝賀筆、六曲屏風) 絹本著色真言七祖像 絹本著色両界曼荼羅図(伝真言院曼荼羅) 木造梵天坐像・帝釈天半跏像(講堂安置) 木造兜跋毘沙門天立像(毘沙門堂安置) 木造五大菩薩坐像(中尊像を除く、講堂安置) 木造五大明王像(講堂安置)

所　蔵　者	名　　　称
教王護国寺 （京都市南区九条町1）	木造弘法大師坐像（康勝作、御影堂安置） 木造四天王立像（講堂安置） 木造僧形八幡神坐像・木造女神坐像 木造不動明王坐像（御影堂安置）・木造天蓋 横被・犍陀穀糸袈裟 海賦蒔絵袈裟箱 紫檀塗螺鈿金銅装舎利輦 密教法具（伝弘法大師将来） 東宝記 後宇多天皇宸翰東寺興隆条々事書御添状（二月十二日） 弘法大師請来目録（伝教大師筆） 弘法大師筆尺牘三通（風信帖） 教王護国寺金堂 教王護国寺五重塔 教王護国寺大師堂（西院御影堂） 教王護国寺蓮花門
京都国立博物館 （京都市東山区茶屋町527）	絹本著色山越阿弥陀図 絹本著色山水屏風（六曲屏風） 絹本著色釈迦金棺出現図 絹本著色十二天像 紙本著色餓鬼草紙 紙本著色病草紙 紙本墨画淡彩天橋立図（雪舟筆） 紙本墨画蓮池水禽図（俵屋宗達筆） 白描絵料紙墨書金光明経（巻第三） 古神宝類（阿須賀神社伝来） 太刀（銘安家） 太刀（銘則国） 芦手絵和漢朗詠抄（藤原伊行筆） 一品経懐紙（西行、寂蓮等十四枚） 金剛般若経開題残巻（弘法大師筆、六十三行） 古今和歌集巻第十二残巻（本阿弥切本） 稿本北山抄（巻第十） 手鑑「藻塩草」（二百四十二葉） 浄名玄論 新撰類林抄巻第四残巻

所　蔵　者	名　　　称
京都国立博物館 （京都市東山区茶屋町527）	千手千眼陀羅尼経残巻（天平十三年七月十五日玄昉願経） 日本書紀（巻第二十二・第二十四） 日本書紀神代巻（上下、吉田本） 万葉集巻第九残巻（藍紙本） 明恵上人歌集（高信筆） 藤原忠通筆書状案
京都大学 （京都市左京区吉田本町）	今昔物語集 山科西野山古墳出土品
京都府立総合資料館 （京都市左京区下鴨半木町1-4）	東寺百合文書（二万七千六十七通）
清　水　寺 （京都市東山区清水1-294）	清水寺本堂
鞍　馬　寺 （京都市左京区鞍馬本町1074）	木造毘沙門天及吉祥天・善膩師童子立像（本堂安置） 鞍馬寺経塚遺物
建　仁　寺 （京都市東山区大和大路通四条下ル四丁目小松町584）	紙本金地著色風神雷神図（俵屋宗達筆、二曲屛風）
高　山　寺 （京都市右京区梅ヶ畑栂尾町8）	絹本著色仏眼仏母像 絹本著色明恵上人像 紙本著色華厳宗祖師絵伝（華厳縁起） 紙本墨画鳥獣人物戯画 玉篇巻第廿七（前半） 冥　報　記 篆隷万象名義 高山寺石水院（五所堂）
高桐院（大徳寺） （京都市北区紫野大徳寺町73-1）	絹本墨画山水図
光　明　寺 （綾部市睦寄町君尾1-1）	光明寺二王門
広　隆　寺 （京都市右京区太秦蜂岡町32）	木造阿弥陀如来坐像（講堂安置） 木造十二神将立像（伝長勢作） 木造千手観音立像（所在講堂） 木造不空羂索観音坐像（所在講堂）

所　蔵　者	名　　　称
広　隆　寺 (京都市右京区太秦蜂岡町32)	木造弥勒菩薩半跏像 木造弥勒菩薩半跏像 広隆寺縁起資財帳 広隆寺資財交替実録帳 広隆寺桂宮院本堂
孤篷庵(大徳寺) (京都市北区紫野大徳寺町66-1)	井戸茶碗(銘喜左衛門)
金地院(南禅寺) (京都市左京区南禅寺福地町)	絹本著色秋景冬景山水図 紙本墨画渓陰小築図
三　千　院 (京都市左京区大原来迎院町540)	木造阿弥陀如来及両脇侍坐像(往生極楽院阿弥陀堂安置)
三宝院(醍醐寺) (京都市伏見区醍醐東大路町22)	三宝院殿堂　表書院 三宝院唐門
慈　照　寺 (京都市左京区銀閣寺町2)	慈照寺銀閣 慈照寺東求堂
聚光院(大徳寺) (京都市北区紫野大徳寺町58)	方丈障壁画
相　国　寺 (京都市上京区今出川通烏丸東入ル相国寺門前町701)	玳玻天目茶碗 無学祖元墨蹟(与長楽寺一翁偈語、弘安二年十一月一日)
上品蓮台寺 (京都市北区紫野十二坊町33-1)	紙本著色絵因果経
浄瑠璃寺 (相楽郡加茂町西小札場40)	木造阿弥陀如来坐像(本堂安置) 木造四天王立像 浄瑠璃寺三重塔(九体寺三重塔) 浄瑠璃寺本堂(九体寺本堂)
青　蓮　院 (京都市東山区粟田口三条坊町69-1)	絹本著色不動明王二童子像
神　護　寺 (京都市右京区梅ヶ畑高雄町5)	絹本著色山水屏風(六曲屏風) 絹本著色釈迦如来像 絹本著色伝源頼朝像・絹本著色伝平重盛像・絹本著色伝藤原光能像 紫綾金銀泥絵両界曼荼羅図(高雄曼荼羅)

所　蔵　者	名　　称
神　護　寺 （京都市右京区梅ヶ畑高雄町5）	木造五大虚空蔵菩薩坐像（多宝塔安置） 木造薬師如来立像（本堂安置） 梵　　鐘 灌頂歴名（弘法大師筆） 文覚四十五箇条起請文（藤原忠親筆）
真珠庵（大徳寺） （京都市北区紫野大徳寺町52）	大燈国師墨蹟（看読真詮榜）
真正極楽寺 （京都市左京区浄土寺真如町82）	法華経（自巻第二・至巻第七）
崇道神社 （京都市左京区上高野西明寺山34）	金銅小野毛人墓誌
清　凉　寺 （京都市右京区嵯峨釈迦堂藤ノ木町46）	絹本著色十六羅漢像 木造阿弥陀如来及両脇侍坐像（棲霞寺旧本尊） 木造釈迦如来立像（張延皎幷張延襲作、奝然将来（本堂安置））・像内納入品一切
泉　涌　寺 （京都市東山区泉涌寺山内町27）	泉涌寺勧縁疏（俊芿筆（蠟牋）、承久元年十月日） 附法状（俊芿筆、嘉禄三年三月廿二日）
禅　林　寺 （京都市左京区永観堂町48）	絹本著色山越阿弥陀図 金銅蓮花文磬
大　雲　寺 （京都市左京区岩倉上蔵町303）	梵　　鐘
大　覚　寺 （京都市右京区嵯峨大沢町14）	後宇多天皇宸翰弘法大師伝（絹本） 後宇多天皇宸翰御手印遺告
醍　醐　寺 （京都市伏見区醍醐東大路町22）	絹本著色五大尊像 絹本著色文殊渡海図 絹本著色訶梨帝母像 絹本著色閻魔天像 五重塔初重壁画（板絵著色） 紙本著色絵因果経 木造薬師如来及両脇侍像（薬師堂安置） 大日経開題（弘法大師筆） 後宇多天皇宸翰当流紹隆教誡（三通） 後醍醐天皇宸翰天長印信（蠟牋）

所　蔵　者	名　　　称
醍　醐　寺 (京都市伏見区醍醐東大路町22)	狸毛筆奉献表(伝弘法大師筆) 理源大師筆処分状(延喜七年六月二日) 醍醐寺清滝宮拝殿 醍醐寺金堂 醍醐寺五重塔 醍醐寺薬師堂
大仙院(大徳寺) (京都市北区紫野大徳寺町54-1)	大燈国師墨蹟(元徳二年五月十三日、与宗悟大姉法語) 大仙院本堂
退蔵院(妙心寺) (京都市右京区花園妙心寺町35)	紙本墨画淡彩瓢鮎図(如拙筆)
大　徳　寺 (京都市北区紫野大徳寺町53)	絹本著色大燈国師像 絹本墨画淡彩観音図(牧谿筆)・絹本墨画淡彩猿鶴図(牧谿筆) 虚堂智愚墨蹟(達磨忌拈香語) 後醍醐天皇宸翰御置文(元弘三年八月廿四日) 大徳寺方丈及び玄関 大徳寺唐門
大報恩寺 (京都市上京区五辻通六軒町西入ル溝前町1305)	大報恩寺本堂(千本釈迦堂)
知　恩　院 (京都市東山区新橋通大和大路東入ル三丁目林下町400)	絹本著色阿弥陀二十五菩薩来迎図(早来迎) 紙本著色法然上人絵伝(詞伏見天皇外七筆) 上宮聖徳法王帝説 大楼炭経(巻第三) 菩薩処胎経 知恩院三門 知恩院本堂(御影堂)
智　積　院 (京都市東山区東大路七条下ル東瓦町964)	紙本金地著色松に草花図(二曲屏風) 紙本金地著色松に草花図(床貼付四・壁貼付二)・紙本金地著色桜楓図(壁貼付九・襖貼付二)・紙本金地著色松に梅図(襖貼付四)・紙本金地著色松に黄蜀葵及菊図(床貼付四) 金剛経(張即之筆)
長　福　寺 (京都市右京区梅津中村町37)	紙本著色花園天皇像(豪信筆) 古林清茂墨蹟(月林道号、泰定四年三月望日)

所　蔵　者	名　　称
東　福　寺 （京都市東山区本町十五丁目778）	絹本著色無準師範像 禅院額字幷牌字 宋刊義楚六帖 宋版太平御覧 無準師範墨蹟（円爾印可状（絹本）、丁酉歳十月） 東福寺三門
豊国神社 （京都市東山区大和大路正面茶屋町530）	豊国神社唐門
南　禅　寺 （京都市左京区南禅寺福地町）	亀山天皇宸翰禅林寺御起願文案（永仁七年三月五日） 南禅寺方丈
西本願寺 （京都市下京区堀川通花屋町下ル本願寺門前町60）	紙本墨画親鸞聖人像（鏡御影） 阿弥陀経註（親鸞筆） 観無量寿経註（親鸞筆） 熊野懐紙（後鳥羽天皇宸翰以下十一通） 三十六人家集 本願寺唐門 本願寺黒書院及び伝廊 本願寺書院（対面所及び白書院） 本願寺飛雲閣 本願寺北能舞台
二　条　城 （京都市中京区二条通堀川西入二条城町541）	二条城　二の丸御殿
仁　和　寺 （京都市右京区御室大内33）	絹本著色孔雀明王像 木造阿弥陀如来及両脇侍像（金堂安置） 木造薬師如来坐像（円勢・長円作、北院旧本尊） 宝相華蒔絵宝珠箱 医心方（第一・第五・第七・第九・第十残巻） 黄帝内経明堂巻第一・黄帝内経太素 御室相承記 三十帖冊子・宝相華迦陵頻伽蒔絵𡑮冊子箱 新修本草（巻第四・第五・第十二・第十七・第十九）

所　蔵　者	名　　称
仁　和　寺 (京都市右京区御室大内33)	後嵯峨天皇宸翰御消息(四月十五日) 高倉天皇宸翰御消息(十一月十三日) 仁和寺金堂
東本願寺 (京都市下京区烏丸通七条上ル常葉町754)	教行信証(親鸞筆、坂東本)
平　等　院 (宇治市宇治蓮華116)	鳳凰堂中堂壁扉画(板絵著色) 木造阿弥陀如来坐像(定朝作、鳳凰堂安置) 木造雲中供養菩薩像(所在鳳凰堂) 木造天蓋(所在鳳凰堂) 金銅鳳凰(鳳凰堂中堂旧棟飾) 梵　　鐘 平等院鳳凰堂
藤井斉成会 (京都市左京区岡崎円勝寺町44)	春秋経伝集解巻第二残巻
法　界　寺 (京都市伏見区日野西大道町19)	木造阿弥陀如来坐像(阿弥陀堂安置) 法界寺阿弥陀堂 阿弥陀堂内陣壁画(二十面)
宝菩提院 (京都市西京区大原野南春日町1223-2)	木造菩薩半跏像(伝如意輪観音、本堂安置)
法　性　寺 (京都市東山区本町十六丁目)	木造千手観音立像
本　能　寺 (京都市中京区寺町通御池下ル下本能寺前町522)	伝藤原行成筆書巻
松　尾　寺 (舞鶴市松尾532)	絹本著色普賢延命像
曼　殊　院 (京都市左京区一乗寺竹ノ内町42)	絹本著色不動明王像 古今和歌集(色紙、曼殊院本)
妙　喜　庵 (乙訓郡大山崎町大山崎竜光86)	妙喜庵茶室(待庵)
妙　心　寺 (京都市右京区花園妙心寺町1)	梵　　鐘

所　蔵　者	名　　　称
妙 心 寺 (京都市右京区花園妙心寺町1)	大燈国師墨蹟(印可状、元徳二年仲夏上澣) 大燈国師墨蹟(関山字号、嘉暦己巳仲春)
妙 法 院 (京都市東山区東大路通七条上ル妙法院前側町447)	木造風神・雷神像(所在蓮華王院本堂) 木造千手観音坐像(湛慶作、蓮華王院本堂安置) 木造二十八部衆立像(所在蓮華王院本堂) ポルトガル国印度副王信書(羊皮紙) 妙法院庫裏 蓮華王院本堂(三十三間堂)
陽明文庫 (京都市右京区宇多野上ノ谷町1-2)	歌合(巻第六(十巻本)) 熊野懐紙(後鳥羽天皇宸翰・藤原家隆・寂蓮筆) 神楽和琴秘譜 大手鑑(第一帖百三十九葉・第二帖百六十八葉) 類聚歌合 倭漢抄下巻(彩牋) 後二条殿記(自筆本一巻・古写本二十九巻) 御堂関白記(自筆本十四巻・写本十二巻)
来 迎 院 (京都市左京区大原来迎院町537)	日本霊異記(中下) 伝教大師度縁案並僧綱牒(三通)
竜 吟 庵 (京都市東山区本町15-812)	竜吟庵方丈
竜 光 院(大徳寺) (京都市北区紫野大徳寺町14)	燿変天目茶碗 竺仙梵僊墨蹟(明叟斉哲開堂諸山疏・絹本) 大覚禅師筆金剛経 僊密庵咸傑墨蹟(法語(綾本)、淳熙己亥仲秋日) 竜光院書院
冷泉家時雨亭文庫 (京都市上京区今出川通烏丸東入ル玄武町599)	古今和歌集(藤原定家筆) 古来風躰抄(上下(初撰本)、自筆本) 後撰和歌集(藤原定家筆) 拾遺愚草(上中下、自筆本) 明月記(自筆本)

所　蔵　者	名　　　称
六波羅蜜寺 (京都市東山区松原通大和大路東入ル二丁目轆轤町81-1)	木造十一面観音立像(本堂安置)
廬　山　寺 (京都市上京区寺町通広小路上ル北之辺町397)	慈恵大師自筆遺告(天禄三年五月)
個人(大谷光照)	類聚古集
個人(大橋寛治)	源氏物語奥入(藤原定家筆)
個人(大原健一郎)	絹本著色宮女図(伝桓野王図) 紙本墨画淡彩山水図(雪舟筆)
個人(小川雅人)	真草千字文
個人(海部光彦)	海部氏系図

付録4　京都文化財公開施設一覧

名　称	郵便番号	住　所	電話番号
京都国立博物館	605-0931	京都市東山区茶屋町527	075-541-1151
京都府京都文化博物館	604-8183	京都市中京区三条高倉	075-222-0888
京都市歴史資料館	602-0867	京都市上京区寺町通丸太町上ル松蔭町138-1	075-241-4312
相国寺承天閣美術館	602-0898	京都市上京区今出川通烏丸東入ル相国寺門前町701	075-241-0423
宝　鏡　寺	602-0072	京都市上京区寺之内通堀川東入ル百々町547	075-451-1550
北野天満宮宝物殿	602-8386	京都市上京区馬喰町	075-461-0005
鞍馬山霊宝殿	601-1111	京都市左京区鞍馬本町1074	075-741-2368
本能寺大宝殿宝物館	604-8091	京都市中京区寺町通御池下ル下本能寺前町522	075-253-0525
行願寺(革堂)宝物館	604-0991	京都市中京区寺町通二条上ル行願寺門前町17	075-211-2770
高台寺掌美術館	605-0825	京都市東山区高台寺下河原町530　2階	075-561-1414
泉涌寺心照殿	605-0977	京都市東山区泉涌寺山内町27	075-561-1551
豊国神社宝物館	605-0933	京都市東山区茶屋町530	075-561-3802
智　積　院	605-0951	京都市東山区東大路七条下ル東瓦町964	075-541-5361
金比羅絵馬館	605-0823	京都市東山区東大路松原上ル下弁天町70	075-561-5127
六波羅蜜寺宝物館	605-0813	京都市東山区轆轤町81-1	075-561-6980
長　楽　寺	605-0071	京都市東山区八坂鳥居前東入ル円山町626	075-561-0589
東寺宝物館	601-8473	京都市南区九条町1	075-691-3325
広隆寺霊宝殿	616-8162	京都市右京区太秦蜂岡町32	075-861-1461
仁和寺霊宝館	616-8092	京都市右京区御室大内33	075-461-1155

名　　称	郵便番号	住　　所	電話番号
清凉寺霊宝館	616-8447	京都市右京区嵯峨釈迦堂藤ノ木町46	075-861-0343
醍醐寺霊宝館	601-1325	京都市伏見区醍醐東大路町22	075-571-0002
藤 森 神 社	612-0864	京都市伏見区深草鳥居崎町609	075-641-1045
平等院ミュージアム鳳翔館	611-0021	宇治市宇治蓮華116	0774-21-2861
万福寺文華殿	611-0011	宇治市五ヶ庄三番割34	0774-32-3900

付録5　京都五山・十刹一覧

京都五山

位次	寺名	開山	開基	所在地
上	(太平興国)南禅寺	無関玄悟(聖一派)	亀山上皇	京都市左京区南禅寺福地町
1	天竜(資聖)寺	夢窓疎石(夢窓派)	足利尊氏	京都市右京区嵯峨天竜寺芒ノ馬場町
2	相国(承天)寺	同	足利義満	京都市上京区相国寺門前町
3	建仁寺	明庵栄西(黄竜派)	源頼家	京都市東山区小松町
4	東福寺	円爾(聖一派)	九条道家	京都市東山区本町
5	万寿寺	十地覚空 東山湛照(聖一派)	郁芳門院	もと五条樋口にあったが、のち京都市東山区本町に移される

京都十刹(至徳3年)

位次	寺名	開山	開基	所在地
1	等持寺	夢窓疎石(夢窓派)	足利尊氏	京都市三条坊門万里小路(中京区、廃寺)
2	臨川寺	同	世良親王	京都市右京区嵯峨天竜寺造路町
3	真如寺	無学祖元(仏光派)	無外如大尼 高師直(中興)	京都市北区等持院北町
4	安国(北禅)寺	大同妙喆(仏国派)、無徳至孝(中興、聖一派)	細川顕氏 足利尊氏	京都四条街大宮西(中京区、廃寺)
5	宝幢寺	春屋妙葩(夢窓派)	足利義満	京都市右京区嵯峨北堀町、現在は開山塔鹿王院のみ
6	普門寺	円爾(聖一派)	藤原道家	京都市東山区本町東福寺隣(廃寺)
7	広覚寺	桑田道海(大覚派)	未詳	京都安居院(上京区、廃寺)
8	妙光寺	無本覚心(法燈派)	花山院師継	京都市右京区宇多野上ノ谷町
9	大徳寺	宗峯妙超(大応派)	赤松則村	京都市北区紫野大徳寺町
10	竜翔寺	南浦紹明(大応派)	後宇多上皇	初め京都一条東洞院柳殿旧跡にあり、のち大徳寺に付属される

付録6　平安京復元図

左　　京

①一条院　②一条院別納　③帯刀町　④縫殿町　⑤正親町　⑥内教坊町　⑦女官町　⑧源信・池辺亭　⑨藤原兼家第(土御門第)　⑩内膳町　⑪村上源氏土御門第　⑫具平親王御所　⑬清和院・染殿　⑭織部町　⑮内竪町　⑯大舎人町　⑰土御門殿(里内裏)　⑱采女町　⑲高倉殿(藤原頼通)　⑳鷹司殿(源倫子)　㉑左衛門府　㉒検非違使庁(併設)　㉓枇杷殿　㉔修理職領　㉕内蔵町　㉖左兵衛町　㉗左獄　㉘小一条院(東一条第)　㉙花山院　㉚外記町　㉛太政官厨家　㉜菅原院　㉝東宮町　㉞神祇官町　㉟大炊殿(白河・鳥羽御所)　㊱藤原頼長第　㊲大炊殿(式子内親王)　㊳陽成院　㊴少将井　㊵源有仁第　㊶二条第(藤原道長)　㊷木工寮　㊸鴨院　㊹藤原俊忠第　㊺二条東洞院第(小二条殿)　㊻三条院(三条天皇・菅原孝標)　㊼竹三条宮　㊽左京職　㊾弘文院　㊿御子左第　51高松第　52奨学院　53勧学院　54三条西第　55三条東殿　56高倉宮(以仁王)　57三条南殿　58六角堂(頂法寺)　59南院(是忠親王)　60藤原基房第　61東洞院殿(近衛天皇・二条天皇御所)　62四条宮(皇太后藤原遵子・太皇太后藤原寛子)　63東五条第(太皇太后藤原順子)　64藤原宗忠第　65紅梅殿(菅原道真第)　66因幡堂　67藤原顕隆第　68五条京極第(藤原俊成)　69五条内裏(藤原邦綱第)　70崇親院　71千種殿(村上源氏)　72池亭・丹後局高階栄子第　73小六条殿　74猪熊殿(藤原基通)　75堀河館(河内源氏)　76六条殿(後白河法皇)・桂宮(孚子内親王)　77源経信第　78源義家第・六条若宮社　79天の橋立第(大中臣輔親)　80平資盛第　81亭子院(宇多上皇)

右　　京

90遷都以前の葛野郡衙跡ヵ　91右獄(西獄)　92小野篁第　93高階為章領　94穀倉院　95学館院　96藤原顕季領　97右京職　98西三条第(藤原良相)　99大江匡房領　100藤原隆時領　101藤原季仲(藤原邦恒外孫)堂　102藤原邦恒堂　103源俊明領　104平安時代初期の貴族邸遺構　105平安時代前期の寝殿造遺構

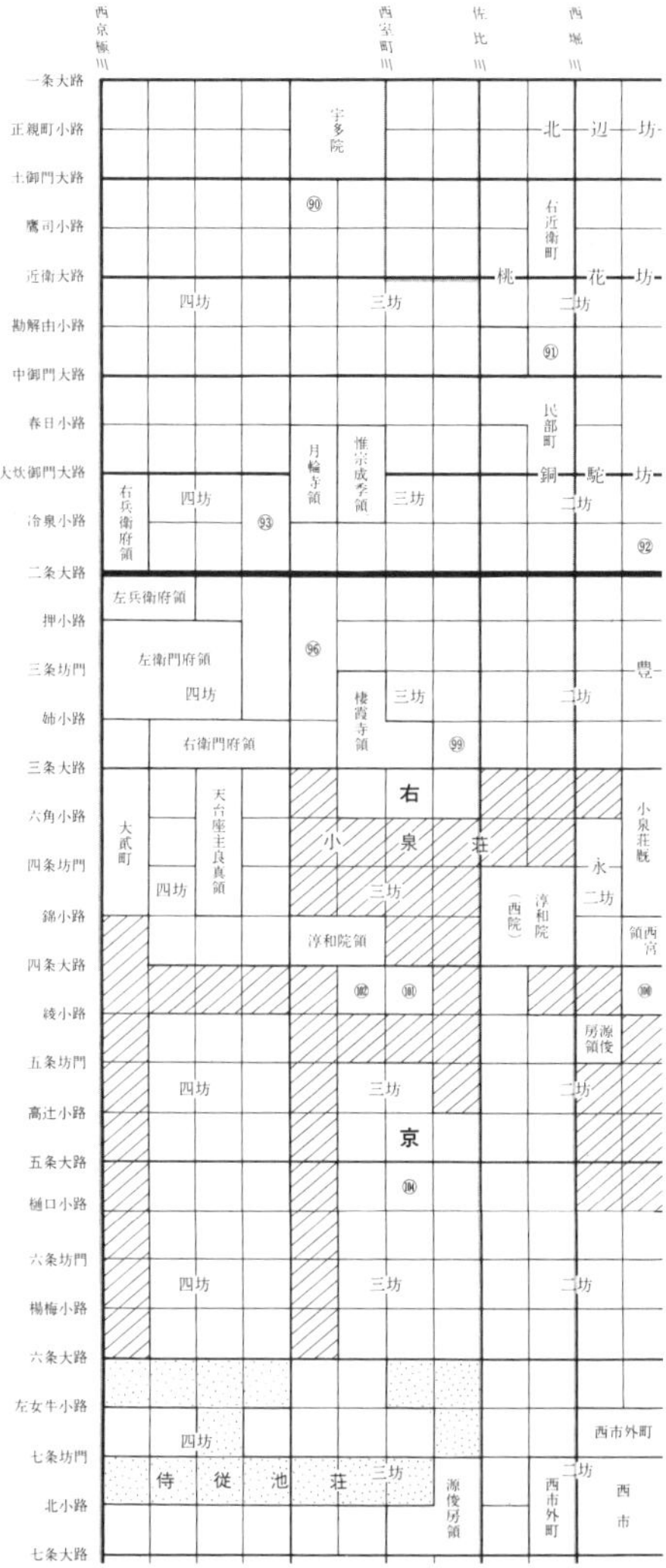

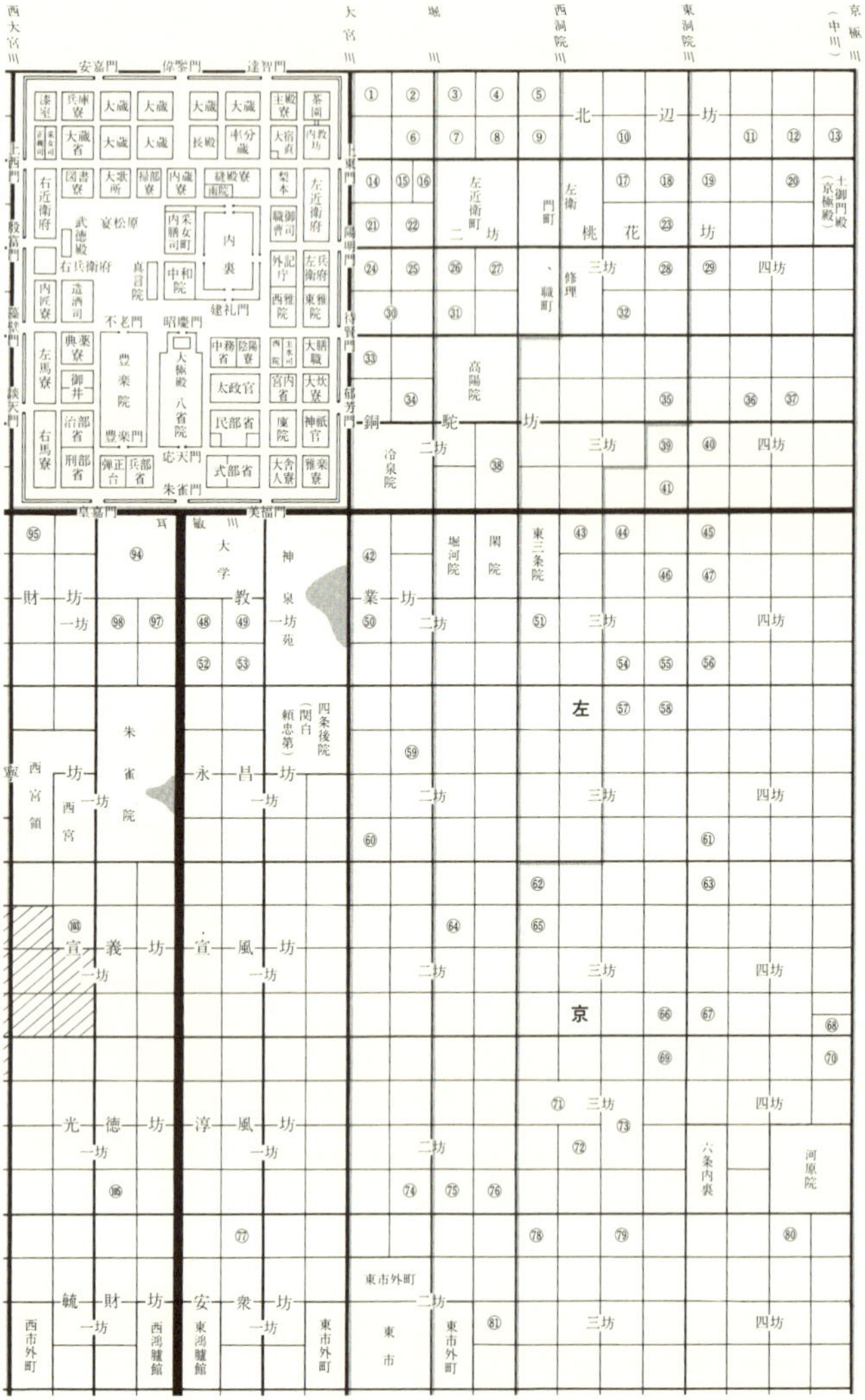
平安京復元図
大内裏
内裏
朱雀門
東市
西市
左京
北辺坊

左　京

㉜六宮(源経基)第　㉝平頼盛第　㉞八条院　㉟平宗盛第・藤原実行第　㊱藤原三守第・綜芸種智院　㊲施薬院　㊳藤原師輔第　㊴藤原兼実第

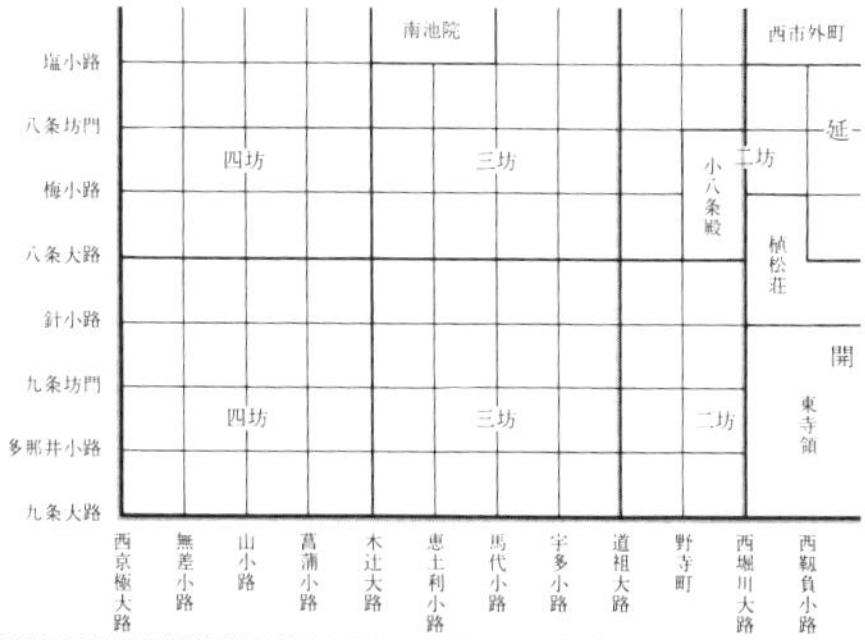

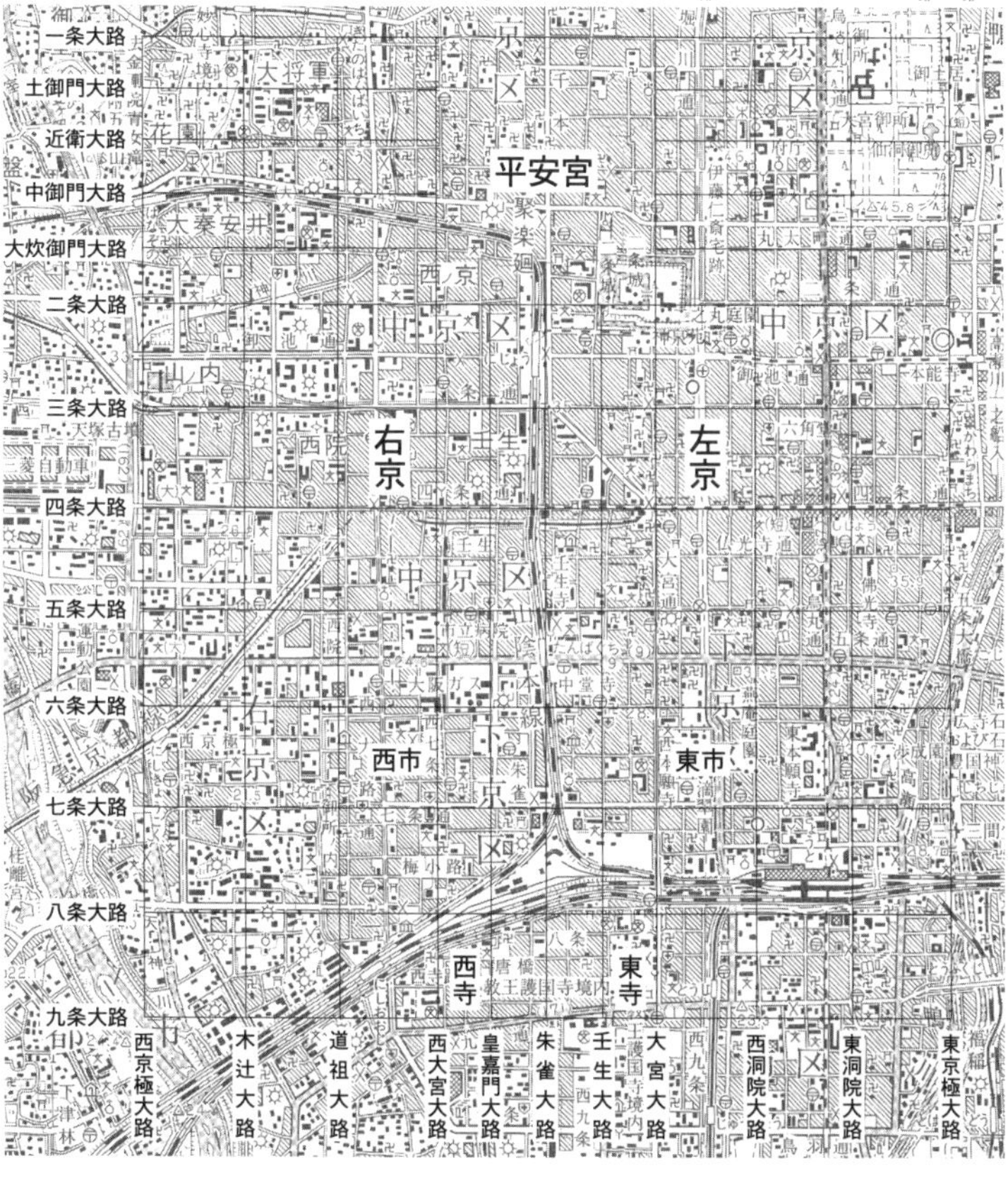

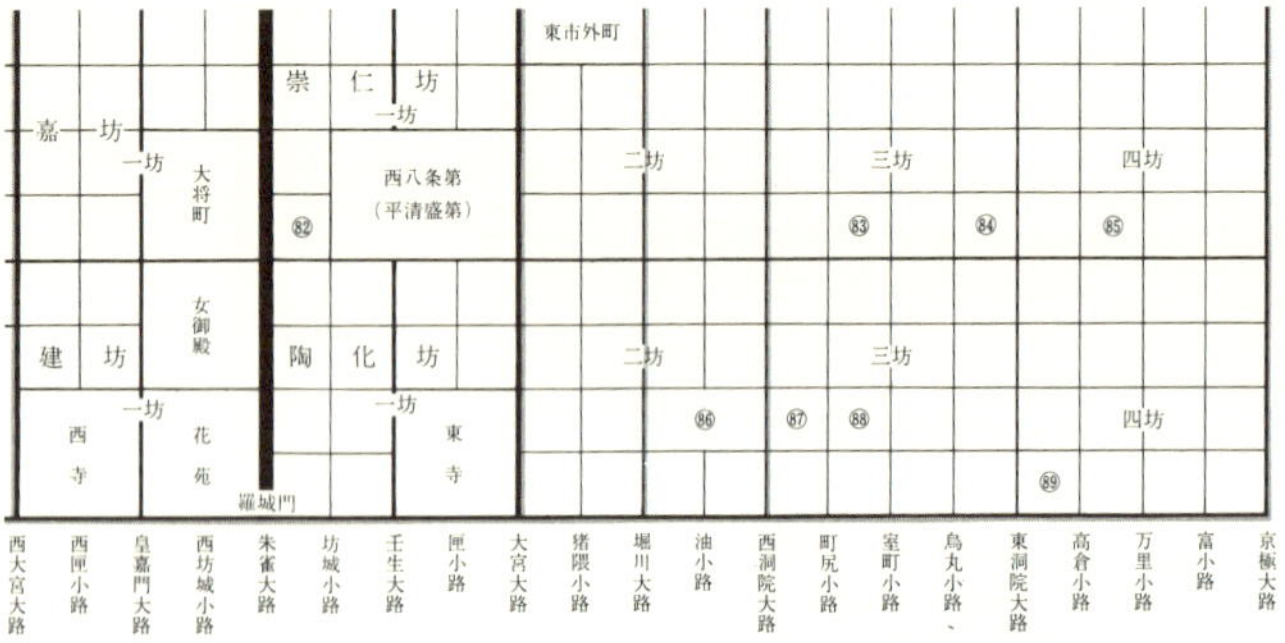

『年中行事絵巻』より
（上）建礼門
（中）大極殿
（下）真言院

付録7　庭園の様式

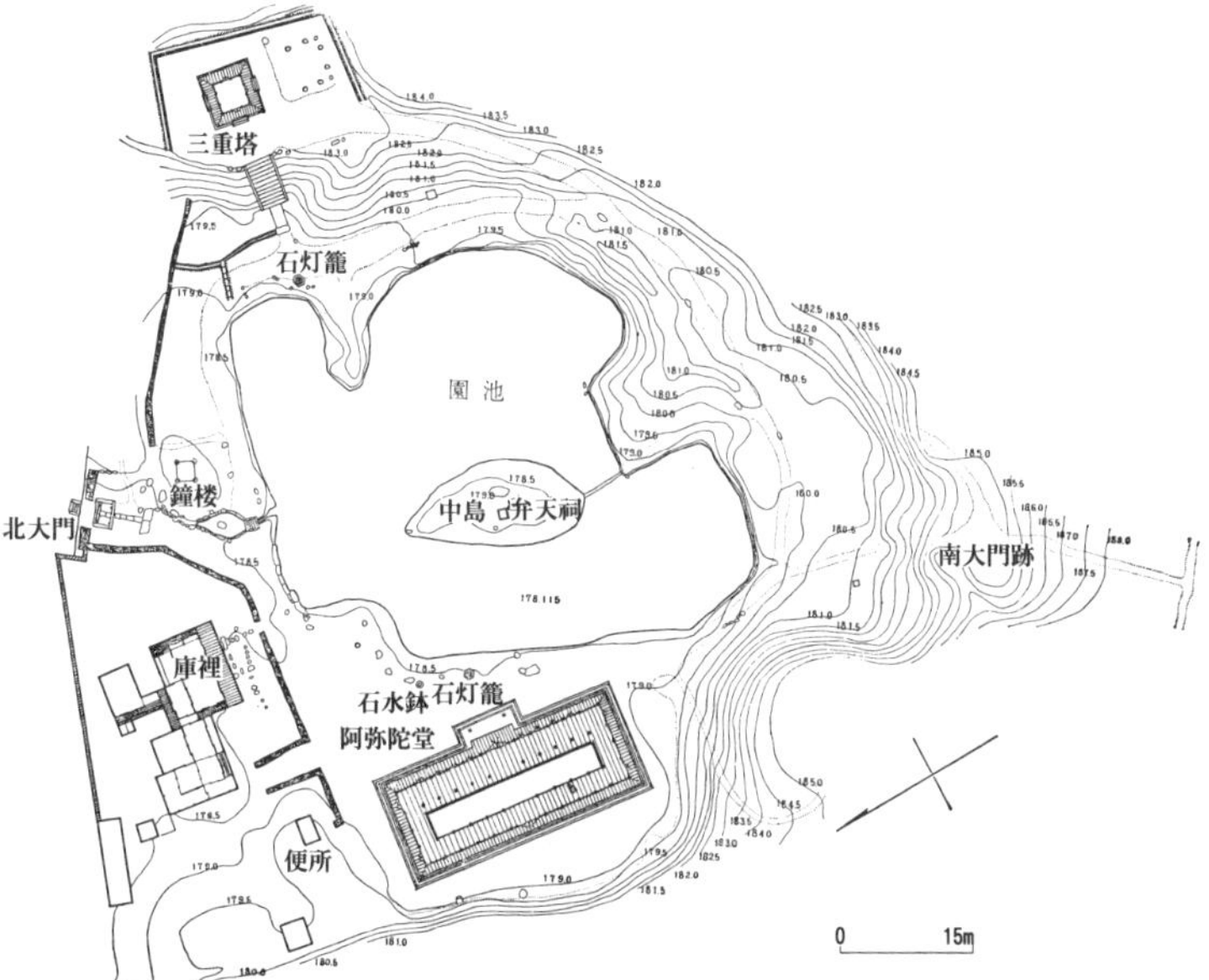

1　浄土式(浄瑠璃寺庭園)

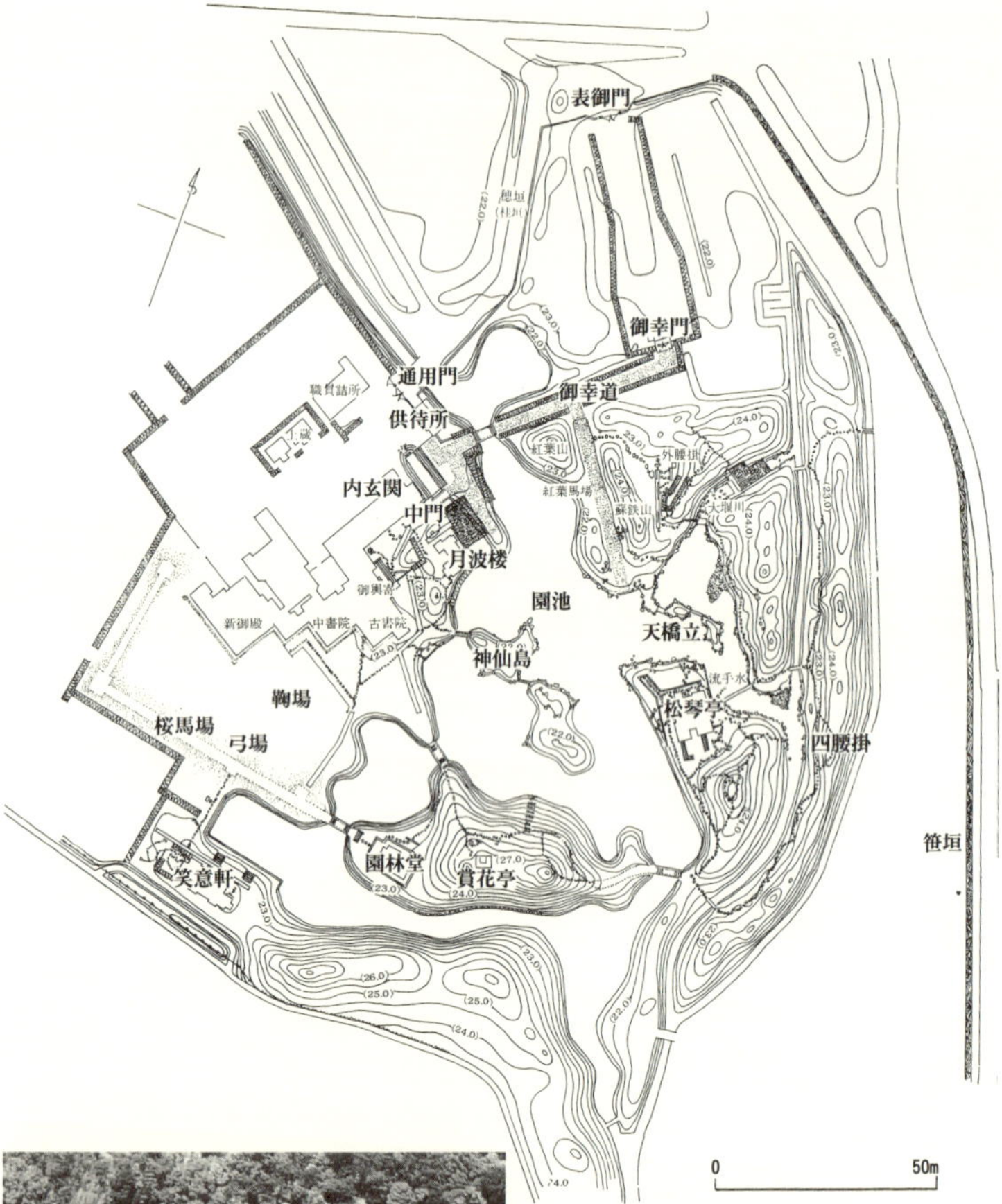

表御門
穂垣
御幸門
通用門
職員詰所
御幸道
供待所
内玄関
中門
紅葉山
紅葉馬場
外腰掛
蘇鉄山
大堰川
月波楼
御輿寄
園池
新御殿
中書院
古書院
天橋立
神仙島
流手水
鞠場
松琴亭
桜馬場
弓場
四腰掛
園林堂
笑意軒
賞花亭
笹垣
0
50m

2　回遊式(桂離宮庭園)

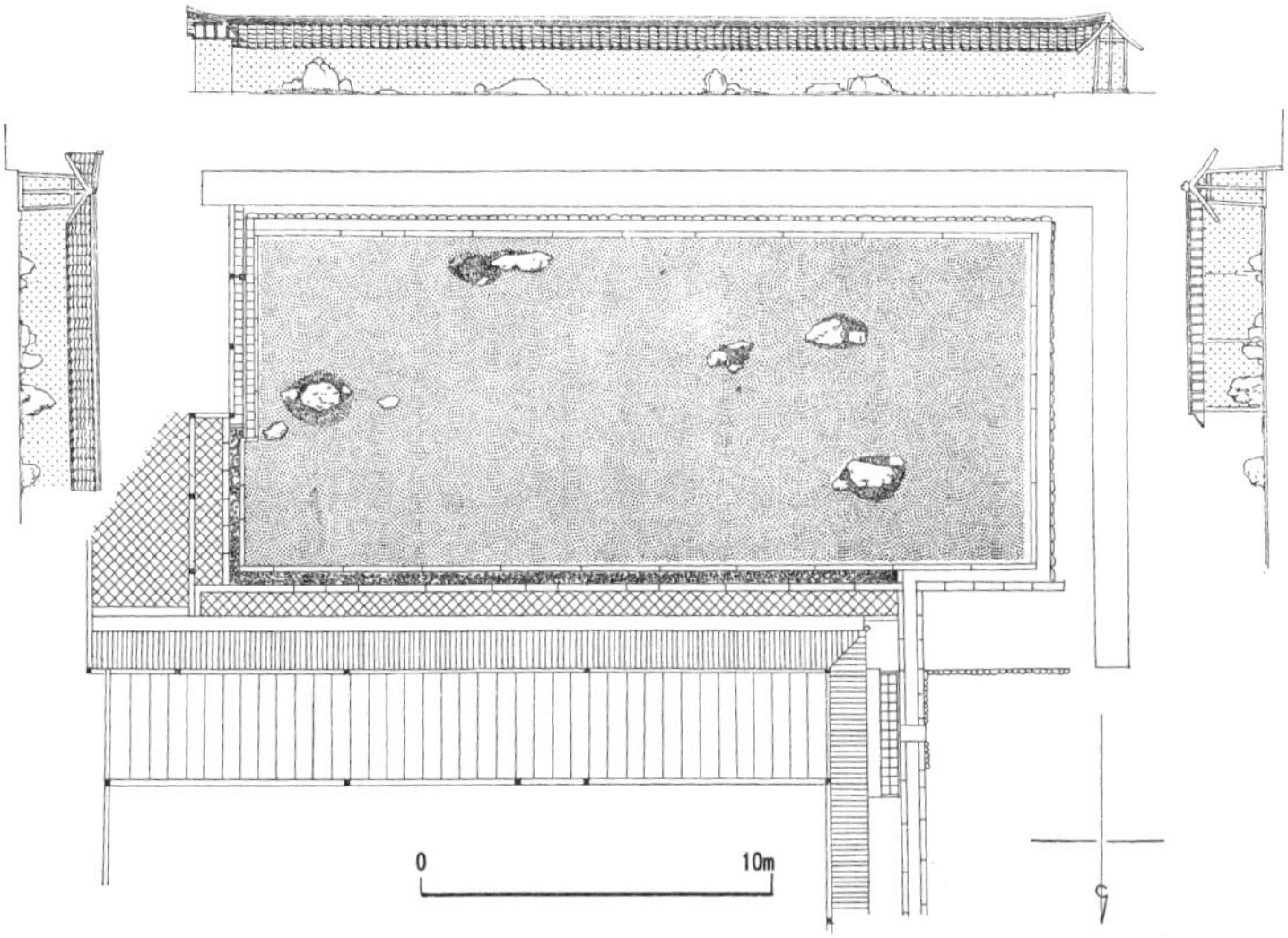

3　枯山水(竜安寺庭園)

孤篷庵表門

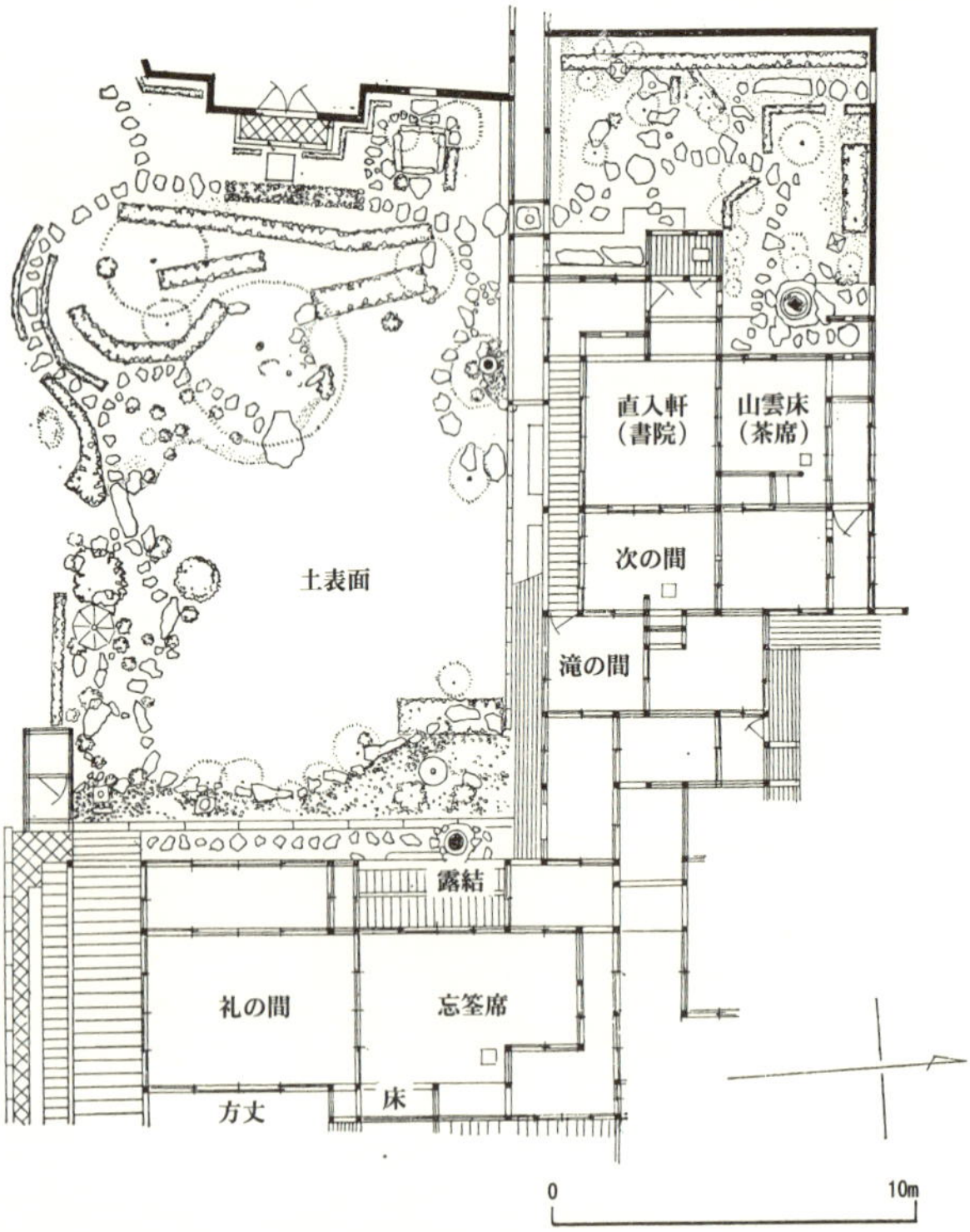

4　露　地(大徳寺孤篷庵庭園)

付録8　西国三十三所一覧

番号	山号	寺名	本尊	宗派	所在地
1	那智山	青岸渡寺	如意輪観音	天台宗	和歌山県東牟婁郡那智勝浦町那智山
2	紀三井山	金剛宝寺	十一面観音	救世観音宗	和歌山市紀三井寺
3	風猛山	粉河寺	千手千眼観音	粉河観音宗	紀の川市粉河
4	槙尾山	施福寺	千手千眼観音	天台宗	大阪府和泉市槙尾山町
5	紫雲山	葛井寺	十一面千手千眼観音	真言宗	藤井寺市藤井寺
6	壺坂山	南法華寺	千手千眼観音	真言宗	奈良県高市郡高取町壺坂
7	東光山	竜蓋寺	如意輪観音	真言宗	高市郡明日香村岡
8	豊山	長谷寺	十一面観音	真言宗	桜井市初瀬
9		興福寺南円堂	不空羂索観音	法相宗	奈良市登大路町
10	明星山	三室戸寺	千手観音	修験宗	京都府宇治市莵道滋賀谷
11	深雪山	醍醐寺	准胝観音	真言宗	伏見区醍醐東大路町
12	岩間山	正法寺	千手観音	真言宗	滋賀県大津市石山内畑町
13	石光山	石山寺	如意輪観音	真言宗	大津市石山寺
14	長等山	三井寺	如意輪観音	天台宗	大津市園城寺町
15	新那智山	観音寺	十一面観音	真言宗	京都府京都市東山区泉涌寺山内町
16	音羽山	清水寺	十一面千手千眼観音	北法相宗	京都市東山区清水
17	普陀落山	六波羅蜜寺	十一面観音	真言宗	京都市東山区轆轤町
18	紫雲山	頂法寺	如意輪観音	天台宗	京都市中京区堂之前町
19	霊麀山	行願寺	千手観音	天台宗	京都市中京区行願寺門前町
20	西山	善峰寺	千手千眼観音	天台宗	京都市西京区大原野小塩町
21	菩提山	穴太寺	聖観音	天台宗	亀岡市曾我部町穴太
22	補陀落山	総持寺	千手観音	真言宗	大阪府茨木市総持寺
23	応頂山	勝尾寺	千手観音	真言宗	箕面市粟生間谷
24	紫雲山	中山寺	十一面観音	真言宗	兵庫県宝塚市中山寺
25	御嶽山	清水寺	十一面千手観音	天台宗	加東市平木
26	法華山	一乗寺	聖観音	天台宗	加西市坂本町
27	書写山	円教寺	如意輪観音	天台宗	姫路市書写
28	世野山	成相寺	聖観音	真言宗	京都府宮津市成相寺
29	青葉山	松尾寺	馬頭観音	真言宗	舞鶴市松尾
30	厳金山	宝厳寺	千手千眼観音	真言宗	滋賀県長浜市早崎町
31	姨綺耶山	長命寺	十一面千手観音	天台宗	近江八幡市長命寺町
32	繖山	観音正寺	千手千眼観音	天台宗	近江八幡市安土町石寺
33	谷汲山	華厳寺	十一面観音	天台宗	岐阜県揖斐郡揖斐川町谷汲徳積

付録9　京都略年表

西暦	和　暦	事　　　項
603	推古天皇11	蜂岡寺(のちの広隆寺)造立
645	大　　化元	乙巳の変
658	斉明天皇2	八坂神社，高麗の伊利之が素戔嗚尊を山背国愛宕郡八坂郷に祀ったのにはじまるという(876年説もあり)
665	天智天皇4	誓願寺，天智天皇勅願により恵隠を開基として奈良に創建
677	天武天皇6	賀茂別雷神社，天武天皇の命で社殿が造営されたという
686	15	園城寺，大友与多麿により建立されるという(寺伝)
694	持統天皇8	藤原京遷都
702	大　　宝元	松尾社(松尾神社)，神殿造立
708	慶　　雲元	成相寺，真応により開山という
	慶雲年間	松尾寺，唐僧威光により開創
710	和　　銅3	平城京遷都
711	4	稲荷山三ヶ峯に宇迦之御魂大神以下の五神が鎮座したとされ，秦氏一族が祭祀を行う(稲荷大社の起源)
713	6	法輪寺，元明天皇の勅願により行基が開創という
	養老年間	向日神社，創祀という
727	神　　亀4	宝積寺，聖武天皇の勅願により，行基によって開創という
735	天　　平7	海住山寺，観音寺と号して良弁が建立したという
	天平年間	西方寺(西芳寺)，行基により開創
770	宝　　亀元	鞍馬寺，鑑真の弟子鑑禎により草創されるという
	宝亀年間	三室戸寺，光仁天皇より千手観音を賜り，行表(一説に円珍)により開基
784	延　　暦3	長岡京遷都．誓願寺，山城国乙訓郡に移転
788	7	延暦寺，比叡山寺として最澄により開創
794	13	平安京遷都．教王護国寺(東寺)・西寺創立．城南宮，平安遷都に際して守護神として創建という
805	24	最澄，唐から帰国，天台宗を始める．清水寺，坂上田村麻呂により寺観が整備される．長楽寺，桓武天皇の勅願により最澄を開山として創建という
806	25	空海，唐から帰国，真言宗を始める
	延暦年間	最澄，比叡山東塔南谷の梨下に円融房(のちの三千院)や安養寺を建立．宗像神社，藤原冬嗣の勧請により左京一条に創建
810	弘　　仁元	賀茂御祖神社・賀茂別雷神社，はじめて斎院をおく
819	10	海印寺，東大寺僧道雄により創建されたという

西暦	和　暦	事　　　　　項
823	弘仁14	教王護国寺(東寺)，空海に勅賜される
	天長年間	法輪寺(泉涌寺)，弘法大師により開創(856年神修上人の開創などの説あり)
848	嘉祥元	安祥寺，仁明天皇女御藤原順子の発願により，入唐僧恵運を開基として創建
859	貞観元	石清水八幡宮，奈良大安寺の僧行教が奏請して宝殿を造営，翌年八幡宮を勧請
868	10	元慶寺，藤原高子の貞明親王出産の際，遍照により草創
874	16	聖宝，笠取山山頂に堂宇を造営開始(のちの醍醐寺)
	貞観年間	吉田神社，山蔭一門の氏神として創建
881	元慶5	吉祥院，菅原道真により父是善追善のため建立される
	元慶年間	教王護国寺五重塔が完成
888	仁和4	仁和寺，真然を導師として金堂の落慶供養を行う
889	寛平元	円成寺，尚侍藤原淑子の発願で建立
907	延喜7	醍醐寺，このころから笠取山麓に下醍醐の伽藍の造営を始める
925	延長3	法性寺，藤原忠平により落慶供養
	天慶年間	空也堂，空也により建立されるという
951	天暦5	醍醐寺五重塔落成，翌年落慶供養
963	応和3	六波羅蜜寺，西光寺として空也が再興し落慶供養，のちに中信が現寺名に復して天台別院となる
966	康保3	延暦寺，大火により諸堂焼失
980	天元3	延暦寺，根本中堂・文殊楼を竣工
983	永観元	円融寺，落慶供養
988	永延2	法住寺，落慶供養
990	正暦元	西寺，塔を除く大部分が焼亡
992	3	真正極楽寺，一条天皇の勅願により戒算が開基したと伝える
998	長徳4	円教寺，一条天皇の御願寺として供養
1005	寛弘2	壬生寺，御堂を供養
1019	寛仁3	藤原道長，無量寿院(法成寺)建立を発願，翌年京極東辺に阿弥陀堂建立
1047	永承2	浄瑠璃寺，本堂を建立
1051	6	法界寺，日野資業が阿弥陀堂建立，日野一族の氏寺とする
1052	7	藤原頼通，別業宇治殿を仏寺とし，平等院と号す
1053	天喜元	平等院，阿弥陀堂(現在の鳳凰堂)を落成
1055	3	円乗寺，落慶供養
1070	延久2	円宗寺，円明寺として落慶供養
1075	承保2	法勝寺，白河天皇の御願により承暦元年(1077)にかけて金堂・阿弥陀堂などを造営

西暦	和　暦	事　　　　項
	康和年間	安楽行院，持明院として藤原通基により阿弥陀堂造営
1109	天仁 2	来迎院，良忍により中興開創，声明の本山となる
	天仁年間	東尾坊，曼殊院と改号
1127	文永 9	親鸞，大谷廟堂建立(本願寺の起源)
1128	大治 3	円勝寺，落慶供養
1130	5	法金剛輪院，待賢門院璋子により建立され，落慶供養
1141	永治元	歓喜光院，鳥羽上皇臨幸の元に落慶供養
1149	久安 5	延勝寺，近衛天皇・鳥羽院・崇徳院の臨幸あって落慶供養
1150	久安 6	比叡山青蓮坊，門跡寺となり京都に殿舎を建立，青蓮院と改称
1154	久寿元	峰定寺，僧西念により創立
1156	保元元	保元の乱
1159	平治元	平治の乱
1160	永暦元	今熊野神社や新日吉神社(のちの新日吉神宮)，後白河法皇によって社殿造営
1165	永万元	蓮華王院，諸殿を造営
1173	承安 3	蓮華王院，建春門院の願により最勝光院・法華堂を建立
1175	安元元	法然，浄土宗を開く
1191	建久 2	栄西，宗より帰国し，臨済宗を伝える
1192	3	源頼朝，征夷大将軍となる
1202	建仁 2	建仁寺創建
1206	建永元	明恵房高弁，後鳥羽院の院宣により神護寺別所の度賀尾寺を与えられ，高山寺とする
1220	承久 2	西園寺，西園寺公経によりその別業北山殿の中に営まれる
1234	文暦元	源智，法然の廟堂を再興し，四条天皇より華頂山大谷寺知恩教院(知恩院)の額を賜ったという
1236	嘉禎 2	九条道家，東福寺建寺を発願，文永8年(1271)にかけて諸堂宇を造営
1285	弘安 8	妙光寺，心地覚心により開創
1291	正応 4	亀山天皇の離宮を無関普門を開山として寺に改め，南禅寺とする
1315	正和 4	この年から元応元年(1319)ころ，赤松則村の援助でなった小院を大徳庵と称す(のちの大徳寺)
1321	元亨元	大覚寺，後宇多上皇により中興される
1333	正慶 2　元弘 3	鎌倉幕府滅亡
1334	建武元	建武の新政

西暦	和暦	事項
1336	建武3　延元元	後醍醐天皇，吉野に移る(南北朝分立)
1338	暦応元　3	足利尊氏，征夷大将軍となる
1339	2　4	西方寺，夢窓疎石を開山として禅寺として再興し，西芳寺と改称．大光明寺，夢窓疎石を開山として開創(文和年間とする説もあり)．天竜寺，後醍醐天皇の冥福を祈るため足利尊氏により造営が始まり，1345年に落慶法要
1340	3　興国元	高師直，真如寺を建立
	暦応年間	等持院，足利尊氏によって夢窓疎石を開山として創建
1364	貞治3　正平19	珍皇寺，聞渓良聡により禅宗寺院として再興
1378	永和4　天授4	妙覚寺，竜華院日実により開創
1382	永徳2　弘和2	足利義満，室町幕府東側に相国寺を創建
1392	明徳3　元中9	後亀山天皇，京都に戻る(南北朝合一)
1394	応永元	相国寺，全焼，のち再建
1397	4	足利義満，西園寺家の山荘を譲り受けて北山殿(のちの鹿苑寺)造営
1398	5	足利義満，北山殿(鹿苑寺)に金閣を建設
1415	22	本応寺(本能寺)，油小路高辻・五条坊門に開創
1450	宝徳2	竜安寺，細川勝元により日峯宗舜を開山として創建
1465	寛正6	大谷廟所(西大谷)，延暦寺衆徒の襲撃により退転，1589年に再興
1467	応仁元	応仁の乱おこり，多くの寺社が兵火に遭う
1482	文明14	興正寺，山城国山科竹中に建立(一説に13年)．足利義政，この年から東山山荘(東山殿，のちの慈照寺)を造営
1488	長享2	竜安寺，細川政元により特芳禅傑を中興開山として再建
1491	延徳3	東山山荘，夢窓疎石を開山に勧請し，慈照寺と改める
1499	明応8	稲荷大社，本殿を建造
	明応年間	妙喜庵，春岳士芳により開創(開基については諸説あり)
1571	元亀2	延暦寺，織田信長により焼き打ちされる
1573	天正元	室町幕府滅亡
1582	10	本能寺の変
1584	12	相国寺，西笑承兌により中興
1586	14	方広寺，豊臣秀吉が小早川隆景に命じ，建立・大仏安置
1587	15	大雲院，織田信忠追善のため聖誉貞安により建立
1591	19	准如，豊臣秀吉より七条坊門堀川を与えられ，西本願寺を建立
	天正年間	建仁寺，安国寺恵瓊により復旧．大覚寺，織田信長・豊臣秀吉の寺領寄進により復興

西暦	和　暦	事　　　　項
1594	文禄 3	養源院，淀殿が父浅井長政のために開創
1595	4	園城寺，豊臣秀吉により破却される
1601	慶長 6	智積院，徳川家康の援助で現在地に再興
1602	7	教如，徳川家康より烏丸六条を与えられ，東本願寺を建立
1603	8	徳川家康，征夷大将軍となる．教王護国寺，金堂を再建
1605	10	高台寺創建
1606	11	南禅寺，このころから主要伽藍を復興
1607	12	北野天満宮，現在の社殿を造営
1611	16	瑞泉寺，角倉了以・僧桂叔により建立．良定袋中，了慧道光の開いた悟真寺を法林寺と改号して復興という
1629	寛永 6	賀茂御祖神社，大部分の社殿を造営
1633	10	離宮八幡宮，徳川家光の命で永井直清により社殿造替
1640	17	延暦寺，根本中堂・回廊を建立
	寛永年間	大徳寺，方丈・法堂・寝殿などを建立，伽藍を整備
1654	承応 3	霊鑑寺，浄法身院宗澄を開山として，円成寺跡に創建
1661	寛文元	万福寺，隠元隆琦により開創，伽藍を寛文8年にかけて造営
1680	延宝 8	知恩院万無，僧導然の草庵を浄土律院に改めたという(現在の法然院)
	延宝年間	鹿苑寺，方丈を再建
1863	文久 3	賀茂御祖神社，式年造替により現在の本殿を造営
1864	元治元	天竜寺，兵火により焼失，のち昭和9年(1934)にかけて復興
1867	慶応 3	大政奉還
1868	明治元	戊辰戦争．神仏判然令(廃仏毀釈運動始まる)
1873	6	明治維新以来無住となっていた大覚寺に神海が住持し，復興
1876	9	興正寺，本願寺派から独立して興正派本山として独立．相国寺，分離独立して臨済宗相国寺派を形成
1880	13	建勲神社，京都市船岡山に社殿を造営
1881	14	東福寺，方丈・庫裡・法堂・仏殿を焼失，昭和9年(1934)にかけて復興
1883	16	延仁寺，建立
1895	28	平安神宮，平安奠都1100年に際し創建
1897	30	古社寺保存法制定
1900	33	醍醐寺，真言宗醍醐寺派として独立
1911	44	知恩院で法然700年大遠忌
1929	昭和 4	国宝保存法制定
1950	25	文化財保護法制定．鹿苑寺，金閣を焼失，昭和30年に復元再建
1994	平成 6	「古都京都の文化財」がユネスコ世界遺産に登録